Jutta Kienbaum
Bettina Schuhrke

Entwicklungspsychologie der Kindheit

Von der Geburt bis zum 12. Lebensjahr

W0059000

Verlag W. Kohlhammer

1. Auflage 2010

Alle Rechte vorbehalten
© 2010 W. Kohlhammer GmbH Stuttgart
Gesamtherstellung:
W. Kohlhammer GmbH + Co. KG, Stuttgart
Printed in Germany

ISBN 978-3-17-018181-6

Inhalt

Für Lukas und Martin

Vorwort[1]

Frühe Kindheit und Kindheit sind Abschnitte im menschlichen Leben, denen von jeher viel Aufmerksamkeit gewidmet wurde und die aktuell – z. B. im Rahmen der Diskussionen um frühkindliche Bildung oder um elterliche Vernachlässigung – einen breiten Raum in der öffentlichen Diskussion einnehmen. Die Entwicklungsprozesse, die in dem Lebensabschnitt stattfinden, den wir in diesem Buch behandeln, sind im Vergleich zu späteren Altersbereichen sehr augenfällig: Ob es sich um die Motorik, die Sprache, das Denken oder Fühlen handelt – alle Aspekte menschlichen Lebens und Verhaltens wandeln sich im Verlauf der Kindheit enorm. Von den faszinierenden Prozessen, die sich in diesem Zeitraum beobachten lassen, handelt dieses Buch.

Es beschäftigt sich sowohl mit Fragen der allgemeinen (Wie entwickeln sich wann welche Fähigkeiten?) als auch der differentiellen Entwicklung (Wie entstehen Unterschiede zwischen Menschen?) von der Zeit vor der Geburt bis zum zwölften Lebensjahr. Unser Anliegen dabei war, einen knappen, aber fundierten Einblick in Fragestellungen, Methoden, Probleme und Erkenntnisse der kindlichen Entwicklung zu geben, wobei wir uns innerhalb der verschiedenen Themenbereiche zwangsläufig auf in unseren Augen besonders aktuelle und interessante Forschungsbereiche beschränken mussten. Da die Erforschung der Kindheit mittlerweile immer mehr zu einem interdisziplinären Feld wird, haben wir z. T. auch Aspekte aus anderen Wissenschaften (z. B. den Neurowissenschaften) aufgenommen. Jedes Kapitel zu einem bestimmten Funktionsbereich wird abgeschlossen durch ein sogenanntes »Praxisthema«, in dem für die pro-

---

1 Aus Gründen der besseren Lesbarkeit wird im Folgenden oftmals die männliche Form verwendet. Es sind dabei Männer und Frauen in gleicher Weise gemeint.

fessionelle Arbeit mit Kindern besonders bedeutsame Aspekte angesprochen werden. Dieser Bezug zur praktischen Arbeit wird ferner durch drei Kapitel aus der angewandten Entwicklungspsychologie verstärkt, die sich mit Entwicklungsdiagnostik, Entwicklungspsychopathologie und Interventionsmaßnahmen beschäftigen.

Die Kapitel Grundlagen der Entwicklungspsychologie (1), Soziale Beziehungen und Sozialisation (5), Soziale Kognition (7), Emotion und Motivation (8) und Entwicklungsdiagnostik (11) wurden von Jutta Kienbaum, die Kapitel Neurowissenschaftliche Grundlagen der Entwicklung (2), Wahrnehmung und Motorik (3), Sprache und Kommunikation (4), Kognition (6), Komponenten der Emotion (8.1.1), Identität und Persönlichkeit (9), Entwicklungspsychopathologie (10) sowie Entwicklungsorientierte präventive Intervention (12) wurden von Bettina Schuhrke verfasst.

Das Buch wendet sich an Studierende nicht nur der Psychologie, sondern auch der Lehramtsstudiengänge, der Frühpädagogik, der Erziehungswissenschaften, der Sozialpädagogik und der Sozialen Arbeit sowie an interessierte Laien.

Brixen und Darmstadt, im Dezember 2009
Jutta Kienbaum und Bettina Schuhrke

Der Beginn der Kindheit – Klara und Tobias

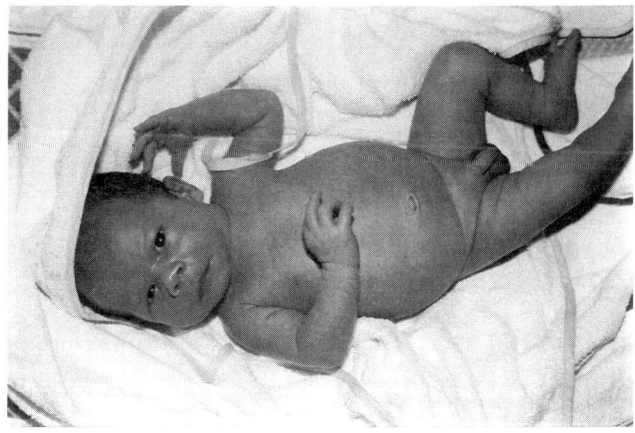

Tobias, 12 Tage

Klara, 6 Monate

1 Grundlagen der Entwicklungs-psychologie

Zum Zeitpunkt von Michaels Geburt war seine Mutter 16, sein Vater 19 Jahre alt. Michael kam als Frühgeburt zur Welt und verbrachte die ersten drei Wochen seines Lebens im Krankenhaus. Sein Vater wurde zu dieser Zeit für zwei Jahre zum Militär eingezogen, so dass Michael zunächst in der Familie seiner Mutter aufwuchs. Als er acht Jahre alt war, ließen sich die Eltern scheiden. Seine Mutter verließ die Familie, und er sah sie nie wieder. Er lebte nun in der Familie der Großeltern väterlicherseits, in der ein eher angespanntes und strenges Erziehungsklima herrschte. Wie würden Sie vor diesem Hintergrund Michaels Zukunftsperspektiven einschätzen?

Mit 18 Jahren erwies sich Michael als selbstbewusster und erfolgreicher junger Mann. Er hatte gute Noten in der Schule, war beliebt bei seinen Freunden, äußerte realistische Ziele für die Zukunft und schaute ohne Bitterkeit auf seine Kindheit zurück. Überrascht?

Michael war eines von 698 Kindern, die 1955 auf Kauai, einer zu Hawaii gehörenden Insel, geboren wurden. Alle diese Kinder und ihre Eltern wurden über 30 Jahre lang von einem entwicklungspsychologischen Forschungsteam untersucht. Die Projektleiterin Emmy Werner und ihre Mitarbeiterinnen und Mitarbeiter erhoben umfangreiche Daten zur Zeit der Schwangerschaft sowie zum 1., 10., 18. und 30. Lebensjahr der Kinder (Werner & Smith, 1982). Ein Großteil dieser Kinder wuchs ähnlich wie Michael unter wenig optimalen Bedingungen auf. Viele von ihnen entwickelten ernsthafte Lern- oder Verhaltensstörungen, waren mit 18 Jahren schon bei der Polizei aktenkundig geworden oder hatten Gesundheitsprobleme; bei den Mädchen gab es erste Schwangerschaften. Ein Drittel dieser Risikokinder hatte sich jedoch wie Michael zu jungen Erwachsenen entwickelt, die mit sich und ihrem Leben gut klarkamen – man nennt solche Kinder auch resilient.

Die Frage, wie solche unterschiedlichen Lebensläufe entstehen, gehört zu den faszinierendsten Themen der Entwicklungspsychologie. Wie kommt es dazu, dass einige Kinder trotz widriger Umstände ihren Weg gehen, also »unverwundbar« erscheinen, während andere daran zerbrechen? Welche Faktoren sind hierfür verantwortlich? Ist es eher die genetische Veranlagung der Kinder? Oder spielen kompensierende Umwelteinflüsse die entscheidende Rolle? Kommt es auf das Zusammenspiel von Anlage und Umwelt an? Wenn ja, wie sieht dieses aus?

Dies sind nur einige von vielen spannenden entwicklungspsychologischen Fragen, mit denen wir uns in diesem Buch beschäftigen wollen. Ein Kind in seiner Entwicklung zu beobachten ist für sich genommen bereits äußerst faszinierend. Wie entwickeln sich wann welche Fähigkeiten? Darüber hinaus ist entwicklungspsychologisches Wissen aber auch von großem Nutzen für die Erziehungspraxis. Ist es schädlich, wenn Kinder unter drei Jahren bereits in außerhäusliche Betreuung gegeben werden? Soll Geld für die Ausweitung außerhäuslicher Betreuung bereitgestellt werden oder nicht? Gibt es sensible Perioden in der Entwicklung von Kindern, in denen spezifische Erfahrungen maximale positive oder negative Wirkungen haben? Auf diese und viele andere Fragen versucht die Entwicklungspsychologie Antworten zu finden.

1.1 Gegenstandsbestimmung

Die Entwicklungspsychologie ist ein Teilgebiet der Psychologie, das sich mit *Veränderungen* und *Stabilitäten* des Verhaltens und Erlebens über die gesamte *Lebensspanne* befasst. In diesem Buch konzentrieren wir uns auf einen ganz bestimmten Ausschnitt des menschlichen Lebens – die *Kindheit*. Im Hinblick auf diesen Altersabschnitt stand dabei traditionellerweise die Frage im Mittelpunkt der entwicklungspsychologischen Forschung, in welchem Alter Kinder wozu in der Lage sind oder in der Lage sein sollten. Informationen dieser Art sind in mehrfacher Hinsicht wichtig: Zum einen versorgen sie Eltern und alle Fachkräfte, die sich mit Kindern befassen, mit Anhaltspunkten, was sie von einem Kind zu welchem Zeitpunkt überhaupt erwarten können. Dies spielt zum Beispiel für die Entwicklung von Lehrplänen in der Schule eine große Rolle. Zum anderen erleichtern sie unser Verständnis der Fragen, wann ein Entwicklungsverlauf als »normal« oder »abweichend« einzuschätzen ist und welche Art von Intervention von Nutzen sein könnte oder auch nicht. Diese Art von Entwicklungspsychologie ist eher *beschreibender* Natur und wird als *allgemeine* Entwicklung bezeichnet. Sie betrachtet Veränderungen oder Stabilisierungen als Funktion des Alters, wobei dem Alter aber *keine erklärende* Funktion zukommt. Ein Kind verändert sich nicht, weil es ein gewisses Alter erreicht hat, sondern weil bestimmte Prozesse diese Veränderung bewirken. »Alterskorrelationen sind keine Erklärung, sie bedürfen der Erklärung« (Montada, 2005, S. 42).

Mit der Erklärung von Veränderungen oder Stabilitäten beschäftigt sich die sogenannte *differentielle* Entwicklungspsychologie. Hier geht es nicht darum, zu beschreiben, in welchem Alter die Mehrzahl der Kinder zu welcher Leistung fähig ist, sondern um die Frage, wie Unterschiede zwischen Menschen entstehen. Warum ist das sechsjährige Kind X wesentlich aggressiver als Kind Y? Welche Faktoren innerhalb (z. B. Persönlichkeitsunterschiede) und außerhalb der Person (z. B. Kultur, Schule, Elternhaus) führen zu der Entstehung interindividueller Unterschiede? Dabei ist es wichtig, zu beachten, dass Kinder nicht als passive Empfänger von Umwelteinflüssen betrachtet werden, sondern dass sie ihrerseits die Personen beeinflussen, mit denen sie zu tun haben.

Dieser Umstand wird in einer Studie von Keller und Bell (1979) schön veranschaulicht: Psychologiestudentinnen wurden angewiesen, in vier kurzen Einzelsitzungen ein neunjähriges Mädchen zu altruistischem Verhalten gegenüber einem anderen Kind zu motivieren. Beispielsweise sollte es etwas für ein behindertes Kind herstellen. Die Zielkinder (insgesamt drei) waren aber tatsächlich Eingeweihte, d. h. sie waren zuvor vom Versuchsleiter trainiert worden, sich den Studentinnen gegenüber sehr oder kaum »personenorientiert« zu verhalten. Hohe Personenorientierung bedeutete dabei, der Studentin ins Gesicht zu schauen und prompt zu antworten, wohingegen die wenig personenorientierten Kinder auf das zu bearbeitende Material blickten und vor jeder Antwort innerlich bis fünf zählten, was in einer um drei Sekunden verzögerten Antwort resultierte. Es zeigte sich, dass die Studentinnen in letzterer Bedingung signifikant häufiger Gebrauch von Strafandrohungen oder Kommandos machten, wohingegen die Studentinnen, die mit einem personenorientierten Mädchen interagierten, vor allem mit Hilfe von Erklärungen versuchten, sie zu altruistischem Handeln zu bewegen.

Das heißt also, dass sowohl dem sich entwickelnden Kind als auch dem Kontext, in dem es sich entwickelt, ein gestaltender Einfluss zugeschrieben werden kann. Theorien, die von dieser Annahme ausgehen, nennt man *interaktionistische* Theorien. Fügt man diesen Überlegungen noch die zeitliche Dimension hinzu (weder Persönlichkeit noch Umgebung sind ja zwingenderweise konstant über die Zeit, sondern können sich zu jedem Moment, Monat oder Jahr ändern), spricht man von einem *transaktionalen* Modell (Sameroff, 1975). Diese Modellfamilie sagt eine ungünstige psychische Entwicklung für solche Kinder voraus, die beispielsweise über ein schwieriges Temperament verfügen (z. B. unruhige, zum Schreien neigende Kleinkinder) und gleichzeitig wenig feinfühlige Eltern haben, die ihrerseits häufig mit Schreien oder Strafen reagieren. Hier besteht eine ungünstige »Passung« zwischen Temperament und Umwelt (Thomas & Chess, 1977). Die Wahrscheinlichkeit, dass solche Kinder Verhaltensauffälligkeiten entwickeln, ist hoch. Wenn Eltern jedoch lernen, positiv mit ihren schwierigen Kindern zu interagieren, nimmt deren schwieriges Verhalten mit der Zeit ab (Belsky et al., 1991). Dass ein schwieriges Temperament in anderen kulturellen Kontexten aber auch Überlebenswert haben kann, zeigt eine Beobachtung von deVries (1984) an den Massai in Afrika. Dort überlebten fünf von sechs Säuglingen mit einem »schwierigen« Temperament eine dreimonatige Hungerperiode, aber nur zwei von sieben »einfachen« Babys – vermutlich, weil die schwierigen Kinder stärker durch ihr Schreien auf sich aufmerksam machten.

Welches sind nun die Grundfragen, mit denen sich die Entwicklungspsychologie – aus allgemeiner und/oder differentieller Perspektive – beschäftigt?

1.2   Grundfragen

1.2.1   Anlage versus Umwelt

Die Frage, zu welchen Teilen unsere Entwicklung durch unsere genetische Ausstattung (Anlage) oder durch Einflüsse vonseiten der Umwelt beeinflusst wird, gehört sicherlich zu den fundamentalsten Fragen der Entwicklungspsychologie. Wo haben wir die Ursachen für bestimmte Entwicklungsphänomene oder -verläufe zu lokalisieren? Populärwissenschaftliche Darstellungen versuchen häufig, diese Problematik auf ein entweder/oder zu reduzieren: Wird unser Schicksal von unseren Genen bestimmt oder der Umgebung, in der wir aufwachsen? Diese Fragestellung geht jedoch am Kern der Sache vorbei.

In der Entwicklungspsychologie herrscht heutzutage Einigkeit darüber, dass die Entwicklung jeglicher menschlichen Eigenschaft – seien es unsere Persönlichkeitseigenschaften, Gefühle, Kognitionen oder sei es unsere körperliche Erscheinung – *sowohl* durch unsere Gene *als auch* durch unsere Umwelt beeinflusst wird. Die Frage, die sich stellt, lautet: Wie gestaltet sich dieses Zusammenspiel? Ein gewisses Ausmaß an Aggressivität oder ein bestimmter Intelligenzquotient kann auf verschiedene Weise zustande kommen – ein mittlerer IQ z. B. durch die Kombination einer guten Begabung mit einer ungünstigen Umwelt oder die Kombination einer schwachen Begabung mit einem optimalen Milieu (Montada, 2008). Ähnlich mag sich eine Anlage zur Depression in einem optimalen Umweltkontext nicht auswirken, wohingegen ungünstige Umweltbedingungen bei Menschen, die das Risiko einer genetischen Disposition in sich tragen, zum Auslöser werden können. Die Umwelt kann also genotypische Potentiale und Dispositionen fördern, behindern oder kompensierend auf sie wirken, weswegen es wesentlich sinnvoller ist, die Arten des Zusammenwirkens von Anlagen und Umwelten zu erkunden, als bei der Frage nach Einflussanteilen (Erklärt die Anlage oder die Umwelt mehr an den Unterschieden zwischen Menschen?) stehen zu bleiben. »Einige Auswirkungen von Anlagen werden sogar erst durch die Bewertungen, die die Umwelt vornimmt, produziert: Nicht nur das Schönheitsideal ist kulturell geprägt, sondern auch Idealvorstellungen von Eigenschaften, Fähigkeiten, Leistungen und Wertorientierungen« (Montada, 2002, S.33). Der entscheidende Punkt im Hinblick auf unsere psychische Entwicklung besteht also darin, zu klären, *wie* Anlage und Umwelt interagieren.

1.2.2 Kontinuität und Diskontinuität

Ein weiteres zentrales Thema der Entwicklungspsychologie betrifft die Frage nach Kontinuität bzw. Diskontinuität in der Entwicklung: Machen Kinder in ihrer Entwicklung qualitative »Sprünge«, in denen sie »über Nacht« ein neues Niveau, eine neue Qualität ihres Erlebens und Verhaltens erreichen – ähnlich einem Schmetterling – oder ist Entwicklung eher ein kontinuierlicher Prozess kleiner Veränderungen, vergleichbar mit dem Wachstum eines Baumes, der immer größer und größer wird?

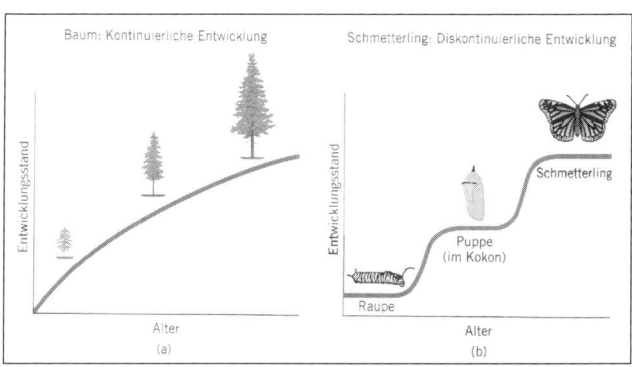

Abb. 1.1: Kontinuierliche und diskontinuierliche Entwicklung (nach Siegler et al., 2005, S. 21)

Eine der bekanntesten Stufentheorien ist die Theorie der kognitiven Entwicklung von Jean Piaget. Laut seiner Konzeption durchlaufen Kinder zwischen Geburt und Adoleszenz vier Stufen, die jeweils durch eine bestimmte Art von Erkenntnis- und Denkprozessen charakterisiert sind (s. Kap. 6). Andere berühmte Stufentheorien stammen von Sigmund Freud (psychosexuelle Entwicklung), Erik Erikson (Entwicklungskrisen) oder

Lawrence Kohlberg (Entwicklung des moralischen Urteils). All diesen Theorien liegt die Idee einer allgemeinen Entwicklungssequenz zugrunde, nach der Kinder eines gewissen Alters große Übereinstimmungen über viele Situationen zeigen und in ihrem Verhalten je nach Alter klar erkennbare Unterschiede aufweisen.

Die Stufentheorien waren sehr einflussreich. Dennoch haben sich in den letzten 20 Jahren die Stimmen vermehrt, die Entwicklung eher als einen kontinuierlichen Prozess betrachten, der sich durch einen graduellen – und nicht plötzlichen – Wandel auszeichnet. Eine Beobachtung, die für diese Sichtweise spricht, ist, dass Kinder sich bezüglich einer Fähigkeit oft in einer Stufe und im Hinblick auf eine andere Fähigkeit in einer anderen Stufe befinden (Siegler et al., 2005) – die Aussage, »Kind X befindet sich gerade in Stufe Y« ist also somit nicht haltbar. Kompliziert wird die ganze Debatte durch den Umstand, dass es häufig von der Perspektive abhängt, ob Entwicklung kontinuierlich erscheint oder nicht. So macht z. B. das Größenwachstum eines Kinder einen kontinuierlichen oder diskontinuierlichen Eindruck, je nachdem, ob man seine absolute Größe betrachtet, die von Jahr zu Jahr zunimmt (kontinuierliche Entwicklung) oder ob man sich für die Zunahme an Größe zu verschiedenen Zeitpunkten in seiner Entwicklung interessiert – hier wird sich herausstellen, dass das Kind während bestimmter Lebensabschnitte deutlich mehr gewachsen ist als in anderen (diskontinuierliche Entwicklung). Die Antwort auf die Frage, ob Entwicklung kontinuierlich oder diskontinuierlich verläuft, hängt also wesentlich von der Perspektive des Betrachters ab.

1.3   Historische Grundlagen der Entwicklungspsychologie

1.3.1   Kindheit als Lebensphase

Das (Selbst)Verständnis von Kindheit als einer eigenständigen Lebensphase ist relativ neuen Datums. Analysen mittelalterlicher Kunst und Alltagsbeschreibungen legen den Schluss nahe, dass es »Kindheit« im heutigen Sinne im Mittelalter nicht gegeben hat (Ariès, 1960/2007). Kindheit beschränkte sich damals nur auf die Jahre, in denen das Kleinkind sich ohne fremde Hilfe physisch nicht zurechtfinden konnte. Sobald es dazu in der Lage war, sich allein fortzubewegen und verständlich zu machen, wurde es übergangslos zu den Erwachsenen gezählt und partizipierte an allen alltäglichen Anlässen, wie der Arbeit oder auch dem Spiel.

Dass Kinder *keine* kleinen Erwachsenen sind, wurde in den Schriften verschiedener Philosophen des 17./18. Jahrhunderts wie z. B. John Locke (1632–1704) oder Jean-Jaques Rousseau (1712–1778) hervorgehoben. Ihre weiteren Vorstellungen über einen gelungenen Entwicklungsprozess waren jedoch recht unterschiedlich. Locke war einer der Vertreter, die in einem Neugeborenen ein unbeschriebenes Blatt, eine »tabula rasa« sahen, mit der Konsequenz, dass nur Umwelteinflüsse über das weitere Schicksal eines Kindes entscheiden sollten. Folglich forderte er die Eltern auf, ihre Kinder sorgfältig zu instruieren, als wirkungsvolles Beispiel voranzugehen und sie für gutes Benehmen zu belohnen (Berk, 2004; Harris & Butterworth, 2002). Rousseau demgegenüber proklamierte, dass Kinder von Anfang an maximale Freiheit haben sollten, um ihren guten Anlagen zu einer natürlichen Entfaltung zu verhelfen. Er verwehrte sich damit gegen ein Übermaß an pädagogischen Einflussmaßnahmen und forderte, formalen Unterricht erst ab zwölf Jahren, dem »Alter der Vernunft«, zu erteilen.

Wie eine Kindheit faktisch aussah, hing jedoch von der Schichtzugehörigkeit der Familie des Kindes ab. Besonders deutlich wird dies im 19. Jahrhundert, als im Zuge der industriellen Revolution viele Kinder in Fabriken, Handel und Gewerbe ohne jede Rücksicht auf ihr Alter und ihre körperliche oder psychische Leistungs- bzw. Leidensfähigkeit arbeiten mussten. Für diese Heranwachsenden gab es keine Kindheit! Vonseiten der Arbeitgeber und großen Teilen der Öffentlichkeit wurde diese Ausbeutung jedoch moralisch dadurch gerechtfertigt, dass es für die Kinder immer noch besser sei, zu arbeiten, statt zu betteln. Auf einer im Jahr 1839 in Bayern einberufenen Ministerialkonferenz wurde folgendermaßen argumentiert: Die Verwendung schulpflichtiger Kinder »sei zwar immer zu beklagen, müsse aber aus Rücksicht auf die Industrie sowie wegen Abwendung der Kinder vom Müssiggange als zulässig erklärt werden« (Mühlbauer, 1991, S. 232). Die Industrie nahm folgendermaßen Stellung: »… nach unserer (…) Ansicht dürfte die Dauer der Arbeit für Fabrik-Kinder von sechs Uhr morgens bis acht Uhr abends beschränkt werden. Hierdurch und durch eine Freistunde zu Mittag und eine Viertelstunde am Vor- und Nachmittag dürfte zur Erhaltung der Gesundheit und zur kräftigen körperlichen Entwicklung die nöthige Vorsorge getroffen seyn« (Mühlbauer, 1991, S. 234). Dabei war schon zwei Jahre zuvor auf der ersten Kinderschutz-debatte in Preußen die Frage diskutiert worden, ob die Arbeits-stunden von Kindern auf maximal zehn täglich beschränkt werden sollten. Ein Abgeordneter sprach sich dagegen aus, da »dadurch der Bestand unserer Industrieanlagen wegen der Kon-kurrenz des Auslandes unmöglich gemacht wird« (Sitzung des 5. Rheinischen Provinziallandtags vom 6. Juli 1837, zit. nach Quandt, 1977, S. 12). Ein Argument, das der zeitgenössischen Leserschaft nicht unbekannt vorkommen dürfte …

Es waren einzelne engagierte Pädagogen und Beamte, die sich für den Kinderschutz in Deutschland einsetzten. Als Beispiel mag der Abgeordnete F. J. Völk aus Friedberg (bei Augsburg) gelten, der im Jahr 1855 an die Kammer der Abgeordneten des bayerischen Landtags den Antrag richtete, »die Verwendung von Kindern und jungen Leuten in den Fabriken und die Arbeitszeit derselben per Gesetz zu regeln«. Seine Begründung ist bemer-kenswert: »Das Kind, meine Herren, hat ein Recht auf seine Kindheit, auch seinen Eltern gegenüber; und dieses Recht hat der Staat zu schützen« (Mühlbauer, 1991, S. 257–258). Mit die-ser Bewegung zum Schutz der Kinder ging zwangsläufig ein Interesse an kindlichen Entwicklungsprozessen einher (Siegler et al., 2005).

Erst beim Übergang vom 19. ins 20. Jahrhundert veränderte sich die Lage der Kinder zum Positiven. Ende des 19. Jahrhun-derts wurde in Deutschland eine sechsjährige Schulpflicht ein-geführt. Die Gesundheitssituation in den Städten besserte sich, die industrielle Kinderarbeit und die Kindersterblichkeit nah-men ab (Honig, 1993). Diese verbesserten Überlebenschancen trugen mit zu einem ansteigenden Interesse an der Entwicklung von Kindern bei (Harris & Butterworth, 2002).

Heute versteht man in den industrialisierten, westlichen Gesellschaften unter Kindheit einen relativ klar umrissenen Lebensabschnitt, der meistens im Zeitraum von vier bis elf Jahren angesetzt wird. In dieser Lebensphase haben die Kinder zwar bestimmte Entwicklungsaufgaben zu bewältigen, sind aber schichtübergreifend weitestgehend noch von der Verantwortung der Erwachsenen befreit. Erwerbsarbeit ist verboten. Die katastrophalen Lebensbedingungen, die noch vor 150 Jahren auch in unserem Land für Kinder der Unterschicht galten, sind für uns heute unvorstellbar. Dennoch gab es nach dem zweiten Gesamtbericht der Internationalen Arbeitsorganisation (2006) im Jahr 2004 weltweit rund 191 Millionen erwerbstätige Kinder im Alter von 5 bis 14 Jahren.

In Deutschland wird vor allem die zunehmende Kinderarmut zum Problem. Borchert (2007) beschreibt als den auffälligsten familienpolitischen Befund in Deutschland die »doppelte Kinderarmut – die Tatsache, dass die Zahl der jährlichen Geburten sich von 1,325 Millionen im Jahr 1965 auf heute 680 000 nahezu halbiert hat, gleichzeitig der Anteil der Kinder in der Sozialhilfe bzw. dem Arbeitslosengeld II aber auf das Sechzehnfache gestiegen ist« (S. 10). Ferner führt er mit Bezug auf andere Quellen (Deutscher Bundestag, Drucksache 16/2213 vom 18.7.2006) aus, dass schätzungsweise 5,9 Millionen Kinder in einem Haushalt mit einem Jahreseinkommen der Eltern von bis zu 15 300 Euro leben – das entspricht in etwa einem Drittel aller kindergeldberechtigten Kinder.

1.3.2 Etablierung von kindlicher Entwicklung als Wissenschaft

Die wissenschaftliche Untersuchung der kindlichen Entwicklung begann im 19. Jahrhundert. Von großem Einfluss waren die Schriften Charles Darwins' (1809–1882) zur Evolutionstheorie. Seine Arbeiten regten die Überlegung an, dass das Studium der kindlichen Entwicklung Einsichten in die menschliche Natur vermitteln könne. Darwin selbst war an Entwicklungsprozessen in der Kindheit interessiert und veröffentlichte 1877 biographische Aufzeichnungen aus der frühen Kindheit seines Sohnes (Siegler et al., 2005). Vier Jahre später, 1881, erschien das Kindertagebuch des deutschen Arztes Wilhelm Preyer, »Die Seele des Kindes«, in dem er die ersten drei Lebensjahre seines Sohnes beschrieb. Dieses Buch, das sich durch hohe Beobachtungsstandards auszeichnete (regelmäßig, häufig, objektiv, längsschnittlich; Montada, 2005) begründete maßgeblich die Kinderpsychologie v. a. in den USA (Heckhausen, 1978). In der Folgezeit verfassten weitere Wissenschaftler Tagebücher, in denen sie die frühe Entwicklung ihrer Kinder beschrieben (z. B. Jean Piaget, 1936, 1937, 1946; Clara & William Stern, 1907/1965).

Im späten 19./frühen 20. Jahrhundert wurde das Fach an verschiedenen Universitäten sowohl in den USA als auch in Europa etabliert (beispielsweise in Hamburg durch William Stern [1871–1938] und in Wien zunächst durch Karl Bühler [1879–1962], später durch Charlotte Bühler [1893–1974]), ferner erfolgte die Gründung erster Fachzeitschriften. Auch die ersten großen Theorien zur Entwicklung des Menschen kamen auf.

1.3.3 Theorien zur ontogenetischen Entwicklung des Menschen

Biologisch-reifungstheoretische Theorien

Die weiter oben beschriebene Auffassung von Entwicklung als einer Abfolge alterstypischer Leistungen (»allgemeine Entwicklung«) war oft verbunden mit der Vorstellung, Entwicklung sei ein biologisch determinierter Prozess des Wachsens oder Reifens. Prominenter Vertreter dieser deskriptiv-normativen Entwicklungspsychologie war der Arzt und Psychologe Arnold Gesell (1880–1961), der Altersnormen für so verschiedene Verhaltensbereiche wie die Motorik oder die Sprache entwickelte. Den Einfluss der Umwelt auf die Entwicklung schätzte Gesell als sehr gering ein. Nur bei erheblicher Unterernährung oder Misshandlung eines Kindes könnten die Pläne der Natur behindert werden (Mietzel, 2002). Reifungstheoretiker sehen Entwicklung also in erster Linie als biologisches Wachstum; Unterschiede zwischen gleichaltrigen Kindern erklären sie deshalb nicht durch einen verschiedenartigen Anregungsgrad der Umwelt, sondern mit Unterschieden in der genetischen Ausstattung oder in der Ausreifung des Nervensystems.

Den Überlebenswert eines Verhaltens im Laufe der Menschheitsgeschichte stellt die *ethologische Forschung* in den Mittelpunkt. Aufbauend auf Charles Darwin (s. o.) stützten sich die entsprechenden Forschungen zunächst auf die Beobachtung von Tieren. Das berühmteste Beispiel betrifft vermutlich die *Prägung* von Graugänsen. Gemeint ist hiermit, dass die Jungvögel dem ersten sich bewegenden Objekt in ihrer Nähe – in der Regel der Mutter – überall hin nachfolgen. Da die jungen Tiere immer in der Nähe der Mutter bleiben, sind sie vor Gefahren geschützt und werden mit Nahrung versorgt. Diese Prägung findet innerhalb einer begrenzten Zeitspanne, der sog. *kritischen Periode*, statt. Konrad Lorenz (1903–1989) gelang es eine Schar Graugänse auf sich zu prägen, indem er sich ihnen innerhalb der kritischen Altersspanne als erstes bewegliches Objekt präsentierte.

Im Zusammenhang mit der menschlichen Entwicklung wird nicht von kritischen, sondern von sensiblen Perioden oder Phasen gesprochen. Hierunter wird ein Zeitraum verstanden, in dem das Individuum für Erfahrungen einer bestimmen Art besonders empfänglich ist und in dem sich bestimmte damit verbundene Fähigkeiten optimal entwickeln können. Im Gegensatz zur kritischen Periode ist jedoch der Zeitraum flexibler gehalten; auch ist die spätere Entwicklung bestimmter Fähigkeiten oder deren Modifikation nicht komplett ausgeschlossen. Eine in diesem Sinne verstandene sensible Phase scheint beim Menschen für den Erwerb von Sprache, und hier insbesondere von Grammatik, zu existieren; neben dem Alter spielt aber auch die Erfahrung mit Sprache eine große Rolle für deren Entwicklung (Szagun, 2006; s. auch Kap. 4).

Ein weiteres Gebiet, das auf den Arbeiten von Charles Darwin aufbaut, ist die sogenannte *Evolutionspsychologie*. Sie geht von der Prämisse aus, dass wir motiviert sind, uns so zu verhalten, dass unsere Gene im Genpool der Spezies erhalten bleiben (Siegler et al., 2005). Folglich fragt sie nach dem Überlebenswert bestimmter Verhaltensweisen wie z. B. den von John Bowlby in der Bindungstheorie (s. Kap. 5) beschriebenen Bindungsverhaltensweisen – Weinen, Anklammern, Nachfolgen usw. Diese Signale stellen sicher, dass das Kind mit seiner Bindungsperson in Kontakt gebracht wird, die sich dann um es kümmern kann. Dennoch zeigt auch das Beispiel der Bindungstheorie, dass rein »biologische« Ansätze nicht ausreichend sind, um menschliche Entwicklung zu verstehen: Welche Art von Bindung ein Kind an seine Bezugsperson entwickelt, ist maßgeblich von deren Verhalten abhängig. Grossmann et al. (2003) drücken diesen Umstand folgendermaßen aus: Es gibt »so gut wie kein phänotypisch menschliches Verhalten, das ohne enorme Lernerfahrungen, rein aus dem Genotyp, entstanden wäre …« (S. 268).

Psychoanalyse

Eine der bekanntesten frühen Entwicklungstheorien ist die auf den Wiener Arzt Sigmund Freud (1856–1939) zurückgehende Psychoanalyse. Für Freud waren *unbewusste Prozesse* eine zentrale Annahme seiner Theorie. Er führte die Neurosen seiner erwachsenen Patienten auf frühkindliche Störungen in ihrer Sexualentwicklung zurück. Auf der Grundlage seiner Arbeit mit Patienten entwarf er eine Theorie der psychosexuellen Entwicklung, in der er verschiedene Phasen unterschied – die orale, anale, phallische, Latenz- und genitale Phase (Freud, 1997). Kinder werden laut Freud in jeder Phase mit spezifischen Konflikten konfrontiert, die sie bewältigen müssen, um eine gesunde psychische Entwicklung zu gewährleisten. So entsteht das Potential zur Depression seiner Theorie nach dadurch, dass die Bedürfnisse des Kindes in der oralen Phase (Geburt bis zum zweiten Lebensjahr) zu wenig oder zu viel befriedigt werden. Mit Bedürfnis ist hier die sexuelle Triebbefriedigung durch die Reizung der Mundschleimhaut (saugen, beißen) etc. gemeint.

Wenngleich diese Theorie aufgrund ihrer mangelnden empirischen Überprüfbarkeit heute nur eine untergeordnete Rolle in der akademischen Psychologie spielt, hat sie das Denken in unserem Kulturkreis bezüglich der Bedeutung der frühen Kindheit für die Persönlichkeitsentwicklung eines Menschen entscheidend geprägt. Der Glaube, dass die Erfahrungen, die vor allem im Rahmen der Mutter-Kind-Interaktion in den ersten drei Lebensjahren gewonnen werden, den weiteren Lebenslauf determinieren, wurde maßgeblich von der Psychoanalyse beeinflusst. Die Psychoanalyse war ferner neben der Ethologie die zweite wichtige theoretische Grundlage für die bereits erwähnte Bindungstheorie (s. Kap. 5).

Behaviorismus

Eine weitere große Theorie, die zu Beginn des 20. Jahrhunderts aufkam, war der *Behaviorismus*. Ganz im Gegensatz zur Psychoanalyse sind es hier nur die *offen beobachtbaren* Reize und Reaktionen, die im Mittelpunkt des Interesses stehen. Der Mensch wird deshalb als »Blackbox« betrachtet, bei dem die Vorgänge in seinem Inneren – der schwarzen Schachtel – nicht von Interesse sind. Beim sogenannten *Klassischen Konditionieren* werden natürliche Reflexe wie z. B. die Schreckreaktion mit einem vormals neutralen Reiz verbunden, der in der Folge zum Auslöser für diese Reaktion wird. Traurige Berühmtheit erlangte das Experiment vom »kleinen Albert« (Watson & Raynor, 1920), in dem ein knapp einjähriger Junge über Prozesse des klassischen Konditionierens Angst vor einer Ratte und anderen pelzartigen Objekten erlernte. Als Albert neun Monate war, wurden ihm die Ratte und andere Objekte gezeigt, auf die er durchweg positiv reagierte. Mit elf Monaten dann begann das eigentliche Experiment; gleichzeitig mit dem Erscheinen der Ratte (neutraler Reiz) ertönte ein sehr lautes und unangenehmes Geräusch (unkonditionierter Reiz), das Albert in Angst und Schrecken versetzte (unkonditionierte Reaktion). Nach mehrfacher gemeinsamer Darbietung von Geräusch und Ratte reagierte Albert beim bloßen Anblick der Ratte mit Angst (konditionierte Reaktion). Aus dem ehemals neutralen Reiz war ein konditionierter Reiz geworden.

Eine weitere behavioristische Lernart ist das sogenannte *operante Konditionieren*. Hier geht es um Verhalten, das aufgrund seiner Konsequenz hervorgebracht wird. So werden wir Verhalten, für das wir belohnt werden, mit großer Wahrscheinlichkeit wieder zeigen, wohingegen die Auftretenswahrscheinlichkeit von Verhalten, das bestraft wird, sinkt. Alle Reize oder Ereignisse, die die Auftretenswahrscheinlichkeit einer vorangegangenen Reaktion *erhöhen*, nennt man *Verstärker*. Dabei wird das Hinzufügen eines positiven Reizes (Lob, Süßigkeiten, Geld …) als positive, das Entfernen eines negativen Reizes (Lärm nimmt ab, wenn ich das Fenster schließe) als negative Verstärkung bezeichnet.

Sowohl beim klassischen als auch beim operanten Konditionieren wird davon ausgegangen, dass die kindliche Entwicklung allein von Umgebungseinflüssen abhängt. John Watson (1878–1958) brachte diese Haltung folgendermaßen auf den Punkt: »Give me a dozen healthy infants, well formed and my own specified world to bring them up and I'll guarantee to take any one at random and train him to become any type of specialist I might select – doctor, lawyer, artist, merchant-chief and yes, even beggar man and thief, regardless of his talents, penchants, tendencies, abilities, vocations and race of his ancestors« (Watson, 1930, S. 104). Heute wissen wir, dass diese Annahmen von Watson sich in keiner Weise bestätigen lassen. Menschen sind (zum Glück) nicht komplett durch äußere Reize kontrollierbar, deren Manipulation jedes gewünschte Ergebnis bringt.

Eine Weiterentwicklung bestand in den sogenannten sozialen Lerntheorien, deren einflussreichste das *Modelllernen* nach Albert Bandura (1977) ist. Laut dieser Theorie ist der größte Teil des menschlichen Lernens sozialer Natur und beruht auf der Beobachtung von Verhaltensmodellen. Kinder lernen also, indem sie die Verhaltensweisen anderer Menschen beobachten und anschließend imitieren. Die Zahl potentieller Modelle ist nahezu unbegrenzt und auch nicht auf »lebende« Vorbilder beschränkt; Medien wie z. B. das Fernsehen, der Computer oder Bücher gehören auch dazu. Der Nachahmungsprozess wird dabei von kognitiven Aspekten entscheidend beeinflusst: So muss dem interessierenden Verhalten zunächst einmal Aufmerksamkeit geschenkt werden; anschießend wird es im Gedächtnis gespeichert und von dort wieder abgerufen. Wichtig sind zudem die Konsequenzen, die wir von der Übernahme eines Verhaltens in unser eigenes Repertoire erwarten und die damit die Motivation, das beobachtete Verhalten auch zu zeigen, beeinflussen: Oft wird Verhalten von Personen imitiert, die uns ähnlich und/ oder erfolgreich sind. Diese Prozesse wurden von Bandura im

Laufe der Zeit immer stärker hervorgehoben, so dass er seine Theorie in ihrer jüngsten Fassung als »sozial-kognitive Lerntheorie« bezeichnete (Bandura, 1999).

Wie wirkungsvoll Modelllernen sein kann, soll an einer Längsschnittuntersuchung von Trautner et al. (1989, zit. nach Trautner, 1994, S. 184) zum Thema Geschlechtsrollenentwicklung exemplarisch dargestellt werden. Trautner und Mitarbeiter fanden heraus, dass Väter und Mütter kaum geschlechtsspezifische Erziehungsziele für ihre Söhne und Töchter angaben, dass die den Kindern im Alltag vorgelebte Rollenaufteilung allerdings stark mit dem Geschlecht der Eltern assoziiert war. Die väterliche Domäne im Haus war das Autowaschen und Ausführen von Reparaturen, wohingegen die Mütter beim Nähen, Waschen, Putzen, Kochen, Arztbesuchen, Hausaufgaben etc. zu beobachten waren – die Domäne der Fürsorge für andere war also eindeutig der Mutter zugeordnet. Interessanterweise spiegelten die Konzepte und Einstellungen der Kinder sowie ihr Spielverhalten die häusliche Rollenverteilung wider, nicht die Erziehungsziele der Eltern.

Kognitive Entwicklungstheorien

Die Lerntheorien waren lange Zeit sehr populär. Erst in den 1960er Jahren führte die sogenannte »kognitive Wende« zu einer Abkehr von den klassischen lerntheoretischen Positionen. Auslöser war die stürmische Piaget-Rezeption, die zur Bevorzugung der kognitivistischen gegenüber den behavioristischen Theorieansätzen führte. Dies ist insofern erstaunlich, als Piaget seine ersten Werke bereits 1923 zeitgleich mit dem Behaviorismus, der deutschsprachigen Kinder- und Jugendpsychologie und der Psychoanalyse entwickelte, ohne zunächst große Resonanz zu finden.

Statt den Menschen weiterhin als »Blackbox« zu betrachten, dessen innere Prozesse nicht von Interesse sind, wurden nun Denken, Fühlen, Motivation usw. wieder zu entwicklungspsychologischen Forschungsthemen. Im Zentrum vieler Forschungsaktivitäten stand die kognitive Entwicklung im Kindesalter, am prominentesten vertreten durch den Schweizer Jean

Piaget (1896–1980), dessen Stufentheorie der kognitiven Entwicklung wir bereits im Zusammenhang mit diskontinuierlichen Entwicklungsmodellen kurz angesprochen hatten. Piaget glaubte nicht daran, dass Kinder nur über Prozesse von Reiz-Reaktions-Verbindungen Wissen erwerben. Mit Hilfe von Beobachtungen und Befragungen kam er zu dem Schluss, dass Kinder durch aktive Auseinandersetzung mit ihrer Umwelt diese zu verstehen versuchen. Bei diesen Versuchen entstehen alterstypische Fragen, Fehler und Antwortversuche bezüglich der verschiedensten Phänomene in der physikalischen Umgebung. Durch ihre aktive Exploration entwickeln Kinder altersspezifische Theorien darüber, wie die Welt funktioniert. Da die Kinder als Reaktion auf ihre Erfahrungen und Erlebnisse Wissen aktiv für sich selbst konstruieren, wird Piagets Theorie auch als »konstruktivistisch« bezeichnet. Welchen Einfluss Piaget auf die Entwicklungspsychologie hatte lässt sich daran ablesen, dass kein anderer Forscher hier so oft zitiert wird – mit Ausnahme höchstens von Freud (Harris & Butterworth, 2002). Die genetische Epistemologie, wie Piaget – der von Haus aus Biologe war – seine Theorie nannte, wird in Kapitel 6 genauer erklärt.

Einen im Vergleich zu Piaget anderen Schwerpunkt bei der Analyse menschlicher Entwicklung wählte der russische Psychologe Lew Wygotski (1896–1934). In seiner Theorie interessierte ihn vor allem die Rolle der *Kultur* für Entwicklungsprozesse. Unter Kultur werden dabei die Sitten, Gebräuche, Werte und Überzeugungen einer gegebenen sozialen Gruppe zu einer bestimmten Zeit verstanden. Wygotski sah Kinder im Gegensatz zu Piaget nicht in erster Linie als kleine Wissenschaftler an, die versuchen, die Welt aus eigener Anstrengung zu verstehen, sondern vor allem als soziale Wesen, deren Entwicklung im sozialen Kontext stattfindet. Erwachsene und erfahrene Gleichaltrige vermitteln den Kindern Fertigkeiten und Verständnis und dienen ihnen somit als Mentoren für den Erwerb kultureller Denk- und Verhaltensmuster. Die soziokulturelle Theorie Wygotskis betont also die Bedeutung der Interaktion zwischen Kindern und lebenserfahrenen Mitgliedern der Gesellschaft für die kindliche Entwicklung und wird daher auch sozial-konstruktiv genannt, im Gegensatz zum individuellen Konstruktivismus Piagets (Mietzel, 2002). Eine besondere Rolle kommt dabei der *Sprache* als tragendem Element der Kultur zu.

Charakterisierend für Wygotski ist weiterhin, dass er sich nicht nur mit dem Ist-Zustand der kindlichen Entwicklung beschäftigt, sondern auch auf das Entwicklungspotential eines Kindes eingeht. In diesem Zusammenhang ist der Begriff der *Zone nächster Entwicklung* (ZNE, zone of proximal development) zentral. Damit ist ein Bereich gemeint, der dem Kind aktuell noch nicht zugänglich ist, den es sich jedoch aller Wahrscheinlichkeit nach als nächstes aneignen wird. Erwachsene können dem Kind dabei helfen diesen Entwicklungsschritt zu tun, indem sie es genau an den Stellen stützen, wo es Hilfe benötigt. Im Englischen vergleicht man diesen Vorgang der optimalen Unterstützung mit dem Bau eines stützenden Gerüsts (»scaffolding«). Ähnlich wie beim Hausbau zunächst ein Gerüst benötigt wird, das später entfernt werden kann, braucht das Kind beim Lernen optimale Unterstützung, bis es den angestrebten Bereich selbst beherrscht.

Ökologische Entwicklungspsychologie

Die letzte Theorie, die wir betrachten wollen, wurde ebenfalls von einem in Russland geborenen Forscher entwickelt. Sie legt den Schwerpunkt auf die soziale Entwicklung des Menschen und wird ökologische Entwicklungspsychologie genannt. Ihr »Vater« ist der erst kürzlich verstorbene Urie Bronfenbrenner (1917–2005). 1923 emigrierte seine Familie in die USA, wo er mit seiner ökologischen Systemtheorie Berühmtheit erlangte. Das Forschungsinteresse richtet sich in dieser Theorie auf die alltägliche Lebensumwelt des Menschen, im Gegensatz zur traditionellen Entwicklungspsychologie, die, laut einem berühmten Zitat von Bronfenbrenner, »zu einem großen Teil die Wissenschaft fremdartigen Verhaltens von Kindern in fremden Situationen mit fremden Erwachsenen in kürzestmöglichen Zeitabschnitten« (1978, S. 33) darstellt.

Bronfenbrenners Anliegen war es, das menschliche Verhalten in seiner alltäglichen Entwicklungsumgebung zu untersuchen. Diese Umgebung wird von ihm in verschiedene Systeme aufgeteilt, die, wie eine russische »Matrjoschka« (Puppe in der Puppe), jeweils Teil des übergeordneten Systems sind. Das erste bezeichnet Bronfenbrenner als *Mikrosystem*. Hierzu zählen die Aktivitäten und Beziehungen aus der unmittelbaren Umwelt des Kindes. Zentraler Bestandteil des Mikrosystems ist die Familie, ihr Einfluss ist besonders während der Kindheit von Bedeutung. Das Mikrosystem wird mit dem Alter komplexer, da das Kind zunehmend mit Gleichaltrigen, Erzieherinnen, Lehrkräften und vielen anderen mehr in einer wachsenden Anzahl an Settings (Kindertagesstätte, Schule, Sportverein, Nachbarschaft usw.) interagiert.

Die zweite Schicht stellt das *Mesosystem* dar, das aus Beziehungen zwischen den verschiedenen Mikrosystemen wie z. B. Familie, Freunde und Schule besteht. So hängt der schulische Erfolg eines Kindes zumindest in unseren Breitengraden nicht nur davon ab, was in der Schule geschieht, sondern zu einem Großteil auch von unterstützenden Aktivitäten des Elternhauses.

Das dritte Niveau des sozialen Kontextes, das *Exosystem*, umfasst Settings, mit denen das Kind möglicherweise nicht in direktem Kontakt steht, die es aber dennoch beeinflussen. Die Arbeitsstelle der Eltern ist z. B. insofern von Bedeutung, als Schichtarbeit den Rahmen der Eltern-Kind-Interaktion auf ständig wechselnde Zeitfenster festlegt. Aber auch die Wohnumgebung, die Massenmedien oder die Schulbehörden zählen zum Exosystem.

Das *Makrosystem*, die vierte Schicht, umfasst schließlich die allgemeinen Ansichten, Werte, Gebräuche und Gesetze einer gegebenen Kultur oder Subkultur. Sie beeinflussen und durchdringen jede der »tieferen« Schichten, bis hin zu Ansichten darüber, wie eine gelungene kindliche Entwicklung auszusehen hat.

Bronfenbrenners Modell hat auch eine zeitliche Dimension, die er *Chronosystem* nennt. Werte, Ansichten, Gebräuche, Technologien usw. sind ja nicht statisch, sondern ändern sich im Verlauf der Zeit. Computer z. B. stellen heute einen selbstverständlichen Gebrauchsgegenstand für Kinder in vielen Teilen der Erde dar und haben dadurch eine nachhaltige Veränderung der Kindheit bewirkt.

Es ist unmittelbar einsichtig, dass eine auch nur annähernde Erfassung aller potentiellen Größen aus Bronfenbrenners Modell innerhalb eines Forschungsprojektes kaum möglich ist. Dennoch ist es ungemein wichtig, sich bewusst zu machen, dass wir die kindliche Entwicklung erst dann verstehen werden, wenn wir von vereinfachenden Annahmen Abstand nehmen und zumindest versuchen, uns der Komplexität der kindlichen Lebensumwelt anzunähern. Während frühe Studien, wie Bronfenbrenner (1986) selbstkritisch bemerkt, fast ausschließlich von Kontextvariablen handelten, werden in der jüngsten Form seiner Theorie (Bronfenbrenner & Morris, 1998) auch weitere Variablen behandelt, wie z. B. *Charakteristika der Person* als Vorläufer und Erzeuger von Entwicklung. Weder werden wir Menschen also komplett von unserer Umwelt kontrolliert noch von unseren inneren Dispositionen. Entscheidend ist immer die Wechselwirkung zwischen beiden.

1.4 Methoden der Entwicklungspsychologie

Wie kommt die Entwicklungspsychologie zu ihren Aussagen? Um diese Frage zu beantworten, muss man sich mit dem Thema Forschungsmethoden auseinandersetzen. Am Anfang einer jeden wissenschaftlichen Untersuchung steht eine *Forschungsfrage*, wie z. B. die eingangs gestellte: Wie ist es zu erklären, dass sich manche Kinder trotz objektiv vorhandenen Risikofaktoren zu psychisch gesunden Erwachsenen entwickeln? Anschließend wird eine *Hypothese* formuliert, die z. B. lauten könnte: Wenn Kinder über eine gute Beziehung zu einer stabilen Bezugsperson verfügen, dann entwickeln sie sich trotz des Vorhandenseins von Risikofaktoren zu psychisch gesunden Erwachsenen. Im nächsten Schritt wird eine *Methode entwickelt*, mit der diese Hypothese getestet werden soll. So könnte man z. B. zwei Gruppen von Kindern auswählen, solche mit Risikofaktoren und einer stabilen Bezugsperson und solche mit Risikofaktoren, aber ohne stabile Bezugsperson. Diese Kinder würde man im Abstand von mehreren Jahren wiederholt untersuchen, um zu prüfen, wie ihre Entwicklung verlaufen ist. Die Ergebnisse bestätigen oder widerlegen dann die zuvor aufgestellte Hypothese.

Auch im Alltag stellen wir uns Fragen, entwickeln dazu Vermutungen und glauben diese bestätigt zu finden oder auch nicht. Der Unterschied zur wissenschaftlichen Herangehensweise besteht darin, dass Letztere versucht mit Hilfe von *Untersuchungsmethoden*, die bestimmten Gütekriterien genügen müssen, gut begründbare Schlussfolgerungen zu ziehen. Zu diesen Gütekriterien zählen die *Objektivität*, die *Reliabilität,* die *Validität* und die *Replizierbarkeit*.

Die Objektivität bezeichnet den Grad, in dem die Ergebnisse einer Messung unabhängig von der untersuchenden Person sind. Dies betrifft die Durchführung, Auswertung und Interpretation der Ergebnisse. Wenn also verschiedene Personen die gleiche Studie durchführen, auswerten und interpretieren, sollen jeweils identische Ergebnisse herauskommen.

Mit Reliabilität ist die *Messgenauigkeit* gemeint. Sie kann über verschiedene Wege bestimmt werden. Einer davon ist die *Beobachterübereinstimmung*: Wenn z. B. zwei verschiedene Beobachterinnen Kinder im Hinblick auf ihre Aggressivität auf einer Skala einschätzen und dabei zu übereinstimmenden Ergebnissen kommen, dann wird diese Skala als reliabel bezeichnet. Ein anderer Weg ist die *Messwiederholung*. Hier wird ein Kind zu zwei verschiedenen Zeitpunkten im Hinblick auf ein interessierendes Merkmal untersucht. Wenn es beide Male eine identische oder sehr ähnliche Ausprägung des Merkmals aufweist, wird die Messung ebenfalls als reliabel bezeichnet.

Validität bedeutet, dass eine *Messung das misst, was sie messen soll*. Das heißt, ein Fragebogen zur Erfassung von Mitgefühl soll tatsächlich Mitgefühl erfassen und nicht die Tendenz, sozial erwünschte Antworten zu geben. Auch die Validität kann über mehrere Wege erfasst werden. Zum Beispiel könnte man die Ergebnisse des Fragebogens vergleichen mit einer Verhaltensbeobachtung. Wenn eine Person, die sich beispielsweise im Fragebogen als hoch mitfühlend beschrieb, sich in einer realen Situation völlig gleichgültig gegenüber dem Kummer eines Gegenübers verhält, so sind Zweifel an der Validität des Fragebogens angebracht. Da hier zum gleichen Messzeitpunkt ein Vergleich mit einem Außenkriterium vorgenommen wird, spricht man von *Übereinstimmungsvalidität*. Eine andere Möglichkeit ist die *prognostische Validität*: Wenn ein Eignungstest den Studienerfolg sehr gut voraussagen kann, wird er als valide bezeichnet. Beide Bestimmungsarten sind Formen der sogenannten *Kriteriumsvalidität*. Ein anderer Weg wird bei der sogenannten *Konstruktvalidität* beschritten. Hiervon spricht man, wenn aus einem zu messenden Zielkonstrukt Hypothesen abgeleitet werden, die anhand der Ergebnisse der Untersuchung bestätigt werden konnen. So soll z. B. cin Fragebogen zur Erfassung von subjektiver Einsamkeit validiert werden. Aus der Einsamkeitstheorie ist bekannt, dass Einsamkeit mit geringem Selbstwertgefühl und sozialer Ängstlichkeit einhergeht und bei Geschiedenen stärker ausgeprägt ist als bei Verheirateten. Die Prüfung dieser inhaltlichen Hypothesen wäre Aufgabe einer Konstruktvalidierung (Bortz & Döring, 2006).

Eine Messung kann reliabel sein, ohne gleichzeitig das Kriterium der Validität zu erfüllen. So könnte man versuchen, Intelligenz dadurch zu messen, dass man der Versuchsperson ein Fieberthermometer ins Ohr steckt und die Temperatur misst (Huber, 2005). Diese Messung wäre genau, würde aber nicht das messen, was gemessen werden soll – die Intelligenz.

Ein weiteres wichtiges Kriterium wissenschaftlicher Studien ist die *Replizierbarkeit* (Wiederholbarkeit). Wenn andere Forscher dieselbe Untersuchung durchführen, dann sollten identische Ergebnisse herauskommen. Nur replizierte Ergebnisse werden in der Wissenschaft als gesichertes Wissen anerkannt.

Wie sehen nun die Methoden aus, mit denen versucht wird, objektive, reliable, valide und replizierbare Ergebnisse zur kindlichen Entwicklung zu erhalten? Einige ausgewählte Erhebungsverfahren wollen wir im folgenden betrachten.

1.4.1   Interviews

Eine Moglichkeit, um Erkenntnisse über die kindliche Erfahrungswelt zu gewinnen, stellt die mündliche *Befragung* dar. Der große Vorteil dieser Methode besteht darin, dass die Kinder selbst Gelegenheit bekommen, einen Sachverhalt aus ihrer Sicht mit eigenen Worten darzustellen. Hier liegt aber auch gleichzeitig das Problem dieser Vorgehensweise: Unterschiede in den verbalen Fähigkeiten sowie der mögliche Wunsch, vor der Untersucherin gut dazustehen (sozial erwünschte Aussagen zu machen) können die Aussagekraft von Interviewdaten einschränken.

Grundsätzlich unterscheidet man zwei Arten: das strukturierte oder standardisierte und das klinische Interview. Beim *strukturierten oder standardisierten Interview* wird eine bestimmte Anzahl von Fragen in einer vorher festgelegten Reihenfolge gestellt. Anzahl und Reihenfolge sind bei jedem Kind gleich. Dies hat den Vorteil, dass die Bedingungen für alle Kinder identisch sind und somit eine Vergleichbarkeit eher gegeben ist. Andererseits fehlt die Möglichkeit, flexibel auf die Antworten der Kinder einzugehen und Nachfragen zu stellen, falls Dinge unklar geblieben sind.

Beim *klinischen Interview* ist die Reihenfolge der Fragen nicht festgelegt, sondern die Antworten des Kindes bestimmen, welche Frage als nächste gestellt wird. Dadurch ist ein individuelles, flexibles Eingehen auf die Denkweise des jeweiligen Kindes möglich und der Gegenstand von Interesse kann tiefer analysiert werden. Wenn etwas unklar ist, kann nachgefragt werden. Viele der Erkenntnisse von Jean Piaget z. B. (s. Kap. 6) beruhen auf klinischen Interviews. Der Nachteil dieser Methode ist jedoch, dass eine echte Vergleichbarkeit zwischen den Kindern nicht mehr gegeben ist, da die Interviews zum Teil sehr unterschiedlich geführt wurden. Auch sind sie in der Regel deutlich länger als strukturierte Interviews und bieten mehr Interpretationsspielraum beim Kategorisieren der Antworten.

1.4.2　Beobachtung

Der Methode der *Beobachtung* sind wir schon im Abschnitt über die Geschichte der Entwicklungspsychologie begegnet (s. Kap. 1.3.2). Viele Wissenschaftler-Ehepaare haben die frühe Entwicklung ihrer eigenen Kinder beobachtet und in Tagebüchern dokumentiert. Dieses Vorgehen entspricht weitestgehend der sog. *naturalistischen* Beobachtung, bei der das Verhalten von Kindern in ihrer alltäglichen Lebensumwelt (Schulen, Spielplätze, Zuhause) beschrieben wird. Diese Methode hat den großen Vorteil, Erkenntnisse über Kinder in ihrer natürlichen Entwicklungsumgebung zu gewinnen. So kann man zum Beispiel Erzieherinnen in Kindertagesstätten im Hinblick darauf beobachten, wie oft sie im Umgang mit den Kindern warme, kalte, lenkende oder Freiraum gebende Verhaltensweisen verwirklichen. Diese können z. B. von im Raum befindlichen Beobachterinnen auf Protokollbögen eingetragen werden oder auf Video aufgezeichnet und anschließend ausgewertet werden. Dabei stehen verschiedene Möglichkeiten wie die Time- oder Event-Sampling-Methode oder die Verwendung von Schätzskalen zur Verfügung. Bei der Time-Sampling-Methode wird der Beobachtungszeitraum in kurze Zeiteinheiten aufgeteilt. Für jede Zeiteinheit wird entschieden, ob ein vorab definiertes Verhalten vorliegt oder nicht (s. **Abb. 1.2**). Bei der Event-Sampling-Methode werden Häufigkeit und Dauer des Auftretens von spezifischen, vorab definierten Verhaltensweisen festgehalten – immer genau dann, wenn sie auftreten. Bei den Schätzskalen wird nicht eine Entscheidung über Auftreten oder Nicht-Auftreten eines Ereignisses getroffen, sondern eine Einstufung des Ausprägungsgrads einzelner Verhaltensweisen (Intensität, Qualität, Häufigkeit) vorgenommen (s. **Abb. 1.3**).

Eine andere Möglichkeit besteht darin, *standardisierte* Beobachtungen durchzuführen. Hier werden Situationen konstruiert, die das Auftreten des interessierenden Merkmals wahrscheinlich machen. So kann man z. B. das Mitgefühl eines Kindes erfassen, indem man es in einer eigens zu diesem Zweck herbeigeführten Situation beobachtet. Diese könnte so aussehen, dass eine instruierte Person mit dem Kind spielt. Im Laufe des Spiels geschieht ihr ein Missgeschick und sie simuliert Traurigkeit. Wie reagiert das Kind? Wendet es sich zu der traurigen Person hin oder von ihr weg? Tröstet es? Zeigt es Anzeichen von Unwohlsein, die darauf schließen lassen, dass es die Situation am liebsten verlassen würde (Kienbaum, 2003)? Diese Situation würde mit einer großen Zahl von Kindern wiederholt, so dass letztlich eine Aussage über das Mitgefühl aller in dieser Studie untersuchten Kinder gemacht werden kann. Der Vorteil gegenüber der naturalistischen Beobachtung besteht darin, dass die Bedingungen über alle Kinder gleich und damit vergleichbar sind. Andererseits stellt sich wie bei jeder »künstlich« hergestellten Situation die Frage, inwiefern das kindliche Verhalten mit dem im Alltag übereinstimmt. In jedem Fall empfiehlt es sich, mehr als eine Beobachtung dieser Art durchzuführen, um eine verlässlichere Aussage treffen zu können.

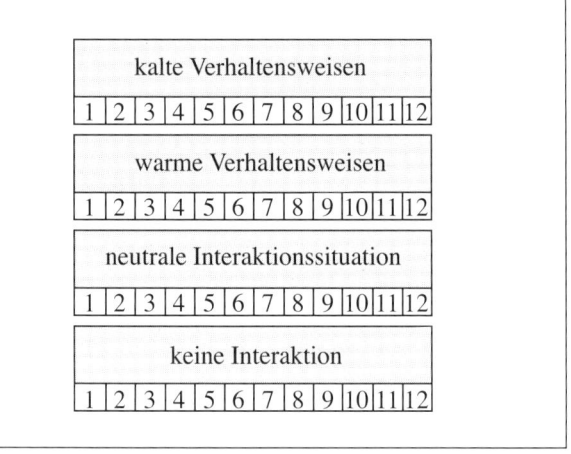

Abb. 1.2: Ausschnitt eines Protokollbogens zur Beobachtung der Häufigkeit verschiedener Verhaltensweisen mit der Time-Sampling Methode. Die Zahlen stehen für Intervalle von 5 Sekunden. Der Beobachter muss für jedes Intervall entscheiden, ob eine in diesem Intervall stattfindende Verhaltensweise kalt, warm oder neutral ist oder ob keine Interaktion stattfindet, da die Person z. B. den Raum verlässt.

Wenngleich die Beobachtung in vielerlei Hinsicht eine äußerst wichtige Methode bei der Sammlung von Erkenntnissen über die kindliche Entwicklung darstellt, hat auch sie ihre Fehlerquellen. Tagebücher werden von Forscher-Ehepaaren im Gegensatz zu früher heute kaum noch verfasst (oder zumindest nicht veröffentlicht), da es quasi unmöglich ist, auch nur annähernd objektiv zu sein, wenn es um das eigene Kind geht. Aber auch »unvoreingenommene« Beobachter haben im Allgemeinen bestimmte Vorstellungen über die zu beobachtenden Verhaltensweisen (beispielsweise, dass Jungen aggressiver sind als Mädchen), wodurch die Objektivität ihrer Wahrnehmung leiden kann. Schließlich stellt sich die Frage, inwiefern sich das Verhalten der Beobachteten aufgrund der Tatsache, dass sie um die Beobachtung wissen, verändert.

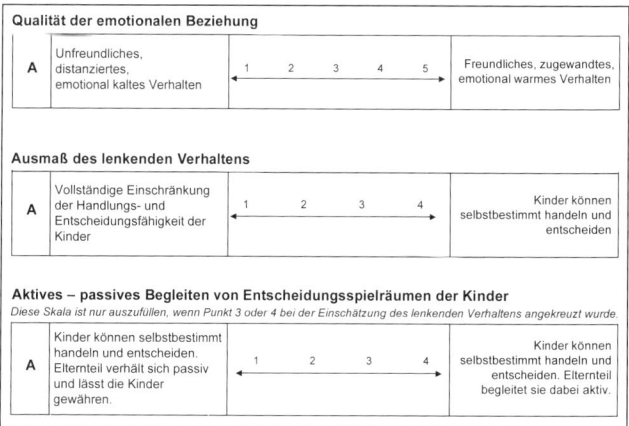

Abb. 1.3: Beispiele für Schätzskalen (aus Kienbaum, 2003)

1.4.3 Experiment

Das *Experiment* wird häufig als der »Königsweg« in der (Entwicklungs-)Psychologie bezeichnet. Während Interviews oder Beobachtungen auch dazu genutzt werden können, einen ersten Eindruck vom interessierenden Gegenstand zu gewinnen (z. B.: Wie häufig kommen überhaupt Mitgefühl auslösende Situationen in Kindergruppen vor? Wie sieht eine typische Reaktion aus, die wir als »Mitgefühl« bezeichnen würden?), dient das Experiment in der Regel der Überprüfung einer Hypothese oder Theorie. Man möchte also Ursache-Wirkungsbeziehungen (»wenn ..., dann …«) identifizieren. Angestrebt wird, durch eine kontrollierte Variation der Bedingungen eine Reaktion auf eine ganz bestimmte Ursache zurückzuführen. Gleichzeitig wird die Wirkung anderer, sogenannter Störvariablen ausgeschaltet. Nehmen wir an, uns interessiere, an welchen Kriterien sich Kinder orientieren, wenn sie eine in ihren Augen gerechte Aufteilung zwischen zwei Personen treffen sollen. Geben sie der Person mehr, die mehr geleistet hat? Oder derjenigen, die bedürftiger ist? Sind nur Gleichaufteilungen für sie wirklich gerecht? Um diese Frage experimentell zu untersuchen, präsentieren wir unseren Versuchskindern kleine Szenarios, in denen die Protagonisten sich unterschiedlich angestrengt haben bzw. unterschiedlich bedürftig sind. Zum Beispiel gibt es drei Ausprägungen des Faktors Bedürftigkeit (gering, mittel, hoch) und drei Ausprägungen des Faktors Anstrengung (ebenfalls gering, mittel, hoch). Wenn jetzt ein Kind seine Aufteilungsentscheidung in Abhängigkeit von der Höhe der Bedürftigkeit trifft (es gibt dem Protagonisten umso mehr, je bedürftiger er oder sie ist), schlussfolgern wir, dass dieser Faktor für das Kind der entscheidende ist. Teilt es jedoch in Abhängigkeit von der Höhe der Anstrengung auf (es gibt dem Protagonisten umso mehr, je mehr er oder sie sich angestrengt hat), scheint die Anstrengungsbereitschaft in seinen Augen der wichtigere Faktor zu sein. Das heißt, wir führen die Aufteilungsentscheidung der Kinder ursächlich auf die von uns kontrolliert variierten Faktoren Anstrengung und Bedürftigkeit zurück (Kienbaum & Wilkening, 2009). Das Experiment gilt daher als der »wissenschaftlich tragfähigste Test für eine Hypothese« (Petermann & Rudinger, 2002, S. 1013). Um mögliche Störvariablen auszuschalten, müssen wir z. B. darauf achten, dass die Versuchsleiter sich allen Kindern gegenüber gleich verhalten und nicht etwa in den Geschichten die Bedürftigkeit stärker betonen als die Anstrengung. Auch könnte die Zugehörigkeit zu einem bestimmten Schultyp (Hauptschule, Gymnasium) eine Rolle spielen. Dies können wir kontrollieren, indem wir Schülerinnen und Schüler aus beiden Schularten untersuchen. Sollen verschiedene Bedingungen miteinander verglichen werden (z. B. der Lernerfolg nach Methode A im Vergleich zu Methode B) ist es zudem wichtig, darauf zu achten, dass die Teilnehmer zufällig auf die Untersuchungsgruppen verteilt werden.

Der Vorteil des Experiments, eine Situation künstlich herbeizuführen, in der fremde, »störende« Einflüsse möglichst ausgeschaltet werden, kann sich je nach Gestaltung jedoch auch zu einem Nachteil entwickeln, da die Verallgemeinerbarkeit auf die komplexe Entwicklungsumgebung eines Kindes u. U. infrage gestellt werden muss. Hier wird häufig die Forderung nach »*ökologischer Validität*« geäußert, also einer zumindest annäherungsweisen Entsprechung der realen Lebensbedingungen von Kindern und der Untersuchungssituation.

1.4.4 Kulturvergleich

Gewissermaßen einen Gegenpol zum reinen Laborexperiment stellen *kulturvergleichende* Studien dar. Hier gibt es die Chance, die Variation der Bedingungen im *natürlichen* Umfeld vorzufinden. Wenn man sich z. B. dafür interessiert, welche Bedeutung das Aufwachsen in einer an kollektiven Prinzipien ausgerichteten Kultur im Vergleich zu einer individualistisch orientierten Kultur für bestimmte Verhaltensweisen von Kindern hat, kann man diese beiden »Zustände« kaum experimentell erstellen. Das Gleiche gilt für die bereits in Kapitel 1.1 berichtete Beobachtung von deVries (1984) zum Zusammenhang zwischen dem »schwierigen« Temperament von Babys und ihrem Überleben in einer Hungersnot. Die Zahl der Phänomene, die direkt im Rahmen ihres sozialen Kontextes untersucht werden können, steigt durch den Kulturvergleich somit drastisch an.

Abgesehen von diesen Aspekten ist der Kulturvergleich die einzige Möglichkeit, Theorien auf ihre Allgemeingültigkeit (Universalität) hin zu überprüfen. Da die große Mehrzahl der entwicklungspsychologischen Theorien im westlichen Kulturkreis, und hier wiederum in den USA, entstand, stellen sie Produkte einer ganz spezifischen, bereits kulturell determinierten Sozialisation dar. Will man ethnozentrische Fehlschlüsse in Bezug auf die Allgemeingültigkeit dieser Theorien vermeiden, ist die Prüfung ihrer Gültigkeit für andere Kulturen geradezu unerlässlich.

Eine der größten Herausforderungen für kulturvergleichende Studien stellt die sog. Äquivalenz der Indikatoren dar. Identisch formulierte Fragen in einem Interview oder Fragebogen oder identisch ausgestaltete Experimente können in unterschiedlichen Kulturen völlig unterschiedliche Bedeutungen haben. Ein weiteres Problem entsteht durch evtl. vorhandene kulturspezifische Antworttendenzen. So könnte es in einer Kultur üblich sein, extreme Antworten (z. B. die äußersten Punkte auf einer Fragebogenskala) zu vermeiden, wodurch nicht vergleichbare Ergebnisse entstehen. Profunde Kulturkenntnisse sind vonnöten, um diesen Problemen zu begegnen. Zudem ist zu beachten, dass auch innerhalb einer Kultur in der Regel Untergruppen bestehen, die sich stark voneinander unterscheiden können.

1.5 Untersuchungsdesigns

Die soeben dargestellten Methoden finden nicht nur in der Entwicklungspsychologie, sondern mehr oder weniger in allen psychologischen Disziplinen Anwendung. Wie kann man nun mit ihrer Hilfe Veränderungen oder Stabilitäten *über die Zeit* am besten erfassen?

Der eine Weg besteht in *Querschnittuntersuchungen*. Hier werden Kinder verschiedenen Alters im Hinblick auf das interessierende Merkmal verglichen, so dass es möglich ist, Ähnlichkeiten oder Unterschiede zwischen den älteren und jüngeren Kindern zu entdecken. Beispielsweise fragten O'Brien und Bierman (1988) Kinder der fünften, achten und elften Klasse nach ihrem Verständnis einer »Gruppe«. Die jüngeren Kinder definierten eine Gruppe über gemeinsame Aktivitäten von Kindern. Für die Achtklässler waren gemeinsame Einstellungen und ein ähnliches äußeres Erscheinungsbild wichtige Kriterien für eine Gruppe. In der elften Klasse waren gemeinsame Einstellungen am wichtigsten und gemeinsame Aktivitäten am unwichtigsten (s. auch Kap. 5, soziale Beziehungen). Grundsätzlich besteht hier allerdings das Problem, dass man nicht davon ausgehen kann, dass die untersuchten Altersgruppen in allen Variablen außer dem Alter gleich sind. Darüber hinaus erhalten wir keine Informationen darüber, wie sich ein individuelles Kind entwickelt bzw. wie stabil die individuellen Unterschiede über den Zeitverlauf sind. Alters*veränderungen* (im Gegensatz zu Alters*unterschieden*) können demgegenüber nur mit Längsschnitt-Designs erfasst werden (s. **Abb. 1.4**).

In *Längsschnittuntersuchungen* wird die Entwicklung von Kindern über einen bestimmten Zeitabschnitt (z. B. ein oder mehrere Jahre) hinweg verfolgt. Als Beispiel mag unsere eingangs geschilderte Studie der Hochrisikokinder aus Hawaii gelten, deren Lebensweg über 30 Jahre lang verfolgt wurde (Werner & Smith, 1982). Als ein wichtiger Faktor des »Erfolges« der »resilienten« Kinder erwies sich, dass sie schon früh in ihrem Leben von anderen Bezugspersonen als den Eltern emotionale Unterstützung bekamen. »Werner und Smith waren ›überrascht‹ von der großen Bedeutung der Großeltern, Geschwister und Freunde für die Überwindung von Belastungen, die durch Armut, Zerstörung der Familie oder psychische Probleme der Eltern gegeben waren« (Ulich, 1988, S. 155). Aber auch die Persönlichkeit der Kinder spielte eine Rolle insofern, als sie in der Lage waren, bei den sie umgebenden Menschen überwiegend positive Reaktionen hervorzurufen.

Dass Längsschnittstudien im Vergleich zu Querschnittstudien seltener durchgeführt werden hat vor allem den praktischen Grund, dass es in der Regel einfacher ist, Menschen für eine einmalige Untersuchung zu gewinnen. Aber selbst, wenn die Eltern zusagen, ihr Kind über den Verlauf mehrerer Jahre immer wieder teilnehmen zu lassen, können Umstände (wie z. B. Umzüge, schwindendes Interesse) auftreten, die dazu führen, dass Kinder wieder aus der Stichprobe herausfallen. Abgesehen davon existiert die Möglichkeit, dass die Kinder sich durch eine wiederholte Teilnahme an die Testsituation »gewöhnen«, was z. B. zur Folge haben kann, dass bei bestimmten Aufgaben (wie z. B. einem IQ-Test) die Ergebnisse mit der Zeit besser ausfallen. Auch kann ein systematischer Drop-out in dem Sinne auftreten, dass ganz bestimmte Menschen (z. B. aus einer bestimmten sozialen Schicht) nicht mehr an der Untersuchung teilnehmen.

Ob eine Längs- oder eine Querschnittstudie angebrachter ist, hängt im Wesentlichen mit dem wissenschaftlichen Erkenntnisinteresse zusammen: Weinert (1990) bezeichnet Längsschnittstudien immer dann als unverzichtbar, wenn es »… um die Entstehung, die Stabilität, die Veränderung und gegebenenfalls auch die Erklärung der individuellen Variationen menschlicher Entwicklungsverläufe« geht (S. 1). Für die traditionelle Suche

	Untersuchte Altersgruppen		
	2000	2005	2010
Querschnittstudie	5-Jährige 10-Jährige 15-Jährige		
Längsschnittstudie	5-Jährige	→ gleiche Kinder als 10-Jährige	→ gleiche Kinder als 15-Jährige

Abb. 1.4: Entwicklungspsychologische Untersuchungsdesigns

nach universellen Veränderungen jedoch empfehlen sich »gut geplante Querschnittsuntersuchungen«.

Neben diesen beiden »Haupt«methoden gibt es eine Reihe von Vorschlägen, Quer- und Längsschnittstudien zu kombinieren (z. B. die Sequenzmodelle von Schaie, vgl. Petermann & Rudinger, 2002, S. 1108–1009). Auf diese Modelle soll an dieser Stelle nur verwiesen werden.

1.6   Ethische Aspekte

Von größter Wichtigkeit in der (entwicklungspsychologischen) Forschung ist die Einhaltung ethischer Standards. So heißt es zum Beispiel in den ethischen Richtlinien der Deutschen Gesellschaft für Psychologie (2004): Psychologinnen und Psychologen »stellen sicher, dass durch die Forschung Würde und Integrität der teilnehmenden Personen nicht beeinträchtigt werden. Sie treffen alle geeigneten Maßnahmen, Sicherheit und Wohl der an der Forschung teilnehmenden Personen zu gewährleisten und versuchen, Risiken auszuschließen«. Untersuchungen an Kindern stellen in dieser Hinsicht eine besondere Herausforderung dar, da Kinder in der Regel nicht in der Lage sind abzuschätzen, was die Teilnahme an einer Untersuchung für sie bedeutet. Deshalb muss neben der Zustimmung des Kindes auch immer die der Eltern eingeholt werden. Wenn das Kind nicht mehr an der

Untersuchung teilnehmen möchte, muss ihm dies sofort und ohne jegliche Einwände gestattet werden. Ein Experiment, wie das bereits erwähnte vom »kleinen Albert« (Watson & Raynor, 1920), in dem einem kleinen Jungen Angst vor bestimmten Objekten »anerzogen« wurde, wäre heute aus ethischen Gründen undenkbar. Dennoch muss extrem darauf geachtet werden, dass auch weniger offensichtliche Stressoren wie Beschämung oder Frustration vermieden werden.

Korrelation und Kausalität

Während in Experimenten versucht wird, Aussagen über die Kausalität von Ereignissen zu treffen, ist dies mit sog. Korrelationsstudien grundsätzlich nicht möglich. Wenn man sich z. B. dafür interessiert, ob ein bestimmter väterlicher Erziehungsstil zusammenhängt mit dem Aggressionsniveau der Kinder, wäre es aus ethischen Gründen unvertretbar, Kinder experimentell bestimmten Arten von Erziehungsverhalten auszusetzen. Stattdessen wird man natürlich vorkommende Varianten von erzieherischen Verhaltensweisen erfassen (per Interview, Fragebogen oder Beobachtung) und diese in Zusammenhang setzen mit der Aggressivität der Kinder. Sollte sich herausstellen, dass aggressivere Kinder eher Väter haben, die zu Strenge und Wutausbrüchen neigen, so könnte man dennoch nicht darauf schließen, dass das väterliche Verhalten das der Kinder verursacht. Tatsächlich könnte es nämlich auch umgekehrt so sein, dass die Väter deshalb streng und wütend sind, weil ihre Kinder sich aggressiv verhalten. Korrelationskoeffizienten (die zwischen -1 und +1 variieren können, s. **Abb. 1.5**) erlauben deshalb nur eine Aussage über die Richtung und Enge eines linearen Zusammenhangs, nicht jedoch über seine Verursachung. Je höher der Betrag eines Korrelationskoeffizienten ausfällt, desto enger ist der Zusammenhang zwischen den beiden Variablen; je niedriger er ist, desto schwächer ist der Zusammenhang. Eine Korrelation von -.89 wäre z. B. hoch, eine von .52 mittel und eine von -.15 niedrig. Das Vorzeichen sagt dabei etwas über die Richtung des Zusammenhangs aus. Ein positives Vorzeichen (+) bedeutet, dass die eine Variable zunimmt, wenn die andere auch zunimmt – wie bei unserem Beispiel mit der väterlichen Strenge und der kindlichen Aggressivität. Man spricht hier von einer positiven Korrelation. Ein negatives Vorzeichen bedeutet, dass die Zunahme einer Variablen einhergeht mit der Abnahme einer anderen. So könnte die kindliche Aggressivität umso niedriger sein, je höher die väterliche Wärme ist – und umgekehrt. Man spricht hier von einer negativen Korrelation.

Zusammenfassung

Die Entwicklungspsychologie befasst sich mit Veränderungen und Stabilitäten des Verhaltens und Erlebens über die gesamte Lebensspanne. Im vorliegenden Buch konzentrieren wir uns auf den Lebensabschnitt der Kindheit (Geburt bis zum zwölften Lebensjahr). Dabei werden sowohl Fragen der allgemeinen (Kinder eines gewissen Alters zeigen große Übereinstimmungen über viele Situationen; ihr Verhalten weist je nach Alter klar erkennbare Unterschiede auf) als auch der differentiellen Entwicklung (Wie entwickeln sich Unterschiede zwischen Kindern?) angesprochen.

Ein entwicklungspsychologisches Grundproblem betrifft die Frage nach dem Verhältnis von Anlage und Umwelt für die kindliche Entwicklung. Heutzutage herrscht Einigkeit, dass die Entwicklung jeglicher menschlichen Eigenschaft *sowohl* durch die Gene *als auch* durch die Umwelt beeinflusst wird. Gefragt wird, wie sich dieses Zusammenspiel gestaltet. Eine zweite Grundfrage betrifft die Kontinuität oder Diskontinuität von Entwicklung. Während Stufenmodelle wie z. B. das der kognitiven Entwicklung von Piaget klar von einer diskontinuierlichen Entwicklung ausgehen, mehren sich in den letzten Jahren Stimmen, die Entwicklung eher als kontinuierlichen Prozess betrachten. Eine entscheidende Rolle kommt hier auch der Betrachtungsperspektive zu.

Die wissenschaftliche Erforschung der kindlichen Entwicklung begann im 19. Jahrhundert. Verschiedene Theorien ver-

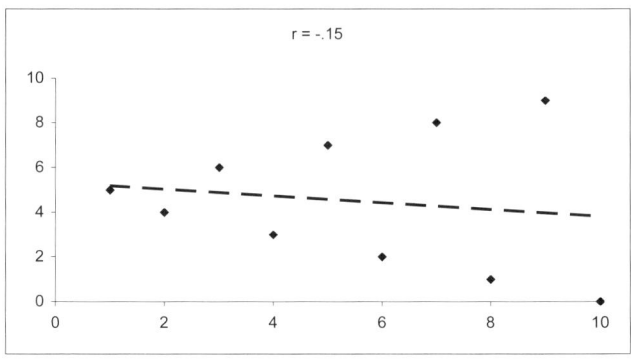

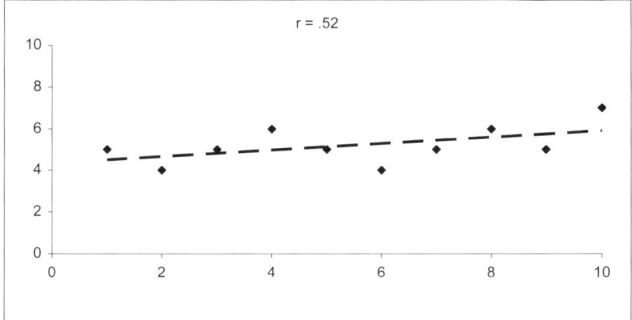

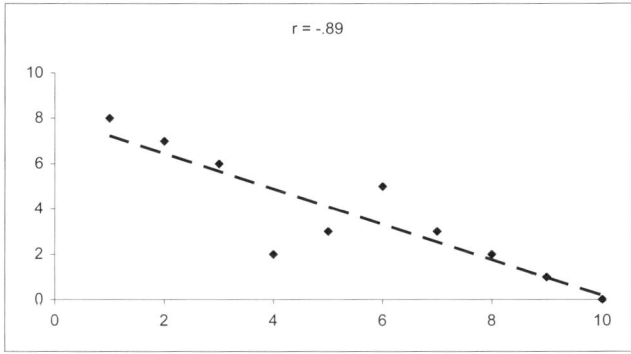

Abb. 1.5: Korrelationskoeffizienten verschiedener Höhe. Diese fiktiven Daten stellen eine schwach negative, eine mittel positive und eine hoch negative Korrelation dar (s. Kasten). Jeder Punkt repräsentiert eine einzelne Versuchsperson.

suchen die menschliche Entwicklung zu erklären, so die biologisch-reifungstheoretischen Theorien, die Psychoanalyse, der Behaviorismus, die kognitiven Entwicklungstheorien und die ökologische Entwicklungspsychologie.

Die wissenschaftlichen Methoden, mit Hilfe derer die (Entwicklungs-)Psychologie zu ihren Aussagen kommt, müssen bestimmten Gütekriterien genügen. Hierzu zählen v. a. die Objektivität, die Reliabilität (Wie genau wird gemessen?) und die Validität (Wird das gemessen, was gemessen werden soll?). Wichtige Methoden der Datenerhebung in der Kindheit sind Befragung sowie Beobachtung. Beide können in mehr oder weniger standardisierter Form durchgeführt werden. Sollen Aussagen über Ursachen von kindlichem Verhalten und Erleben getroffen werden, empfehlen sich experimentelle Designs. Mit Hilfe von Korrelationen können nur Zusammenhänge zwischen Variablen untersucht werden. Kulturvergleichende Untersuchungen stellen die einzige Möglichkeit dar, Theorien auf ihre Allgemeingültigkeit hin zu überprüfen und beugen somit der Gefahr ethnozentrischer Fehlschlüsse vor.

Speziell entwicklungspsychologische Forschungsdesigns sind Quer- und Längsschnittuntersuchungen. Bei Ersteren werden Gruppen von Kindern verschiedenen Alters im Hinblick auf ein Merkmal verglichen; bei Letzteren wird die Entwicklung von Kindern einer bestimmten Gruppe über einen definierten Zeitraum hinweg verfolgt.

Von größter Wichtigkeit in der (entwicklungs)psychologischen Forschung ist die Einhaltung ethischer Standards. Sowohl die Kinder als auch ihre Eltern müssen ihre Einwilligung zur Teilnahme an einer Studie geben. Das Wohl des Kindes, seine Sicherheit, Würde und Integrität muss jederzeit gewährleistet sein.

Empfohlene Literatur

Bortz, J. & Döring, N. (2006). *Forschungsmethoden und Evaluation.* Berlin: Springer.

Montada, L. (2008). Fragen, Konzepte, Perspektiven. In R. Oerter & L. Montada (Hrsg.), *Entwicklungspsychologie* (S. 3–48). Weinheim: Beltz.

2 Neurowissenschaftliche Grundlagen der Entwicklung

Die letzten anderthalb Jahrzehnte haben einen ungeheuren Zuwachs an Wissen über das menschliche zentrale Nervensystem gebracht, das die wichtigste materielle Basis unserer Informationsverarbeitung und der damit verbundenen psychischen Vorgänge (Wahrnehmen, Denken, Erinnern, Fühlen, Handeln usw.) darstellt. Dabei erweist sich das *Zusammenwirken verschiedener Disziplinen* (Medizin, Psychologie, Biologie u. a.) in einer Neurowissenschaft, wie es sich auch in Deutschland langsam entwickelt, als sehr fruchtbar (vgl. Singer, 2002). Die Gehirnforschung bereichert entwicklungspsychologische Vorstellungen und Modelle ganz entscheidend. Sie liefert neue Antworten auf Fragen nach dem Ineinandergreifen von Anlage und Umwelt, der Bedeutung sensibler Phasen und dem alterskorrelierten Auftauchen von Fähigkeiten.

2.1 Untersuchungsmethoden

Die Fortschritte in der Forschung hängen eng mit einer ständigen Weiterentwicklung der Untersuchungsmethoden zusammen (vgl. die Überblicke in Pauen & Elsner, 2008; Thomas & Casey, 2003). Psychologisch besonders interessant sind dabei solche, die es erlauben, Strukturen und Prozesse am lebenden Gehirn aufzuzeigen, dieses quasi bei der Arbeit zu beobachten und dies optimalerweise sogar im Längsschnitt. Damit wird es möglich Verbindungen herzustellen zwischen der Tätigkeit neuronaler Schaltkreise und dem beobachtbaren Verhalten bzw. zwischen strukturellen Veränderungen und dem Auftauchen und Verschwinden psychischer Funktionen im Laufe der Ontogenese.

Insbesondere die *Magnetresonanztomographie (MRT)* hat die Forschung zur Hirnentwicklung revolutioniert, da bei ihr, anders als bei anderen bildgebenden Verfahren, auf die Verwendung radioaktiv markierter Substanzen verzichtet werden kann. Dies scheint ethisch besonders wichtig, wenn Kinder untersucht werden sollen, bei denen keine klinische Indikation evtl. mögliche Untersuchungsrisiken rechtfertigen würde. Für Kinder vor dem Schulalter ist die Methode jedoch nur unter Anwendung von Beruhigungs- oder Betäubungsmitteln praktikabel, wegen der notwendigen engen und unbeweglichen Lagerung und der starken Geräuschentwicklung in der Untersuchungsapparatur. Bei der MRT bringt man das Gehirn in starke magnetische Felder, die die Ausrichtung der vorhandenen Wasserstoffkerne vorübergehend beeinflussen. Auf der Basis des unterschiedlichen Vorkommens von Wasserstoff in verschiedenen Hirnstrukturen können sehr differenzierte dreidimensionale anatomische Bilder erzeugt werden. Um Funktionen aufzuzeigen *(funktionelle MRT, fMRT)*, nutzt man die unterschiedlichen magnetischen Eigenschaften von sauerstoffreichem und sauerstoffarmem Blut, wobei Ersteres gehäuft in aktive Hirnregionen transportiert wird (Spitzer, 2002; Casey et al., 2001; Krings, 2003).

Verbesserte Methoden der *EEG-Messung (Elektroenzephalogramm)* bei denen ein dichteres Netz von Elektroden am Kopf befestigt wird, sind auch bei jungen Kindern unbedenklich anzuwenden und erlauben eine etwas größere Bewegungsfreiheit als die MRT (Nelson & Monk, 2001; Eliot, 1999). Hierbei werden Veränderungen der Spannung an der Kopfhaut gemessen und als Verlaufskurven aufgezeichnet, die sich aufgrund von Änderungen in der elektrischen Aktivität der Neurone ergeben. Mit dem EEG können beispielsweise Unterschiede zwischen Schlaf- und Wachphasen bei Kindern verschiedenen Alters beschrieben oder charakteristische Aktivitätskomponenten identifiziert werden, die mit der Wahrnehmung und Verarbeitung von Reizen zeitnah zusammenhängen *(EKP, ereigniskorrelierte Potentiale)*. Wegen der Einschränkung des Aktionsraumes sind mögliche Untersuchungsanordnungen bei den genannten Verfahren noch weit von der Alltagswirklichkeit entfernt.

Neben Beobachtungen und Untersuchungen an Patienten mit neurologischen Auffälligkeiten liefern vor allem *Tierstudien* wichtige Informationen über die Funktion des Nervensystems im lebenden Organismus. Trotz der intensiven Evolution gerade im Bereich der Hirnrinde sind viele Mechanismen im Aufbau und in der Vernetzung in hohem Maße ähnlich geblieben (Bourgeois, 2001). Bei Tieren werden experimentelle Versuchsanordnungen vorgenommen, die z. T. auch aus ethischen Gründen bei Menschen nicht möglich wären, so werden z. B. gezielt deprivierende Entwicklungsbedingungen erzeugt und deren Folgen für die neuronale Vernetzung bestimmt, um die Frage nach dem Zusammenspiel von Anlage und Umwelt zu beantworten.

2.2 Der Aufbau des Gehirns

Um entwicklungsbedingte Veränderungen des zentralen Nervenssystems (ZNS) im Gehirn besser zu verstehen, sollen zunächst einige anatomische Grundlagen erläutert werden. Von oben betrachtet sieht man zunächst auf das *Großhirn* mit seinen zwei *Hemisphären* und symmetrisch auf beiden Hälften angeordneten *Lappen* (Lobi) (vgl. **Abb. 2.1**). Vom Nacken zur Stirn sind dies: Okzipitallappen (Hinterhauptslappen), Parietallappen (Scheitellappen) und Frontallappen (Stirnlappen) und seitlich je ein Temporallappen (Schläfenlappen). Die Lappen sind von der *Hirnrinde* (Neokortex) bedeckt, die zu wulstigen Windungen (Gyri) und flachen Furchen (Sulci) gefaltet ist, die sich pränatal vor allem in den letzten Monaten bilden (vgl. Kolb & Wishaw, 1996; Dubois et al., 2008).

Bei der Draufsicht bleiben *tieferliegende Strukturen* des Großhirns zunächst verborgen (u. a. Hippocampus, Amygdala). Die beiden Hirnhälften sind über den gesamten Scheitel durch ein kräftiges Faserbündel (Balken = Corpus callosum) verbunden, über das sie kommunizieren. Das Großhirn sitzt über dem Hirnstamm, den man in Zwischenhirn (u. a. Thalamus, Hypothalamus, Hypophyse), Mittelhirn, Hinterhirn (Kleinhirn und Brücke), verlängertes Rückenmark (Medulla oblongata) und Rückenmark unterteilt (vgl. **Abb. 2.2**).

Neben der Angabe von Strukturen könnte man den Aufbau des Gehirns auch noch auf andere Weise thematisch gliedern, z. B. über die Zuständigkeit von Regionen für bestimmte Aufgaben (*funktionale Betrachtung*) oder nach den in verschiedenen

Bereichen vorzufindenden Zelltypen. Funktional wird beispielsweise eine Reihe von Groß- und Zwischenhirnstrukturen (u. a. Gyrus cinguli, Hippocampus, Amygdala) unter dem Begriff des limbischen Systems zusammengefasst, das besonders für emotionale und motivationsbezogene Informationsverarbeitung und Lernprozesse zuständig sein soll. Solche funktionalen Abgrenzungen sind jedoch oft schwer zu rechtfertigen, weil es zwar Spezialisierungen von Hirnregionen gibt, letztendlich aber immer alle Bereiche des Gehirns in der Verhaltenssteuerung zusammenarbeiten.

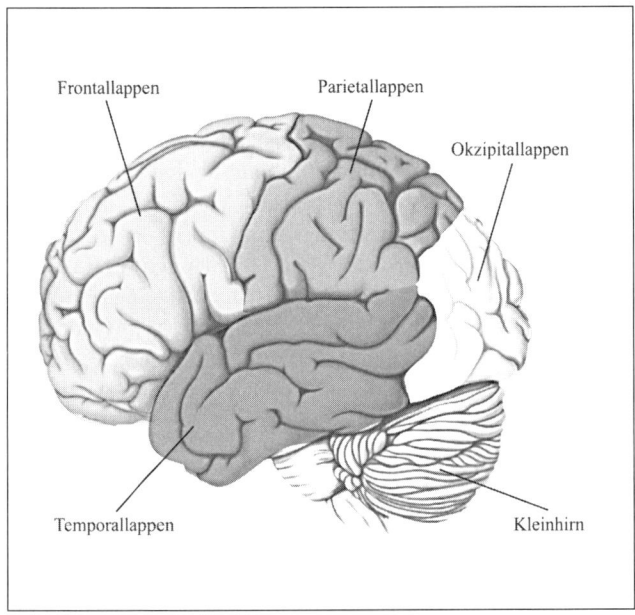

Abb. 2.1: Draufsicht auf das Gehirn (Schandry, 2006, S. 146)

Die einfachste *Gliederung nach Zelltypen* im Gehirn ist die in Nervenzellen (Neuronen) und Glia (s. u.), unter denen sich wieder jeweils verschiedene Formen unterscheiden lassen. **Abbildung 2.3** zeigt schematisiert den Aufbau, den die meisten Nervenzellen haben. Jedes Neuron besitzt nur einen Zellkörper und

maximal ein Axon, das häufig von einer schützenden Myelinscheide umgeben ist. Das Axon verzweigt sich in Kollaterale und
schließlich Telodendrien, an denen die synaptischen Endknöpf-
chen sitzen. Über das Axon kann ein Signal an andere Neuronen
weitergegeben werden. In diesem Prozess werden an den End-
knöpfchen Botenstoffe (Neurotransmitter) in den synaptischen
Spalt entlassen, die das nachgeordnete Neuron erregen. Der
Kontakt des Axons kann zu allen Teilen des nachgeordneten
Neurons bestehen, häufig aber zu den stark verzweigten Dendriten (vgl. Spitzer, 2002).

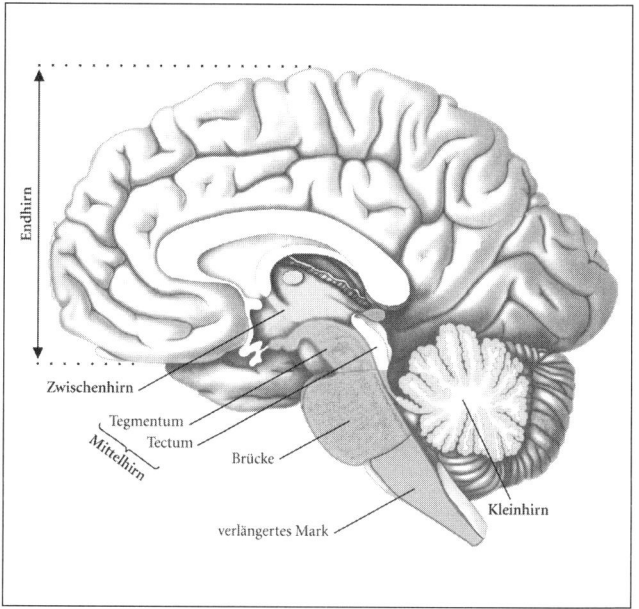

Abb. 2.2: Zentrale Strukturen des Gehirns (Schandry, 2006, S. 108)

Die Gliazellen stellen die Mehrheit der Zellen im Großhirn dar,
wobei ihnen vor allem Versorgungsfunktionen für die Neuronen
zuerkannt werden (Keller & Simbruner, 2007), neuerdings aber
auch eine aktivere Rolle bei der Signalübertragung im Gehirn
(Spitzer, 2002).

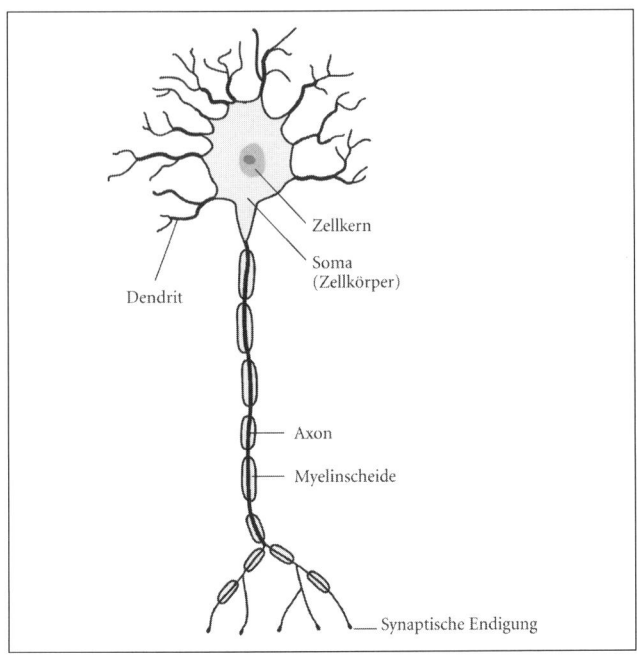

Zellkern

Soma
(Zellkörper)

Dendrit

Axon

Myelinscheide

Synaptische Endigung

Abb. 2.3: Neuron mit unterschiedlichen Teilkomponenten
(vgl. Schandry, 2006, S. 37)

2.3   Prozesse der Gehirnentwicklung

Im Folgenden werden grundsätzliche Prozesse der Gehirnentwicklung dargestellt. Diese wurden von den Forschern jedoch
meist in spezifischen Regionen des Gehirns untersucht, so dass
es vielfach noch eine Aufgabe für die Zukunft bleibt, ihren genauen Verlauf in anderen Regionen des Gehirns ebenso nach-
zuweisen wie die zeitliche Einordnung in der Ontogenese. Es
geht um die *Entstehung von Nervenzellen*, ihre *Vernetzung* durch
die Bildung von Kontakten mittels Synapsen, die Erhöhung der
Kontaktmöglichkeiten durch Dendritenwachstum und Spine-
bildung, den *selektiven Rückgang* bei Synapsen und Neuronen
und die Isolierung von Axonen sowie um die damit verbundene

Verbesserung der Signalübertragung. Die Beschreibung stützt sich dabei vor allem auf die Übersichten in Eliot (1999), Keller und Simbruner (2007) und Elsner und Pauen (2008) und eine Reihe von Beiträgen in Nelson und Luciana (2001).

2.3.1 Bildung von Neuronen

Die Entwicklung des Gehirns beginnt sehr früh nach der Befruchtung der Eizelle. Von den sich bildenden drei Keimblättern ist das Ektoderm wichtig, aus dem sich auch die Haut entwickelt. Es bildet sich zunächst eine Neuralplatte, die sich zu einem Neuralrohr schließt. Am unteren Ende des Neuralrohrs entsteht dann das Rückenmark, am oberen Ende das Gehirn. Durch weitere Teilungsschritte separieren sich frühzeitig verschiedene Hirnbereiche u. a. das Großhirn. An den Wänden des mit Flüssigkeit gefüllten Hohlraums des Neuralrohrs (ventrikuläre Zone) bilden sich aus teilungsbereiten Vorläuferzellen (Neuroepithelzellen) zunächst einfach strukturierte Nerven- und auch Gliazellen. Der Prozess der Bildung von Nervenzellen *startet mit der dritten Woche der Embryonalentwicklung*, erreicht einen Höhepunkt in der 17. Woche und ist *mit 18 Wochen weitgehend abgeschlossen.* Neuere Forschungsergebnisse, zunächst aus der Tierforschung, später auch aus der Forschung am Menschen, schieben diese Grenze jedoch immer weiter hinaus. Wurde zuerst noch ein geringer Zuwachs bis in die ersten Lebensmonate eingeräumt (Eliot, 1999), so wird nun teilweise von Neubildungen bis zum sechsten Lebensjahr (Shankle et al., 1998) und in manchen Bereichen des Kortex (u. a. im Hippocampus) sogar bis ins Erwachsenenalter berichtet (vgl. Eriksson et al., 1998; Tanapat et al., 2001). Von den Gliazellen war schon länger bekannt, dass sich auch lange nach der Geburt neue bilden können.

Um auf die schätzungsweise ca. *100 Milliarden Neurone* des menschlichen Gehirns zu kommen, muss die Produktion zumindest auf ihrem pränatalen Höhepunkt mit atemberaubender Geschwindigkeit ablaufen – mit mehr als einer halben Million neuer Zellen pro Minute.

Die neu gebildeten Neurone (Neuroblasten) wandern nach ihrer Entstehung *(Migration)* und differenzieren sich erst nach

Erreichen ihrer endgültigen Position in verschiedene Typen aus. Die *Zielfindung* scheint in verschiedenen Hirnregionen unterschiedlich vor sich zu gehen. Wie und wann der Typus einer Nervenzelle wirklich festgelegt wird, ist Gegenstand intensiver Forschung. Die Migration der Nervenzellen findet hauptsächlich vom dritten bis zum fünften Schwangerschaftsmonat statt. Die meisten haben dann ungefähr ihre endgültige Position eingenommen und alle wichtigen Hirnstrukturen sind bereits vorhanden. Die frühe Neurogenese ist von ihrem Ablauf her weitgehend genetisch gesteuert.

Die meisten Neurone begleiten den Menschen ein Leben lang, auch wenn es bereits im Rahmen des Aufbaus effizienter Informationsübertragungswege und der grundlegenden Architektur des Gehirns in den ersten Lebensjahrzehnten zu einem programmierten Absterben von Neuronen *(Apoptose)* kommt.

2.3.2   Der Aufbau der synaptischen Architektur

In den einzelnen Regionen des Gehirns kommt es zu einer Vernetzung der Zellen, sobald die zellulären Grundlagen geschaffen sind. Hierzu bilden sich bereits pränatal beginnend Kontaktstellen für die Signalübertragung zwischen den Zellen *(Synaptogenese)*. Dazu ist zunächst das Wachstum von Axonen und Dendriten notwendig. Nach Eliot (1999) *beginnt die Synaptogenese im Rückenmark in der fünften Schwangerschaftswoche*, im Kortex erst in der siebten; dort dauert sie auch am längsten an.

Bourgeois (2001) nimmt an, dass die Synaptogenese in der menschlichen Hirnrinde in fünf Phasen verläuft: Phase 1 beginnt in der sechsten bis achten Woche, Phase 2 in der 12. bis 17. Woche der Schwangerschaft und sie führt zu einer Vernetzung niedriger Dichte; Phase 3 beginnt in der 17. bis 24. Woche, endet ca. acht bis zwölf Monate nach der Geburt und führt zu einer sehr hohen Dichte an Synapsen. Die Phase 4, eine Plateauphase mit einer hohen Dichte synaptischer Kontakte, dauert sehr unterschiedlich lange in verschiedenen Gebieten des Neokortex. Phase 5 geht mit einem stetigen langsamen Verlust von Synapsen besonders an den dendritischen Dornen einher. Sie beginnt (spätestens) nach der Pubertät und setzt sich bis ins hohe Alter fort, in dem es dann zu einem deutlichen Verlust von Synapsen kommt. Die Veränderungen in Phase 1 und 2 werden wahrscheinlich von erfahrungsunabhängigen Prozessen dominiert, ebenso die der frühen Phase 3, in der später jedoch die erfahrungserwartenden Prozesse vorherrschen. In Phase 4 sind erfahrungsunabhängige und -erwartende Prozesse bedeutsam, in Phase 5 vor allem erfahrungsabhängige (s. Kap. 2.4).

Die Angaben hinsichtlich des Zeitpunkts, zu dem die höchste Synapsendichte erreicht ist, variieren für verschiedene kortikale Regionen; sie reichen vom Ende des ersten bzw. zweiten Lebensjahres (Bourgeois, 2001; Eliot, 1999) bis zu Datierungen ins Vorschulalter z. B. für den präfrontalen Kortex (vgl. Casey et al., 2005). Auf dem Höhepunkt haben sich bis zu 15 000 Synapsen an jedem kortikalen Neuron gebildet.

Doch wie finden die einzelnen Neurone zunächst die Bereiche, mit denen sie in Kontakt treten sollen? Die Vernetzung beginnt mit dem *Wachstum des Axons*, an dessen Ende sich anfänglich ein Wachstumskegel mit Tentakeln befindet, die in alle Richtungen ausgesendet werden und nach chemischen und elektrischen Signalen der zu kontaktierenden Neuronen suchen, die zu den Rezeptorstrukturen des Axons passen. Wenn ein Axon seinen Kontaktbereich gefunden hat, verzweigt es sich und bildet Synapsen mit einer Vielzahl von Neuronen in der Umgebung. Axone können auch die abgelegensten Bereiche des Körpers mit dem Gehirn verbinden und mehr als einen Meter Länge erreichen.

Es bestehen zwei unterschiedliche theoretische Vorstellungen, wie die synaptische Architektur im Kortex (in den Phasen 3 und 4) entsteht (vgl. Bourgeois, 2001, S. 29): die *selektionistische* und die *konstruktivistische*. Bei der konstruktivistischen Vorstellung reift die Vernetzung von einer schwachen zu einer dichten. Die spontane Eigenaktivität der Neurone und die durch Erfahrungen erzeugte Aktivierung verursacht die Bildung neuer Synapsen. Bei der selektionistischen Vorstellung entsteht zunächst auf der Basis intrinsischer Mechanismen eine große Anzahl synaptischer Kontakte. Die so entstandenen Informationsübertragungswege sind jedoch noch wenig effizient. Auf der Basis der durch Erfahrung erzeugten neuralen Aktivität findet eine Auswahl statt, bei der aktive Synapsen, die ihre postsynaptischen Ziele in »erwarteter« Art und Weise stimulieren, stabilisiert werden bzw. andere, die dies nicht tun, verschwinden. Das Fazit aus den von Bourgeois zitierten Befunden ist, dass beide Vorstellungen einen Teil der Abläufe zutreffend beschreiben.

Durch tierexperimentelle Studien konnten z. B. für das visuelle System Prinzipien identifiziert werden, nach denen die *erfahrungsabhängige Selektion von Synapsen* verläuft (vgl. Singer, 2002). Die Erregungsübertragung zwischen einem von den Lichtsinneszellen in der Netzhaut des Auges kommenden Neuron und einer nachgeschalteten, also postsynaptischen Zelle im Kortex wird verbessert und gefestigt, wenn beide gemeinsam aktiv sind. Zu einer gemeinsamen Aktivität kommt es nur, wenn bei der nachgeordneten Zelle eine bestimmte Aktivierungsschwelle überwunden wird. Betrachtet man die synaptischen Verbindungen mehrerer sensorischer Neurone, die auf die gleiche nachgeschaltete Zelle einwirken, so kann ein *Wettbewerb zwischen diesen Neuronen* entstehen, der zur Festigung oder auch zur Schwächung bis hin zur vollständigen Aufgabe von Verbindungen führen kann. Die gleichzeitige Aktivität wird jedoch nicht nur durch das sensorische Neuron allein bestimmt, vielmehr kann die Aktivierungsschwelle für das Hirnrindenneuron nur überwunden werden, wenn durch modulierende Systeme im Hirn erzeugte Signale einen zusätzlichen Aktivierungsbeitrag leisten. Hierin kann man einen Schutzmechanismus gegenüber dem System widersprechenden Modifikationen der synaptischen Architektur sehen (s. Kontrollmechanismen neuronaler Plastizität).

Auch die zunächst in großer Fülle gebildeten Neurone unterliegen einem Selektionsprozess. Sind sie nicht in der Lage, eine bestimmte Anzahl von Synapsen zu bilden, sterben sie einen *programmierten Zelltod*. Je nach Hirnregion gehen ca. 50 Prozent der gebildeten Neurone wieder zugrunde (Keller & Simbruner, 2007).

Die Möglichkeit zur Bildung von Kommunikationspunkten zwischen Nervenzellen wird durch das *dendritische Wachstum*, das zu 83 Prozent erst nach der Geburt auftritt und zusätzlich durch die Bildung von *Dornenfortsätzen* an den Dendriten (dendritic spines) erhöht. Als Ergebnis dieses Prozesses verdreifacht sich die Stärke der Hirnrinde im Laufe des ersten kindlichen Lebensjahres. Innerhalb der Umorganisation der neuronalen Netzwerke im Rahmen von Lernprozessen werden aber auch bei den dendritischen Dornen Verluste beobachtet. Dendriten zeigen auch noch im Erwachsenenalter erstaunliche Plastizität, denn sie können neue Dornen innerhalb von Stunden evtl. sogar Minuten nach einer bestimmten Erfahrung formen (vgl. Kolb & Gibb, 2001).

Als Ergebnis von Selektionsprozessen in neuronalen Netzen sollten nur solche Verbindungen bestehen bleiben, die sich im Hinblick auf die Informationsverarbeitungsnotwendigkeiten einer bestimmten Umwelt bewährt haben. Es gilt der Satz: »*Use it or loose it!*«

2.3.3 Myelinisierung

Zeitgleich mit dem Aufbau effizienter informationsverarbeitender Netze im Gehirn findet die Myelinisierung der Nervenbahnen statt. Bei Erwachsenen sind die Axone der meisten Nervenzellen mit einer von speziellen Gliazellen gebildeten, *isolierenden Schutzschicht* ummantelt, die verhindert, dass die innerhalb der Nervenzelle für die elektrische Übertragung verantwortlichen Ionen über »undichte« Stellen verloren gehen. Durch die Isolierung wird in den Nervenzellen die Übertragung von Aktionspotentialen erst möglich bzw. wird wesentlich beschleunigt (ohne Myelin 3 m/sec, mit Myelin bis zu 110 m/sec, Spitzer, 2002, S. 230). Die Myelinisierung wird nach bisherigem Wissen genetisch kontrolliert, wobei es Hinweise darauf gibt, dass die Aktivität der Nervenzellen den Vorgang fördert (Nagy et al., 2004). Die Myelinisierung folgt einer festen Sequenz: Sie *beginnt ungefähr mit vier bis fünf Monaten im Rückenmark* und im achten Monat im Gehirn, wobei phylogenetisch ältere Regionen vor jüngeren, die höhere mentale Fähigkeiten koordinieren, myelinisiert werden.

2.3.4 Gehirnentwicklung und Verhalten

Die bisher beschriebenen Prozesse laufen im kindlichen Gehirn in allen Regionen ab, jedoch zu sehr unterschiedlichen Zeiten.

Generell gilt, dass die Reifung vom »Schwanz zum Kopf« verläuft, d. h. vom Rückenmark zur Großhirnrinde, und dass in dieser Abfolge auch bestimmte Areale des ZNS »online gehen«, was sich in der kindlichen Entwicklung dann auch im Auftauchen neuer Funktionen und Fähigkeiten im kindlichen Verhalten äußern sollte (vgl. Eliot, 1999; Spitzer, 2002). Messungen des Grades der Myelinisierung können gute Hinweise auf den *Reifegrad abgegrenzter Regionen des Gehirns* liefern (Nagy et al., 2004). Detailliertere Regeln für den Ablauf der Myelinisierung finden sich bei Sampaio und Truwit (2001).

Der Kortex reift am langsamsten und ungleichmäßigsten. Zum Zeitpunkt der Geburt sind dort die primären sensorischen und motorischen Gebiete myelinisiert, die für die primäre Verarbeitung von Sehen, Hören und Tasten und die ersten Bewegungen verantwortlich sind. Große Teile von Parietal-, Temporal- und Frontallappen, die mit den höheren geistigen Funktionen verbunden sind, selektieren Synapsen und myelinisieren ihre Axone noch gegen Ende des zweiten Lebensjahrzehnts.

2.4   Entwicklung und neuronale Plastizität

Im Hinblick auf Entwicklungseinflüsse unterscheiden Greenough und Alcantara (1993) in der Hirnentwicklung drei Arten von Ereignissen: *erfahrungsunabhängige, erfahrungserwartende* und *erfahrungsabhängige.* Erfahrungsunabhängige Entwicklungen werden durch genetische und epigenetische Mechanismen innerhalb des Gehirns gesteuert. Diese können durch Mutationen und schädigende Einflüsse wie Gifte, Infektionen usw. gestört werden. Insbesondere die frühe massenhafte Entstehung von Neuronen und eine erste grundlegende Vernetzung fallen unter diese Art von Ereignissen. Bei den erfahrungserwartenden Entwicklungen sind einige Einflüsse aus der Umwelt außerhalb des Gehirns für eine Feinjustierung bestehender neuraler Netzwerke notwendig (z. B. Seherfahrungen für die Fähigkeit zum beidäugigen Tiefensehen). Selektionsprozesse in neuronalen Netzwerken fallen besonders unter diese Rubrik. Erfahrungsabhängige Entwicklungen sind vollständig von den Erfahrungen des Subjekts abhängig.

»Die Anpassungsvorgänge im Zentralnervensystem an die Lebenserfahrung eines Organismus bezeichnet man ganz allgemein als *Neuroplastizität*« (Spitzer, 2002, S. 94). Sehr viele Befunde zur Neuroplastizität stammen von den höchsten Verarbeitungsstufen des Gehirns in der Hirnrinde. Wegen ihres überwiegend gleichförmigen Aufbaus bezeichnet Spitzer (2002, S. 99) die Hirnrinde als Vielzweckbauteil, das sich zur Einrichtung unterschiedlichster Funktionen eignet. Es bleibt zu prüfen, inwieweit das Ausmaß der dort gefundenen Plastizität auf phylogenetisch ältere Bauteile des Gehirns übertragbar ist, die von ihrem Aufbau vielleicht stärker auf bestimmte Funktionen spezialisiert sind.

Erfahrungserwartende und -abhängige Modifikationen des Gehirns ermöglichen dem Menschen eine sehr *hohe Flexibilität in der Umweltanpassung.* Man geht davon aus, dass das Gehirn evolutionär seit ca. 30 bis 40 000 Jahren im Wesentlichen unverändert ist und ein Steinzeitkind heute ebenso erfolgreich überleben könnte wie damals (vgl. Singer, 2002). Die Flexibilität ist einer der Gründe, warum sich die Natur auf das *Risiko* einlässt, dass z. T. vorübergehende Störungen in der Signalaufnahme, z. B. durch die Fehlstellung eines schielenden Auges oder eine anregungsarme Umwelt in Institutionen (s. u.) auch zu katastrophalen Veränderungen von Hirnfunktionen führen können. Als weiterer Vorteil gilt, dass auch Funktionen ausgebildet werden können, die auf Verschaltungsmustern beruhen, die durch genetische Instruktionen alleine nicht realisiert werden können. Ein Beispiel ist das bereits erwähnte beidäugige Tiefensehen (s. u.). Außerdem würde die bestehende Anzahl von Genen nicht ausreichen, um die Vielzahl neuronaler Schaltkreise zu programmieren, die in unserem ZNS realisiert sind (Eliot, 1999).

2.4.1 Sensorische Repräsentation in kortikalen Karten

Besonders gut untersucht ist die umweltabhängige Neuroplastizität in den Bereichen der Hirnrinde, die für die Verarbeitung von somatosensorischen, Hör- und visuellen Sinnesreizen zuständig sind, weil eine direkte Verbindung zum sensorischen Input hergestellt werden kann (vgl. Spitzer, 2002; Elbert et al., 2001). Reize von der Körperoberfläche und aus der Körpertiefe werden im Kortex zunächst landkartenförmig repräsentiert. Dabei werden ähnliche Signale nahe beieinander verarbeitet und häufigere nehmen einen größeren Raum ein (Spitzer, 2002). Auch die Steuerung willkürlicher Bewegungen ist regional organisiert (vgl. **Abb 2.4**). Der Hand ist im Verhältnis zu ihrem faktischen Anteil an der Körperoberfläche ein relativ großer Verarbeitungsbereich im Kortex zugeordnet. Bei Blinden, die mit einem Zeigefinger Braille-Schrift lesen, vergrö-

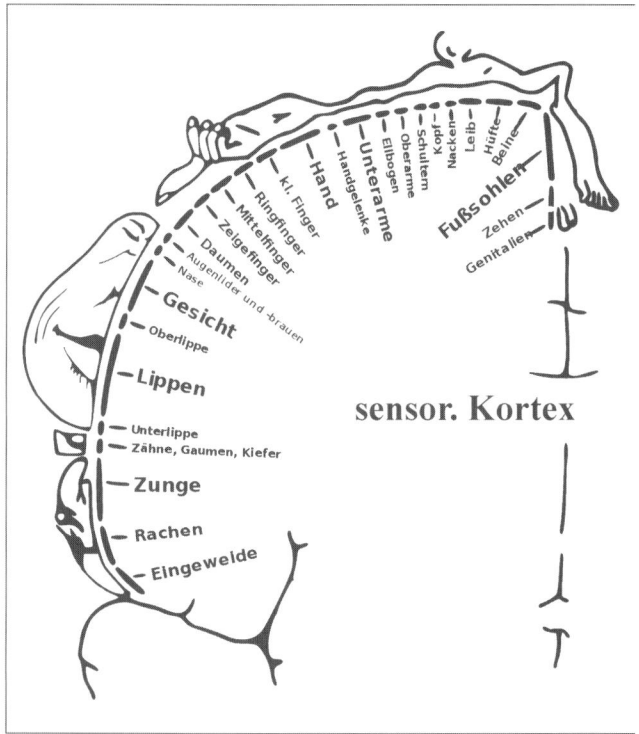

Abb. 2.4: Repräsentation im primären somatosensorischen und motorischen Kortex (Homunkulus) (Love & Webb, 1992, S. 19)

ßert sich das für die Fingerkuppe zuständige Areal (Pascual-Leone & Torres, 1993). Bei Lesern, die viele Stunden mit drei Fingern lesen, verschmelzen die Projektionsgebiete, wodurch die Unterscheidung von Reizen zwischen einzelnen Fingern leidet, gleichzeitig aber ein größerer sprachlicher Input verarbeitet werden kann. Bei Amputationen im Bereich der oberen Extremitäten dringt die Repräsentation des Gesichtsbereichs (Lippen) in den ursprünglichen Handbereich ein, was umso ausgeprägter ausfällt, je früher im Lebenslauf die Amputation stattgefunden hat. Dies gibt einen Hinweis auf die *größere Plastizität des Kortex in der Kindheit* (vgl. Elbert et al., 2001).

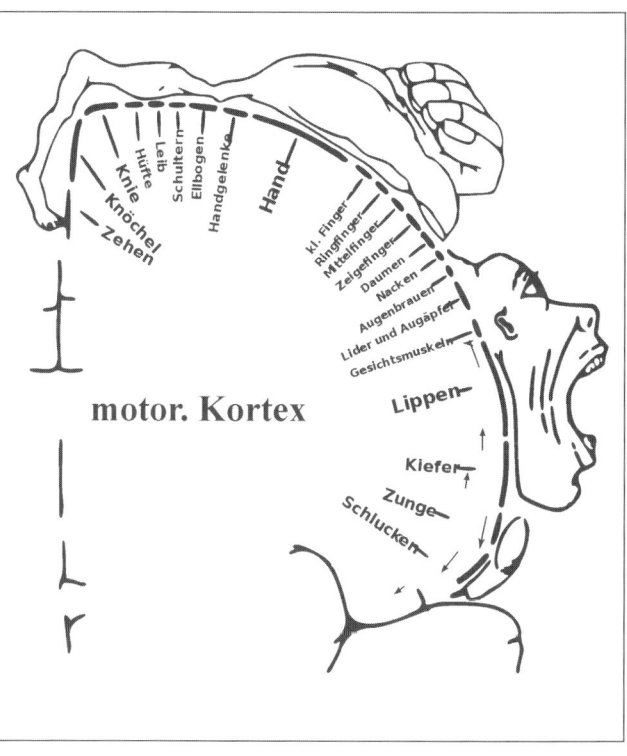

2.4.2 Kontrollmechanismen neuronaler Plastizität

Bei aller Flexibilität des neuronalen Systems haben sich auch *Schutzmechanismen gegen Modifikationen* gebildet, die die Funktionalität beeinträchtigen. Singer (2002) beschreibt Beispiele im Hinblick auf das räumliche Sehen und die Unterscheidung von Objekten gegenüber einem Hintergrund. Bei der Ausbildung des räumlichen Sehens handelt es sich nach der Begrifflichkeit von Greenough und Alcantara (1993) um einen erfahrungserwartenden Prozess, denn ohne die Verarbeitung von visuellen Reizen wären Abstimmungsprozesse des visuellen Systems nicht möglich. Dazu ist es nötig, dass ein bestimmtes Neuron in der Sehrinde des Neokortex nur mit zusammengehörenden Bereichen auf den Netzhäuten beider Augen verbunden wird – nämlich denen, wo deckungsgleiche Signale aus dem Sehraum empfangen werden, wenn ein Objekt beidäugig fixiert wird. Für diese gilt dann wie oben beschrieben: »Neurons wire together if they fire together« (Singer, 2002, S. 49). Genetisch ist die Zuordnung von korrespondierenden Netzhautgebieten nicht genau vorherbestimmbar, da diese von Parametern wie z. B. dem Augenabstand abhängig ist, der wiederum durch außergenetische Faktoren beeinflusst wird und sich im Laufe der individuellen Entwicklung auch verändert. Eine Kalibrierung des Systems sollte sinnvollerweise nur erfolgen, wenn ein Lebewesen aufmerksam mit beiden Augen ein Objekt fixiert. Kontrollierend einbezogen werden dabei Rückmeldungen über den Kontraktionszustand der Augenstellmuskeln, über den Wachheitszustand und die Aufmerksamkeit. Es konnte gezeigt werden, dass sich bei narkotisierten Tieren nur dann langfristige Veränderungen der Hirnrindenfunktion herbeiführen lassen, wenn zusätzlich zur Darbietung visueller Reize auch die Kontrollsysteme elektrisch stimuliert werden (Singer 2002).

Elbert et al. (2001) sprechen im Zusammenhang mit der erfahrungsbedingten Reorganisation kortikaler Gebiete davon, dass der *Input Verhaltensrelevanz* haben muss, damit es zu einer Umorganisation kommt. Sie beschreiben Untersuchungen bei Primaten, bei denen es nur dann zu einer Differenzierung der Tonhöhenrepräsentation in tonotopen Landkarten kommt, wenn eine feinere Unterscheidung von Tonhöhen regelmäßig mit einer Belohnung verbunden ist.

2.4.3 Die Rolle von Umwelten für die Hirnentwicklung

Versuche an jungen Ratten, die in einer *anregenden Umwelt* untergebracht wurden, zeigen einen Zuwachs an Hirngewicht zwischen 7 und 10 Prozent nach 60 Tagen. Dieser Zuwachs kommt durch eine Zunahme an Glia und Blutgefäßen, der Größe des Neuronensomas sowie von Dendriten und Synapsen zustande; bei Letzteren macht dies kortikal um die 20 Prozent aus (Eliot, 1999). Studien zeigen aber auch, dass die Effekte je nach dem Alter der Tiere unterschiedlich sind, und dass Anregung und Lernen nicht immer mit einem »Mehr« einhergehen müssen. Die effizientere Informationsverarbeitung wird verschiedentlich gerade mit einem »Ausjäten« der Synapsen an dendritischen Dornen in Verbindung gebracht. Eine entsprechende Verringerung war etwa bei sehr jungen Ratten zu verzeichnen, die gleich nach dem Entwöhnen in eine anregende Umwelt gebracht wurden (Kolb & Gibb, 2001), bei sehr jungen Hühnern und Strauchratten beim Eintreten der Filialprägung (Prägungslernen in Bezug auf ein Elterntier) (Bock et al., 2003) oder bei Ratten, die mit einer Bürste taktil stimuliert wurden. Letztere verfügten als Erwachsene über eine verbesserte Feinmotorik und räumliche Orientierung.

Eine in der Psychologie wenig beachtete Form von Umwelteinfluss stellt die *Ernährung* dar. Georgieff und Rao (2001; vgl. auch Eliot, 1999) diskutieren die Effekte bestimmter Mangelzustände (bei Protein, Energie und Spurenelementen wie Eisen, Jod, Zink und Selenium), die sich besonders in Phasen rascher Hirnentwicklung bemerkbar machen und dann wiederum selektiv in bestimmten Regionen bzw. neuronalen Schaltkreisen. Solche Effekte lassen sich auf der molekularen, biochemischen, strukturellen und Verhaltensebene nachweisen.

Eine pränatale Mangelernährung resultiert in einer allgemeinen intrauterinen Wachstumsretardierung. Nach Autopsiestudien verfügen solche Kinder über weniger und kleinere Gehirnzellen und einen geringeren Kopfumfang, wobei manche Regionen, z. B. Kleinhirn, Hirnrinde und Hippocampus, stärker betroffen zu sein scheinen. Strauss und Dietz (1998) zeigen, dass Kinder mit pränatal verringertem Kopfwachstum im Vergleich zu einer Kontrollgruppe von Geschwistern auch noch im Alter von sieben Jahren niedrigere IQ- und Bender-Gestalt-Testwerte aufweisen.

Nach Studien an rumänischen Kindern, die von englischen Familien adoptiert wurden, scheint der Wachstumsrückstand jedoch stabiler als das frühe kognitive Defizit. Die rumänischen Kinder wiesen auch im Alter von sechs Jahren noch einen im Vergleich zu britischen Entwicklungsnormen signifikant verringerten Kopfumfang auf, obwohl zumindest die im ersten Lebenshalbjahr adoptierten Kinder im Vergleich zu einer Kontrollgruppe britischer Adoptivkinder mit vier Jahren von der kognitiven Entwicklung her fast gleichgezogen hatten (O'Connor et al., 2000). Da die letzte Normierung der verwendeten kognitiven Tests allerdings lange zurückliegt und bekannt ist, dass sich die Mittelwerte von Intelligenztests in der Population generell nach oben verschoben haben, könnten unterdurchschnittliche Testergebnisse dadurch überdeckt worden sein.

Postnatal ist ein positiver Zusammenhang zwischen dem Stillen und der kognitiven Entwicklung belegt, bei dem unklar ist, inwieweit er auf die Mutter-Kind-Interaktion oder auf die optimale Zusammensetzung der Muttermilch hinsichtlich notwendiger Nahrungsbestandteile zurückzuführen ist. Von der Arbeitsgruppe um Pollitt (nach Georgieff & Rao, 2001) konnten Belege für ernährungsbedingte Defizite in der kognitiven Entwicklung in guatemaltekischen Dörfern erbracht werden, die in Gebieten lagen, in denen normalerweise Eiweiß- und Kalorienmangel bei der Ernährung vorliegt. Mütter und Kinder bis zu sieben Jahren erhielten Nahrungszusatzstoffe, wobei in zwei von vier Dörfern weniger Kalorien und Eiweiß in diesen Zusatzstoffen enthalten waren als in den anderen beiden. Bei Nachfolgeuntersuchungen im Jugendalter lagen die Testwerte hinsichtlich Wissen, Zahlengewandtheit, Lesen, Verarbeitungsgeschwindigkeit und Vokabular in der Gruppe mit der hochwertigen Nahrungszufuhr signifikant höher.

Generell gilt, dass Verbesserungen der Ernährungsbedingungen nach pränatalen oder postnatalen Mangelphasen zu einer umso besseren Erholung der kognitiven Funktionen führen, je früher sie erfolgen, wobei es bisher noch keine Argumente dafür gibt, dass ab irgendeinem Zeitpunkt in der Kindheit keine positiven Effekte mehr zu erwarten wären.

2.4.4 Sensible Phasen der neuronalen Entwicklung

Sensible Perioden sind seit Langem ein wichtiges Thema der Entwicklungspsychologie (s. Kap. 1.3.3). In welchen Bereichen der Entwicklung sie vorkommen und welche Prozesse genau im Organismus dabei ablaufen, dazu könnte die neurowissenschaftliche Forschung neue Beiträge liefern (vgl. dazu und im Folgenden Knudsen, 2004). Dort werden die Veränderungen nicht auf der Ebene des Verhaltens, sondern auf der neuronaler Schaltkreise betrachtet.

Man versteht unter einer *sensiblen Periode* eine Phase, in der der Einfluss der Erfahrung auf das Gehirn ungewöhnlich stark ist und in der Fähigkeiten sehr leicht geformt oder verändert werden. *Kritische Perioden* bilden eine Unterklasse – in ihnen kommt es zu Veränderungen, die irreversibel sind. Mrakotsky (2007) bemerkt, dass die in sensiblen Perioden erhöhte Plastizität auch mit einer erhöhten Vulnerabilität gegenüber schädigenden Einflüssen einhergeht.

Nicht alle neuronalen Schaltkreise werden durch Erfahrung geformt, manche bilden sich ganz auf der Basis genetischer Mechanismen aus; dazu gehören viele Verbindungen, die weniger im ZNS als nahe an der sensorischen und motorischen Peripherie arbeiten. Viele Schaltkreise bleiben auf breiter Ebene das ganze Leben lang offen für Modifikationen. Dazwischen liegen solche, die in sensiblen Perioden durch Erfahrung formbar sind. Es besteht eine ungefähre Übereinstimmung mit dem, was wir bisher als erfahrungserwartende Prozesse bezeichnet haben.

An der Steuerung komplexer Verhaltensweisen sind viele Schaltkreise beteiligt und damit möglicherweise auch viele sensible Perioden, zunächst auf niedriger, später auf höherer Verarbeitungsebene. So enden sensible Phasen für das beidäugige Sehen lange vor denen für Schaltkreise, mit denen komplexe Objekte analysiert werden.

Die Repräsentation der Augen im primären visuellen Kortex ist ein bei Tieren sehr gut studiertes Beispiel für eine kritische Phase. Wird während der ersten Monate nach der Geburt ein Auge geschlossen, so kommt es zum Verlust von Verbindungen dieses Auges und einem Ausbau neuer Verbindungen beim offenen Auge. Die Informationsverarbeitung im Kortex wird dann durch das offene Auge dominiert und nach dem Ende der kritischen Periode stellt sich das normale Muster *beidäugigen Sehens* auch dann nicht mehr ein, wenn das verschlossene (gesunde) Auge wieder geöffnet wird.

Sensible Perioden gibt es möglicherweise auch für das *soziale Lernen*. Aus Tierversuchen sind kritische Perioden der Filialprägung gut belegt, die evtl. Modelle für das Entstehen der Eltern-Kind-Bindung auch beim Menschen liefern können (vgl. Bock et al., 2003). In einem Prägungsexperiment wurden neugeborene Haushuhnküken mit einem künstlichen Gluckenlaut beschallt und konnten gleichzeitig mit einer Hennenattrappe Kontakt aufnehmen. Die Küken lernten diesen Laut von anderen zu unterscheiden und reagierten mit einer Hinwendungsreaktion. Im Zusammenhang mit diesem Lernprozess kam es im Verlauf von Stunden und Tagen zu dramatischen Veränderungen an Neuronen und ihren synaptischen Verbindungen in verschiedenen prägungsrelevanten Vorderhirnregionen. Vergleichbare Veränderungen waren weder bei den Tieren zu finden, denen keine Möglichkeit zur Prägung gegeben worden war, noch bei denen, die nur den Laut gehört, aber keine Möglichkeit gehabt hatten, sich einer Hennenattrappe zuzuwenden (Bock et al., 2003). Man kann darin wiederum einen zerebralen Schutzmechanismus sehen, der verhindert, dass die kritische Phase zu Ende geht, ohne dass es tatsächlich zum Kontaktaufbau zwischen dem Küken und der das Überleben sichernden Elternfigur gekommen ist. Bowlby hat auch den Aufbau der Eltern-Kind-Bindung beim Menschen als einen prägungsähnlichen Vorgang angesehen. Die Trennung von ihren Familienmitgliedern erzeugt bei jungen Ratten eine *Stressreaktion*, die mit Veränderungen in vielen physiologischen Systemen einhergeht (Bock et al., 2003; Hofer & Sullivan, 2001). U. a. kommt es auch zu einer Reduktion des verfügbaren Wachstumshormons. Es bestehen biologische Ähnlichkeiten zwischen den bei Ratten gefundenen Effekten und den Symptomen von Kindern mit reaktiver Bindungsstörung im Kleinkindalter, die teilweise mit einer Wachstumsverzögerung einhergeht. Erfolgreiche Anwendung fanden diese neuen Erkenntnisse bei Frühgeborenen, denen man ein regelmäßiges Stimulationsprogramm mit Streicheln und Gliederbewegungen zukommen ließ. Zunahmen von Gewicht, Kopfgröße und Maßen der Verhaltensentwicklung im Vergleich zu einer Kontrollgruppe waren auch noch Monate später vorhanden (Field, 1986, nach Hofer & Sullivan, 2001).

Durch Reifungsfortschritte oder intensive Erfahrungen kann der *Beginn einer sensiblen Phase* eingeläutet werden. Nur ein bestimmtes, genetisch vorprogrammiertes Spektrum von Reizen ist dann in der Lage einen Schaltkreis zu formen (s. Filialprägung). Es kommt sodann zu Prozessen wie dem der Entstehung neuer axonaler Projektionsfelder, der Eliminierung von Synapsen, besonders solchen an dendritischen Dornen und der Konsolidierung von Synapsen. Änderungen in der Synapsenstärke nach der sensiblen Phase sind jedoch immer noch möglich, indem die Zahl der präsynaptischen Transmitter enthaltenden Vesikel oder der postsynaptischen Rezeptoren verändert wird.

Die ersten Reize in einer sensiblen Periode haben natürlich die beste Möglichkeit einen Schaltkreis zu formen, solange jedoch die Periode nicht abgeschlossen ist, können andere Reize weiter wirken. So können Schaltkreise, die Sprache weiterleiten, die phonologische Information verschiedener Sprachen gleich gut verarbeiten, solange das Kind frühzeitig mit ihnen konfrontiert wird. Gerade unter den Bedingungen starker Erregung und Emotionalität können auch spätere Reize noch wirksam werden.

Unter den vielen, während einer sensiblen Periode stattfindenden Veränderungen, konnte noch kein Mechanismus identifiziert werden, der tatsächlich für deren *Beendigung* zuständig ist. Viele sensible Perioden laufen langsam aus, kritische dagegen eher unmittelbar, wenn der relevante Umweltreiz aufgetreten ist. Bleiben die durch das System erwarteten Erfahrungen/Reize aus, führt dies zunächst zu einer Verlängerung der sensiblen Periode, doch irgendwann endet sie – in der Regel dann mit hoch abnormaler Verschaltung.

2.4.5   Korrektur abweichender Entwicklungspfade

Cicchetti (2002) verweist darauf, dass die psychologische und biologische Entwicklung nicht nur als Interaktion zwischen Natur und Umwelt gesehen werden darf, sondern insbesondere bei der Entwicklung des Kortex Prozesse der Selbstorganisation berücksichtigt werden sollten. Auch wenn es genetisch oder durch Erfahrung bedingt zu einer pathologischen Gehirnentwicklung gekommen ist, unternimmt der Organismus Anstrengungen, deren maladaptive Effekte zu überwinden (Cicchetti, 2002). So können verschiedene Teile des Gehirns inadäquate Formen der Anpassung kompensieren, z. B. höhere Ebenen der Verarbeitung Fehler der tieferen korrigieren, und aufgrund der parallelen Organisation der Informationsverarbeitung kann Information auf verschiedenen Wegen gewonnen werden. Kinder, die wegen frühen Schielens kein beidäugiges Tiefensehen gelernt haben, gleichen diesen Mangel oft auf anderem Wege aus, indem sie die Entfernung über die Größe u. a. Merkmale von Objekten abschätzen, die sie aus der Erfahrung kennen. Oft wird ihr im Verhalten nicht offensichtliches Defizit nur durch spezielle Tests bemerkt (Knudsen, 2004). Auf der Verhaltensebene bestehen solche Prozesse der kompensierenden Selbstorganisation z. B. darin, dass Individuen neue Erfahrungen auf Gebieten suchen, auf denen sie über Stärken verfügen (Cicchetti, 2002).

Für die Entwicklungspsychopathologie ist auch die Frage bedeutsam, inwieweit Entwicklungsfenster wieder geöffnet und die während sensibler Perioden erworbenen Verhaltensformungen verändert werden können. Psychologisch besonders interessant sind hier neue Erfahrungen, die ein Individuum im Zustand von Aufmerksamkeit, Aufregung und emotionaler Betroffenheit macht. Knudsen (2004) diskutiert aber auch medizinisch-biologische Lösungen. Erfahrungsabhängige Prozesse können während der gesamten Lebensspanne stattfinden und soziale Interventionen, Psycho- und Pharmakotherapie können im Zusammenhang mit der Tendenz zur Selbstkorrektur gestörte Gehirne reparieren (vgl. Hüther & Rüther, 2003). Es zeigt sich mehr und mehr, dass diese Veränderungen bis auf die zelluläre und physiologische Ebene vordringen (Cicchetti, 2002).

Zusammenfassung

Der ungeheure Wissensfortschritt im Hinblick auf die Entwicklung des ZNS hängt unmittelbar mit der Weiterentwicklung von Forschungsmethoden zusammen. Um die Entwicklung des Gehirns zu verstehen, bedarf es eines grundlegenden Wissens über dessen strukturellen und funktionalen Aufbau, über die vorhandenen Zelltypen und den Ablauf von Prozessen der Informationsvermittlung. Die Entwicklung des Gehirns beginnt sehr frühzeitig nach der Verschmelzung der Keimzellen. Der Prozess der Neubildung von Gehirnzellen (Neurogenese) erfolgt größtenteils pränatal. Zumindest in einigen Regionen des Gehirns geht er später allerdings noch weiter, teilweise sogar bis ins Erwachsenenalter. Etwas später als die Neurogenese beginnt die Vernetzung des Gehirns, was erst die Informationsübertragung möglich macht. Die Neuronen bilden Zellfortsätze aus, an denen Kontaktpunkte zu anderen Neuronen entstehen (Synaptogenese). Zum Aufbau effizienter Schaltkreise kommt es einerseits dadurch, dass zunächst im Überschuss aufgebaute neuronale Netze ausgedünnt werden und nur die tatsächlich genutzten Verbindungen übrigbleiben, andererseits werden dort auch neue Verbindungen aufgebaut, wo häufig Aktivierung vorhanden ist. Für den zunächst massenhaften Aufbau sind vor allem genetisch gesteuerte Reifungsprozesse verantwortlich, während für die weitere Optimierung erfahrungsabhängige Prozesse verantwortlich gemacht werden. Nicht ausreichend vernetzte Neurone sterben einen programmierten Zelltod. Die Isolierung neuronaler Fortsätze mit einer Schutzschicht (Myelinisierung) führt zur Beschleunigung der Informationsleitung. Die Myelinisierung von Teilen des ZNS ist ein Indikator für das Erreichen der vollen Funktionsfähigkeit von Regionen.

Entwicklungspsychologisch von besonderer Bedeutung ist die Frage nach sensiblen Perioden der Gehirnentwicklung bzw. nach dem Ausmaß lebenslanger Neuroplastizität. Überlegungen zu sensiblen Phasen, z. B. der Sprachentwicklung, werden momentan häufig als Argumente für vorschulische Bildung und eine frühe mehrsprachige Erziehung angeführt. Andererseits kann im Gegensatz zur früheren Betonung der frühen Entwicklung auch eine gewisse Entwarnung gegeben werden angesichts der anhaltenden neuronalen Plastizität. Die Bedeutung der auf die Kindheit folgenden Lebensphasen sollte auch im Hinblick auf die neuronale Entwicklung und Erziehungsprozesse ernster genommen werden.

Bisher hat das neurowissenschaftliche Wissen nur mittelbare Relevanz für die psychosoziale Praxis. Es ergeben sich generelle Hinweise, die aber im Einzelnen für Entwicklungsbereiche und individuelle Verläufe noch zu spezifizieren sind. Im Hinblick auf Entwicklungsauffälligkeiten ist das bessere Verständnis von Zusammenhängen zwischen neuronalen Systemen und bestimmten Kompetenzen relevant. Diagnostik und Förderung können zukünftig vielleicht spezifischer auf Verhaltenskomponenten und ihre Verarbeitungssysteme abgestellt werden.

Empfohlene Literatur

Eliot, L. (2003). *Was geht da drinnen vor? Die Gehirnentwicklung in den ersten fünf Lebensjahren* (4. Aufl.). Berlin: Berlin Verlag.

Spitzer, M. (2002). *Lernen. Gehirnforschung und die Schule des Lebens.* Heidelberg, Berlin: Spektrum Akademischer Verlag.

Kaufmann, L., Nuerk, H.-C., Konrad, K. & Willmes, K. (2007). *Kognitive Entwicklungsneuropsychologie.* Göttingen u. a.: Hogrefe.

Der Kampf gegen die Erdanziehung

Tobias (rechts), 4 Monate

Tobias, 8 Monate

Klara, 6 Monate

Tobias, 1 Jahr, 4 Monate

3 Wahrnehmung und Motorik

3.1 Die Wahrnehmung

3.1.1 Der Wahrnehmungsprozess

Wahrnehmung dient dazu, uns über jene Eigenschaften und Vorgänge in unserer Umwelt und in unserem eigenen Körper zu informieren, die für unser Leben wichtig sind. Sie hilft uns damit in angemessener Weise zu agieren. Zum Prozess der Wahrnehmung gehört zunächst die Aufnahme von Reizen aus der Umwelt mittels unserer Sinnesorgane. Nur ein Teil dieser Reize wird weitergeleitet und in höheren Zentren verarbeitet, und nur ein Teil wird zur bewussten Erkenntnis. Der Verlauf der Wahrnehmung, der seinen Ausgang bei den Reizen nimmt und nur deren Merkmale analysiert, wird daher als *Bottom-up-Prozess* bezeichnet. Zusätzlich zu den Reizinformationen kommen bei der Wahrnehmung jedoch häufig Informationen zum Tragen, die auf höheren Verarbeitungsebenen bereits vorliegen. Die greifen dann als eine Art Voreinstellung in die Reizverarbeitung ein, indem sie die Aufmerksamkeit auf bestimmte Aspekte lenken oder die Interpretation von Reizkonfigurationen beeinflussen. Man spricht hier vom *Top-down-Prozess* (Goldstein, 2002). Mit zunehmendem Lebensalter, einem immer reicher werdenden Schatz an im Gedächtnis gespeicherten Erfahrungen und immer komplexeren Denkprozessen, gewinnt der Top-down-Prozess an Einfluss auf die Wahrnehmung des Kindes.

Wilkening und Krist (2008) schätzen, dass sich aktuell bis zu 90 Prozent der Untersuchungen zur Wahrnehmungsentwicklung auf das erste Lebensjahr beziehen. Anders als lange Zeit angenommen ist die Wahrnehmungswelt von Neugeborenen nicht chaotisch und ungeordnet, gegenüber der von Erwachsenen jedoch deutlich defizitär. Bis zum Ende des ersten Lebensjahres, teilweise auch im zweiten Jahr, machen die einzelnen Sinnessysteme dann eine so rasante Entwicklung durch, dass in vielen Aspekten nur noch geringe Unterschiede zur Funktionsweise beim Erwachsenen bestehen. Weitere Veränderungen sind vor allem dort bemerkenswert, wo im Wahrnehmungsprozess noch größere Spielräume für die Reizinterpretation auf höheren Verarbeitungsebenen vorliegen. Dies scheint besonders bei den höheren Sinnen, dem Sehen und Hören der Fall zu sein (Wilkening & Krist, 2008).

3.1.2 Methoden der Wahrnehmungsforschung

Im frühen Alter können wir unsere Probanden nicht einfach nach ihren Sinneseindrücken fragen. Hinzu kommt, dass sich Säuglinge nur über kurze Phasen in einem optimalen Zustand von Wachheit und Wohlsein befinden, der für die Teilnahme an Untersuchungen nötig ist. Gerade für die Kleinsten bedarf es spezieller Methoden: Verwendet werden die Erfassung der Präferenz, der Habituation bzw. Dishabituation und der evozierten Potentiale. Mit der Präferenzmethode kann beispielsweise die Sehschärfe bestimmt werden, indem man dem Kind ein Muster, z. B. schwarze und weiße Streifen zeigt und gleichzeitig eine ungemusterte graue Fläche gleicher Helligkeit. Das Kind wird das Streifenmuster länger betrachten. Schritt für Schritt werden die Streifen dann schmaler gemacht. Ab dem Punkt, ab dem das Kind keine Präferenz mehr für dieses Muster gegenüber der ungemusterten Fläche zeigt, kann man davon ausgehen, dass es die Streifen nicht mehr unterscheiden kann. Aus der Breite der Streifen kann nun die Sehschärfe bestimmt werden. Bei der Methode der Habituation wird die stärkere Neugier von Kindern für Neues ausgenutzt (s. Kap. 6). Als weitere Methode wird die direkte Ableitung neuronaler Aktivität verwendet. Dazu werden auf dem Kopf des Kindes Elektroden direkt oberhalb der neokortikalen Projektionsfelder für ein Sinnessystem – z. B. der Sehrinde – angebracht. Unterschiedliche, durch visuelle Reize evozierte Potentiale für die graue Fläche und das Streifenmuster werden sich nur so lange finden lassen, wie das Kind die beiden Muster noch unterscheiden kann. Im Folgenden soll auf einige ausgewählte Aspekte der frühen Entwicklung jedes Sinnessystems eingegangen werden (vgl. Goldstein, 2002).

3.2 Die Entwicklung der Sinnessysteme

Gemeinhin werden sieben Sinnessysteme unterschieden. Zu jedem gehören Sinnesorgane mit jeweils einem oder mehreren Typen von Rezeptoren, die nur auf bestimmte Reizarten ansprechen. Die weitere Verarbeitung der Reize erzeugt spezifische Empfindungen. Zu unterscheiden sind die visuelle, die auditive, die olfaktorische, die gustatorische, die vestibuläre, die propriozeptive und die taktile Wahrnehmung, wobei die beiden Letzteren oft unter somatosensorisch zusammengefasst werden.

3.2.1 Visuelle Wahrnehmung

Bei der visuellen Wahrnehmung ist das zugehörige Sinnesorgan das Auge. Die Rezeptoren sitzen auf der Netzhaut im Augenhintergrund und sprechen auf elektromagnetische Wellen im Bereich von 400 bis 700 nm an. Als Empfindungen resultieren Eindrücke von Helligkeitsgraden, Formen, Farben und Bewegung (Goldstein, 2002).

Die *Sehschärfe* ist bei der Geburt des Kindes schlecht entwickelt, verbessert sich jedoch in den ersten sechs Monaten rasch und erreicht den Wert der Erwachsenen mit ca. einem Jahr. Anfänglich würde ein Säugling beim Betrachten eines Reizmusters aus 50 cm Entfernung die gleiche Auflösung erreichen wie ein Erwachsener aus 10 bis 15 Metern. Die Ursache der geringen Sehschärfe liegt wohl daran, dass die für das Sehen zuständigen Felder im Kortex (Sehrinde) und ein Rezeptortyp, die Zapfen im Zentralbereich der Netzhaut, noch unausgereift sind. Die optische Qualität von Hornhaut und Linse ist dagegen sehr gut.

Neben der Sehschärfe ist die *Kontrastempfindlichkeit* eine weitere Voraussetzung für das Erkennen von Objekten. Im Alter von einem Monat können Kinder noch keine feinen Einzelheiten sehen, sicher aber relativ große Objekte mit starkem Kontrast. Nach den Ergebnissen einer bei Goldstein (2002) wiedergegebenen Computersimulation würde ein Neugeborenes Personen wie durch Milchglas sehen. Bereiche mit starkem Kontrast, z. B. der Übergang vom Gesicht zum Haaransatz, wären dabei gut zu differenzieren. Die Form der Haare ist wahrscheinlich eine der entscheidenden Informationen dafür, dass schon wenige Tage alte Säuglinge das Gesicht ihrer Mutter erkennen können (Pascalis et al., 1995). Erst mit ca. drei Monaten hätte sich die Sicht des Kindes so verbessert, dass die Wahrnehmung eines mimischen Ausdrucks möglich wäre. Nach der wesentlich günstiger ausfallenden Simulation bei Wilkening und Krist (2008) sollte dies dagegen schon früher möglich sein und man könnte über die Bedeutung für den Beziehungsaufbau spekulieren, wenn Gesichter und Emotionen früher besser wahrnehmbar wären.

Auch das *Farbensehen* ist schon sehr frühzeitig möglich, wenngleich nicht klar ist, ob sich in höherem Alter die Feinheit der Unterscheidung nicht noch verbessert. Aus einer Reihe von Experimenten schließt Goldstein (2002), dass spätestens bei zwei bis drei Monate alten Säuglingen alle drei dafür notwendigen Zapfentypen vorhanden sind.

Die *Wahrnehmung räumlicher Tiefe* ist eine komplexe Fähigkeit, zu der mehrere Informationsarten zusammengeführt werden müssen. Zunächst bedarf es der Fähigkeit, beide Augen zuverlässig auf ein Ziel auszurichten, was ungefähr mit drei Monaten möglich zu sein scheint. Wenig später können Säuglinge dann die Querdisparation, d. h. die Unterschiedlichkeit der Abbildung dreidimensionaler Objekte auf den Netzhäuten beider Augen, zur Tiefenwahrnehmung nutzen. Auch die stärker erfahrungsabhängige monokulare Tiefenwahrnehmung, die sich auf Informationen aus dem gegenseitigen Verdecken von Objekten, Veränderungen ihrer gewohnten Größe u. a. stützt, beginnt sich mit fünf bis sieben Monaten zu entwickeln (Goldstein, 2002). Beim klassischen Versuch mit der visuellen Klippe scheuen Kinder mit ca. neun Monaten davor zurück, von einem festen Platz aus zu ihrer Mutter auf der anderen Seite einer Glasplatte zu krabbeln, die sich ca. eine Tischhöhe über einem karierten Bodenmuster befindet. Hier geht es jedoch offensichtlich nicht nur um die Wahrnehmung von Tiefe, sondern wahrscheinlich haben die Kleinen aufgrund ihrer zunehmenden Beweglichkeit bereits Erfahrung mit Stürzen gemacht und es wird eher die Tiefenangst geprüft (Wilkening & Krist, 2008).

Eine Reihe von Studien beschäftigt sich mit der frühen Wahrnehmungsorganisation. Werden z. B. Objekte von einem Hintergrund abgegrenzt, teilweise verdeckte Objekte noch als Einheiten wahrgenommen bzw. nahe beieinander befindliche Objekte getrennt? Eine Reihe von Experimenten zeigt, dass Bewegungsinformation für die Wahrnehmungsorganisation sehr wichtig ist und es auch noch für viele Monate bleibt (vgl. Goldstein, 2002). Johnson und Aslin (1995) habituierten Säuglinge auf Darstellungen eines Stabes, der sich hinter einer Kiste seitwärts bewegte. Nach der Habituation wurden den Säuglingen Darstellungen eines gebrochenen Stabes und ein kompletter Stab gezeigt. Sie schauten bevorzugt auf den gebrochenen Stab, was nahelegt, dass sie während der Habituationsphase aus der gleichmäßigen Bewegung der sichtbaren Stabteile auf die Ganzheit des bewegten Stabes geschlossen hatten.

3.2.2 Auditive Wahrnehmung

Das der auditiven Wahrnehmung zugehörige Sinnesorgan ist das Ohr. Die Rezeptoren, an denen zunächst mechanisch weitergeleitete Reize in neuronale Erregung umgesetzt werden, befinden sich auf Membranen im Innenohr – in der Schnecke. Das Ohr spricht auf Schallwellen im Bereich von 20 bis 20 000 Hz an. Die wichtigsten Merkmale der Sinneseindrücke sind Lautheit, Tonhöhe und Klangfarbe; hinzu kommt jedoch bei komplexen Schallereignissen noch eine Reihe anderer.

Schon Neugeborene scheinen über beachtliche Hörleistungen zu verfügen. DeCasper und Fifer (1980) untersuchten bei zwei Tage alten Säuglingen, ob sie die *mütterliche Stimme* von anderen unterscheiden konnten. Die Kleinen hatten einen Schnuller im Mund, der mit einem Abspielgerät gekoppelt war. Über Kopfhörer hörten sie die Stimme der Mutter, wenn sie eine bestimmte Pausenlänge zwischen Saugdurchgängen einhielten (z. B. lang), eine fremde weibliche Stimme, wenn sie eine andere Pausenlänge wählten (z. B. kurz). Die Säuglinge stellten ihre Pausen so ein, dass sie die Stimme der Mutter insgesamt längere Zeit hörten. Mit demselben Verfahren konnte die Bevorzugung der Muttersprache gegenüber einer Fremdsprache nachgewiesen werden und die Bevorzugung von Geschichten, die pränatal regelmäßig vorgelesen worden waren, gegenüber anderen, die in einzelnen Worten verändert worden waren (vgl. Goldstein, 2002).

Schon Neugeborene orientieren sich auf markante *Schallquellen* hin. Nach Griffiths Entwicklungsskalen sollten sich Kinder mit sechs Monaten prompt einem Glöckchen zuwenden, das seitlich hinter ihnen erklingt (Brandt & Sticker, 2001). Die Fähigkeit zur Lokalisierung von Schallquellen hat bis zur Mitte des zweiten Lebensjahres fast das Niveau von Erwachsenen erreicht. So konnten Morrongiello et al. (1990) zeigen, dass 18 Monate alte Kleinkinder zwei Schallquellen noch unterscheiden können, wenn die Richtungsdifferenz nur noch 5 Grad beträgt.

Eine zunehmend promptere Reaktion auf Schallquellen ist natürlich auch darauf zurückzuführen, dass die *Hörschwellen* sinken, d. h. die minimale Lautstärke (Schallintensitätspegel), bei der die Kinder Schallreize bestimmter Frequenzen (Tonhöhe) wahrnehmen können. Im Bereich der besten Hörempfindlichkeit, einem Bereich, der auch für die Sprachwahrnehmung zentral ist, liegt die Hörschwelle bei Erwachsenen bei ca. 2 000 Hz bei 0 dB. Normale Gespräche verlaufen ungefähr bei einer Lautstärke von 60 dB (vgl. Goldstein, 2002, S. 380f). Olsho et al. (1988) haben in ihrem Versuch im Frequenzbereich von ca. 200 bis ca. 10 000 Hz Beobachter anhand der Verhaltensänderungen von Säuglingen beurteilen lassen, ob diese einen Ton hören können. Mit sechs Monaten verläuft die Hörschwellenkurve nur noch zwischen 10 und 20 dB über der von Erwachsenen.

3.2.3   Geruchs- und Geschmackswahrnehmung

Der über die Rezeptoren der Nasenschleimhaut aufgenommene Geruch und der über die Rezeptoren der Zunge vermittelte Geschmack (*süß, sauer, salzig, bitter, neuerdings auch: fleischig*) sind die bei der Geburt am weitesten entwickelten Sinnesempfindungen. Dies ist sinnvoll, weil die zugehörigen Moleküldetektoren zusammenwirken und als Torhüter vor der Aufnahme schädlicher Substanzen bei der Ernährung schützen. In zahlreichen Studien wurde nachgewiesen, dass Säuglinge süße, sauere und bittere und nach einigen Monaten auch salzige Geschmacksstoffe unterscheiden können (Goldstein, 2002). Nicht zuletzt wegen der Sorge, dass die modernen Ernährungsgewohnheiten gesundheitliche Risiken für die Kinder mit sich bringen, werden zunehmend Studien zur Entwicklung von Geruchs- und Geschmacksvorlieben durchgeführt.

Die Unterscheidung von bestimmten Geruchsstoffen kann schon pränatal gelernt werden, weil diese über die mütterliche Nahrung in das *Fruchtwasser* vordringen. Schaal et al. (2000) fanden, dass Säuglinge, deren Mütter in den letzten beiden Schwangerschaftswochen besonders viel Anis zu sich genommen hatten, wenige Stunden nach der Geburt vor jeder Nahrungsaufnahme eine Präferenz für den entsprechenden Geruch zeigten, im Gegensatz zu einer Kontrollgruppe, deren Mütter nur im Rahmen der normalen Nahrungsaufnahme Anis konsumiert hatten. Bei den Neugeborenen wurden die mimische Reaktion und das Hinwenden des Kopfes zu einem Wattebausch mit Anis- oder geruchlosem Paraffinöl ausgewertet.

Einige der pränatal wahrnehmbaren Geruchsstoffe erleben Säuglinge weiterhin in der Muttermilch. Frühe Geruchserfahrungen steigern die *Akzeptanz von Nahrungsmitteln* noch bis in die Entwöhnungsphase und die Kindheit. Um die Wirkung früher Erfahrungen zu studieren, bedienten sich Mennella und Beauchamp (2005) eines natürlichen Experiments. Sie verglichen zwei Gruppen von Kindern mit einer Kuhmilchunverträglichkeit, von denen jede mit Soja-Ersatznahrung einer anderen Marke ernährt wurde, und eine Gruppe von Kindern, die mit Flaschenmilch gefüttert wurde. Erwachsene und Kinder, die nicht vor dem Alter von vier Monaten die Soja-Ersatznahrung erhalten haben, empfinden gewöhnlich sowohl deren ausgeprägten Kasein-Geruch als auch den Geschmack als äußerst unappetitlich. Der Geschmack verschiedener Marken ist noch einmal unterschiedlich. Als die Kleinkinder in der Studie mit der Ersatzmilch der anderen Marke bzw. Milch-Kinder mit einer Soja-Ersatzmilch gefüttert wurden, tranken sie signifikant weniger und kürzere Zeit als bei ihrer gewohnten Nahrung. Solche Geschmacks- bzw. Geruchspräferenzen sind auch noch bei Vier- bis Fünfjährigen wirksam.

Ebenfalls von Bedeutung ist der Geruch für die *Personenwahrnehmung*. Cernoch und Porter (1985) fanden, dass sich zwei Wochen alte gestillte Säuglinge bevorzugt Kissen mit dem Achselgeruch ihrer Mutter zuwandten, nicht jedoch Kissen mit dem Geruch anderer stillender oder nicht stillender Frauen oder ihrer Väter. Nicht gestillte Kinder zeigten jedoch keine Präferenz für den Achselgeruch der Mutter. Dieser Geruch wird offensichtlich nach der Geburt erst gelernt, denn bei Neugeborenen ist eine solche Präferenz noch nicht vorhanden.

3.2.4 Vestibuläre und somatosensorische Wahrnehmung

Das *Vestibulärorgan* mit seinen Rezeptoren sitzt im Innenohr und ist für die Kontrolle der Lageorientierung des Körpers zuständig. Eine eigene Erlebnisqualität fehlt in diesem Zusammenhang. Das *propriozeptive Sinnessystem* dient der Wahrnehmung der Stellung und der Bewegung der Gliedmaßen. Die Rezeptoren sitzen an Muskeln, Sehnen und in der Haut. Große Bedeutung haben diese Wahrnehmungsformen zusammen mit dem Sehen für die Orientierung im Raum und das Ausbilden von Haltungskontrolle und Gleichgewicht, die Voraussetzung für den Einsatz aller Formen von Motorik sind (s. u.).

Spiele mit starker Stimulation der *Raumlagewahrnehmung* – Schaukeln, Herumtragen, Hochwerfen und Fangen – begeistern Säuglinge und Kleinkinder und erlauben es Eltern in vielen Situationen, die Kleinen in einen erwünschten Zustand zu versetzen – sie wach zu halten, zu beruhigen, freudig zu stimmen oder zum Einschlafen zu bringen.

Weitere Rezeptoren in der Haut liefern Informationen über *Tast- bzw. Berührungsempfindungen, Schmerz- und Temperaturempfindungen* (vgl. Goldstein, 2002). Sie werden oft auch unter dem Begriff *taktile Wahrnehmung* zusammengefasst (Kaufmann-Hayoz & Leuwen, 2002). Diese spielt eine wichtige Rolle für den Erkenntnisgewinn über Objekte und den eigenen Körper (vgl. Schuhrke, 1991). Berührungen unterstützen den Beziehungsaufbau mit anderen Menschen (Hertenstein et al., 2006) und die gesamte physiologische Regulierung des Körpers. In den letzten Jahrzehnten haben Schaffelle in der Pflege von Frühgeborenen Einzug gehalten; Eltern werden ihre *Frühchen* auf den Bauch gelegt (Känguruh-Methode) oder die Eltern werden zur Massage aufgefordert. Die Überlebensraten und das Gedeihen wurden durch solche Maßnahmen deutlich gesteigert. Field (1998) und Mitarbeiter konnten für normale Kinder und solche mit bestimmten Belastungen (Frühgeburt, Drogenexposition, chronische Krankheiten, psychische Störungen der Mütter) positive, oft über Monate hinweg nachweisbare Effekte einer auf tiefliegende Rezeptoren wirkenden Massage zeigen. Frühgeborene, die zehn Tage lang dreimal täglich 15 Minuten massiert wurden, nahmen gegenüber einer Kontrollgruppe 47 Prozent mehr an Gewicht zu und konnten sechs Tage eher entlassen werden. Sie schnitten besser im Test mit der Brazelton Neonatal Behavior Assessment Scale ab und zeigten auch nach einem Jahr noch einen Gewichtsvorteil und ein besseres Abschneiden in den Bayley Scales of Infant Development. Field (1998) geht davon aus, dass solche Effekte mit einer Senkung von Stresshormonen zusammenhängen und einer gesteigerten Aktivität des Nervus vagus, was u. a. zu einer Senkung des Herzschlags, zu einer Steigerung der Darmbewegungen und einer verstärkten Ausschüttung von Verdauungshormonen führt.

3.2.5   Intermodale Wahrnehmung

Wenn wir einen Gegenstand ertasten und dann einen Gegenstand sehen, können wir sofort entscheiden, ob sie identisch sind. Um solche Entscheidungen zu treffen, bedarf es einer Verknüpfung zwischen den Informationen aus verschiedenen Sinnessystemen. Piaget sah diese Verknüpfung als eine Leistung an, die sich wesentlich in den ersten beiden Lebensjahren während der sensomotorischen Phase entwickelt. Eine Reihe von Versuchen zeigt jedoch, dass Kindern schon von Beginn ihres Lebens an ein Abgleich zwischen den Sinnessystemen möglich zu sein scheint. Bei Kaye und Bower (1994) ließen einen Tag alte Säuglinge das Bild ihres Schnullers, an dem sie gerade saugten, länger

auf einem Bildschirm erscheinen, als das Bild eines anders geformten Schnullers. Welcher Schnuller erschien, konnten die
Neugeborenen über die Pausen zwischen Saugdurchgängen steuern. Bisher ist noch nicht geklärt, ob die Informationen verschiedener Systeme in einen amodalen Code übersetzt und so zusammengeführt werden, oder ob eine multimodale neuronale
Verarbeitung die Grundlage ist, bei der an einzelnen Neuronen
die Informationen aus verschiedenen Sinnen zusammenlaufen
(Goldstein, 2002).

3.3   Die Motorik

Das Studium der Motorik wurde in der Entwicklungspsychologie eher vernachlässigt, weshalb im Folgenden auch Beiträge aus
anderen Disziplinen (u. a. Sportpädagogik, Pädiatrie) herangezogen werden. Die Motorik galt ihr vor allem als eine Art »mus-
kuläres Vehikel«, das es erlaubt Informationen für im engeren
Sinne psychische Funktionen (z. B. Wahrnehmung, Kognition)
zu sammeln bzw. das Ergebnis psychischer Prozesse handelnd
nach außen zu tragen (Zimmermann & Kaul, 2001).

Unter Motorik verstehen Bös und Mechling »[...] die Gesamtheit aller Steuerungs- und Funktionsprozesse [...], die der Haltung und Bewegung zugrunde liegen« (in Bös, 2003, S. 2). Goldstein (2002) unterscheidet nach funktionellen Gesichtspunkten
drei Bereiche der Motorik: die *ausführende* und vollziehende
Motorik, mit der wir in der Umwelt etwas bewirken wollen; die
kommunikative Motorik, bei der es vor allem um die Übermitt-
lung nonverbaler und verbaler Signale geht; und die *explorative*
Motorik, die die Informationsaufnahme unterstützt. Teile des
muskulären Apparates sind dabei durchaus an mehreren Funktionen beteiligt. So dienen Bewegungen der Hand allen drei
Funktionen: Wir greifen mit ihr Dinge und holen sie heran, wir
übermitteln im Gespräch durch Gesten Informationen, und
wenn wir Objekte greifen, ermitteln wir Informationen über
deren Oberflächenstruktur und Größe.

3.3.1 Anfänge der Bewegung – primäre motorische Muster und Reflexe

Schon zwischen der neunten und 14. Schwangerschaftswoche entwickeln sich alle Bewegungsmuster, die später bei Neugeborenen beobachtbar sind (Largo, 2004). Häufig entsteht in der Literatur der Eindruck, das Bewegungsverhalten des Neugeborenen sei in erster Linie reflexives Verhalten. Das reflexive Verhalten bildet jedoch nur einen Ausschnitt des reaktiven motorischen Verhaltens, das, obwohl bereits pränatal möglich, erst nach der Geburt zunehmend eine Rolle spielt. Während das Kind pränatal weitgehend gegen Reize von außen abgeschirmt ist, stürmen nach der Geburt diese vielfältig auf die kindlichen Sinne und das Nervensystem ein und die Wahrscheinlichkeit für die Auslösung von Reflexen steigt. Der größte Teil der *pränatalen Bewegung* ist eigenständiges, aktiv vom kindlichen Gehirn gesteuertes Verhalten, und auch nach der Geburt gelingt es dem sich normal entwickelnden Kind, eine ausgewogene Balance zwischen von innen gesteuertem und reaktivem Verhalten zu bewahren (Touwen, 1998).

Unter einem *Reflex* versteht man ein stereotyp ablaufendes Verhalten, das auf einen spezifischen auslösenden Reiz aus der Umwelt erfolgt. Reflexe können mehr oder weniger komplex sein, d. h. unter Beteiligung einer unterschiedlichen Zahl von Neuronen und ihrer synaptischen Schaltstellen ablaufen. Unter reflexives Verhalten fällt z. B. die Suchreaktion mit dem Mund, die bei einer Berührung der Wange einsetzt, die Saugbewegung, die durch Berührung der Lippen ausgelöst wird, oder das Schließen der Hand bzw. Krümmen der Zehen, das auf Berührungen der Handfläche bzw. Fußsohle folgt. Largo (2004) führt in einer Übersicht für das erste Lebensjahr nicht weniger als 33 Reflexreaktionen auf, deren zeitgerechtes Vorhandensein bzw. Verschwinden klinisch bedeutsame Hinweise auf eine gesunde Entwicklung des Kindes geben kann. Manche Reflexe spielen erst im Zusammenhang mit der zunehmenden Kontrolle der Körperhaltung eine Rolle. So ist beim Labyrinthstellreflex der neuronale Mechanismus wahrscheinlich früh vorhanden, kann aber erst bei entsprechender Zunahme der Muskelkraft im Halsbereich ungefähr ab dem zweiten Lebensmonat vom Kind gezeigt werden. Die Kopfbalance wird so ausgeübt, dass der Scheitel oben und der Mund waagrecht gehalten wird, und dies wird über die Auslenkung der Flüssigkeit in den Bogengängen des Labyrinths im Ohr gesteuert (Pflüger, 1991). Zumindest einige der Reflexe haben auch heute noch eine wichtige überlebenssichernde Bedeutung; so dreht das Kind den Kopf auf die Seite, wenn es auf das Gesicht abgelegt wird, und hält damit die Atmungsorgane frei. Andere hatten vielleicht eine Bedeutung in der stammesgeschichtlichen Vergangenheit – so wird die sog. Moro-Reaktion auch als Anklammerung gegen das Fallen bei Primaten angesehen. Einige der frühen Reflexe bleiben lebenslang erhalten, z. B. die Würgereaktion, wenn etwas zu tief in die Kehle gerät. Andere Reflexe müssen verschwinden, da sie in ihrer reflexhaften Form die weitere motorische Entwicklung behindern würden, so etwa der tonische Nackenreflex. Wird ein Säugling in die Rückenlage gebracht, dreht er den Kopf seitwärts, wobei die Extremitäten auf dieser Seite gestreckt und auf der anderen gebeugt werden. Die Entwicklung eines kontrollierten Festhaltens des zurückfallenden Körpers bliebe bei anhaltend reflexiver Steuerung beeinträchtigt. Touwen (1998) betont jedoch, dass die neuronale Basis der Reflexe nicht zerstört wird, sondern in komplexeren Schaltkreisen aufgeht, was sich auch darin zeigt, dass im Alter und bei neuronalen Traumata die Reflexmuster wieder auftauchen können.

Die primären aktiven Bewegungsmuster haben pränatal und bis in den zweiten und dritten Lebensmonat hinein noch keine Funktion. Nach der Geburt müssen sie unter dem Einfluss neuer sensorischer Bedingungen – vor allem der *Schwerkraft* – neu eingestellt werden. Die erste Phase der funktionalen Entwicklung ist durch eine primäre Variabilität gekennzeichnet, d. h. das gesunde Kind führt Bewegungsmuster immer wieder mit geringen Veränderungen aus, wodurch dem neuronalen System jeweils geringfügig andere Erregungsmuster rückgemeldet werden. Erst im nächsten Schritt, ungefähr ab dem Erreichen des freien Laufens, kommt es zur Auswahl von Bewegungsstrategien im Hinblick auf angestrebte Ziele und zur Automatisierung von Bewegungsabläufen. Touwen (1998) spricht in diesem Zusammenhang von *adaptiver Variabilität*. Ungefähr ab dem Vorschulalter beginnt die Ausbildung feinmotorischer Fertigkeiten und der motorischen Kognition. Stereotypes Bewegungsverhalten ist eher ein Kennzeichen gestörter motorischer Entwicklung, sei es, dass Reflexe weiterhin dominieren, sei es, dass willentlich gesteuerte motorische Muster relativ stereotyp ablaufen.

Im Verlauf der motorischen Entwicklung sind auch immer wieder *Momente der Regression* festzustellen, die Touwen (1998) mit massiven Umstrukturierungen in der neuronalen Verschaltung in Verbindung bringt, auch wenn insgesamt der Zusammenhang zwischen Veränderungen der neuronalen Struktur und beobachtbaren motorischen Funktionen noch nicht gut geklärt ist. Beispielsweise kommt es bei der Entwicklung des gezielten Greifens beim Übergang vom Scherengriff zum Pinzettengriff (s. das Greifen in Kap. 3.3.3) oftmals dazu, dass das Kind vorübergehend nicht mehr zum willentlichen Greifen in der Lage zu sein scheint.

3.3.2 Antriebskräfte der motorischen Entwicklung

Während Touwen (1998) sich vor allem mit den neuronalen Veränderungen als Basis und Triebkraft der motorischen Entwicklung beschäftigt, hat Thelen (2000) immer wieder auf die Bedeutung biomechanischer Parameter für die motorische Entwicklung hingewiesen. Veränderungen des Bewegungsapparates in Bezug auf Form, Gewicht oder Beweglichkeit wirken umgekehrt auf neuronale motorische Steuerungsprozesse zurück und verlangen Anpassungen. So geht Thelen (2000) z. B. davon aus, dass der Schreitreflex aufgrund des zunehmenden Gewichts der Beine verschwindet. Ihr Ansatz ist den *dynamischen Systemtheorien* zuzurechnen, die davon ausgehen, dass sich Verhaltensmuster spontan aus der Kooperation vielfältiger Komponenten herausbilden können, ohne dass es dazu eines vorher im Nervensystem heranreifenden Planes bedarf. Motorische Muster wie die verschiedenen Formen des Greifens stellen adaptive Problemlösungen für bestimmte, dem sich entwickelnden Kind sich stellende Aufgaben dar. Das System ist durch bestimmte Bedingungen (constraints) gekennzeichnet, die die möglichen motorischen Lösungen begrenzen. Solche Bedingungen liegen in der neuronalen Organisation, Muskelstärken, Gelenkstrukturen und ihrer Beweglichkeit, in motivationalen Faktoren und Eigenschaften der Umwelt, wie z. B. der Qualität des Untergrundes, auf dem ein Kind sich bewegt oder dem Gewicht von Gegenständen, die es ergreifen will (vgl. Ulrich, 1997).

3.3.3 Entwicklung ausgewählter motorischer Funktionen

Informationen über motorische Entwicklungsnormen sind heute in regelmäßigen Abständen in vielen Publikationen zu finden, die sich an Eltern richten. Dabei wird leicht die große zeitliche Variabilität des Erreichens bestimmter motorischer Funktionen übersehen und eine gewisse Unterschiedlichkeit auch in den Vorformen, die Kinder durchlaufen, bevor eine Funktion vollständig ausgebildet ist. Im Folgenden geht es exemplarisch um die Fortbewegung und das Greifen.

Die Lokomotion

Nach den Ergebnissen der Züricher Wachstums- und Entwicklungsstudien können sich am Ende des ersten Lebensjahres 95 Prozent aller Kinder auf irgendeine Weise fortbewegen (vgl. Largo, 2004). Das freie Gehen erreichen sie im Alter zwischen zehn und 20 Monaten, wobei der häufigste Wert bei 13 Monaten (35 %) liegt. Beim häufigsten Verlauf, der bei 87 Prozent der Kinder zu beobachten war, kommt das Kind vom Drehen in die Bauchlage über das Kreisrutschen, Robben, Kriechen auf Händen und Knien in den Vierfüßlergang und dann zum Aufstehen und zum freien Gehen. Dazu muss das Kind ausreichend muskuläre Stärke im Rumpf und in jedem Bein einzeln entwickeln sowie die Fähigkeit zur Balance. Zu besonders dramatischen Verbesserungen scheint es in den ersten drei bis sechs Monaten nach dem Beginn des freien Laufens zu kommen, wobei Übung eine wichtige Rolle zu spielen scheint. Tagebücher dokumentieren, welch ein »bewegtes Leben« Kleinkinder führen: Sie kommen auf ein tägliches, über den Tag verteiltes Steh- und Laufpensum von sechs Stunden und auf bis zu 9 000 Schritte pro Tag (Adolph et al.,

2003). Forscher sind sich uneins, wann das kindliche Gangmuster in etwa dem eines Erwachsenen entspricht: Manche gehen von einem Jahr nach Beginn der Laufversuche aus, andere von einem Alter von sieben bis acht Jahren. Adolph et al. (2003) finden in den von ihnen untersuchten Aspekten ab dem Kindergartenalter keinen Unterschied mehr. Unter den Laufanfängern finden sich auch mannigfache Typen, die angesichts individueller körperlicher Voraussetzungen jeweils unterschiedliche Lösungen für das Fortbewegungsproblem präsentieren – so bspw. die »Kopfüberfallenden« (headlong fallers), Kleinkinder, deren Muskelkraft sich früher als ihre Haltungskontrolle entwickelt. Sie machen größere Schritte, halten die Balance durch besonders breitbeiniges Laufen, um sich dann am Ende einer Wegstrecke in die Arme eines Elternteiles zu stürzen (Adolph et al., 2003). Häufiger beschriebene Merkmale früher, unvollendeter Gangmuster sind breitbeiniges Laufen, flaches Aufsetzen der Füße statt des Aufsetzens auf der Ferse und Abrollens über den Vorderfuß, starke Außenstellung des Vorderfußes beim Aufsetzen, das Abhalten der Arme vom Körper und ein mangelndes Mitnehmen im Gehrhythmus, eher kurze und von ihrer Länge variable Schritte und ein geringes Einbeziehen des Rumpfes in die Bewegung, ein in die Schritte fallen, statt eines sich aus dem leicht gebeugten Knie Vorwärtstreibens, mangelnde Richtungskonstanz und seitliche Ausgleichsbewegungen (vgl. Wolff, 2000; Adolph et al. 2003; Haywood & Getchell, 2005).

Ausführliche Beschreibungen der Entwicklung weiterer grobmotorischer Bewegungsformen (Rennen, Werfen, Fangen, Hüpfen usw.) finden sich bei Haywood und Getchell (2005).

Das Greifen

Kinder beginnen mit vier bis fünf Monaten gezielt zu greifen (vgl. Largo, 2004). Der Greifreflex wird dagegen zunehmend schwächer, kann aber noch nebenher bestehen, wenn das Kind gerade nichts gezielt greifen will (Touwen, 1998). Seine Hände hat das Kind bereits in den ersten Lebensmonaten kennengelernt, indem es sie in den Mund genommen, betrachtet oder wechselseitig betastet hat. Während am Ende des ersten Lebensjahres das Kind bereits geschickt greifen kann, verbessert sich das gezielte Loslassen noch mind. bis zur Hälfte des zweiten Lebensjahres (Largo, 2004; Haywood & Getchell, 2005).

Das Greifen entwickelt sich über Zwischenstufen, die in der Literatur differenziert dargestellt werden (vgl. Largo, 2004; Haywood & Getchell, 2005). Beim palmaren Greifen werden alle Finger gebeugt, wobei zunächst beide Hände eingesetzt werden (ab vier bis fünf Monaten) und dann zunehmend nur noch eine (ab sieben Monaten). Erst nach und nach gelingt es dem Kind beim *palmaren Greifen,* den Daumen in Opposition zu den anderen Fingern zu bringen und damit einen Gegendruck zur Handfläche auszuüben. Beim folgenden *Scherengriff* wird der Gegenstand mit der Basis von Daumen und Zeigefinger erfasst (sieben bis zehn Monate), beim *Pinzettengriff* benutzt es dann die Fingerkuppen von Daumen und Zeigefinger (ab ca. neun Monaten), beim *Zangengriff* (ab ca. einem Jahr) wird auch der Zeigefinger gebeugt und die anderen Finger der Hand kommen unterstützend hinzu.

Eng verbunden mit dem Greifen sind das gezielte Ausstrecken des Armes und Anpassungen der Hand an die Form der zu greifenden Objekte. Schon beim Neugeborenen sind Auge und Hand in gewissem Maße koordiniert. Bei *Armbewegungen,* bei denen die Kleinen ein Objekt auch betrachten, kommen sie diesem am nächsten (Ennouri & Bloch, 1996). Das gezielte Greifen verbessert sich wesentlich zwischen dem vierten und siebten Monat (Haywood & Getchell, 2005). Die klassische Ansicht über die Rolle des Sehens ist dabei, dass der Säugling zunehmend *visuell gesteuerte Richtungskorrekturen* vornehmen kann und später sogar in der Lage ist auf der Basis einer anfänglichen visuellen Information die gesamte Bewegung antizipierend zu steuern. Diese Ansicht muss zumindest modifiziert werden. Man geht nun davon aus, dass propriozeptive Wahrnehmungen eine wichtige steuernde Rolle spielen und mit der visuellen Information kombiniert werden. Wichtige Hinweise dazu lieferten Studien zum Greifen im Dunkeln, bei denen das Kind den Weg seiner Hand zu einem leuchtenden oder Geräusche abgebenden Objekt nicht mit den Augen verfolgen kann, das Greifen aber ebenso gut gelingt wie im Hellen (vgl. Bertenthal & Clifton, 1998). Erst im letzten Viertel des ersten Lebensjahres formt das Kind schon frühzeitig im Bewegungsablauf die Hand relativ angemessen im Hinblick auf das Objekt, während dies vorher erst im Kontakt mit dem Objekt geschah (Haywood & Getchell, 2005). Wahrscheinlich nimmt auch in dieser Zeit die Bedeutung der visuellen Information für das Greifen zu. Sie hilft dann bei der Feinabstimmung von Bewegungen, die nicht vollständig vorhergesehen werden können, z. B., wenn ein Objekt plötzlich seine Lage verändert (vgl. Bertenthal & Clifton, 1998).

Neuere, von einer dynamischen Systemperspektive ausgehende Studien beziehen den Handlungsspielraum beschränkende Merkmale (constraints) der Aufgabe (z. B. Handlungsziel, Objektgröße und -form) und des Organismus (z. B. Handgröße) systematisch in das Studiendesign mit ein. Solche Studien zeigen, dass bei der Wahl eines Griffmusters z. B. das Verhältnis von Objektgröße zur möglichen Weite der Öffnung zwischen Daumen und Zeigefinger eine Rolle spielt und dass dann, wenn in Studien Objekte der kindlichen Handgröße adäquat sind, beinahe alle möglichen Varianten von Präzisionsgriffen früher als bislang angenommen auftauchen. In den frühen Studien von Halverson oder Gesell wurden Babys und Erwachsenen die gleichen Objekte vorgegeben und die Griffmuster verglichen (vgl. Haywood & Getchell, 2005; Newell & McDonald, 1997).

3.4 Praxisthema: Die motorische Leistungsfähigkeit der Kinder von heute

Im Vordergrund einer aktuellen Besorgnis um die motorische Leistungsfähigkeit von Kindern stehen besonders gesundheitliche Bedenken, denn mangelnde körperliche Leistungsfähigkeit wird in Zusammenhang mit Bewegungsmangel und medizinischen Risikofaktoren wie z. B. Fettleibigkeit gesehen. International lauten medizinische Empfehlungen für Sechs- bis 18-Jährige: täglich mindestens eine Stunde mittlere bis starke körperliche Aktivität und weniger als zwei Stunden sitzende Aktivität in der Freizeit (Walter et al., 2005).

3.4.1 Veränderte Lebenswelt und Bewegung

Unter dem Stichwort »modernisierte Kindheit« werden häufig geschichtliche Wandlungsprozesse im Sinne von Verlusten thematisiert, die auch den Bewegungsbereich betreffen (vgl. Lange, 1996, S. 77). Kindheit wird als etwas beschrieben, das sich stärker in Innenräumen abspielt, bei gleichzeitigem Verlust des Außenraumes »Straße«. Hier spielen nicht nur ein vergrößerter Wohnraum (Kinderzimmer) und eine gesteigerte Mediennutzung (Fernsehen, Computer) eine Rolle, sondern auch die Veränderungen der räumlichen Umwelt in den Wohnquartieren (Verkehrsaufkommen, Funktionsentmischung und Raumspezialisierung) (vgl. Breuer, 2002).

Bewegung findet in hohem Maße in *Sportvereinen* statt (vgl. Breuer, 2002; Kleine, 2003). Heute werden Kinder bereits in der frühen Schulphase oder noch früher in das Handlungssystem des Sports eingegliedert. Im Jugendalter findet dann teilweise wieder ein Ausstieg statt. Die im Verein gelernten Regeln werden auch in den Spielalltag transferiert. Im Zusammenhang mit bestimmten Sportarten werden nur spezifische Bewegungsabläufe trainiert und die Bewegungserziehung erfolgt im Hinblick auf Leistung und Wettbewerb. Weitere relevante Kontexte sind die schulischen Sportstunden und vor allem auch die Pausenzeiten (vgl. Zask et al., 2001). Kleine (2003) hebt noch die »körperaktive Wegbewältigung« hervor, die heute allerdings durch passive, motorisierte Formen (Auto, öffentliche Verkehrsmittel) zurückgedrängt ist.

Repräsentative Daten zur sportlichen Betätigung von Kindern in Deutschland finden sich erstmals im Kinder- und Jugendgesundheitssurvey (KiGGS). Dieser wurde von 2003 bis 2006 an 17 641 Heranwachsenden durchgeführt. Danach treiben 55 % der Mädchen und 57 % der Jungen zwischen drei und zehn Jahren mind. einmal pro Woche Sport im Verein, 48 % bzw. 52,5 % treiben Sport außerhalb von Vereinen. 25,1 % der Mädchen und 23,4 % der Jungen gelten als sportlich inaktiv. Besonders Mädchen aus Familien mit einem niedrigen Sozialstatus, aus Familien mit Migrationshintergrund und solche aus den neuen Bundesländern sind signifikant weniger sportlich aktiv. Publikationen zur nichtsportlichen Bewegung stehen noch aus (Lampert et al., 2007).

3.4.2 Diagnostik der motorischen Leistungsfähigkeit

Nach Bös (2003) liefert der fähigkeitsorientierte Ansatz der Sportwissenschaft Grundlagen für ein Beschreibungssystem motorischer Leistungsniveaus (s. **Abb. 3.1**). Zu den im diagnostischen Sinne latenten *motorischen Fähigkeiten (konditionelle und koordinative)* kommen noch Eigenschaften *passiver Systeme der Energieübertragung* hinzu, die die Qualität von Bewegungshandlungen mit bedingen. Dementsprechend wird Beweglichkeit oft vereinfachend ebenso wie *Ausdauer, Kraft, Schnelligkeit und Koordination* als motorische Fähigkeit eingeordnet. Die sichtbaren Vollzüge von Bewegungshandlungen werden als Fertigkeiten bezeichnet und können zur Diagnostik der Leistungsfähigkeit genutzt werden.

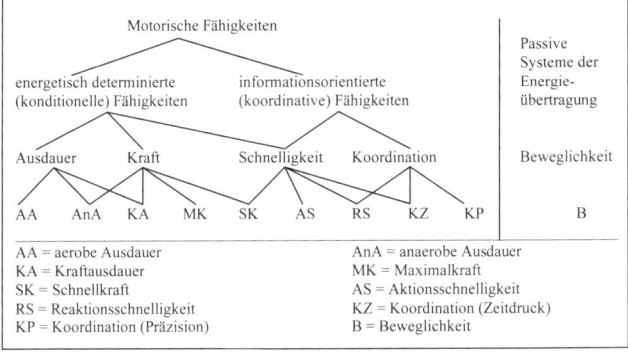

Abb. 3.1: Differenzierung motorischer Fähigkeiten (nach Bös, 2003)

Bös führt drei verschiedene Arten normierter Tests auf: *Konditionstests, Koordinationstests*, zu denen die meisten Entwicklungstests gehören, und *Komplextests*, die beide Bereiche einschließen. Bei vielen Tests fehlen aktuelle Normierungen. Neben den motorikbezogenen Aufgaben im Kernmodul von KiGGS wurde daher ein spezielles Motorik-Modul entwickelt, mit dem

längsschnittlich weitere Daten erhoben werden sollen (Bundesarbeitsgemeinschaft für Haltungs- und Bewegungsförderung
e. V., 2004). Man erhofft sich Normwerte zur Leistungsfähigkeit
von Kindern und Jugendlichen im Alter von vier bis 17 Jahren
(Opper et al., 2007).

3.4.3   Befunde zur körperlichen Leistungsfähigkeit

Die Frage nach einem zeitgeschichtlichen Wandel ist nicht abschließend zu beantworten. So konstatieren eine Reihe von Studien bei Grundschulkindern Verschlechterungen im konditio-
nellen und koordinativen Bereich, einige aber auch ein
Gleichbleiben (vgl. Klein et al., 2004), wobei die Studienlage im
koordinativen Bereich besonders schlecht ist. Unbeantwortet ist
auch noch die Frage, ab welchem unteren Grenzwert der Leistungsfähigkeit man von motorischen Auffälligkeiten mit einer
sich daraus ableitenden Empfehlung zur individuellen Förderung
sprechen sollte.

Bös selbst versucht auf der Basis von 54 Studien aus mehr als
20 Ländern bei mehreren 100 000 Kindern und Jugendlichen im
Alter von sechs bis 17 Jahren zu einer Veränderungsaussage zu
kommen. Die Studien umfassen den Zeitraum von 1965 bis 2000.
Einbezogen werden nur die Leistungen in fünf Basisaufgaben:
Lauf über lange und kurze Distanz (aerobe Ausdauer und Aktionsschnelligkeit), Standweitsprung (Schnellkraft), Sit-ups (Kraft-
ausdauer) und Rumpfbeugen (Beweglichkeit). Die vergleichen-
de Betrachtung zeigt nach Bös, »[…] dass die motorische
Leistungsfähigkeit von Kindern und Jugendlichen in den ver-
gangenen 25 Jahren um durchschnittlich mehr als 10 % abgenommen hat. Besonders deutlich sind die Unterschiede in der
Laufausdauer und in der Beweglichkeit, weniger deutlich bei
Aktionsschnelligkeit und Schnellkraft und keine Unterschiede
zeigen sich bei den Sit-ups […]. Bei Körpergröße und Körper-
gewicht zeigen sich Trends zu einer früheren Akzeleration […]«
(Bös, 2003, S. 17). Klein et al. (2004) sprechen aufgrund der
Ergebnisse einer Studie an 220 saarländischen Kindern und Jugendlichen eher von einer Verschiebung des Spektrums sport-
motorischer Fähigkeiten als von einer generellen Verschlechte-

rung. Übergewichtige Kinder schneiden in den meisten Maßen schlechter ab als normalgewichtige.

Die motorischen Aufgaben im Kernmodul des KiGGS umfassen das Nachfahren einer Linie, den Einbeinstand, das Einstecken von Stiften, einen Reaktionstest, seitliches Hin- und Herspringen sowie Rumpfbeugen. Bei allen Aufgaben – mit Ausnahme der Rumpfbeugen – kommt es zu Verbesserungen zwischen vier und zehn Jahren. Mädchen schneiden bei allen Aufgaben besser ab, mit Ausnahme des Reaktionstests, bei dem die Jungen besser sind. Der Reaktionstest ist auch die einzige Aufgabe, bei der keine negativen Effekte von Migrationshintergrund und niedrigem sozialen Status festzustellen sind. Insgesamt erklären die Variablen Geschlecht, Migrationshintergrund und Sozialstatus allerdings nur einen geringen Anteil der Unterschiede in der motorischen Leistungsfähigkeit von Kindern (Starker et al., 2007).

Zu einem differenzierten Bild der motorischen Fähigkeiten gehört auch, dass der in den angeführten Studien ausgesparte Bereich der frühen Kindheit auch Verbesserungen zeigt. So hat sich das Alter des freien Gehens in den Züricher Longitudinalstudien (s. o.) seit den 1970er Jahren signifikant nach vorne verlagert. Im Sinne der dynamischen Systemtheorie müssten auch Überlegungen angestellt werden, ob die Größenzunahme der Kinder nicht zu Veränderungen in den Körperproportionen führen kann, die neben dem Bewegungsmangel eine potentielle Erklärung für eine Verschlechterung in manchen Durchschnittswerten (z. B. Rumpfbeugen) sein könnten.

Anders als bei den Jugendlichen liefern Studien zur Steigerung der Ausdauer durch Trainingsprogramme bei Kindern widersprüchliche, überwiegend jedoch negative Ergebnisse, wenn als Maß für den Trainingserfolg die Steigerung des maximalen Sauerstoffverbrauchs durch den Körper während andauernder körperlicher Anstrengung herangezogen wird. Wahrscheinlich ist es in diesem Alter wichtiger, Freude an Bewegung und Sport zu fördern, in der Hoffnung, dass diese auf das spätere Lebensalter ausstrahlt (Haywood & Getchell, 2005; Walter et al., 2005).

Zusammenfassung

Die Wahrnehmung liefert Informationen über den Zustand der Umwelt und des Körpers und hilft somit in angemessener Weise zu agieren. Die meisten Studien zur Wahrnehmungsentwicklung beziehen sich auf das erste Lebensjahr. Anders als lange angenommen ist die Wahrnehmungswelt von Neugeborenen nicht chaotisch, gegenüber der von Erwachsenen aber doch defizitär. Bis ins zweite Lebensjahr machen die einzelnen Sinnessysteme eine rasante Entwicklung durch, so dass in vielen Aspekten nur noch geringe Unterschiede zur Funktionsweise beim Erwachsenen bestehen. Die Wahrnehmung verbessert sich jedoch weiterhin, denn durch die zunehmende Erfahrung verfügen Kinder über immer reichhaltigere Interpretationsmuster für die basalen Informationen, die aus den Sinnesorganen auf höhere Verarbeitungsebenen im Gehirn gelangen.

Zu jedem der sieben Sinnessysteme gehören spezifische Sinnesorgane mit jeweils einem oder mehreren Typen von Rezeptoren, die nur auf bestimmte Reizarten ansprechen. Die weitere Verarbeitung der Reize erzeugt spezifische Empfindungen. Zu unterscheiden sind die visuelle, die auditive, die olfaktorische, die gustatorische, die vestibuläre, die propriozeptive und die taktile Wahrnehmung

Das Studium der Motorik wurde in der Entwicklungspsychologie lange Zeit vernachlässigt. Unter Motorik kann man die Gesamtheit der Steuerungs- und Funktionsprozesse verstehen, die der Körperhaltung und -bewegung zugrunde liegen. Bereits pränatal ist eine Fülle von Bewegungsmustern feststellbar. In der frühen Kindheit wird besonders den motorischen Reaktionen auf Reize, den Reflexen und der Entwicklung des Greifens und der Fortbewegung Aufmerksamkeit geschenkt. Motorische Entwicklung vollzieht sich in einer wechselseitigen Anpassung zwischen Veränderungen der neuronalen Steuerungsprozesse und Veränderungen des Bewegungsapparates. Die Entwicklung der Motorik stellt in der frühen Kindheit einen wichtigen Indikator im Hinblick auf eine unauffällige Gesamtentwicklung dar. Über den regelmäßig in Elternzeitschriften publizierten normativen Mittelwerten wird aber leicht die große Variabilität in den normalen individuellen Entwicklungen motorischer Funktionen vergessen.

Unter dem Stichwort »modernisierte Kindheit« werden häufig historische Wandlungsprozesse als Verluste thematisiert, die auch den Bewegungsbereich betreffen. Der Bewegungsmangel im Alltagsleben und im freien Spiel wird nur unzureichend durch sportliche Bewegung ersetzt. Studien zum zeitgeschichtlichen Wandel der motorischen Kompetenzen von Kindern zeichnen ein differenziertes Bild und keineswegs das einer ausschließlichen Verschlechterung.

Empfohlene Literatur

Goldstein, E. B. (2002). *Wahrnehmungspsychologie*. Heidelberg, Berlin: Spektrum Akademischer Verlag.

Haywood, K. M. & Getchell, N. (2005). *Life span motor development*. Leeds: Human Kinetics.

Ich zeig Dir was!

Klara, 1 Jahr

Klara, 1 Jahr, 6 Monate
Tobias, 5 Jahre, 10 Monate

4 Sprache und Kommunikation

Was Babys glücklicherweise nicht wissen und Schülern erst langsam dämmert – sprachlich kompetent zu werden bedeutet, gleich mehrere, teilweise unabhängige Wissenssysteme zu erwerben (vgl. Grimm & Weinert, 2002, S. 517). Bei der *Prosodie* geht es um übergeordnete Strukturierungen im Sinne von Sprachmelodie und Sprachrhythmus, z. B. um das Ansteigen der Stimme im Fragesatz. Die *Phonologie* beschäftigt sich mit der Lautstruktur der Sprache. Phoneme sind die kleinsten bedeutungsunterscheidenden Lautklassen einer Sprache, z. B. /sch/. Regeln der Wortbildung sind Sache der *Morphologie,* und als Morpheme bezeichnet man die kleinsten bedeutungstragenden Einheiten einer Sprache. So ergeben z. B. ein Stammmorphem und ein Flexionsmorphem das Wort mach/te (vgl. Weissenborn, 2000). Bei der *Syntax* geht es um für die Satzbildung gültige Kategorien und Regeln. Durch verschiedene Wortordnungen können mit denselben Wörtern ganz unterschiedliche Bedeutungen ausgedrückt werden – »Lukas lächelt Clarissa an«; »Clarissa lächelt Lukas an«. Die Bedeutung von Wörtern ist Sache der *Wortsemantik* und die von Sätzen der *Satzsemantik*. Sprachen unterscheiden sich darin, für welche Sachverhalte sie Wörter in ihrem Lexikon haben, z. B. welche Farbbegriffe. Die Entscheidung über eine Wortbedeutung kann oft erst im Kontext eines Satzes getroffen werden, z. B. »Svenja fliegt von der Schule. Anschließend fliegt sie mit ihren Eltern in den Urlaub«. Zu der Fähigkeit, Sprache zur Verständigung mit anderen einzusetzen (*Pragmatik*), gehört z. B. dass Äußerungen dem Kontext angemessen und in ihrer Abfolge zusammenhängend (kohärent) erfolgen. Die benannten Wissenssysteme resultieren zusammenfassend in einer *prosodischen, linguistischen* (aus Phonologie, Morphologie, Syntax und Semantik) und *pragmatischen Kompetenz*.

Erst die Unterscheidung von Komponenten erlaubt ein Verständnis der Entwicklung, weil Kinder z. B. ungleich kompetent bei verschiedenen Komponenten sein können und manche Komponenten erst den Erwerb anderer ermöglichen. Auch Sprachstörungen sind in der Regel nicht generell, sondern selektiv im Hinblick auf einzelne Komponenten. Und schließlich eröffnet eine differenziertere Betrachtung auch die Möglichkeit, nach Zusammenhängen mit Gehirnstrukturen zu suchen, die für die rezeptive Seite, das Verstehen, oder die produktive Seite, das Sprechen, zuständig sind (Suchodoletz, 2001). Auf die verschriftlichte Sprache, das Schreiben und Lesen, werden wir in diesem Kapitel nicht eingehen.

4.1   Meilensteine des Spracherwerbs

Im Folgenden sollen zu den einzelnen Komponenten zentrale Entwicklungsschritte skizziert werden. Untersuchungen zur auditiven Wahrnehmung des Kindes haben gezeigt, dass die Entwicklung der Sprache schon pränatal beginnt.

4.1.1   Prosodisch-phonologischer Aspekt

Schon lange vor der Geburt (27. SSW) kann der Fötus gut hören. Gedämpft durch das Fruchtwasser und den Körper der Mutter dringen Hörreize zu ihm vor. Die dabei am besten erhaltenen Merkmale der Sprache sind die prosodischen (Hennon et al., 2000). Wie in Kapitel 3 ausgeführt, können Neugeborene schon unmittelbar nach der Geburt die menschliche Sprache von anderen Geräuschen unterscheiden, ebenso wie ihre Muttersprache von fremden Sprachen. Diese Differenzierung erfolgt auf der Grundlage prosodischer Merkmale der Sprache und nicht auf der Basis von Lauten (vgl. Mehler et al., 1988).

Zunächst verfügen Babys über eine sehr gute Differenzierungsfähigkeit im gesamten System menschlicher Sprachlaute. Bereits mit einem Monat unterscheiden sie einfachste Silben (z. B. »ba« und »pa«) (Eimas et al., 1971). Schon zwei bis sechs Monate alte Säuglinge können einen Vokal, z. B. das Phonem /a/, das in der Aussprache verschiedener Sprecher sehr unterschiedlich klingt, der gleichen Lautklasse zuordnen und als Vokal /a/ identifizieren (Marean et al., 1992). Während des ersten Lebensjahres hören sich Säuglinge dann in ihre jeweilige Muttersprache oder auch Zielsprache ein. Unterstützend ist dabei eine typische, von Erwachsenen, insbesondere von den Müttern an sie gerichtete Art der Sprache (s. Kap. 4.2.2), die Säuglinge auch gegenüber anders gestalteten Arten der Kommunikation bevorzugen (vgl. Fernald et al., 1989; s. u.). Bereits mit zehn Monaten hat sich die Differenzierungsfähigkeit eingeengt und die Kinder konzentrieren sich auf die für ihre Muttersprache typischen Differenzen (Aslin et al., 1998).

Im Gegensatz zu geschriebener Sprache ist gesprochene Sprache nicht durch Lücken, Satzzeichen usw. gegliedert. In den ersten zehn Monaten sind es vor allem prosodisch-rhythmische Merkmale (Betonung, Stimmhöhe und ihre Verlaufsmuster, Pausen, d. h. suprasegmentale Informationen), die dem Säugling helfen, den Lautstrom in immer feinere Einheiten (Satz, Phrase, Wort, Segment) zu unterteilen, die allerdings zu diesem Zeitpunkt noch rein formal sind, ohne Zuordnung von Bedeutungen (Penner, 2000; vgl. auch Reimann, 2003; Hennon et al., 2000). Hier kommt ein zentraler Begriff in der Spracherwerbsforschung ins Spiel, der des *Bootstrapping (Stiefelriemen; sich selbst helfen)*. Penner (2000) charakterisiert ihn durch zwei Eigenschaften:

1. »Beschränkung«, d. h., das Kind benutzt in bestimmten Perioden nur eine Untermenge aller infrage kommenden sprachlichen Merkmale, z. B. nur die suprasegmentale Information für die Satzsegmentierung, und
2. »Schnittstelle«, d. h., das Kind benutzt nur Informationen aus einer Komponente der Grammatik (z. B. die suprasegmentale), um Regelmäßigkeiten in einer anderen Komponente (z. B. Wortgrenzen) zu entdecken.

Haben wir uns bisher mit der Sprachwahrnehmung befasst, so folgen nun einige Ergebnisse zur vorlexikalischen Sprachproduktion. Die Untersuchung des Säuglingsschreis und seiner Veränderungen in den ersten Lebensmonaten hat gezeigt, dass sich daraus wichtige Hinweise auf Entwicklungsstörungen ableiten lassen (z. B. abnorme Höhe der Grundfrequenz, die normalerweise bei 400 Hz liegt). Es bestehen Zusammenhänge zwischen dem Durchlaufen verschiedener Modulationsmuster beim Schreien und dem problemlosen Verlauf der Lallphase (vgl. Penner, 2000). Diese beginnt mit ca. einem halben Jahr. Bereits vorher äußern Säuglinge eine Vielfalt nicht-sprachlicher Laute. Den eigentlichen Höhepunkt der *Lallphase* bildet das kanonische Lallen, bei dem die Lalleinheiten von Hörern als klanggleich mit der zu erlernenden Sprache empfunden werden (zunächst »re-duplizierendes«, z. B. dadada, später »buntes Lallen«, z. B. daba). Kinder benutzen bereits die für die Zielsprache typischen Konsonantenverbindungen, spanische Kinder anders als deutsche z. B. Frikative (Penner, 2000, S. 118; Lleó et al., 1994). Im letzten Drittel des ersten Lebensjahres beginnt das Kind segmentale Informationen (Ebene von Konsonanten und Vokalen) in seine Sprachanalyse einzubeziehen, zuvor waren die phonologischen Einheiten, die in der Zielsprache analysiert wurden, noch größer, z. B. Silben (s. Lallen). Das Kind konstruiert dabei aus dem von seinen Interaktionspartnern präsentierten Sprachinput Regeln für den typischen lautsprachlichen Aufbau seiner Zielsprache, um diesen im Weiteren im Hinblick auf Ausnahmen und Besonderheiten zu korrigieren (vgl. Penner, 2000). Einem englisch-sprachig aufwachsenden Säugling wäre der Beginn eines Wortes mit zwei Verschlusslauten wie im russischen Fragewort »Kto« fremd (Reimann, 2003, S. 784). Mit dem dritten Lebensjahr haben die Kinder in der Regel ein vollständiges phonologisches System ihrer Zielsprache entwickelt.

4.1.2 Lexikalisch-semantischer Aspekt

Natürlich beginnt die lexikalische Entwicklung schon Monate vor der lang erwarteten Äußerung erster Worte, und zwar dann, wenn im Sprachstrom phonologische Sequenzen ausgefiltert und z. B. Personen oder Objekten zugeordnet werden. Und auch der Ausdruck von Bedeutungen (Semantik) ist bereits im ersten Jahr durch Vokalisationen möglich, die prosodisch z. B. als Fragen markiert und nonverbal durch Blicke oder Gesten unterstützt werden. Für den Erwerb erster Wörter kommt eine Reihe von Studien zu ähnlichen Ergebnissen. Das Verständnis der ersten zehn Wörter wird auf durchschnittlich 10,7 Monate datiert, die

Produktion auf 14,2 Monate, das Verständnis der ersten 50 Wörter auf 13,5 Monate und die Produktion auf 18,4 Monate (Menyuk, 2000).

Ab dem Alter von 18 Monaten wird in der Regel ein schneller Worterwerb (vocabulary spurt, Benennungsexplosion) besonders im Hinblick auf Objektbenennungen konstatiert. Dafür werden verschiedene Ursachen angenommen. So könnten kognitive Fortschritte in der Kategorisierungs und Assoziationsfähigkeit oder im phonologischen Gedächtnis (s. Kap. 6) für diesen raschen Zuwachs verantwortlich sein oder soziale Faktoren, wie die zunehmende Sensibilität für Bezeichnungen, die von anderen Personen verwendet werden (Menyuk, 2000). Im Alter von zwei Jahren und fünf Monaten verfügen Kinder bereits über einen Wortschatz von ca. 525 Wörtern und mit sechs bis sieben Jahren über einen von über 10 000 bis 14 000 Wörtern, wobei nur ca. 8 000 davon Stammwörter sind. Darüber hinaus werden diejenigen gezählt, die durch Vor- oder Nachsilben (happy – unhappy – happiness oder andere Variationen zustande kommen (Anglin, 1993).

Welche Strategien helfen Kindern nun, Zusammenhänge zwischen Worten und den durch sie bezeichneten Sachverhalten herzustellen? Hier werden einschränkende Mechanismen (constraints) diskutiert, die solche Zuordnungsprozesse leiten. Die wichtigsten dieser Beschränkungen sind die *Ganzheits-, die Taxonomie- und die Disjunktionsannahme.* »Wenn das Kind neue Wörter in einer Benennungssituation hört, so geht es einmal davon aus, dass sich diese neuen Wörter auf ganze Objekte und nicht auf Teile davon, ihre Substanz, Farbe, Größe oder andere Eigenschaften beziehen (whole-object-constraint), und dass diese Wörter kategoriale und keine thematischen Relationen zwischen Objekten bezeichnen (taxonomic constraint)« (Grimm, 2003). Hört ein Kind ein neues Wort und wird ihm gleichzeitig ein Objekt gezeigt, für das es schon eine Bezeichnung hat, so wird es dieses einem Teil oder einer Eigenschaft zuordnen. Ist noch ein weiteres, bislang unbenanntes Objekt vorhanden, so wird das Wort auf dieses bezogen (mutual exclusivity constraint) (Belliveau, 2002). Bei den »constraints« handelt es sich aber nicht um angeborene Sprachlernmechanismen, da sonst Phänomene wie die Abhängigkeit von der Muttersprache und dem Entwicklungsstand und die Beeinflussbarkeit durch Lernen nur schwer erklärbar wären (Weinert, 2003).

Sobald Wortkombinationen auftreten, üblicherweise zwischen 18 und 24 Monaten, beginnt der Prozess der gleichzeitigen Entwicklung von Lexikon, Semantik und Syntax. Gegen Ende des zweiten Jahres und im dritten Jahr vergrößern Kinder ihr Vokabular in allen syntaktischen Kategorien – Substantive, Verben, Adjektive, Pronomen usw. (Menyuk, 2000).

Die Reihenfolge, in der Wortarten erworben werden, hat etwas mit der wahrnehmungsmäßigen Deutlichkeit der Referenz zu tun. Substantive werden früh und häufig verwendet; Verben, die Handlungen beschreiben (»drücken«), vor solchen, die sich auf Zustände beziehen (»schmelzen«). Ausdrücke, die auf personale, lokale oder andere Aspekte der Situation verweisen (z. B. »du« und »ich«, »hier« und »da«) werden früh verwendet, aber erst nach einiger Zeit auch durchgängig korrekt (Menyuk, 2000). So steht z. B. für das Kind »ich«, wenn es selbst spricht und »du«, wenn es von einer Gesprächspartnerin adressiert wird und »hier« und »da« sind unterschiedliche Orte, je nach dem Aufenthaltsort der Sprecherin.

Die lexikalisch-semantische Entwicklung ist natürlich eng mit der konzeptuellen Entwicklung verbunden. Man geht jedoch nicht mehr davon aus, dass erst ein vollständig ausdifferenzierter Begriff vorliegen muss, bevor ein Wort dafür gelernt werden kann (vgl. Belliveau, 2002). Wortlernen ist auch bei unvollständigen Konzepten möglich und das Hören neuer Wörter kann gerade begriffliche Überlegungen anstoßen. Die Fähigkeit zu formalen Definitionen entwickelt sich langsam und zeigt einen kontinuierlichen Anstieg bis zum Alter von neun bis zehn Jahren, wobei der schulischen Unterweisung eine wichtige Rolle zukommt (Menyuk, 2000).

4.1.3   Morphologisch-syntaktischer Aspekt

Die Sprache verfügt im Wesentlichen über drei Mittel, um Beziehungen zwischen einzelnen bedeutungsvollen Einheiten einer Äußerung kenntlich zu machen (Weissenborn, 2000):

1. die zeitliche Aufeinanderfolge von Elementen (z. B. schwarze Katze),
2. die Gleichzeitigkeit von zwei Elementen (z. B. Intonationskurve und Worte) und
3. zusätzliche bedeutungsvolle Lautkombinationen (z. B. Funktionswörter wie »von« oder Flexionsendungen wie bei »d-en braun-en Hund«, die hier zeigt, dass es sich um ein direktes Objekt eines Verbs handelt). Sprachen unterscheiden sich darin, welche Mittel sie nutzen. Englisch und Französisch verlangen eine relativ feste Wortstellung im Satz, während das Deutsche mehr Freiheiten lassen kann, z. B. wegen des markierten Artikels (z. B. *der* braune Hund – Subjekt; *den* braunen Hund – Objekt).

Mit erstaunlicher Schnelligkeit, nämlich bis zum Alter von zwei Jahren und sechs Monaten bzw. drei Jahren, erwerben Kinder die wichtigsten Regeln von Morphologie und Syntax in ihrer Zielsprache. Auffällig ist, dass sie von Anfang an relativ wenig Fehler machen und wenn doch, dann sind diese systematisch und erklärbar.

Schon im ersten Lebensjahr, wenn die Kinder selbst noch keine Äußerungen produzieren, nehmen ihre sprachverarbeitenden Systeme statistische Analysen des einströmenden sprachlichen Inputs vor, zunächst vor allem der prosodischen Merkmale. Sie verfügen dadurch über ein beträchtliches syntaktisches Wissen, das im Rahmen von Experimenten sichtbar gemacht werden kann. So zeigen Kinder frühzeitig eine Präferenz, eine Folge von einer betonten und einer unbetonten Silbe als Einheit zu behandeln (trochäisches Betonungsmuster des Englischen, das im Wesentlichen auch das des Deutschen ist) und können bereits mit sieben bis acht Monaten Wörter wie »búcket« erkennen, was ihnen bei Wörtern mit einer jambischen Struktur (Betonung auf der zweiten Silbe, z. B. »guitár«) noch nicht gelingt. Da die prosodische und syntaktische Struktur nur partiell übereinstimmen, muss diese Strategie durch die Segmentierung lexikalischer Einheiten (vgl. Saffran et al., 1996) und im Weiteren durch semantische Prozesse ergänzt werden.

Die für die grammatische Struktur einer Sprache so wichtigen unbetonten funktionalen Einheiten (z. B. Artikel, Pronomen, Flexionsendungen) können erst mit Hilfe der lautlichen Segmentierung erkannt werden. So können z. B. Wörter mit gleichen Endungen als zu Wortklassen gehörig identifiziert und auf ihre typische Stellung in Aussagen analysiert werden (-te als häufiges Zeichen für Verben und aus Verben gebildete Adjektive).

Beim Erwerb der korrekten Morphologie sind zwei Arten des Lernens wichtig – eine für Häufigkeiten sensitive, mit der vor allem auch unregelmäßige (seltenere) sprachliche Strukturen erworben werden, und eine auf Regeln orientierte. Mit Hilfe von Regeln können dann auch neue Wörter gebildet werden. Dabei kommt es zu den bekannten Übergeneralisierungen wie z. B. »geschwimmt« (Weissenborn, 2000, S. 149).

Studien des Englischen deuten darauf hin, dass Kinder verschiedene grammatische Elemente zwar in sehr unterschiedlicher Geschwindigkeit aber in ähnlicher Reihenfolge erwerben. Im Hinblick auf die Komplexität von Satzstrukturen gibt Szagun (2000) für das Deutsche folgende grobe Altersorientierungen an: Erste Ein-Wort-Äußerungen treten danach zwischen einem Jahr und 18 Monaten auf und gehen langsam in Zwei-Wort-Äußerungen zwischen einem Jahr und sechs Monaten und zwei Jahren und drei Monaten über und zwischen zwei und vier Jahren in Drei- und Mehrwort-Äußerungen. Komplexere Strukturen (z. B. Mehrwortsätze, Passivformen) finden sich vereinzelt ab drei Jahren, häufiger erst ab vier Jahren.

Auch wenn Kinder grammatische Elemente noch nicht selbst verwenden, konnte doch in vielen Versuchen mit englisch- und mit deutschsprachigen Kindern im zweiten und dritten Lebensjahr nachgewiesen werden, dass sie grammatisch korrekte Sätze gegenüber nicht korrekten bevorzugen und Erstere auch besser verstehen und z. B. treffsicherer Abbildungen zuordnen konnten (vgl. Weissenborn, 2000, S. 152f; Hirsh-Pasek & Golinkoff, 1996). Es gilt, dass Kinder spätestens in der Ein-Wort-Phase, evtl. auch schon früher grammatische Formen erworben haben müssen, die die späteren Mehrwort-Äußerungen bestimmen.

Nach Ansicht von Weissenborn (2000) wurde die Bedeutung universeller kognitiver und konzeptuell-semantischer Prozesse für das frühe syntaktische Lernen lange überschätzt. Entgegen solchen Annahmen folgt das Kind bei der Sprachproduktion schon in der Ein-Wort-Phase Regeln, die auf generellen syntaktischen Wortklassen und nicht auf konzeptuell-semantisch definierten Kategorien wie z. B. Tätigkeitsausdruck beruhen.

Sprachanfänger verwenden oft strategisch Standardeinstellungen (default values), solange noch kein Regelwissen über Bedingungen in der Erwachsenensprache vorliegt. Dies bedeutet oft nach dem »Prinzip der minimalen Struktur« (Weissenborn, 2000, S. 158) die Wahl einer Äußerungsstruktur, die den geringsten Aufwand an morphosyntaktischen Prozessen angesichts des schon erworbenen Wissens bedeutet. So machen z. B. Infinitivsätze anfänglich mehr als 80 Prozent der Sätze Deutsch lernender Kinder aus; dabei handelt es sich nicht um fehlendes grammatisches Wissen, sondern das Kind vermeidet damit die im Hauptsatz obligatorische Verb-Zweitstellung und die Subjekt-Verb-Kongruenz, die mit der Wahl einer finiten Verbform verbunden sind und die angesichts der mangelnden Automatisierung von Sprachproduktionsprozessen kognitiv noch zu aufwendig wären (vgl. Weissenborn, 1994).

4.1.4 Pragmatischer Aspekt

In funktionalen Sprachtheorien bildet die Grammatik neben den performativen Aspekten, die auch die Grammatikentwicklung beeinflussen, nur einen Teil des sprachlichen Wissens von Kindern. Funktionale Theorien beschreiben Sprache als ein Werkzeug. Sie hat mindestens eine repräsentationale (Enkodierung von Information in propositionaler Form) und eine soziale oder kommunikative Funktion, evtl. auch eine textuelle (Strukturierung von Äußerungen in Diskursen) (Hickmann, 2000).

Schon in der vorsprachlichen Kommunikation im ersten Lebensjahr kann man bestimmte Abwechslungsrhythmen im Blickkontakt und Vokalisieren zwischen Mutter und Baby als Vorläufer sprachlicher Dialoge verstehen (Szagun, 2000). Mütter unterstellen ihren Kindern von Anfang an kommunikative Absichten und geben dem Verhalten des Säuglings bestimmte Interpretationen. Jerome Bruner (in Szagun, 2000) äußerte die

Ansicht, dass Sprache sich aus gemeinsamem Handeln entwickelt und zwar nicht nur in ihren pragmatischen, sondern auch in ihren grammatischen Aspekten. Letzteres wird heute eher nicht mehr vertreten. Bruner sah z. B. Anfänge der sprachlichen Referenz (Bezugnehmen auf äußere Ereignisse mit Worten) im Hinweisen, das den Kindern am Ende des ersten Lebensjahres gelingt und sich aus der von Mutter und Kind geteilten Aufmerksamkeit auf ein Objekt und der Zeigegeste zusammensetzt.

Im Alter von zwei bis drei Jahren können Kinder schon eine Reihe von Sprechakten der Situation angemessen ausführen und auf sie reagieren (z. B. fragen, fordern, bitten). Der Erwerb anderer sprachlicher Fähigkeiten kann sich aber über die gesamte Kindheit hinziehen, z. B. die Fähigkeit zur verschobenen Referenz. Dabei geht es darum, für andere nachvollziehbar über Dinge zu reden, die nicht Teil der gemeinsamen Situation sind, z. B. einen Weg zu beschreiben, den der andere nicht kennt oder von einer Einladung zum Geburtstag zu erzählen, die man allein erlebt hat.

Unter den vielen Aspekten pragmatischen Wissens möchte ich im Folgenden exemplarisch nur auf einen, sich bis in die späte Kindheit hinein entwickelnden Aspekt eingehen. Im Hinblick auf die textuelle Funktion konnten auch einige universelle Prinzipien identifiziert werden, die für einen inneren Zusammenhang im Gebrauch sprachlicher Ausdrücke und deren Interpretation im Rahmen von Gesprächen sorgen (Diskurskohärenz). Sprecher müssen demnach 1. ihren Informationsstatus aufeinander abstimmen, und 2. Informationen als zum Vordergrund (chronologisch geordnete Hauptereignisse) oder zum Hintergrund gehörend verankern. Sprachen verfügen über verschiedene Mittel zur *Markierung des Informationsstatus* und zur *Verankerung von Informationen*, die Kinder erwerben müssen. Im folgenden Beispiel zu Punkt 1 wird deutlich, dass der Sprecher nur wenig geteiltes Wissen beim Hörer voraussetzt. Dies zeigt sich an der Verwendung indefiniter Artikel (ein, einer), allgemein verständlicher Begriffe (Freund und Auto, statt Personennamen und Automarke) und von Angaben zum raumzeitlichen Rahmen (Werkstatt, sein Haus, gestern, heute). Außerdem werden Referenzausdrücke diskursintern gebraucht (z. B. es, er, zurück).

»Gestern hat ein Freund von mir ein altes Auto in einer Werkstatt bei seinem Haus gesehen. Es gefiel ihm so gut, dass er heute hingegangen ist und […] es sofort bar gekauft hat« (Hickmann, 2000, S. 196).

Hickmann diskutiert, wie sich die Fähigkeit zur Herstellung von Diskurskohärenz im Rahmen der Sprachentwicklung verbessert. »Je nach Sprache stützen sich Sprecher in unterschiedlichem Maße auf zwei Arten von sprachlichen Mitteln zur Markierung des Informationsstatus: Lokale Markierungen wie Reichweite von Referenzausdrücken (Artikel, Pronomen, […]) und Satzstruktur, die nach einer universellen Tendenz neue Informationen an das Äußerungsende plaziert« (Hickmann, 2000, S. 197).

In Untersuchungen an französischen und spanischen Kindern, die Geschichten unter den Bedingungen geteiltes und nicht geteiltes Wissen erzählen sollten, wird deutlich, dass bei Sechs- bis Neunjährigen zwar ein Bewusstsein für den unterschiedlichen Informationsstatus vorhanden ist, ihnen aber die systematische Verwendung definiter und indefiniter Formen zur Einführung von Referenten erst mit neun Jahren gelingt (Kail & Hickmann, 1992; Kail & Sanchez, 1997).

4.2 Einflussfaktoren auf den Spracherwerb

4.2.1 Anlage- und umweltorientierte Theorien

Theorien des Spracherwerbs unterscheiden sich im Hinblick auf den Einfluss, den sie Anlage und Umwelt einräumen (Hennon et al., 2000). Bei den eher anlageorientierten »Inside-out«-Theorien werden angeborene sprachspezifische Fähigkeiten ausgemacht, denn man glaubt, dass das sprachliche Modell, das dem Kind in seiner Umwelt zur Verfügung steht, zu viele Defizite aufweist, um als Vorlage für ein korrektes Lernen des Regelsystems zu dienen. Besonders bekannt sind die Annahmen des Linguisten Noam Chomsky, der angeborene Verarbeitungsmechanismen (LAD, language acquisition device) bei Kindern propagierte, die sie zum Spracherwerb nutzen könnten. Dies sei auch deshalb möglich, weil menschliche Sprachen in ihren grundlegenden grammatischen Strukturen übereinstimmen würden (Universalgrammatik).

In abgeschwächter Form vertreten auch Entwicklungspsychologen die Auffassung, dass Sprache einen zumindest teilweise eigenständigen und von der sonstigen kognitiven Entwicklung unabhängigen Phänomenbereich mit spezialisierten Verarbeitungsstrukturen darstellt (Weinert, 2003). Module wie die als motorisches Sprachzentrum angesehene und bei den meisten Menschen in der linken Hälfte des Neokortex gelegene Broca-Region sind aber nicht notwendigerweise von Anfang an genetisch auf Sprache festgelegt. Sie sind jedoch aufgrund ihres Zellaufbaus und damit einhergehender Besonderheiten in der Funktion für bestimmte Inputdomänen (z. B. Sprache) besonders geeignet. Von Modularität spricht man bei Gehirnregionen dann, wenn sie relativ unabhängig von anderen Teilen des Gehirns Informationen verarbeiten und auf bestimmte Formen des Inputs spezialisiert sind. Modularität steht wahrscheinlich nicht am Anfang von Entwicklung, sondern ist erst ihr Ergebnis (vgl. Elsabbagh & Karmiloff-Smith, 2006).

Die umweltorientierten »Outside-in«-Theorien stellen die sozialen Interaktionen in den Vordergrund, auf die wir im Folgenden genauer eingehen wollen. Außerdem wird Sprachentwicklung im Rahmen der kognitiven Entwicklung gesehen und es werden übereinstimmende Lernmechanismen für beide Bereiche zugrunde gelegt. Bei Piaget fußt die Sprache z. B. auf sensomotorischen und später kognitiven Schemata, die zum Erwerb geistiger Handlungen führen (Weinert, 2003).

Hennon et al. (2000) gehen davon aus, dass der Spracherwerbsprozess sich wahrscheinlich am Besten als eine Interaktion der verschiedenen Ansätze beschreiben lässt.

4.2.2 Spracherwerb und soziale Interaktion

Für den Spracherwerb ist sprachlicher Input in der Interaktion mit realen Personen unerlässlich. Es reicht nicht aus, Kinder mit Sprache z. B. medial zu überschütten (vgl. Close, 2004), ohne dass ihnen geeignete Interaktionsmöglichkeiten geboten werden. Das Kind muss selbst seine sprachlichen Fähigkeiten praktizieren. In normalen Umwelten ist ihm das auch möglich, denn die Kommunikation Erwachsener, insbesondere die der Eltern, stellt sich auf die kindlichen Möglichkeiten ein und motiviert Kinder zur Kommunikation. Dort, wo Eltern dies besonders in den ersten Lebensjahren nicht bieten, bleiben die Kinder hinter ihren Möglichkeiten zurück.

Wenn wir uns an Säuglinge wenden, verändert sich die Art, wie wir kommunizieren, auffällig. Papoušek und Papoušek (1987) sprechen von »intuitivem Elternverhalten«. Dies geschieht so schnell und unbewusst, dass hier wahrscheinlich biologische Prädispositionen zum Tragen kommen, die eine optimale Steuerung der Interaktion im Hinblick auf kindliche Lernbedürfnisse sichern. Teil dieses Verhaltens ist eine bestimmte Sprache, die auch als *Ammen- oder Babysprache* bezeichnet wird (Weinert & Grimm, 2002). Mittlerweile weiß man, dass sogar schon Vier- bis Fünfjährige (Shatz & Gelman, 1973) ihre Sprache anpassen; besonders auffällig gegenüber der Erwachsenensprache sind prosodische Veränderungen.

Fernald et al. (1989) untersuchten Mütter und Väter verschiedener Sprachen, insgesamt 60 Elternteile mit Kindern im Alter von zehn bis 14 Monaten. Über die untersuchten Sprachen/Dialekte hinweg fanden sie für beide Elternteile in der kindgerichteten Sprache eine höhere durchschnittliche Grundfrequenz, ein höheres Frequenzminimum und -maximum und eine größere Variabilität der Grundfrequenz, kürzere Äußerungen und längere Pausen. Es gab jedoch auch einige kulturelle Unterschiede und solche zwischen Müttern und Vätern. So findet sich bei den japanischen Müttern keine erhöhte Spannweite des Frequenzspektrums, was sich möglicherweise dadurch erklären lässt, dass im Japanischen normalerweise eine Veränderung der Tonhöhe zur Wortbetonung genutzt wird. Insgesamt zeigten die amerikanischen Eltern die ausgeprägtesten prosodischen Modifikationen. Unter den zehn häufigsten Merkmalen der kindgerichteten Sprache, die Blount für das Englische und Spanische nennt, stimmen sechs überein (in Feldman, 2001, S. 182): übertriebene Intonation (Betonung), hohe Stimmlage, verlängerte Vokale,

Wiederholung von Elementen, geringere Lautstärke und (be-) lehrende Betonung, d. h. Betonung wichtiger Wörter, z. B. neu eingeführter Objektbezeichnungen.

Die hohe Übereinstimmung in den Veränderungen über die Sprachen legt nahe, dass diese bestimmten Merkmalen der kindlichen Kommunikation entgegenkommen (vgl. Fernald et al., 1989). Zunächst scheint die hohe Stimmlage besonders geeignet, die kindliche Aufmerksamkeit einzufangen und aufrechtzuerhalten. Kinder bevorzugen hohe Stimmfrequenzen und in diesem Zusammenhang auch weibliche gegenüber männlichen Stimmen. Darüber hinaus kommuniziert die Prosodie kleinkindgerichteter Sprache Gefühle an das Kind und moduliert sein Erregungsniveau. Mütter nutzen typischerweise steigende Frequenzkonturen, um ein Kind wach und aufmerksam zu halten, fallende dagegen, um es zu beruhigen (vgl. Papoušek, 1997). Und schließlich erleichtert die besondere prosodische Struktur auch Sprachverarbeitung und Sprachverstehen, indem sie eine bessere Segmentierung des Sprachstromes erlaubt, Hinweise auf syntaktische Strukturen gibt (s. o.) oder auf besonders wichtige neue semantische Information, z. B. eine neu eingeführte Objektbezeichnung (Fernald et al., 1989).

Im zweiten Lebensjahr reduziert sich die überzogene Intonation. Auffällig sind nun wiederholende und ritualisierte Sprachspiele, die den Wortschatzaufbau des Kindes auf eine implizite, nicht bewusst lehrende Art und Weise unterstützen. Die kindliche Aufmerksamkeit wird darauf gelenkt, dass Dinge Namen haben. Darüber hinaus könnte das Kind sich mit zunehmender Kompetenz im Dialog einbringen, z. B. nach einer Frage (s. Beispiel, Grimm, 1999, S. 46, in Ritterfeld, 2000, S. 409). Man spricht von einer *stützenden Sprache (engl. scaffolding,* s. Kap. 1).

Vokativ: Oh, schau, was das ist!
Frage: Was ist das nur?
Benennung: Das ist ein Hühnchen.
Bestätigung: Ja, das stimmt, das ist ein Hühnchen.

Ab dem dritten Lebensjahr wird in einer explizit lehrenden Form kommuniziert, die vor allem der grammatikalischen Verbesserung dient (*lehrende Sprache, engl. motherese).* Erwachsene sagen

Kindern dabei nicht, dass sie etwas falsch gemacht haben, sondern korrigieren durch die berichtigte Wiederholung der kindlichen Äußerungen (E1) und deren grammatikalische Vervollständigung (E2), wobei darüber hinaus auch noch semantische Erweiterungen vorgenommen werden können (E3) (s. Beispiel, Ritterfeld, 2000, S. 410).

K1 Der hat da rein getut.
E1 Rein getan.
E2 Der hat etwas da rein getan.
E3 Der Junge hat die Äpfel in den Korb getan.

Über diesen groben Rahmen hinaus diskutiert Ritterfeld (2000) eine Vielzahl von Sprachförderstrategien auf einem feineren Niveau, die vor allem auch darauf abzielen, das Kind in einen Dialog hineinzuziehen. Hier nur einige Beispiele – die Unterstützung der Lautsprache durch Gestik und Mimik, das Stellen von sprachanregenden Fragen, die Provokation von Widerspruch beim Kind durch absichtliche falsche Benennungen.

Besonders für den Sprechstil der Mutter konnte ein Einfluss auf den kindlichen Spracherwerb in vielen Untersuchungen nachgewiesen werden (vgl. Ritterfeld, 2000). Whitehurst et al. (1988) überprüften diesen Einfluss auch experimentell; sie führten ein vierwöchiges Training durch, mit dem die mütterlichen Sprachlehrstrategien beim Bilderbuchbetrachten verbessert werden sollten. Die Kinder einer Experimentalgruppe profitierten davon in Form komplexerer Sprachproduktion. Eine Replikationsstudie nach sechs Jahren konnte noch immer Effekte nachweisen (Arnold et al., 1994).

In Familien mit berufstätigen Müttern könnte das Sprachverhalten anderer betreuender Personen, z. B. des Vaters, an Bedeutung gewinnen. In der Studie von Pancsofar und Vernon-Feagans (2006) war die mit 24 Monaten gemessene Vielfalt des väterlichen Vokabulars in einer Spielsituation ein signifikanter Prädiktor für das kindliche Abschneiden mit 36 Monaten in einem Test, der den sprachlichen Ausdruck misst, das mütterliche Sprachverhalten jedoch nicht. Die Autorinnen interpretieren dies allerdings so, dass das mütterliche Sprachverhalten in ihrer Mittelschichtstichprobe generell ein sehr hohes Niveau hatte, so dass keine Unterschiede in der Anregung bestanden und alle Kinder gleichermaßen profitierten. Statistisch zeigt sich dann kein Effekt. Die Väter allerdings kommunizierten sehr unterschiedlich; ein differenziertes Vokabular ihrerseits bietet den Kindern eine Art Zusatznutzen, möglicherweise dadurch, dass ihnen zusätzliche Bedeutungsbereiche eröffnet werden.

4.3   Praxisthema: Bilingualer Spracherwerb

Eine scheinbar ganz besondere Umweltsituation für Kinder stellt das Aufwachsen in einer Umgebung dar, die nicht eindeutig durch eine Zielsprache charakterisiert werden kann. Dies wird jedoch zukünftig weniger die Ausnahme als die Regel sein. Weltweit sind schätzungsweise mehr als die Hälfte aller Kinder von frühester Kindheit an einer mehrsprachigen Situation ausgesetzt (vgl. Belliveau, 2002). Zur Situation in Deutschland liegen nur wenige Studien vor; eine Erhebung an Grundschulen in der Stadt Essen ergab jedoch, dass dort 28 Prozent der befragten Schüler und Schülerinnen über 100 verschiedene Familiensprachen sprechen (Chlosta et al., in Bainski, 2005).

Die gesellschaftliche Integration und der soziale Aufstieg von Migrantenkindern sind in der Regel an deutsche Sprachkenntnisse geknüpft. Nur langsam keimt die Erkenntnis, dass auch die Sprachen der Einwanderer wertgeschätzt und schulisch gefördert werden sollten, nicht zuletzt deshalb, weil sie eine gesellschaftliche Ressource in einem größer werdenden Europa und angesichts einer globalisierten wirtschaftlichen Situation darstellen (vgl. auch Bainski, 2005). Die Entwicklungspsychologie kann durch Erkenntnisse zum Ablauf einer mehrsprachigen Entwicklung helfen, Chancen und Fördernotwendigkeiten realistisch einzuschätzen. Im Folgenden will ich mich auf die zweisprachige (bilinguale) Situation beschränken.

4.3.1   Formen der Bilingualität

Was soll man eigentlich unter Bilingualität verstehen? Wer sich hierzu aus der Literatur eindeutige Antworten verspricht, wird enttäuscht (vgl. Tracy & Gawlitzek-Maiwald, 2000; Belliveau, 2002). *Das engste Verständnis von Bilingualität* würde von einem Kleinkind ausgehen, das ab der ersten Lebenswoche regelmäßig mit beiden Sprachen konfrontiert wird, diese damit gleichzeitig (simultan, im Gegensatz zu sequenziell mit unterschiedlicher zeitlicher Verschiebung) erwirbt und im natürlichen sprachlichen Austausch mit anderen Personen (im Gegensatz zum gesteuerten fremdsprachlichen Schulunterricht) und in beiden Sprachen ein vergleichbares kommunikatives Niveau erreicht (balanciert, im Gegensatz zur Dominanz einer Sprache), das im Wesentlichen dem von monolingualen Personen entspricht. Darüber hinaus existiert jedoch eine Reihe weiter gefasster Vorstellungen zur Bilingualität.

Je früher, gleichzeitiger und vergleichbarer der Umfang der Konfrontation eines Kindes mit mehreren Sprachen verläuft, desto ausgewogener sollte das erreichte Niveau bei den Sprachen sein. Eine derartige Gleichmäßigkeit in den Sozialisationsbedingungen wird am ehesten noch in Familien erreicht, in denen jedes Elternteil konsequent in seiner Muttersprache mit dem Kind kommuniziert (*Partnerprinzip*, Kielhöfer & Jonekeit, 1995). Faktisch entstehen jedoch vielfältige Muster, abhängig auch von der Art der elterlichen Kommunikation miteinander, der Kommunikation mit Geschwistern und dem Input aus außerfamilialen Kontakten (vgl. auch Tracy & Gawlitzek-Maiwald, 2000; Belliveau, 2002). Diese Vielfalt erschwert es, vergleichbare Versuchspersonen für die Forschung zu finden und Empfehlungen für die pädagogische Praxis von Institutionen zu geben.

4.3.2 Bilinguale Kompetenz

Entwicklungspsychologisch und linguistisch geprägte Überlegungen müssen dringend durch solche zur kulturellen Eingliederung eines Individuums ergänzt werden. Abhängig von den Formen der Akkulturation (z. B. Integration, Assimilation) ist eine unterschiedliche Bewertung von Herkunftskulturen und zugehörigen Sprachen zu erwarten (vgl. Krampen et al., 2003). Lambert verweist mit den Konzepten der additiven und subtraktiven Bilingualität auf die potentielle Bedeutung von Einstellungen gegenüber Sprachen für das Ergebnis des Spracherwerbsprozesses bei *sequentiellem Bilingualismus* (vgl. Oller & Pearson, 2002). In Deutschland erleben Migrantenkinder häufig eine *subtraktive Bilingualität*, bei der Kindergarten oder Schule sich vollständig auf den Erwerb der Zweitsprache (hier Deutsch!) konzentrieren und die Erstsprache nicht wertgeschätzt wird. Die Zweitsprache wird zur Bedrohung für die Erstsprache und es kommt eher zu deren Zurückbleiben, gemessen an den für monolinguale (einsprachige) Kinder geltenden Normen. Da Sprach- und Identitätsentwicklung von Kindern eng miteinander verknüpft sind, kann es bei der ersten institutionellen Konfrontation mit der Zweitsprache zu einem krisenhaften Prozess der Selbstverunsicherung kommen, bei dem das Kind zunächst einmal verstummt (Röhner, 2005).

Eine schließlich erreichte bilinguale Sprachkompetenz ist in vielen Fällen durch die Dominanz einer Sprache geprägt, die in Studien allerdings unterschiedlich operationalisiert wird – durch Selbsteinschätzung oder durch objektivere Maße zu sprachlichen Leistungen wie Wortschatz oder Textproduktion. Der Gegenbegriff zur *dominanten Bilingualität* wäre die *balancierte (ausgeglichene) Bilingualität* (Tracy & Gawlitzek-Maiwald, 2000). Krampen et al. (2003) finden in ihrer Studie an 466 sechs- bis zwölfjährigen luxemburgischen Primarschulkindern einen Anteil von 51 Prozent für die balancierte Zweisprachigkeit und 6 Prozent für die balancierte Dreisprachigkeit. Sie stützen sich dabei aber nur auf lexikalische Maße (Wortschatz und Flüssigkeit von Wortassoziationen) und vernachlässigen andere sprachliche Bereiche.

Eine wichtige Frage im Zusammenhang mit Mehrsprachigkeit betrifft nach wie vor die Gefahr von Spracherwerbsstörungen, auch wenn die durch Furcht vor Überforderung geprägte Debatte in den 1980er Jahren einer neutraleren Haltung Platz gemacht hat (vgl. Tracy & Gawlitzek-Maiwald, 2000). Von Skutnabb-Kangas stammt dabei der Begriff der *Semilingualität* »[...] als ›doppelte Halbsprachigkeit‹ mit geringen Sprachkompetenzen in allen individuell vorliegenden Sprachen [...]« (zit. in Krampen et al., 2003, S. 287). In der Untersuchung von Krampen et al. ergibt sich bei 9 Prozent der Kinder ein Verdacht auf Semilingualität, was über der geschätzten Prävalenzrate von 3 bis 5 Prozent für die expressive Sprachstörung bei monolingualen Kindern nach DSM-IV liegt und damit einen Hinweis auf eine etwas größere Gefahr für Sprachstörungen bei bilingualen Kindern gibt.

Das bisher eher geringe Wissen um die bilinguale Entwicklung ist auch auf einen Mangel an geeigneten Untersuchungsmethoden zurückzuführen. Oller und Pearson (2002) verweisen darauf, dass das Konzeptwissen mehrsprachiger Kinder genauso groß ist wie das monolingualer, dass es sich aber auf die verschiedenen Sprachen verteilt (distributed knowledge). Es besteht die Gefahr, dass bei einer ausschließlich nach Sprachen getrennten Auswertung von Tests die Leistungen jeweils unterdurchschnittlich erscheinen und der Gesamtwortschatz unterschätzt wird. Zu einem verteilten Wissen kommt es, wenn Sprachen in unterschiedlichen Bereichen der Lebenswelt vorherrschen, wenn z. B. der häusliche Bereich durch die Wörter der Muttersprache repräsentiert wird, Teile des öffentlichen Bereiches dagegen durch die gesellschaftliche Mehrheitssprache.

Sprachliche Defizite von mehrsprachigen Kindern sollten nicht vorschnell auf Mehrsprachigkeit an sich zurückgeführt werden. Diese ist oft mit den seelischen Belastungen der Migration und einem niedrigen sozioökonomischen Status verbunden, der mit sprachlich ungünstigeren Sozialisationsbedingungen einhergehen kann (Oller & Pearson, 2002).

Gogolin (2005) fasst wichtige Erfolgsbedingungen für die institutionelle Förderung von zweisprachigen Kompetenzen zusammen, die sich größtenteils aus Modellevaluationen in den USA und Kanada ergeben und die sich mit den Ergebnissen von Oller und Eilers (s. Kasten) überschneiden. Ein positiver Effekt für beide Sprachen ergibt sich erst aus deren koordinierter Förderung. Günstig wäre dabei ein langsamer Übergang von der Herkunftssprache in die Zweitsprache. Vorzugsweise sollte das Lernen auch nicht auf die Sprache an sich beschränkt sein, sondern mit fachlichen Inhalten verschränkt werden. Bedeutsam sind eine dauerhafte Förderung von nicht unter ca. sechs Jahren und ein Schulklima, das zur Unterstützung der Maßnahmen und Anerkennung der besonderen mehrsprachigen Kompetenzen beiträgt. Vorschulische Förderung allein ebnet noch nicht den Weg zu einer erfolgreichen Bildungskarriere.

In der methodisch ausgefeilten Querschnittstudie eines Forschungsteams um Oller und Eilers, durchgeführt in der Mitte der 1990er Jahre im stark durch spanischsprachige Einwanderer geprägten großstädtischen Miami-Dade County (USA), wurden Kinder aus dem Kindergarten (Fünfjährige) und der zweiten (Siebenjährige) und fünften Klasse (Zehnjährige) der Grundschule auf eine Reihe mündlicher und schriftsprachlicher Leistungen in Englisch (248 Monolinguale) bzw. Englisch und Spanisch (704 Bilinguale) getestet. Unabhängige Variablen waren der sozioökonomische Status, die im Elternhaus gesprochene(n) Sprache(n) und das in Kindergarten und Schule gewählte Unterrichtsprogramm für die bilingualen Kinder (»English immersion«, d. h. Unterricht nur auf Englisch oder »dual-way«, d. h. 40 Prozent Unterricht in Spanisch). In den Schulen waren die bilingualen Kinder kaum mit ursprünglich englischsprachigen Gleichaltrigen konfrontiert, sprachen aber untereinander hauptsächlich Englisch (Oller & Eilers, 2002a).

Bilinguale Kinder blieben als Gruppe in allen Testmaßen des Englischen im Kindergarten und in der zweiten Klasse hinter den monolingualen englischen Kindern zurück. Ebenso waren bilingual zweisprachig unterrichtete Kinder denen im Immersionsansatz eher unterlegen. In den fünften Klassen hatten sich solche Rückstände jedoch minimiert bzw. waren völlig verschwunden. Ein höherer sozioökonomischer Status und ein englischsprachiger Anteil im Elternhaus waren mit besseren Testleistungen in Englisch verbunden. Wie erwartet, erbrachte das zweisprachige Unterrichtsprogramm die besseren Leistungen in Spanisch. Der Vorteil in dieser Sprache war wesentlich größer als der, den der Immersionsansatz für Englisch ergeben hatte. Es bestand ein positiver Zusammenhang zwischen den in beiden Sprachen erreichten Niveaus. Immer wieder zeigten sich Effekte, die mit der Menge des Inputs in einer Sprache zusammenhängen. Dabei scheint es eine »kritische Masse« zu geben, die erreicht werden muss (s. verschwundener Rückstand fünfte Klasse). Die Inputmenge scheint besonders bei Leistungen wichtig, die in großem Umfang Fall-zu-Fall-Lernen (im Gegensatz zu generalisierbaren Regeln) voraussetzen, z. B. beim Geschlecht von Substantiven. Insgesamt zeigt sich jedoch, dass die Sprache der Einwanderer selbst in diesem so stark von ihnen geprägten Gebiet über Generationen auf einem hohen Niveau nur über die »Auffrischung« durch neue Migranten überlebt (Oller & Eilers, 2002b).

4.3.3 Bilinguale Entwicklung

Zentrale Fragen drehen sich um die Verarbeitung der beiden Sprachen – erfolgt diese innerhalb eines linguistischen Systems oder in mehreren und bestehen grundsätzliche Unterschiede im Verlauf der Sprachentwicklung zwischen monolingualen und bilingualen Personen?

Besondere Aufmerksamkeit finden neuerdings neurobiologische Studien, bei denen das Gehirn während der Sprachverarbeitung in Aktion dargestellt werden kann. Zumindest für ein vor allem an der Sprachproduktion beteiligtes Gebiet in der linken Hemisphäre der Großhirnrinde, das Broca-Areal, zeigen sich deutliche Unterschiede zwischen früh und spät bilingualen Personen. Bei frühem Bilingualismus ist bei Personen, die z. B. Geschichten in zwei Sprachen erzählen sollen, jeweils das gleiche neuronale Netz aktiv, während bei spät Bilingualen verschiedene Netzwerke aktiviert werden. In dieses gemeinsame Netz der früh Bilingualen können sogar noch weitere, später erworbene Sprachen integriert werden. Die früh verankerte Form der Sprachproduktion zeichnet sich durch einen hohen Grad der Automatisierung aus, während später verankerte Sprache mit einem höheren kognitiven Aufwand verbunden ist, weil hier immer wieder bewusst auf Regelkonformität kontrolliert wird (vgl. Franceschini, 2002; Kramer, 2003).

Um die eingangs gestellten Fragen auf der Verhaltensebene zu beantworten, wurden vor allem simultan bilingual aufwachsende Kinder überwiegend auf lexikalische und grammatikalische Phänomene, seltener auf phonologische, untersucht, wobei systematische elterliche Aufzeichnungen der kindlichen Sprachentwicklung zu den wichtigsten Quellen gehören.

Aussagen mit verschiedensprachigen Elementen

Im Hinblick auf die Frage nach geteilten linguistischen Systemen sind besonders solche kindlichen Aussagen von Interesse, in denen lexikalische oder grammatikalische Elemente beider Sprachen auftreten. Bei der *Sprachmischung*, die oftmals eher als Hinweis auf ein gemeinsames System gilt, werden Wörter aus verschiedenen Sprachen ohne besondere Funktion für die Kommunikation gemischt (»Von the bear« oder »Where the duck hingo«, Belliveau, 2002, S. 119). Als mögliche Hinweise auf getrennte Systeme betrachtet man z. B. *Interferenzen*, d. h. die Übertragung von Strukturen der einen Sprache auf äquivalente Strukturen der anderen, aber auch *metalinguistische Äußerungen*, die ein Bewusstsein des mehrsprachigen Status explizit ausdrücken. Auf Nachfrage liefert Belliveaus Tochter Sophia schon mit 17 Monaten Übersetzungen, ab 20 Monaten von sich aus: »Mami sagt ›Kasperle‹, Daddy *puppetshow*«. Im Alter von 24 Monaten beginnt sie die Sprachen zu benennen und mitzuteilen, dass sie zwei Sprachen spricht: »Sophia sagt auch *grape juice,* sagt auch englisch« (Belliveau, 2002, S. 148f).

Belliveau (2002, S. 167) ist der Ansicht, dass der linguistische Entwicklungsstand nicht als Beleg dafür angeführt werden darf, wann sich die kognitive Differenzierung der Sprachen vollzieht. So sind für Sprachmischungen alternative Deutungen möglich – sie könnten z. B. dadurch erklärt werden, dass trotz getrennter Systeme lexikalische Lücken der einen Sprache mit zuerst gelernten, geläufigeren und allgemeineren Wörtern aus der anderen gefüllt werden (Kielhöfer & Jonekeit, 1995). So sucht Jens mit zwei Jahren und neun Monaten im Gespräch mit seinem Vater nicht mühsam nach einem deutschen, weniger geläufigen Wort, obwohl es ihm bekannt zu sein scheint: »Jens: ›Guck‹ mal! Eine *mouche*!‹ Vater: ›Eine … was?‹ Jens: ›Eine mouche! Da! Guck!‹ Vater: ›Ach so! Eine Fliege!‹ Jens: ›Ja, eine Fliege!‹« (Kielhöfer & Jonekeit, 1995, S. 74).

Der Anteil von gemischtsprachlichen Aussagen geht zwar im Laufe der Kindheit zurück; entgegen idealisierten linguistischen Vorstellungen gehören Sprachmischungen jedoch auch bei bilingualen Erwachsenen zur Normalität. Der Ausdruck des zweisprachigen Bewusstseins in der frühen Kindheit ist umso besser möglich, je weiter die linguistische Entwicklung in beiden Sprachen fortgeschritten ist (Belliveau, 2002, S. 168). Die personenbezogene Anpassung der eigenen Sprachverwendung scheint die früheste zu sein (Lanza, 1997). Bergmans Tochter Mary spricht nach den Beobachtungen ihrer Mutter bereits mit 15 Monaten diese zuverlässig in Englisch und das Kindermädchen in Spanisch an (Bergman, in Belliveau, 2002). Der Anteil von Sprachmischungen liegt in der Kommunikation mit Personen höher, die selbst inkonsequenter in ihrer Sprachwahl gegenüber dem Kind sind und seine Sprachmischungen nicht korrigieren (Lanza, 1997). Bei älteren Kindern herrscht eher ein bewusster Sprachwechsel (code-switching) vor, der als bewusste Anpassung an Gesprächspartner oder als stilistisches Element gesehen werden kann.

Unterschiede in der Sprachentwicklung

Ein Phänomen, das in diesem weiten Feld relativ große Aufmerksamkeit fand, war die Untersuchung der Constraint-Mechanismen, insbesondere die Disjunktionsannahme (s. Kap. 4.1.2). Diese wird vor allem darauf zurückgeführt, dass Kinder annehmen, ein Referent könne nur mit einer Benennung belegt werden. Mehrsprachig aufwachsende Kinder sind jedoch ständig damit konfrontiert, dass ihnen für einen Referenten verschiedene Benennungen angeboten werden. Einige Studien zeigen, dass Kinder (und auch Erwachsene) zwischen zwei Sprachen diesen Effekt nicht anwenden; für die Verwendung innerhalb einer Sprache sind die Ergebnisse widersprüchlich (Belliveau, 2002).

Trotz solcher Besonderheiten kommen Tracy und Gawlitzek-Maiwald auf der Basis der von ihnen referierten Studien zur Sprachentwicklung abschließend zu der Folgerung »(…), dass es berechtigt ist, die Gemeinsamkeiten zwischen monolingualen und bilingualen Kindern zu akzentuieren« (2000, S. 528). Die Erwerbsverläufe ähneln sich mit Ausnahme der mehr oder weniger starken Mischphänomene sehr.

Zusammenfassung

Sprachlich kompetent zu werden, bedeutet gleich mehrere Wissenssysteme zu erwerben – eine prosodisch-phonologische, lexikalisch-semantische, morphologisch-syntaktische und pragmatische Kompetenz. Diese Komponenten sind nur teilweise unabhängig voneinander und stützen sich gegenseitig beim Erwerb. Viel Aufmerksamkeit haben die phonologischen Merkmale der Sprache gefunden, die dem Kind schon im ersten Lebensjahr beim Zugang zu den bedeutungstragenden Einheiten der Sprache, den Wörtern, und zu den Satzstrukturen helfen. Andererseits gibt es auch Ungleichzeitigkeiten in der Entwicklung der Komponenten, d. h. sie können sich in unterschiedlichem Tempo verbessern und einzelne Komponenten können von Störungen betroffen sein, während andere sich altersangemessen entwickeln.

Zu den Spracherwerbsprozessen leisten sowohl Anlage als auch Umwelt wichtige Beiträge. Einen Hinweis auf genetische Anlagen liefert z. B. die Existenz sprachspezifischer Module der Informationsverarbeitung, z. B. das für die Sprachproduktion bedeutsame Broca-Zentrum. In der Umwelt sind bestimmte Formen sozialer Interaktion wichtig. So wechseln kompetentere Sprecher z. B. dem Säugling gegenüber in die Ammensprache, die Aufmerksamkeit erregt und ein vereinfachtes Sprachmaterial liefert, das den unreifen Verarbeitungsstrukturen des Säuglings entgegenkommt.

Eine in Deutschland immer häufiger vorzufindende Situation ist das frühe mehrsprachige Aufwachsen von Kindern. Die Unterschiedlichkeit in den Spracherwerbsituationen (z. B. Zahl der Sprachen, Umfang des Inputs, Beginn des Inputs in der Entwicklung) macht es schwer, vergleichbare Versuchspersonen für die Forschung zu finden und Empfehlungen für die pädagogische Praxis von Institutionen zu erarbeiten. Sprachliche Defizite sollten nicht vorschnell auf Mehrsprachigkeit zurückgeführt werden, da Letztere oft mit den Belastungen der Migration und der kulturellen Abwertung von Migrantensprachen verbunden ist. Es gilt eine subtraktive Mehrsprachigkeit zu vermeiden, bei der die ursprüngliche Muttersprache verkümmert, da das Kind in Bildungsinstitutionen ausschließlich im Hinblick auf die höher geschätzte Landessprache Deutsch gefördert wird. Eine besonders günstige Entwicklung scheint sich bei einer koordinierten langfristigen Förderung beider Sprachen einzustellen. Dabei werden gewisse Defizite in der Landessprache durch stärkere Gewinne in der Muttersprache mehr als wettgemacht.

Die Sprachentwicklung von ein- und mehrsprachigen Kindern verläuft sehr ähnlich, mit Ausnahme der bei Letzteren verbreiteten Phänomene der Mischung von Sprachen in der Sprachproduktion.

Empfohlene Literatur

Grimm, H. (Hrsg.) (2000). *Sprachentwicklung.* Göttingen u. a.: Hogrefe.
Röhner, C. (Hrsg.) (2005). *Erziehungsziel Mehrsprachigkeit. Diagnose von Sprachentwicklung und Förderung von Deutsch als Zweitsprache.* Weinheim, München: Juventa.

Freundschaft

Klara (rechts), 7 Jahre, 8 Monate

Tobias (links), 7 Jahre, 11 Monate

5 Soziale Beziehungen und Sozialisation

In diesem Kapitel beschäftigen wir uns mit der Frage, inwiefern die kindliche Entwicklung zusammenhängt mit den sozialen Beziehungen, in die ein Kind eingebunden ist. In erster Linie ist hier natürlich an die Familie zu denken, doch mit zunehmendem Alter vermehren sich die Beziehungen zu Altersgleichen, Erzieherinnen, Lehrkräften und vielen mehr. Da sich der weitaus größte Teil der Arbeiten zu dieser Frage der Mutter-Kind-Beziehung in der frühen Kindheit gewidmet hat, werden wir mit einer Darstellung der *Bindungstheorie* beginnen.

5.1 Die Bindungstheorie

Die Bindungstheorie fragt nach den Auswirkungen frühkindlicher Beziehungserfahrungen auf das spätere Leben des Menschen. *Bindung (attachment)* wird dabei verstanden als die besondere Beziehung eines Kindes zu seinen Eltern oder Personen, die es beständig betreuen. Sie ist im Gefühl verankert und verbindet das Individuum mit der anderen, besonderen Person über Raum und Zeit hinweg (Ainsworth, 1973, zit. nach K. E. Grossmann et al., 2003, S. 223). Entwickelt wurde sie im Wesentlichen von *John Bowlby* und *Mary Ainsworth*.

John Bowlby (1907–1990), ein englischer Psychiater und Psychoanalytiker, bekam nach Ende des Zweiten Weltkrieges von der Weltgesundheitsorganisation (WHO) den Auftrag, einen Bericht über das Schicksal heimatloser Kinder im Nachkriegs-Europa zu verfassen. Dieser Bericht wurde 1951 veröffentlicht und bildete den Ausgangspunkt der Bindungstheorie. Bindungsstörungen, Trennung und Verlust sah er als die wesentlichen Ursachen für abweichende Entwicklungsverläufe an. Obwohl von Haus aus Psychoanalytiker, brach er mit orthodoxen psychoanalytischen Ansichten, indem er die Forderung aufstellte, die *Beobachtung* des Verhaltens *über den Lebenslauf* an die Stelle der retrospektiven Berichte erwachsener Patienten zu setzen. Seine Forderung nach Beobachtung entstammte den *Forschungsmethoden der Ethologie*, von der Bowlby sich hatte anregen lassen. In der Ethologie wird Verhalten v. a. im Hinblick auf seine *Funktion* und seine *Signalwirkung* beobachtet. Das Bindungsverhalten hat nach Bowlby die Funktion, dem Kind das Gefühl von Sicherheit und Vertrauen zu vermitteln, wenn es unter emotionaler Belastung steht.

Wichtig ist dabei die Unterscheidung zwischen *Bindung* und *Bindungsverhalten*: *Bindung* ist ein hypothetisches Konstrukt, das erschlossen wird. Unter *Bindungsverhalten* versteht man demgegenüber Verhaltensweisen, die das Kind mit seiner Bezugsperson in Verbindung bringen sollen, z. B. Weinen, Nachfolgen, Anklammern, Rufen usw.

Die Bindung zwischen Kind und Bezugsperson ist dabei nach Bowlby *umweltstabil*, d. h. jedes Kind wird, phylogenetisch determiniert, Bindungen zu seinen Bindungspersonen entwickeln. Die Qualität der Bindung hängt jedoch ab von den Erfahrungen, die das Kind mit seinen Bezugspersonen macht, und ist insofern *umweltlabil.* Wie kann man die Qualität der Bindung eines Kindes an seine Bezugspersonen ermitteln?

Die erfolgreiche empirische Erforschung der Bindungstheorie im Rahmen der Entwicklungspsychologie geht auf Mary Ainsworth (1913–1999) zurück. Während eines Forschungsaufenthaltes in Uganda hatte sie die Gelegenheit, über einen Zeitraum von neun Monaten Säuglinge und ihre Mütter in natürlichen Interaktionen zu beobachten (Ainsworth, 1967). Ungefähr zehn Jahre später führten sie und ihre Mitarbeiter in Baltimore, USA, alle drei Wochen mehrstündige Hausbesuche in 26 weißen Familien der Mittelschicht mit Säugling durch. Beobachtet wurden während dem ersten Lebensjahr der Kinder – wie in Uganda – verschiedene Verhaltenskomplexe, wie die Mutter-Kind-Interaktion beim Füttern oder Spielen, die Qualität und Häufigkeit des Körperkontaktes mit dem Baby, besonders aber auch die Reaktionen der Mütter auf kindliches Weinen (Ainsworth, 1985/2003; Ainsworth & Bell, 1974/2003). Aus diesen Studien entstand das Konzept der mütterlichen *Feinfühligkeit* gegenüber den Mitteilungen des Säuglings. Feinfühligkeit wird von Ainsworth über vier Merkmale definiert:

1. die Wahrnehmung der Befindlichkeit des Säuglings,
2. die richtige Interpretation,
3. die prompte Reaktion (der Säugling soll eine Verbindung zwischen seinem Verhalten und dem Effekt der mütterlichen Handlung herstellen können; dadurch wird ein Gefühl der Hilflosigkeit vermieden),
4. die Angemessenheit der Reaktion.

In Abgrenzung zur Überbehütung soll die Reaktion dabei entwicklungsfördernd sein, d. h. dem Kind nichts abnehmen, was es selber schon kann, und somit Respekt für die kindliche Autonomie bezeugen (K. E. Grossmann et al., 2003). Die Feinfühligkeit der Mütter in Baltimore stand in enger Beziehung zu vielen positiven Verhaltensweisen der Säuglinge. »Die sechs bis neun Monate alten Babys feinfühliger Mütter weinten seltener, zeigten eine ausgewogene Balance zwischen selbstständigem Spiel und Freude am Kontakt mit der Mutter, suchten ihre Nähe bei Leid, aber lösten sich auch wieder von ihr, wenn sie getröstet waren« (K. E. Grossmann et al., 2003, S. 237).

Ainsworth und Wittig (1969) entwickelten daraufhin die sogenannte »Fremde Situation« (strange situation test), eine halbstandardisierte Beobachtungssituation. Ihr Ziel besteht darin, das Zusammenspiel zwischen Bindungs- und Erkundungsverhalten unter verschiedenen belastenden Bedingungen zu untersuchen. Die Fremde Situation wird in einem mit Spielzeug attraktiv ausgestatteten, für das ca. zwölf Monate alte Kind und seine Mutter bzw. seinen Vater aber fremden Raum durchgeführt. Dort wird das Kind zunehmendem Stress ausgesetzt, der vor allem durch eine zweimalige, höchstens drei Minuten andauernde Trennung von der Bezugsperson herbeigeführt wird (s. **Tab. 5.1**).

Die Kinder und Mütter der Baltimore-Stichprobe nahmen an der Fremden Situation teil, als die Kinder ein Jahr alt waren. Ainsworth und Wittig interessierten sich zunächst hauptsächlich für Unterschiede im Erkundungsverhalten der Kinder bei An- und Abwesenheit der Mutter bzw. in Anwesenheit einer fremden

Tab. 5.1: Ablauf der Fremden Situation (nach Ainsworth et al., 1978, S. 37)

Epi-sode	Anwesende Personen	Dauer	Kurze Beschreibung der Handlung
1	Mutter, Kind & Beobachter	30 Sek.	Beobachter zeigt Mutter und Kind den Versuchsraum, geht dann.
2	Mutter & Kind	3 Min.	Mutter ist unbeteiligt, während das Kind den Raum exploriert; falls nötig, wird es nach 2 Minuten zum Spielen angeregt.
3	Fremde, Mutter & Kind	3 Min.	Fremde tritt ein. Erste Minute: Fremde ist ruhig. Zweite Minute: Fremde redet mit Mutter. Dritte Minute: Fremde nähert sich dem Kind. Mutter verlässt den Raum unauffällig.
4	Fremde & Kind	3 Min. oder weniger[1]	Erste Trennungsepisode. Die Fremde passt ihr Verhalten an das des Kindes an.
5	Mutter & Kind	3 Min. oder mehr[2]	Erste Wiedervereinigung. Mutter grüßt und/oder tröstet das Kind, versucht dann, es wieder zum Spielen zu bewegen.
6	Kind alleine	3 Min. oder weniger[1]	Zweite Trennungsepisode.
7	Fremde & Kind	3 Min. oder weniger[1]	Fortsetzung der zweiten Trennungsepiso-de. Fremde tritt ein und passt ihr Verhal-ten an das des Kindes an.
8	Mutter & Kind	3 Min.	Zweite Wiedervereinigung. Mutter tritt ein, grüßt das Kind, nimmt es hoch. Währenddessen verlässt die Fremde den Raum unauffällig.

[1] Episode wird abgekürzt, wenn das Kind übermäßig weint
[2] Episode wird verlängert, wenn mehr Zeit benötigt wird, um das Kind wieder ins Spiel zu involvieren.

Person. Tatsächlich zeigte sich, dass die Kleinen das Spielzimmer und die Spielsachen in *Anwesenheit* der Mutter deutlich mehr erkundeten, als wenn die fremde Person hinzukam oder die Mutter abwesend war. Gleichzeitig war aber auch eine unerwartete Vielfalt in den Reaktionen der Kinder nach der Rückkehr der Mutter zu beobachten. Einige Kinder waren ärgerlich, wenn die Mutter zurückkam; sie wollten einerseits Kontakt zu ihr, zeigten aber andererseits zwiespältige Gefühle durch ärgerliches Strampeln oder sogar Schlagen nach der Mutter. Andere Kinder dagegen schienen die Mutter zu ignorieren. Ainsworth verglich diese Reaktionsmuster mit den Verhaltensbeobachtungen aus den *Hausbesuchen* und stellte fest, dass diejenigen Kinder, die sich in der Fremden Situation bei der Wiedervereinigung mit der Mutter vermeidend oder ambivalent verhielten, zu Hause eine weniger optimale Beziehung zu ihren Müttern hatten als diejenigen Kinder, die bei der Wiedervereinigung die Nähe oder den Kontakt mit der Mutter suchten (Bretherton, 1995).

Dieses Ergebnismuster konnte in der ersten bindungstheoretischen Untersuchung in Deutschland, die 1976 von Klaus und Karin Grossmann in Bielefeld begonnen wurde, bestätigt werden (K. Grossmann et al., 1985). Obwohl sie also eigentlich ursprünglich zur *Validierung* der Verhaltensbeobachtungen diente, wurde die Fremde Situation seit dieser Zeit zu *dem* Standard-Instrument, mit dem die Sicherheit und Qualität der Mutter-Kind-Beziehung ermittelt werden soll. Von besonderem Interesse ist dabei das Verhalten des Kindes nach der Rückkehr der Mutter. Folgende Typen werden unterschieden:

Sichere Bindung (»B«, 4 Untertypen): Die Kinder zeigen offen ihren Kummer über die Trennung. Wenn die Mutter zurückkehrt, suchen sie ihre Nähe, lassen sich trösten und nehmen das unterbrochene Erkunden wieder auf.

Unsicher-vermeidend (»A«, 2 Untertypen): Diese Kinder lassen kein Trennungsleid erkennen und wirken sehr selbstständig. Sie suchen keinen Kontakt, wenn die Bindungsperson zurückkehrt, sondern vermeiden ihn.

Unsicher-ambivalent (»C«, 2 Untertypen): Diese Kinder suchen Nähe und Kontakt zur Bindungsperson, weisen sie aber auch zurück. Durch den Kontakt mit ihr finden sie keine Beruhigung.

Das Verhalten des *sicher gebundenen Kindes* könnte man auch so beschreiben, dass es »wie an einem unsichtbaren Gummiband zum Erkunden ausschwärmt und bei Verunsicherung die Nähe zur Mutter sucht bzw. durch offenen Ausdruck von Not und Erleichterung emotionale Zuwendung holt« (Rauh, 2000, S. 83). Das *unsicher-vermeidend* gebundene Kind hält eine gewisse räumliche und emotionale Distanz zur Mutter und reduziert seinen Emotionsausdruck, als müsse es fürchten, durch zu offene Anzeichen von Kummer auf Ablehnung zu stoßen. Das *unsicher-ambivalent* gebundene Kind dagegen übersteigert seinen Emotionsausdruck, mitunter gepaart mit Ärger, als befürchte es, sonst nicht beachtet zu werden (Rauh, 2000).

Als vierter Typus wurde Ende der 1980er Jahre das sogenannte *desorganisierte* oder *desorientierte Verhalten* (»D«) identifiziert. Es wird von Mary Main (1995) als »Zusammenbruch aller Strategien im Umgang mit der durch die Fremde Situation induzierten Belastung« (S. 138) bezeichnet. D-Kinder zeigen deutliche Anzeichen von Angst, sie sind aber nicht in der Lage, sich an die Bezugsperson zu wenden. Stichproben misshandelter Kinder wurden bis zu 80 Prozent als »D« klassifiziert, allerdings wurden auch in verschiedenen anderen Stichproben ein erhöhter Anteil von D-Klassifikationen gefunden (siehe zusammenfassend Rauh, 2008, S. 217). Die Gefahr, Verhaltensprobleme zu entwickeln, ist bei diesen Kindern besonders hoch.

Die Standardverteilung der einzelnen Bindungstypen in den USA ist: B = 67 %, A = 21 % und C = 12 %. Bei gleichzeitiger Berücksichtigung des D-Typs wird dessen Auftretenshäufigkeit bei ungefähr 15 % angesetzt; bei den übrigen, um »D« bereinigten Bindungsmustern verbleiben dann B = 55 %, A = 23 % und C = 8 % (van IJzendoorn, 1992, zit. nach Gloger-Tippelt et al., 2000, S. 93). Kulturelle Unterschiede müssen jedoch beachtet werden. So überwiegt zwar auch in deutschsprachigen Untersuchungen der sichere Bindungstyp, unsicher-vermeidende Bindungen treten im Vergleich zu den USA jedoch deutlich häufiger, unsicher-ambivalente deutlich seltener auf (Gloger-Tippelt et al., 2000). Für Japan, Israel und Russland wurde eine hohe »C«-Quote ermittelt (Rauh, 2008).

Die Ermittlung der Bindungsqualität über die Fremde Situation ist *nur für einen Altersbereich von 12 bis 18 Monaten valide*; bei älteren Kindern aktiviert sie das Bindungssystem nicht mehr. Aus bindungstheoretischer Sicht wird angenommen, dass sicher gebundene Kinder von ihren Bezugspersonen verlässlich akzeptiert werden, wenn sie Nähe suchen. Unsicher-vermeidende Kinder (A) dagegen machen die Erfahrung, dass sie abgewiesen werden, wenn sie bei Kummer die Bezugsperson aufsuchen. Unsicher-ambivalent gebundene Kinder (C) demgegenüber erleben Unvorhersagbares; ihre Bezugspersonen reagieren das eine Mal und das andere Mal nicht. Das desorganisierte Muster, so wird vermutet, entsteht, wenn die Bindungsfigur in eigenen, unverarbeiteten Problemen gefangen ist.

Aufgrund dieser Erfahrungen, so die Bindungstheorie, schafft das Kind sich Vorstellungsmodelle von der Welt und von sich selber, mit deren Hilfe es Ereignisse wahrnimmt, die Zukunft vorhersieht und Pläne macht. Diese Modelle werden *innere Arbeitsmodelle* genannt. Sie stellen eine *innere Repräsentation* von Bindung dar. »Einmal gebildet, existieren die Arbeitsmodelle (vergleichbar mit ›self-fulfilling prophecies‹) zum Teil außerhalb des Bewusstseins und neigen, obwohl nicht unveränderbar, zu deutlicher Stabilität« (K. E. Grossmann et al., 2003, S. 234). Daraus folgt, dass frühe Bindungsmuster überwiegend stabil sein müssten, dass also ein einmal sicher bzw. unsicher gebundenes Kind immer sicher bzw. unsicher gebunden sein müsste. Gibt es Belege für diese Annahme?

5.1.1 Stabilität und Konsequenzen von Bindungs(un)-sicherheit

Nachweise *für* eine Stabilität wurden v. a. zwischen dem ersten und sechsten Lebensjahr gefunden (Wartner et al., 1994; Main et al., 1985, Main & Cassidy, 1988). Diese Befunde wurden mit dem Hinweis kritisiert, dass bei einer groben Einteilung in unsichere versus sichere Kinder (in Deutschland z. B. gab es kaum C-Kinder) eine hohe Übereinstimmung schon aus Wahrscheinlichkeitsgründen gegeben ist (Rauh, 1997). Im Alter von zehn Jahren ließen sich für die Kinder aus der Bielefelder Stichprobe nur noch Zusammenhänge für einige Skalen finden, für 16-Jährige fand sich *kein* Zusammenhang mehr zu ihrer Bindungssicherheit an die Mutter oder den Vater (Zimmermann et al., 1995). Risikofaktoren wie Scheidung, schwere Krankheiten oder Verlust einer Bindungsfigur hatten sich jedoch ausgewirkt. Dabei wurden interessanterweise sowohl Wechsel von einer sicheren zu einer unsicheren Bindung als auch umgekehrt beobachtet (Zimmermann et al., 2000). Offensichtlich können also die Lebensumstände die Bindungsklassifikation beeinflussen, was die Frage nach dem Anteil von frühen Bindungserfahrungen einerseits und kritischen Lebensereignissen andererseits für die spätere Bindungssicherheit aufwirft.

Ein weiterer wichtiger Bereich betrifft die *Konsequenzen*, die eine sichere oder unsichere Bindung für den weiteren Lebenslauf hat. Eine sichere Bindung ist keine Garantie für lebenslanges Wohlbefinden, doch stellt sie einen wichtigen Schutzfaktor dar, wohingegen unsichere Bindungen Risikofaktoren bedeuten (Zimmermann & Spangler, 2008). Die Forschungsgruppe um Klaus und Karin Grossmann zieht aufgrund ihrer in Deutschland durchgeführten Längsschnittstudien den Schluss, »…, dass psychische Einschränkungen bis zum 22. Lebensjahr statistisch signifikant mit ungünstigen Bindungserfahrungen zusammenhängen, wenn auch nicht mit einzelnen Methoden, wie z. B. der Fremden Situation« (K. E. Grossmann, 2004, S. 39).

Die Universalität dieser Aussage ist aus kulturvergleichender Sicht umstritten; Keller (2004, S. 112) spricht von einer »euroamerikanischen Sichtweise«, die außer Acht lässt, dass in anderen Kulturen aufgrund von unterschiedlichen Menschenbildern und damit verbundenen Werten und Erziehungszielen auch andere Verhaltensweisen adaptiv für die kindliche Entwicklung sein können (siehe auch die bereits erwähnte unterschiedliche Verteilung der A-, B- und C- Muster in verschiedenen Kulturen). Zumindest im Hinblick auf den europäischen und nordamerikanischen Kulturraum scheint jedoch beim derzeitigen Forschungsstand die vorsichtige Schlussfolgerung gerechtfertigt, dass als sicher gebunden klassifizierte Kinder im Vergleich zu unsicher gebundenen mit größerer Wahrscheinlichkeit eine gelungene psychosoziale Entwicklung durchlaufen werden.

5.1.2 Einflüsse auf die Bindungs(un)sicherheit

Die zentrale Frage lautet nun, wodurch die Bindungssicherheit eines Kindes am Ende des ersten Lebensjahres beeinflusst wird.

Ist es die Feinfühligkeit der Mutter im ersten Lebensjahr? Metaanalysen (Goldsmith & Alansky, 1987; de Wolff & van IJzendoorn, 1997) ermittelten nur niedrige Zusammenhänge zwischen mütterlicher Sensitivität und Bindungssicherheit.

Die Annahme, dass die Unterschiede in der Fremden Situation auf *Temperamentsunterschiede* zurückzuführen seien (also Irritierbarkeit; Neigung zu Schreien; motorisch in/aktiv zu sein), wird von mehreren Autoren geteilt (Fox, 1995; Kagan 1998/2000; Mangelsdorf & Frosch, 2000). Zentral ist dabei der Gedanke, dass mancher Säugling schwieriger zufriedenzustellen ist als ein anderer und es somit seinen Bezugspersonen auch schwerer macht, feinfühlig mit ihm umzugehen. Interessanterweise gibt es auch innerhalb der bereits erwähnten Studien Ergebnisse, die *für* die Bedeutung des kindlichen Temperaments sprechen. So zeigte sich bei einer genauen Analyse einer Teilstichprobe der Bielefelder Längsschnittstudie, nämlich bei Kindern, die trotz mütterlicher Feinfühligkeit keine sichere Bindung zur Mutter aufwiesen, dass es »sich hier fast ausschließlich um besonders ›schwierige‹ Kinder mit hoher Irritierbarkeit und geringer Orientierungsfähigkeit handelte« (Fremmer-Bombik, 1992, zit. nach Zimmermann et al., 1995, S. 314).

Temperamentsunterschiede gehören somit »notwendig in bindungstheoretische Forschungsansätze« (K. E. Grossmann et al., 2003, S. 268). Sowohl das Kind als auch die Bezugsperson tragen zur Interaktionsqualität bei, sie stehen in *wechselseitiger Beziehung* und beeinflussen sich *gegenseitig*. Van den Boom (1997) drückt diesen Umstand folgendermaßen aus: »it takes two to become attached« (S. 593). Feinfühligkeit sollte daher nicht als statische, sondern als *dynamische* Eigenschaft betrachtet werden, die sich in der Interaktion mit dem Kind über die Zeit erst herausbildet bzw. sich in Anpassung an das sich entwickelnde Kind wandelt.

Ferner gilt es zu berücksichtigen, dass die Interaktionskompetenz von Erwachsenen durch das *Vorhandensein oder Fehlen sozialer Unterstützungssysteme* nachhaltig beeinflusst wird. Es fällt natürlich viel leichter, seinem Baby gegenüber feinfühlig zu sein, wenn man über ein soziales Netzwerk verfügt, das für Entlastung sowohl in kritischen Situationen als auch im Alltag sorgt.

Eine Studie, die dieses Zusammenspiel veranschaulicht, wurde von Susan Crockenberg (1981) veröffentlicht. Sie erhob die kindliche Irritierbarkeit, die mütterliche Feinfühligkeit und die soziale Unterstützung, die die Mütter erfuhren, in ihrer Bedeutung für die Bindungsklassifikation mit einem Jahr. Die *soziale Unterstützung* war der beste Prädiktor für eine sichere Bindung; sie war am wichtigsten für Mütter mit hoch irritierbaren Babys. Soziale Unterstützung ist also dann von besonderer Bedeutung, wenn die Familie unter Stress steht.

Dieses Ergebnis zeigt, wie wichtig es ist, den sozialen Kontext zu berücksichtigen, wenn man Entwicklung verstehen will. Es macht intuitiv Sinn, dass Mütter mit sozialer Unterstützung weniger gestresst sind, sich weniger überfordert fühlen und in der Folge *verfügbarer* für ihre Kinder sind. »Eine Mutter, die wegen bedrückender Lebensumstände keine zuverlässige und feinfühlige Unterstützung geben konnte, kann feinfühlig werden, wenn sich ihre Lebensumstände verbessern« (K. E. Grossmann, 2004, S. 34). Soziale Unterstützung kann aber auch direkt auf die Kinder wirken. Feinfühlige Großeltern oder Geschwister können das Kind gegen eine unresponsive Mutter oder einen unresponsiven Vater abschirmen. Man spricht hier von einem *kompensatorischen* Effekt.

Ein weiterer Aspekt der Bindungstheorie, der Kritik auf sich gezogen hat, ist der mehr oder weniger implizite *Determinismus.* Damit ist gemeint, dass spätere Beziehungen durch frühere determiniert werden, dass also, wenn ein Kleinkind an seine Mutter unsicher gebunden ist, es auch in seinem weiteren Leben z. B. beim Aufbau von Freundschaften oder Liebesbeziehungen Probleme haben wird.

Gegen diese Sichtweise spricht, dass negative Konsequenzen der Mutter-Entbehrung zum Beispiel durch Kontakte mit Gleichaltrigen kompensiert werden können. Ein besonders beeindruckendes Beispiel wird von Anna Freud, der Tochter von Sigmund Freud, und Sophie Dann (1951) berichtet. Sie beschreiben das Schicksal von sechs Kindern deutsch-jüdischer Herkunft, deren Eltern kurz nach ihrer Geburt von den Nazis verschleppt und getötet wurden. Als die Kinder zwischen sechs und zwölf Monate alt waren, kamen sie in das Konzentrationslager Theresienstadt. Nach zwei bis drei Jahren erfolgte die Befreiung durch russische Truppen und die anschließende Verschickung nach England, wo die Kinder zusammenbleiben konnten. Sie entwickelten ein starkes Gruppenzusammengehörigkeitsgefühl sowie enge Bindungen aneinander, die offensichtlich in der Lage waren, zumindest teilweise den Mangel an all dem, was eine glückliche Kindheit normalerweise ausmacht, zu kompensieren. Ihre Familie war ihre kleine Kindergruppe. Diese enge Beziehung zwischen den Gleichaltrigen bewahrte sie vor schlimmeren seelischen Schäden.

Es gibt auch weniger dramatische Beispiele dafür, wie Kinder mit gestörten Eltern-Beziehungen durch Peer-Kontakte therapiert werden können (Mietzel, 2002), woraus geschlossen werden kann, dass spätere Beziehungen keineswegs immer durch frühere determiniert werden.

Fazit: Die Bindungstheorie nimmt uns als Eltern bzw. Bezugspersonen in die Pflicht. Sie macht deutlich, wie extrem wichtig eine vertrauensvolle Beziehung zwischen dem Kind und den Bezugspersonen für die Persönlichkeitsentwicklung ist. Im Sinne des in Kapitel 1 beschriebenen transaktionalen Modells erscheint es dabei sinnvoll, Bindung als Resultat eines komplexen Wechselspiels zwischen den Eigenschaften der engsten Bezugspersonen, denen des Kindes, des familiären Kontextes und somit auch der Lebensumstände der Familie anzusehen.

5.2 Die Rolle der Peers für die Entwicklung des Kindes

Welche Rolle Peers für die Entwicklung von Kindern spielen können, haben wir am Beispiel des Schicksals der sechs deutschjüdischen Waisenkinder während des Zweiten Weltkrieges bereits betrachtet. Anna Freud und Sophie Dann beschreiben, dass so gut wie keine Eifersucht, Rivalität oder Wettbewerb zwischen den Kindern bestand – ganz im Unterschied zu dem, was man normalerweise zwischen Geschwistern oder unter Gleichaltrigen findet. Zu den sie betreuenden Erwachsenen nahmen die Kinder zunächst keine Beziehungen auf; dies änderte sich erst nach ei-

niger Zeit. Hier haben wir also ein Beispiel dafür, wie Erwach-
senen-Kind-Beziehungen auf Peer-Beziehungen aufbauen können. Die Beziehungen zu den Erwachsenen wurden aber nie so
eng wie die der Kinder untereinander.

Was exakt bedeutet der Begriff »peer«, der auch in der
deutschsprachigen Psychologie inzwischen standardmäßig verwendet wird? Er war ursprünglich eine Bezeichnung für rang-
gleiche englische Adlige (von Salisch, 2000). Die deutsche Übersetzung »Gleichaltrige« ist somit streng genommen ungenau,
denn Gleichaltrige müssen einander nicht zwingend ebenbürtig
sein im Hinblick z. B. auf intellektuelle oder soziale Kompetenzen.

Was kennzeichnet eine Peer-Beziehung im Gegensatz zu den
Kind-Erwachsenen-Beziehungen, mit denen wir uns bislang
beschäftigt haben? Zunächst einmal sind Eltern-Kind-Beziehun-
gen natürlich biologisch bestimmt. Die Eltern haben einen staat-
lich geregelten Erziehungsauftrag, in den Behörden sich nur in
Ausnahmefällen einmischen dürfen. Beziehungen zu Gleichaltrigen dagegen beruhen demgegenüber in der Regel auf eigenen
Entscheidungen; sie sind freiwillig (Grob & Jaschinski, 2003).
Weiter setzt das Interesse an Gleichaltrigen später ein als die
Eltern-Kind-Beziehung. Die Beziehungsebene zwischen Kindern
ist eher symmetrisch – im Gegensatz zur asymmetrischen
Macht- und Kompetenzverteilung zwischen Eltern und Kindern.
Schließlich unterscheiden sich sowohl die Interaktionsmerkma-
le als auch die Funktionen. Beispielsweise kontrollieren Kinder
in der Gegenwart von Peers den Ausdruck »negativer« Gefühle
wie Aggression, Traurigkeit oder Schmerz stärker als im Zusam-
mensein mit Erwachsenen (Zeman & Garber, 1996).

Verschiedene Möglichkeiten, sich das Verhältnis von *Mutter-
Kind* und *Peer-Interaktionssystem* vorzustellen, beschreibt Rauh
(1984, zit. nach Schmidt-Denter, 2005, S. 69):

Das erste Modell sieht eine *Unabhängigkeit* zwischen den
beiden Beziehungssystemen. Soziale Kompetenz mit Gleichaltrigen steht in keinem psychologischen Bezug zur Mutter-Kind-
Interaktion. Konner (1975) bezeichnet aus evolutionstheoreti-
scher Sicht die altersgemischte Gruppe als das »natürliche«
soziale Umfeld des Kindes. Dies sei fast während der ganzen

Menschheitsgeschichte der soziale Rahmen gewesen, an den sich das Kind habe anpassen müssen. Altersgleiche Gruppen (Schule) sind so gesehen Produkte der Erziehungssysteme der modernen Industriegesellschaften. Ein Beispiel für ein eigenständiges Merkmal von Kinder- und Jugendgruppen wäre die für sie typische Dominanzhierarchie. Deren Funktionen (z. B. eine Rangreihe nach Stärke zu bilden) weichen von den Funktionen des Eltern-Kind-Bindungssystems (z. B. Beschützen) ab.

Die zweite Gruppe sieht die Mutter-Kind-Interaktion als *Grundlage und Voraussetzung* für Gleichaltrigen-Beziehungen. Diese Auffassung wird von der Bindungstheorie vertreten: Ist das Kind sicher an seine Mutter gebunden, zeigt es auch größere soziale Kompetenzen im Umgang mit Peers.

Schließlich gibt es die Modellannahme der *wechselseitigen Beeinflussung*: Entwicklungsfortschritte auf der einen Ebene haben Auswirkungen auf die andere. Mutter-Kind- und Peer-Interaktionen stellen interdependente Subsysteme innerhalb eines sozialen Netzwerks dar.

Im Kindesalter nehmen Eltern einen offensichtlichen Einfluss auf die Peer-Beziehungen ihrer Kinder. Bereits das Wohnumfeld der Familie bestimmt Ausmaß und Art der Peer-Kontakte in erheblichem Maße. Abgesehen davon nehmen manche Eltern sehr aktiven Einfluss, indem sie Besuche von Spielkameraden arrangieren, den Umgang mit bestimmten Kindern fördern oder hemmen oder Vereine aussuchen, in denen die Kinder einen Teil ihrer Freizeit verbringen.

Anzeichen einer *wechselseitigen sozialen Beeinflussung zwischen Peers* finden sich spätestens ab dem sechsten Lebensmonat (Schmidt-Denter, 2005, S. 70); koordinierte und anhaltende Interaktionen zwischen Kindern lassen sich jedoch im Allgemeinen erst mit dem Beginn des dritten Lebensjahres beobachten.

Mit zunehmendem Alter verbringen Kinder immer mehr Zeit mit anderen Kindern: ca. 10 Prozent mit zwei Jahren, 20 Prozent mit vier Jahren, etwas mehr als 40 Prozent zwischen sieben und elf Jahren (Hartup, 1992, S. 258). In Bezug auf die frühe Kindheit bestehen jedoch beträchtliche Unterschiede in Abhängigkeit davon, ob das Kind sich in Fremdbetreuung befindet oder nicht (s. Kap. 5.3). Auch kulturelle Einflüsse spielen eine Rolle. So berichtet Carolyn Edwards (1992), dass Eltern aus Nyansongo, einer kleinen landwirtschaftlichen Siedlung in Kenia, bis in die 1950er Jahre hinein Interaktionen ihrer sechs- bis zehnjährigen Kinder mit nicht-verwandten Peers zu verhindern versuchten, da Kontakt mit ihnen als schädlich angesehen wurde. Erst mit der Einführung des Schulbesuchs änderte sich diese Einstellung.

Interessanterweise sind Peergroups in der Kindheit fast immer nach Geschlechtern getrennt. In soziometrischen Studien (s. u.) zeigt sich dieser Umstand darin, dass die Kinder in der Regel gleichgeschlechtliche Wahlen für positive Aussagen (Mit wem möchtest Du spielen?) und gegengeschlechtliche Wahlen für negative Aussagen (Mit wem möchtest Du nicht spielen?) treffen (Underwood, 2004). Damit kommen wir zur wichtigen Frage der *Peer-Akzeptanz* bzw. *Peer-Ablehnung*.

5.2.1 Peer-Akzeptanz und Peer-Ablehnung

Zur Messung der Akzeptanz bzw. Ablehnung durch Gleichaltrige werden meistens soziometrische Verfahren eingesetzt. Bei der *Nominationstechnik* werden die Mitglieder einer Gruppe (z. B. einer Kindergarten- oder Schulklasse) gebeten, eine bestimmte Zahl von Kindern (im Allgemeinen drei) für eine bestimmte Aktivität zu benennen. So sollen sie z. B. angeben, mit wem sie in der Pause zusammen spielen wollen bzw. mit wem nicht. Aus diesen Angaben wird ein Index zum Ansehen des Kindes in der Gruppe, der sog. *Peer-Status*, abgeleitet. Dieser spiegelt die relative Position des individuellen Kindes in der Gruppe wider, in der es sich befindet. Der Status hängt also sowohl vom Kind (z. B. von seiner Aggressivität) als auch von der Gruppe (z. B. ihrer Aggressivitätsnorm) ab (Cillessen et al., 2000; Dodge et al., 2006; Rubin et al., 2006). Zwei Variablen werden unterschieden: soziale Präferenz und soziale Beachtung. Die *soziale Präferenz* wird ermittelt aus der Differenz zwischen der Anzahl der positiven und der negativen Stimmen, die ein Kind erhält. Sie bestimmt damit das Ausmaß, in dem das Kind in seiner Gruppe »gemocht« wird. Die *soziale Beachtung* errechnet sich demgegenüber aus der Summe der positiven und der negativen Voten und erlaubt damit eine Aussage über die »Sichtbarkeit« des Kindes, also das Ausmaß, in dem ein Kind von den Gleichaltrigen beachtet wird (von Salisch, 2000, S. 352). Auf der Basis dieser beiden Dimensionen werden die Kinder in fünf Gruppen klassifiziert:

a) *Beliebte Kinder* (viele positive und wenige negative Stimmen, d. h. hohe Beachtung und hohe Präferenz);
b) *Abgelehnte Kinder* (viele negative und wenige positive Stimmen bzw. hohe Beachtung und niedrige Präferenz);
c) *Vernachlässigte Kinder* (wenig positive und wenig negative Stimmen, d. h. niedrige Beachtung);
d) *Durchschnittliche Kinder* (mittlere Zahl sowohl an positiven als auch negativen Stimmen;
e) *Umstrittene Kinder* (viele positive und viele negative Stimmen, d. h. hohe Beachtung und mittlere Präferenz).

Eine Alternative zur Nominierungstechnik sind Ratingskalen. Hier soll das Kind z. B. auf einer Skala angeben, wie gerne es mit einem anderen Kind spielen möchte – beispielsweise gar nicht (Wert 1 auf der Skala) oder sehr (Wert 5 auf der Skala). Die Ratingskalen haben den Vorteil, dass sie das ethische Problem der negativen Peer-Nominierungen (Benennung von Kindern, die man nicht mag) abschwächen.

Das am häufigsten verwendete soziometrische System von Coie et al. (1982) basiert auf positiven und negativen Nominierungen; das von Asher und Dodge (1986) arbeitet demgegenüber mit positiven Nominierungen und niedrigen »Spielratings« (s. voriger Abschnitt) anstelle negativer Nominierungen (Cillessen et al., 2000).

Die Stabilität von Peer-Nominierungen hängt ab vom zugrundeliegenden soziometrischen System, dem Alter der Kinder und dem Zeitraum, über den der Vergleich stattfindet. In der Regel fällt die Stabilität umso höher aus, je älter die Kinder sind, und umso niedriger, je länger der Zeitraum ist, über den sie gemessen wird. Cillessen et al. (2000) fassten die Ergebnisse von zwölf Studien, welche die Stabilität von Statusklassifikationen untersucht haben, zusammen. Bei denjenigen, denen ein Zeitraum von drei Monaten oder größer (bis zu 48 Monaten) zugrunde lag, fiel die Stabilität im Mittel mäßig aus; am höchsten war sie für die abgelehnte Gruppe. Die *Ablehnung durch die Gleichaltrigen* scheint damit ein relativ stabiles Merkmal zu sein. Welche Gründe führen hierzu?

Eine Metaanalyse über 41 Nominierungs-Studien (davon 39 nordamerikanische) von Newcomb et al. (1993, zit. nach von Salisch, 2000, S. 353) ergab folgendes Bild: Abgelehnte Kinder waren im Vergleich zu den anderen Status-Gruppen vermehrt an körperlichen Übergriffen beteiligt, störten andere Kinder häufiger und legten auch mehr negatives Verhalten in Form von Drohungen an den Tag. 40 bis 50 Prozent verhielten sich aggressiv. Weitere 10 bis 20 Prozent wurden abgelehnt, weil sie zurückgezogen, schüchtern und ängstlich waren. Abgelehnte Kinder zeichnen sich also nicht nur durch »Aggressivität«, sondern auch durch überdurchschnittliche Werte bei den Kategorien »Rückzug« »Depression« und »Ängstlichkeit« aus. Darüber hinaus wird eine beträchtliche Zahl abgelehnter Jungen von ihren Klassenkameraden als unaufmerksam und unreif eingeschätzt. Schließlich scheinen auch *viktimisierte Kinder* – also solche, die Opferstatus innehaben – von ihren Peers ablehnt zu werden (Rubin et al., 2006).

Während sich Aggression als Prädiktor für Ablehnung durch Gleichaltrige inzwischen auch in anderen Kulturen bestätigen ließ (Rubin et al., 2006; Vasta et al., 1999, S. 650), scheint die Bedeutung schüchternen, sozial zurückgezogenen Verhaltens je nach kulturellem Kontext unterschiedlich bewertet zu werden. So berichteten Chen et al. (1992), dass schüchtern-ängstliche Kinder in China als sozial kompetent angesehen werden und populär bei ihren Peers sind. Im Gegensatz dazu fand beispielsweise Mayr (1992) in Deutschland, dass sich populäre Kindergartenkinder durch niedrigere, zurückgewiesene und vernachlässigte Kinder durch höhere Schüchternheitswerte vom Durchschnitt abgrenzen ließen. Interessanterweise scheint sich die Einschätzung von Schüchternheit in China in den letzten Jahren aber gewandelt zu haben. Schüchternes, zurückhaltendes Verhalten geht zunehmend mit negativen Peer-Bewertungen einher (Rubin et al., 2006).

Die Stabilität des soziometrischen Status' hängt jedoch nicht allein von der Stabilität der zugrundeliegenden Merkmale des

Kindes ab. Cillessen et al. (2000) weisen darauf hin, dass auch die sozialen Erfahrungen der Kinder eine Rolle spielen. Populäre Kinder, die häufig mit anderen in Kontakt treten, bekommen regelmäßig positive wie negative Rückmeldungen bezüglich der Wirkung ihres Verhaltens und können ihre sozialen Fähigkeiten dementsprechend verbessern. Abgelehnte Kinder, denen positive Peer-Interaktionen fehlen, können nicht von ähnlichen Erfahrungen profitieren. Ferner kommt auch den sozialen Wahrnehmungsprozessen, die in der Gruppe ablaufen, eine tragende Rolle zu. Studien mit Erwachsenen haben gezeigt, dass sie eine interpersonelle Information in Abhängigkeit von ihren Erwartungen selektiv verarbeiten. Ähnlich fand Dodge (1980, zit. nach Cillessen et al., 2000, S. 85) heraus, dass Kinder einem bekanntermaßen aggressiven Peer negativere Intentionen unterstellen als einem nicht-aggressiven Peer. Diese Erwartungen führen wiederum zu einem negativen Verhalten der abgelehnten Kinder und verstärken somit den Teufelskreis, in dem sie sich befinden. Ein letzter, noch wenig untersuchter Punkt betrifft die soziale Selbstwahrnehmung der Kinder. Rabiner und Coie (1989, zit. nach Cillessen et al., 2000, S. 85) berichten, dass Kinder, die davon ausgehen, dass die anderen Kinder sie mögen, sich bei nachfolgenden Interaktionen mit neuen Kindern angemessener verhalten und dann tatsächlich mehr gemocht werden.

Abschließend sei auch noch einmal auf das Thema Geschlecht eingegangen. Wenngleich die meisten – vor allem der früheren – Studien zur Frage der Peer-Akzeptanz nur mit Jungen durchgeführt wurden (z. B. Coie & Kupersmidt, 1983; Dodge, 1983; Putallaz, 1983), zeigen jüngere Studien ein relativ konsistentes Ergebnis: Jungen, die »mädchenhaftes« Verhalten zeigen, werden vom eigenen wie vom anderen Geschlecht abgelehnt; Mädchen, die sich »jungenhaft« verhalten, werden in der Regel von beiden Geschlechtern akzeptiert (Rubin et al., 2006).

5.2.2 Folgen der Peer-Ablehnung im Kindesalter

Schwierigkeiten im Umgang mit Peers stellen einen Risikofaktor im Hinblick auf die Persönlichkeitsentwicklung dar. Dennoch muss beachtet werden, dass nur ca. ein Drittel der Kinder, die von ihren Peers abgelehnt werden, über das Jugendalter hinausgehende Probleme entwickeln (Parker et al., 1995, zit. nach Rubin et al., 1998, S. 681). Parker und Asher (1987, zit. nach von Salisch, 2000, S. 371) berichten in ihrer Übersicht über die Folgen niedriger Peer-Akzeptanz, dass 30 Prozent der Heranwachsenden, die als Kinder von den Gleichaltrigen wenig geschätzt wurden, später auffällig wurden im Sinne von Schulabbruch, Kriminalität oder Psychopathologie. Ihre besser integrierten Peers wurden nur zu 10,5 Prozent als Erwachsene auffällig. Kinder, die von ihren Klassenkameraden wenig akzeptiert oder gar aktiv abgelehnt werden, tragen also ein erhöhtes Risiko, später auffällig zu werden. Dabei trägt die Gruppe der aktiv abgelehnten Kinder vor allem das Risiko der Entwicklung sogenannter *externalisierender* Verhaltensstörungen in sich. Darunter versteht man sozial störende, d. h. oppositionell-aufsässige und aggressive Verhaltensweisen. Betroffen sind v. a. Jungen. Zu beachten ist jedoch, dass die Ablehnung durch Peers nicht als alleinige Ursache für die späteren Probleme angesehen werden darf. Wahrscheinlicher ist, dass die Verhaltensweisen, die zur Ablehnung führen, auch den Weg zu den späteren Problemen ebnen, so dass Ablehnung durch Peers sowohl als Indikator für diese Risikofaktoren als auch als Katalysator für aggressives Verhalten anzusehen ist (Coie & Dodge, 1998). Von Salisch (2000, S. 373) fasst auf der Basis von vier unabhängigen Längsschnittstudien zusammen, »... dass die Ablehnung durch die peers das externalisierende Verhalten von Heranwachsenden über das ursprüngliche Niveau hinaus verstärkte«.

5.3 Praxisthema: Tagesbetreuung in der frühen Kindheit

Die frühe außerfamiliäre Tagesbetreuung wird seit vielen Jahren sozialpolitisch, aber auch theoretisch-psychologisch kontrovers diskutiert. Anfang 2008 besuchte in Westdeutschland jedes zehnte (10 %), in Ostdeutschland mehr als jedes dritte Kind (38,4 %) unter drei Jahren eine Tageseinrichtung für Kinder. Die Bundesregierung hat das Ziel vorgegeben, bis zum Jahr 2013 mehr als

jedem dritten Kind unter drei Jahren in Deutschland ein Betreu-
ungsangebot machen zu können, was vor allem einen Ausbau
der Betreuungsangebote in den alten Bundesländern bedeutet
(Statistische Ämter des Bundes und der Länder, 2009).

Historisch gesehen gehören Entscheidungen über die Betreuung und Beaufsichtigung von Kindern zu den ältesten Problemen menschlicher Gesellschaften. In verschiedenen Teilen der
Welt wurden dabei ganz unterschiedliche Arrangements entwickelt. Eine ausschließliche Betreuung durch die Mutter während
der Kindheit war weltweit und historisch gesehen nie die dominierende Form: Junge Kinder wurden schon immer von anderen
Verwandten, Nachbarn und vor allem von älteren Geschwistern
betreut. Was sich also tatsächlich geändert hat, ist nicht die Tatsache nicht-mütterlicher Betreuung an sich, sondern der Trend
in den Industrieländern, Kinder in die Obhut von bezahlten
Betreuungspersonen außerhalb des Familienkreises zu geben
(Ahnert, 2004; Lamb & Ahnert, 2003; NICHD, 2005).

In welchem Ausmaß dabei von staatlicher Seite Möglichkeiten
zur Kinderbetreuung geschaffen wurden, war vor allem durch
ökonomische Faktoren bestimmt. Die rasche Industrialisierung und
der damit verbundene Mangel an Arbeitskräften im Europa der
1960er und 1970er Jahre führten in Schweden beispielsweise zur
Schaffung eines Systems, in dem Frauen einerseits gut bezahlt
wurden und andererseits qualitativ hochstehende Kinderbetreuung zu erschwinglichen Preisen verfügbar war. In der Bundesrepublik Deutschland demgegenüber wurde versucht, den Arbeits-
kräftemangel durch die Anwerbung von sogenannten Gastarbeitern
zu beheben. Demzufolge gab es in der alten Bundesrepublik kaum
Betreuungseinrichtungen für Kinder unter drei Jahren; ganz im
Gegensatz zur DDR, die auch auf die Schaffung von Arbeitsplätzen
für Frauen setzte (Lamb & Ahnert, 2003).

Kulturen und Gesellschaften unterscheiden sich also deutlich
in der Art, wie die Kinderbetreuung in der Öffentlichkeit wahr
genommen und wie über sie diskutiert wird. Eine Dimension ist
dabei die Frage, inwiefern Kinderbetreuung eine *öffentliche Aufgabe* oder ein *privates Problem* ist. Die USA und Großbritannien
bilden dabei vermutlich die Extreme unter den westlichen Industrienationen. Hier wird die Kinderbetreuung weitestgehend

zum Problem der einzelnen Familien gemacht und die Regelung von Kosten und Qualität allein dem Markt überlassen. Das andere Extrem stellen die sozialdemokratischen Gesellschaften Skandinaviens und die früher kommunistischen Staaten dar. Hier wird die Gesellschaft als Ganzes als mitverantwortlich für die Betreuung und das Wohlergehen der Kinder angesehen (Lamb & Ahnert, 2003).

Ein weiterer interkultureller Unterschied besteht darin, inwieweit die Kinderbetreuung als *Bereich der Sozialhilfe* einerseits oder als *Förderinstrument für die kindliche Entwicklung* andererseits betrachtet wird. Dies ist insofern von Bedeutung, als es viel schwieriger ist, Akzeptanz in der Öffentlichkeit zu finden und auch öffentliche Gelder zu erhalten, wenn Wohlfahrtsaspekte im Vordergrund der Argumentation stehen (Lamb & Weßels, 1997). Während es für die Krippen im Gegensatz zu den Kindergärten lange keinen gesetzlich verankerten, pädagogischen Auftrag und auch keine Mitfinanzierung durch Bund und Länder gab, führte das in der Folge verschiedener internationaler Vergleichsstudien – wie z. B. dem »Programme for International Student Assessment« (PISA, vgl. Baumert et al., 2001) oder der »Third International Mathematics and Science Study« (TIMSS, vgl. Baumert & Lehmann, 1997) – erstarkte Interesse an frühkindlichen Bildungsprozessen zu einem Zurückdrängen des Wohlfahrtsaspektes der Kinderkrippen. So bezieht z. B. der Bayerische Bildungs- und Erziehungsplan für Kinder in Tageseinrichtungen bis zur Einschulung (2006) die Krippe ausdrücklich mit ein.

Schließlich unterscheiden sich auch die grundlegenden *Konzeptionen von Kindheit* zwischen den Kulturen. Viele Menschen in den westlichen Ländern vertreten die aus der Psychoanalyse stammende Überzeugung, dass frühkindliche Erfahrungen den weiteren Lebenslauf bestimmen, wie wir ja am Beispiel der Bindungstheorie bereits gesehen haben. Diese Annahme ist so tief in unseren kulturellen Überzeugungen verwurzelt, dass sie kaum jemand infrage stellt. Viele asiatische Kulturen betonen stattdessen die Bedeutung von Erfahrungen, die nach dem sechsten/ siebten Lebensjahr gemacht werden (Lamb & Ahnert, 2003). Form und Bedeutung der Kinderbetreuung unterscheiden sich also erheblich von Kultur zu Kultur.

Wie sieht es nun mit empirischen Belegen zu Folgen der außerhäuslichen Betreuung in unserem Kulturkreis aus? Die neuste, sehr sorgfältig geplante und durchgeführte Studie entstammt einem US-amerikanischen Forscherkreis, der sich Early Child Care Research Network (NICHD) nennt. Ursprünglich 1 364 Kinder, 1991 in verschiedenen Teilen der USA geboren, wurden längsschnittlich von der frühen Kindheit an über den Kindergarten bis ins Schulalter hinein untersucht. Der Schwerpunkt lag dabei auf der Frage, inwiefern Zusammenhänge bestehen zwischen verschiedenen Formen nicht-mütterlicher Betreuung in der frühen Kindheit und der körperlichen, kognitiven und sozioemotionalen Entwicklung der Kinder. Eine interessante Frage bezog sich darauf, ob eine frühe nicht-mütterliche Betreuung sich negativ auf die Mutter-Kind-Bindung auswirkt. Dabei ist zu beachten, dass in den USA Qualität und Kosten der Kinderbetreuung komplett dem Markt überlassen sind und es daher immense Unterschiede zwischen einzelnen Betreuungsarrangements gibt. Es zeigte sich, dass *kein direkter* Zusammenhang zwischen Fremdbetreuung und Bindungsklassifikation gefunden werden konnte. Bei gleichzeitiger Berücksichtigung der Mutter-Kind-Interaktion stellte sich jedoch heraus, dass ein Kind, dessen Mutter *wenig feinfühlig* ist, dann mit höherer Wahrscheinlichkeit als unsicher gebunden klassifiziert wird, wenn es in der Tagesstätte ebenfalls eine wenig positive Betreuung erfährt (im Sinne eines Mangels an positiven Gefühlen, Körperkontakten, Gesprächen usw.). Ähnlich, jedoch nicht ganz so deutlich war das Muster, wenn das Kind einer wenig feinfühligen Mutter einen Großteil seiner Zeit in der Tagesstätte verbrachte oder wenn es zwischen vielen verschiedenen Betreuungsarrangements hin und her wechselte (NICHD Early Child Care Network, 2005). Die Kombination von ungünstiger Interaktionsqualität sowohl vonseiten der Mutter als auch im Rahmen der Fremdbetreuung stellt somit den größten Risikofaktor für die kindliche Entwicklung dar.

Fazit: Ob sich die Fremdbetreuung positiv oder negativ auf die Entwicklung der Kinder auswirkt, lässt sich in dieser Einfachheit nicht beantworten. Die Entwicklung eines Kindes hängt ab von der Qualität sowohl des häuslichen als auch des nichthäuslichen Umfeldes. Ein Problem entsteht sicherlich dann, wenn die Eltern nicht die Möglichkeit haben zu wählen, sondern wenn sie ihr Kind in eine bestimmte Einrichtung geben müssen, unabhängig von der Qualität – einfach, weil keine Alternative zur Verfügung steht.

Zusammenfassung

Die Bindungstheorie fragt nach den Auswirkungen frühkindlicher Beziehungserfahrungen auf das spätere Leben des Menschen. Sie postuliert, dass jedes Kind eine Bindung (attachment) zu seinen Bezugspersonen entwickelt, dass die Qualität dieser Bindung jedoch von den Erfahrungen abhängt, die das Kind in der Interaktion mit ihnen macht. Eine sichere Bindung (B) entsteht demzufolge in erster Linie durch feinfühliges Verhalten vonseiten der Bezugsperson; das Kind macht hier die Erfahrung, dass ihm bei Kummer verlässlich geholfen wird. Eine unsicher-vermeidende Bindung (A) ist die Folge der Erfahrung, bei Kummer abgewiesen zu werden; unsicher-ambivalent (C) gebundene Kinder erleben Unvorhersehbares. Desorganisiertes Verhalten (D) findet sich häufig in Familien mit Missbrauchserfahrungen. Neben diesen Beziehungserfahrungen spielen auch Temperamentsunterschiede zwischen den Kindern sowie die soziale Unterstützung, die die Familie erfährt, für die Entwicklung einer (un)sicheren Bindung eine Rolle. Das Standardinstrument zur Messung von Bindungssicherheit ist die Fremde Situation. Nachweise für die Stabilität der Bindungsklassifikation gibt es vor allem zwischen dem ersten und sechsten Lebensjahr. Eine sichere Bindung stellt einen Schutz-, eine unsichere Bindung einen Risikofaktor für die weitere Entwicklung eines Kindes dar.

Auch die Peers (Gleichaltrigen) spielen eine wichtige Rolle für die Entwicklung von Kindern. Koordinierte und anhaltende Kind-Kind-Interaktionen lassen sich in der Regel mit dem Beginn des dritten Lebensjahres beobachten. Die Ablehnung oder Akzeptanz durch Peers wird durch soziometrische Verfahren wie z. B. die Nominationstechnik gemessen. Abgelehnte Kinder zeichnen sich häufig durch aggressives, aber auch durch ängstlich-zurückgezogenes Verhalten aus. Die Ablehnung ist über die Zeit recht stabil. Im Hinblick auf Geschlechterunterschiede zeigt sich, dass Jungen, die »mädchenhaftes« Verhalten zeigen, von beiden Geschlechtern abgelehnt werden; Mädchen, die sich »jungenhaft« verhalten, werden demgegenüber vom eigenen wie vom anderen Geschlecht akzeptiert. Schwierigkeiten im Umgang mit Peers stellen einen Risikofaktor für die Persönlichkeitsentwicklung dar, jedoch entwickeln nur ein Drittel der Kinder, die von ihren Peers abgelehnt werden, über das Jugendalter hinausgehende Probleme.

Tagesbetreuung in der frühen Kindheit wird kontrovers diskutiert. Das Early Child Care Research Network (NICHD) untersuchte bei über 1 000 Kinder aus verschiedenen Teilen der USA im Rahmen einer Längsschnittstudie u. a. den Zusammenhang zwischen Fremdbetreuung und Mutter-Kind-Bindung. Es zeigte sich, dass die Kombination von ungünstiger Interaktionsqualität zuhause und in der Tagesstätte einen Risikofaktor für die kindliche Entwicklung darstellt.

Empfohlene Literatur

Ahnert, L. (Hrsg.) (2008). *Frühe Bindung.* (2. Auflage), München: Reinhardt.

Lamb, M. E. & Ahnert, L. (2003). Institutionelle Betreuungskontexte und ihre entwicklungspsychologische Relevanz für Kleinkinder. In H. Keller (Hrsg.), *Handbuch der Kleinkindforschung* (S. 525–564). Bern: Huber.

6 Kognition

Aus dem weiten Feld erkenntnisbezogener Prozesse und Strukturen, das man unter dem Begriff der Kognition zusammenfasst, wurden in anderen Kapiteln bereits die Wahrnehmung und der inhaltliche Bereich der sozialen Kognition herausgegriffen; enge Verbindungen bestehen auch zwischen Sprache und Erkenntnisbildung. Im Folgenden widmen wir uns zunächst der wohl bekanntesten Theorie der kognitiven Entwicklung, der von Jean Piaget, und konzentrieren uns dann bei den historisch jüngeren Ansätzen zur Informationsverarbeitung auf das Gedächtnis. Als wesentliches Ergebnis und Bausteine des Denkens gelten in verschiedenen Theorien die abschließend behandelten Begriffe. Das Praxisthema ist einer Aktivität gewidmet, die für Kinder besonders charakteristisch ist und von der man erwartet, dass sie in besonderem Maße am Erkenntnisgewinn beteiligt ist – dem Spiel.

6.1 Die strukturgenetische Theorie von Jean Piaget

Piagets (1896–1980) Interesse an der kindlichen Entwicklung war durch seine vorhergehenden naturwissenschaftlichen Studien geprägt. Simon, der maßgeblich an der Entwicklung der ersten Intelligenztests beteiligt war, schlug dem mit Anfang 20 bereits in Biologie promovierten, nun aber in Paris Philosophie und Psychologie studierenden Piaget vor, die Binet'schen Intelligenztests mit Pariser Kindern zu standardisieren. Piagets Interesse an dieser Aufgabe erwachte jedoch erst, als er die Kinder nach den Gründen fragte, die ihren Antworten zugrunde lagen. Das Studium solcher Antworten schien ihm eine Möglichkeit, um zu erfahren, wie die Beziehung zwischen dem denkenden und handelnden Subjekt und den Gegenständen seiner Erfahrungswelt aussieht (Miller, 1993).

Forschungsmethoden

Piagets wissenschaftliche Wurzeln in der Biologie haben die Methoden beeinflusst, die er später in seinem eigenen Forschungsprogramm eingesetzt hat. Ein beobachtendes und klassifizierendes Vorgehen setzte er auch bei Säuglingen und Kleinkindern ein, vor allem beim Studium seiner drei eigenen Kinder (s. Kap. 1). Gelegentlich erfand er aus der Situation heraus auch kleine Experimente (s. Kasten).

> **Beispiel aus »Das Erwachen der Intelligenz beim Kinde« (1959/1975, S. 109)**
>
> Bd. 65. – Lucienne liegt mit 0; 4 (10) auf dem Rücken. Ich lege eine Puppe vor ihren Mund. Wenn sie den Kopf bewegt, gelingt es ihr, daran zu lutschen, aber nur mit Mühe. Nun bewegt sie die Hände, ohne sie aber der Puppe zu nähern. Einen Augenblick später dagegen stecke ich ihr die Klapper in den Mund, wobei ich den Stil auf die Brust lege: Jetzt nähert sich die Hand sofort der Klapper und ergreift sie. Das Experiment wird dreimal wiederholt und führt immer wieder zu den gleichen Reaktionen. Mit 0; 4 (15) streckt sie die Hand in die richtige Richtung, sobald die Spielklapper ihren Mund berührt, greift aber immer noch nicht zu. Am Abend desselben Tages dagegen greift sie sofort zu. Von nun an erscheint dieses Verhaltensschema in definitiver Weise ausgebildet und koordiniert. Dabei braucht Lucienne in keiner Weise ihre Hände zu sehen. Sobald die Klapper den Mund auch nur ein wenig streift, gelingt es ihr, sie zu ergreifen. Sie tut das sowohl mit der linken als auch der rechten Hand, aber weniger häufig. Nach dieser Beobachtung beginnt Lucienne, ihre Greifbewegungen mit dem Blick zu koordinieren, und wechselt damit zur vierten Stufe.

In der frühen Arbeit mit Vorschulkindern stützt Piaget sich vor allem auf das *klinische Gespräch (methode clinique)*, das auf seinen Erfahrungen mit psychisch gestörten Patienten im Rahmen seines Studiums an der Sorbonne basiert. Zu Beginn eines Interviews steht in der Regel eine von ihm gestellt Frage oder Aufgabe. Bei den nachfolgenden Fragen lässt er sich von den Antworten des Kindes leiten und versucht dessen Gedankengänge nachzuvollziehen (s. Kasten).

> Zu dem Problem, was ein achtjähriges Kind für den Ursprung der Sonne hält, entwickelt sich folgendes Gespräch, das Piaget in »Das Weltbild des Kindes« berichtet (1926/1978, S. 280):
> »Wie hat die Sonne begonnen? – Eine große Wolke hat sie gemacht. – Woher ist die Wolke gekommen? – Aus dem Rauch. – Und woher ist der Rauch gekommen? – Aus den Häusern ... – Wie haben die Wolken gemacht, dass die Sonne scheint? – Ein Licht gemacht, daß sie scheint. – Was für ein Licht? – Ein großes Licht; im Himmel ist einer, der hat es angezündet ...«

In späteren Arbeiten kombinierte Piaget die Gesprächstechnik oft mit der *Manipulation von Gegenständen*, wenn es darum ging, die kindliche Wahrnehmung und das Verständnis physikalischer oder numerischer Phänomene zu erkunden (s. Kap. 6.1.2 Stufe 3, Versuch zur Invarianz des Volumens).

Aus seinen sehr konkreten Beobachtungen leitet Piaget jedoch sehr abstrakte entwicklungspsychologische, pädagogische und erkenntnistheoretische Aussagen ab.

6.1.1   Grundzüge seiner Theorie

Genetische Erkenntnistheorie

Piaget war der Meinung, dass man durch die Untersuchung entwicklungsbedingter Veränderungen in der Art, wie Menschen Wissen erwerben und wie es organisiert ist, Antworten auf die von der Philosophie seit Jahrtausenden gestellten Fragen nach dem Wesen menschlicher Erkenntnis bekommen würde. Deshalb wird seine Theorie auch als eine *genetische Erkenntnistheorie* (genetisch im Sinne von Werden, Entwicklung, Epigenese) bezeichnet. Aus seinem Interesse an der Philosophie speist sich auch die Untersuchung der dort als grundlegend bezeichneten

Kategorien des Denkens wie Zeit, Raum, Kausalität und Quantität. Für Erwachsene sind viele Dinge selbstverständlich, z. B. dass zwei Gegenstände nicht denselben Raum einnehmen können, sondern z. B. ein Gegenstand vor dem anderen steht. Sind diese Dinge für Kinder auch selbstverständlich, weil es sich um angeborene Kategorien unseres Denkens handelt oder erwerben Kinder dieses Wissen? Vollzieht sich dieser Wissenserwerb in Stufen oder kontinuierlich?

Kognitive Organisation

Nach Piagets Vorstellung erwirbt ein Kind Wissen im Rahmen einer *aktiven Auseinandersetzung* mit seiner Umwelt (konstruktivistische Theorie) – Säuglinge eignen sich z. B. ein erstes Wissen über Räumlichkeit an, indem sie durch konkrete Räume krabbeln und nach höher oder tiefer, näher oder weiter entfernt platzierten Gegenständen greifen. Das sich dabei aufbauende Wissen wird auch nicht wahllos und durcheinander in einem Kind abgelagert, sondern in bestehende *geistige Organisationsstrukturen* eingegliedert, eben in Schemata und Strukturen. Deshalb bezeichnet man Piagets Theorie auch als strukturalistisch. Diese geistige Organisation gliedert sich in Teilsysteme, die eine gewisse Eigenständigkeit haben, gleichzeitig aber mit anderen interagieren und unterschiedliche Stellungen in einer Hierarchie einnehmen. Umweltreize sind nur dann wirklich Reize, wenn das Kind sie sich mit seinen bestehenden kognitiven Strukturen aneignen kann. Ansonsten bleiben sie wirkungslos (Piaget in der Einleitung in Furth, 1981). Die geistigen Strukturen verändern sich im Laufe der Entwicklung und bestimmen durchgängig die Art der Denkprozesse eines Kindes auf einem bestimmten Entwicklungsstand. Piaget interessiert sich dabei kaum für individuelle Differenzen, sondern sucht nach den allen Menschen gemeinsamen Erkenntniswerkzeugen (normativer Ansatz, Furth, 1981, S. 36f; allgemeine Entwicklungspsychologie, s. Kap. 1).

In Piagets Schriften tauchen verschiedene Arten von Strukturen auf: Am Anfang der Entwicklung stehen allgemeine Verhaltenskoordinationen, am Ende – als höchste Form – die Operationen. Gerade im Zusammenhang mit den frühen, den sensomotorischen Strukturen (s. u. Stufe 1) gebraucht Piaget den Begriff Schema (pl. Schemata)². »Unter einem Schema versteht Piaget eine kognitive Struktur, die sich auf eine Klasse gleichartiger Handlungssequenzen bezieht« (Buggle, 1993, S. 30). Als häufiges Beispiel wird dafür das Greifschema gewählt. Die zu greifenden Elemente werden dabei mit Körperteilen (z. B. eine oder zwei Hände, evtl. Füße) umschlossen (Montada, 1970).

Interaktion mit der Umwelt

Piaget sieht das Kind immer in Interaktion mit seiner Umwelt. Intelligenz ist nach seiner Meinung ein Instrument, um eine bessere Passung zwischen Umwelt und Individuum zu erzielen, wobei es keineswegs nur einseitig um eine Anpassung des Individuums gehen kann. Piaget übernimmt das Begriffspaar *Assimilation und Akkommodation* aus der Biologie, wobei unter Ersterer die Einverleibung von Elementen der äußeren Welt in das eigene System verstanden wird (z. B. Nahrung), unter Letzterer die Veränderungen des Organismus unter dem Druck der Umwelt. Auf den kognitiven Bereich übertragen bedeutet assimilieren, Umweltgegebenheiten in die eigenen Strukturen einzuordnen. Ist dies aufgrund der Beschaffenheit der Umwelt nicht möglich, müssen die eigenen Strukturen akkommodiert werden. Für das Greifschema bedeutet dies, dass das Kind so lange Objekte greift, bis die entsprechende Handlungssequenz bei einem Objekt versagt, z. B. wenn ein Kind den Schaum in der Badewanne greifen will, der ihm dann durch die Finger rinnt. Nun

---

2 Piaget hat seine Schriften auf Französisch verfasst, und so gibt es begriffliche Probleme, die aus der Übersetzung resultieren. Im Laufe der Zeit kommt es aber auch zu begrifflichen Verschiebungen in Piagets Schriften. In seinem späteren Werk hat er zwischen schème und schéma unterschieden. Dies übersetzt Furth mit (operativem) Plan und (figurativem, Abbild) Schema (S. 17). Trautner (1997, S. 163) trifft die gleiche Unterscheidung. Er bleibt aber beim Begriff Schema und dem Plural Schemata und bezeichnet damit in der Regel den operativen Aspekt, weil sich die Übersetzung von Furth nicht durchgesetzt hat.

entwickelt es im Laufe der Zeit ein neues Schema, ein Schöpf-schema[3]. In Piagets Theorie bleibt dabei unklar, ab welchem Punkt das Greifen verschieden geformter Objekte, das auch schon eine Reihe von Anpassungsprozessen in der Handlung verlangt, noch als Assimilation gelten soll und ab wann Akkommodation beginnt. So variiert das Kind ja bereits im ersten Lebensjahr seine Möglichkeiten des Greifens (s. Kap. 3.3.3).

Äquilibration

Piaget nimmt an, dass jeder Organismus ein offenes, aktives System ist, das sich selbst in Richtung auf einen *Gleichgewichtszustand*, ein Äquilibrium, hin reguliert. In der Interaktion mit der Umwelt wird auch das kognitive Gleichgewicht eines Individuums immer wieder durch Erkenntnislücken, logische Widersprüche, Handlungsprobleme usw. infrage gestellt und es steuert durch seiner Entwicklungsstufe entsprechendes Denken und Handeln entgegen.

Auch der Gleichgewichtszustand ist jedoch nicht statisch. Die Stadien der intellektuellen Entwicklung repräsentieren ein ständiges Fortschreiten von einem geringeren zu einem vollständigeren Gleichgewichtszustand (Furth, 1981), denn dem Individuum stehen nach Zahl, qualitativer Differenziertheit und Beweglichkeit verbesserte störungskompensierende geistige Aktivitäten zur Verfügung (Buggle, 1993). Der Gleichgewichtsbegriff taucht in vielen Zusammenhängen auf, so auch im Hinblick auf das Verhältnis von Assimilation und Akkommodation.

---

3 Piaget unterscheidet verschiedene Formen der Assimilation (vgl. Buggle, 1993, S. 32): 1. die reproduktive, d. h. ein einmal ausgebildetes Schema wird immer wieder aktiviert, ohne von außen kommende Belohnung; 2. die generalisierende, d. h. der Anwendungsbereich des Schemas wird auf immer mehr Gegenstände oder Sachverhalte ausgedehnt; 3. die differenzierend-rekognitorische, d. h. das Kind erkennt die Unterschiede in der Assimilierbarkeit verschiedener Objekte; 4. die reziproke, d. h. es kommt zur wechselseitigen Koordination verschiedener Schemata oder eines Schemas mit sich selbst.

Das Streben nach Gleichgewicht führt nie zur Erstarrung; neben den Umwelteinflüssen tragen auch im Individuum vorhandene motivationale Kräfte dazu bei. Jede kognitive Struktur (ebenso wie jedes Körperorgan) besitzt intrinsisch die Tendenz zur Realisierung der in ihr angelegten Funktion. Ein Kind, das einmal ein Greifschema erworben hat, wird immer wieder nach Gegenständen greifen, ohne dass es dafür von außen belohnt werden müsste (s. reproduktive Assimilation) und wird damit zwangsläufig vor neue Probleme gestellt, wenn es auf nicht greifbare Gegenstände stößt, z. B. den geformten Sand aus einem Plastikförmchen.

6.1.2   Die Entwicklungsstufen

Piaget geht davon aus, dass sich die kognitive Entwicklung in Stufen vollzieht, zwischen denen deutliche qualitative Unterschiede bestehen. Miller (1993) charakterisiert Piagets theoretische Annahmen durch die folgenden Merkmale:

1. *Ganzheitlichkeit* – Eine Stufe ist dabei ein Zeitabschnitt in der Entwicklung eines Kindes, in dem dessen Denken und Verhalten in den verschiedensten Situationen eine spezifische geistige Grundstruktur widerspiegeln.
2. *Integration* – Jede Stufe geht aus der vorhergehenden hervor. Bestehende Fertigkeiten bleiben erhalten und werden mit neuen integriert.
3. *Invarianz* – Die Stadien folgen einer unveränderbaren Sequenz. Ein Zurück in eine frühere Stufe oder ein Überspringen sind nicht möglich.
4. *Universalität* – Piaget geht davon aus, dass die Stufenabfolge unter allen kulturellen Bedingungen gleich ist, auch wenn unter bestimmten Bedingungen die Stufen langsamer durchlaufen oder die höheren Stufen nicht erreicht werden.
5. *Vom Werden zum Sein* – Zu jeder Stufe gehört eine anfängliche Periode der Vorbereitung und eine der Vervollkommnung, in der die anfänglich instabilen, wenig integrierten Denkstrukturen sich wieder zu einem optimierten Organisationszustand konsolidieren.

Piaget ist sich dabei bewusst, dass seine theoretischen Vorannahmen ebenso wie die ungefähre altersmäßige Einordnung, die er vorgenommen hat, einer empirischen Überprüfung standhalten müssen. Er geht von vier nun im Folgenden beschriebenen Stufen der kognitiven Ontogenese des Menschen aus.

Stufe 1: Sensomotorische Intelligenz (ca. 0 bis 2 Jahre)

Aufbauend auf Reflexen und Instinktkoordinationen bilden sich als erste Erkenntnisorgane sensorische und motorische Schemata, die zunehmend auch miteinander koordiniert werden. Auf dem konkreten »Begreifen« dieser Stufe baut das verinnerlichte erkennende »Begreifen« höherer Stufen auf, z. B. Kategorisierungen von Aggregatzuständen wie »fest« und »flüssig« auf Greif- und Schöpfschema (Buggle, 1993, S. 52). Als zentrale Errungenschaft dieser Periode gilt das Verständnis, dass Objekte/Personen dauerhaft und unabhängig vom Verhalten der eigenen Person existieren (Objektpermanenz).

Die Stufe kann noch einmal in sechs Unterstadien der Ziel-Mittel-Relation gegliedert werden (vgl. Buggle, 1993; Piaget, 1959/1975):

1. *Angeborene Reflexe und Instinktkoordinationen* (0 bis ca. 4 Wochen): Diese Verhaltensweisen werden unter geringfügiger Modifikation (z. B. Saugen in Anpassung an eine spezielle mütterliche Brust) in ihrer angeborenen Form praktiziert (vgl. auch Kap. 3.3.1).
2. *Primäre Kreisreaktionen* (ca. 1 bis 4 Monate): Ein Säugling entdeckt durch Zufall, dass ein Verhalten ein interessantes Ergebnis hervorbringt, z. B. bestimmte Empfindungen durch Manipulationen mit der Zunge im Mundbereich. Er versucht dieses Ergebnis wieder herbeizuführen, indem er das Verhalten wiederholt.
3. *Sekundäre Kreisreaktionen* (ca. 4 bis 8 Monate): Während die primären Kreisreaktionen vor allem auf den eigenen Körper gerichtet sind (Saugen, Greifen, Lautbildung usw.), geht es nun zunehmend um Effekte, die das Kind an Gegenständen hervorruft, z. B. das Hin- und Herschwingen eines Ringes.

4. *Intentionales Verhalten* (ca. 8 bis 12 Monate): Vertraute, vorher isoliert auftretende Schemata können zu Verhaltenskomplexen koordiniert werden, etwa durch Unterordnung eines Schemas als instrumentelle Verhaltensweise (Mittel, z. B. Beseitigung von Hindernissen, Benützung von Hilfsobjekten) unter ein anderes als eigentliche Zielhandlung (Zweck, z. B. Ergreifen einer Uhr). Das Setzen von Zielen erfolgt unabhängig und bereits vor der Durchführung der Mittelhandlung.
5. *Tertiäre Kreisreaktionen* (ca. 12 bis 18 Monate): Eine sich verstärkende »experimentelle« Einstellung des Kindes zeigt sich sowohl in Variationen der Mittel- als auch der Zweckhandlungen. Kinder, die immer wieder das Fallen von Gegenständen probieren, erforschen die Schwerkraft.
6. *Beginnende Verinnerlichung und Entwicklung der Symbol- bzw. semiotischen Funktion* (ca. 18 bis 24 Monate): Hierbei handelt es sich um ein Übergangsstadium zur nächsten Stufe. Das Kind verfügt langsam über Fähigkeiten, einzelne Handlungsschemata rein geistig auszuführen, diese zu kombinieren und innerlich bereits vor der Handlung zu experimentieren.

Stufe 2: Präoperationale Intelligenz (ca. 2 bis 7 Jahre)

Diese Stufe wird häufig noch einmal in zwei Unterstadien geteilt. Für die erste (ca. 2 bis 4 Jahre) ist besonders die bereits in der letzten Subphase begonnene Ausbildung der semiotischen Funktion charakteristisch, für die zweite (ca. 5 bis 7 Jahre), auf die ich erst im Zusammenhang mit der Stufe 3 eingehe, die beginnende Dezentrierung des kindlichen Denkens.

Für die Bezugspersonen des zwei- bis vierjährigen Kindes sind sicher seine wachsenden sprachlichen Möglichkeiten besonders auffällig (s. Kap. 4). Diese basieren ebenso, wie die zunehmende Unabhängigkeit des Handelns von konkreten Objekten, darauf, dass das Kind nun über die *semiotische Funktion* verfügt, d. h. ein Objekt oder Phänomen durch ein anderes repräsentieren kann; dies gilt zunächst auf der konkreten Handlungsebene, zunehmend werden daraus aber verinnerlichte, mentale Repräsentanzen. Piaget unterscheidet drei Grundformen von Repräsentationen: 1. Bilder oder Symbole, bei denen eine Ähnlichkeitsbeziehung zwischen Bezeichnendem und Bezeichnetem besteht, 2. Zeichen, bei denen die Beziehung arbiträr und per sozialer Konvention festgelegt ist und 3. Begriffe oder geistige abstrakte Schemata. Lautsprachliche Repräsentationen gehören fast ausschließlich zur zweiten Grundform. Für Piaget liegt der Ursprung des Denkens zwar im vorsprachlichen sensomotorischen Handeln, doch ist auch er der Meinung, dass die Sprache in kaum zu unterschätzendem Ausmaß die Verdichtung des Denkens fördert. Sie ermöglicht die gleichzeitige Repräsentation komplexer Sachverhalte über zeitliche und räumliche Distanzen hinweg (Buggle, 1993).

Das Kindergartenkind verfügt noch nicht über voll ausgebildete begriffliche Strukturen, sondern nur über *Vorbegriffe*. »Das Kind dieser Entwicklungsstufe [...] gelangt weder zur Allgemeinheit noch zur wirklichen Individualität der Begriffe [...] einesteils haben die einzelnen Individuen, auf die sich das Denken bezieht, weniger Individualität, d. h. sie bleiben mit sich selbst weniger identisch als das in späteren Stadien der Fall ist« (Piaget, 1970, S. 285). So ist nach Piagets Beobachtungen für seine Tochter Jaqueline ihre Schwester Lucienne nicht mehr dieselbe, wenn diese andere Badebekleidung trägt – sie ist nicht mehr identisch, obwohl die Veränderungen nur Äußerlichkeiten betreffen.

Andererseits gilt aber auch: »[...] die Klassen sind weniger allgemein, als sie das in der Folge sein werden, und eine Klasse ist eine Art ›typisches Individuum‹, das in verschiedenen Exemplaren auftaucht [...]« (Piaget, 1975, S. 285).

»[...] Aber auch mit 2;6 bezeichnet sie durch den Terminus ›die Schnecke‹ die Schnecken, die wir jeden Morgen auf einem bestimmten Weg sehen. Mit 2;7 (2) ruft sie: ›Da ist sie ja!‹, als sie eine sieht; 10 Meter weiter sehen wir eine andere, und sie sagt: ›Wieder die Schnecke.‹ Ich erwidere: ›Aber ist es nicht eine andere?‹ J. kehrt dann zurück, um die erste zu sehen: ›Also ist es dieselbe? – Ja, – Eine andere Schnecke? – Ja. – Eine andere oder dieselbe –...‹ Die Frage hat offensichtlich für J. noch keinen Sinn« (Piaget, 1970, S. 287).

Schlussfolgerungen auf der Basis solcher vorbegrifflicher Strukturen erscheinen aus der Erwachsenenperspektive dann auch als willkürlich, denn das Kind geht dabei nicht von den für die Zugehörigkeit zu einer Klasse charakteristischen Merkmalen aus, sondern assoziiert irrelevante, oft wahrnehmungsmäßig hervorstechende Merkmale miteinander.

»Mit 2;10 (8) hat J. Fieber und verlangt Orangen, aber die neue Ernte ist noch nicht zu haben, und man versucht ihr klar zu machen, dass die Orangen noch nicht reif seien: ›Sie sind noch grün, man kann sie noch nicht essen. Sie haben noch nicht diese schöne gelbe Farbe.‹ (J. kennt dieses Wort, um deren Farbe zu bezeichnen.) J. scheint zunächst zu resignieren, aber einen Augenblick später, während sie Kamillentee trinkt, sagt sie: ›Die Kamillen sind nicht grün, sie sind schon gelb, gib mir Orangen!‹ Man sieht, worin hier der Schluß besteht: wenn die Kamillen schon gelb sind, können die Orangen es auch gut sein; das ist Analogie oder symbolische Partizipation« (Piaget, 1975, S. 293f).

Jaqueline schließt aus der Reife der Kamillen, dass alle reif sind. Das ist nach W. Stern ein transduktiver Schluss, d. h. auf der Basis von einzelnen Merkmalen von Einzelfällen wird mit scheinbar zwingender Notwendigkeit geschlossen, ohne Bezug zu nehmen auf übergeordnete Konzepte von Reife (Montada, 1970, S. 225).

Für Piaget sind Kinder im ersten Unterstadium auch nicht in der Lage Naturphänomene naturwissenschaftlich, z. B. mechanistisch, zu erklären. Sie greifen stattdessen auf Erklärungen zurück, die dem menschlichen sozialen Bereich entlehnt sind. Er spricht von animistischen Erklärungen, wenn Objekte so behandelt werden, als seien sie belebt, wenn z. B. eine Wolke die andere anschiebt. Artifizialistische Erklärungen sind solche, bei denen Naturphänomene so gedeutet werden, als hätten Menschen sie geschaffen. Von finalistischen Erklärungen spricht man, wenn sie vom Zweck ausgehen, wenn also Bäume deshalb existieren, weil sie Schatten spenden (Montada, 2002).

Mit dem Begriff Egozentrismus kennzeichnet Piaget die Unfähigkeit, die Perspektive anderer Personen einzunehmen. Beim Drei-Berge-Versuch sieht ein Kind ein dreidimensionales Modell einer Landschaft von verschiedenen Seiten. Soll es ein Bild auswählen, das die Landschaft aus der Perspektive einer Puppe zeigt, die sich auf der anderen Seite befindet, so wählt es das gleiche Bild aus, wie für seine eigene Perspektive.

Stufe 3: Konkret-operationale Intelligenz (ca. 7 bis 11 Jahre)

Diese Stufe und die nächste sind durch das Auftreten eines neuen Typs von verinnerlichter Erkenntnistätigkeit charakterisiert – den Operationen. Im Folgenden sollen einige ihrer Merkmale erläutert werden (vgl. auch Buggle, 1993). Operationen kann man eigentlich nicht einzeln betrachten, denn ihre eigentümlichste Eigenschaft liegt darin, dass sie *in Systemen organisiert sind* (Piaget, 1966)[4]. Die in der Phase des anschaulichen Denkens schon vorbereitete *Dezentrierung* erreicht nun ihren Höhepunkt.

»Das Denken (des Kindes) haftet nun nicht mehr an besonderen, bevorzugten Zuständen des Gegenstandes, sondern bemüht sich, seinen sukzessiven Veränderungen auf allen möglichen Um- und Rückwegen zu folgen, und geht nicht mehr von einem besonderen Standpunkt des Subjekts aus, sondern koordiniert alle besonderen Gesichtspunkte zu einem objektiven System« (Piaget, 1966, S. 161).

Die klassischen Versuche für den Übergang von der zweiten zur dritten Stufe, an denen diese Veränderungen im Denken gut gezeigt werden können, sind solche zur Erhaltung von Substanzen – deren Volumen, Menge, Gewicht und Masse bei Veränderung von Form oder Anordnung. Um die Erhaltung von Flüssigkeitsmengen geht es im Umschüttversuch (s. Kasten). Anders als in der vorbereitenden Phase des anschaulichen Denkens wird

---

4 Um dem Rechnung zu tragen, hat er solche kognitiven Systeme später mit dem logisch-mathematischen Modell der „Gruppe" zu beschreiben versucht, bei dem eine spezifische Menge von Elementen und die für sie zulässigen Operationen angegeben werden, unter denen bestimmte Eigenschaften erfüllt sind, z. B. die Komposition; d. h. die Kombination beliebiger Elemente untereinander gemäß der zugelassenen Operationen ergibt wieder ein Element der Gruppe. Nimmt man z. B. die positiven und negativen Zahlen und die Operationen Addition und Subtraktion, so ergibt sich jeweils wieder eine positive oder negative Zahl.

die Konstanzerkenntnis nun nicht mehr von den Informationen aus der Wahrnehmung besiegt und das Kind kann gleichzeitig mehrere Dimensionen zueinander in Beziehung setzen (hier: Höhe und Breite des Gefäßes). Hier zeigt sich auch ein weiteres zentrales Merkmal der Operationen: die Reversibilität. »Reversibilität nennen wir die Fähigkeit, eine und dieselbe Handlung in den beiden Durchlaufsrichtungen auszuführen, und zwar im Bewusstsein davon, dass es dieselbe Handlung ist« (Piaget, 1957, S. 44, n. Buggle, 1993, S. 81).

Versuch zur Invarianz des Volumens/der Menge
Hierbei werden zwei gleiche Gefäße mit der gleichen Menge einer farbigen Flüssigkeit (»Saft«) gefüllt. Die Kinder werden gefragt, in welchem Glas sich mehr Saft befindet, dann wird der Inhalt des einen Glases in ein schmäleres höheres Glas gegossen. Das Kind wird nun gefragt, ob dieses Glas mehr, weniger oder gleich viel Saft als das andere enthalte. Auf der präoperationalen Stufe würden viele Kinder sagen, es sei mehr, nur einige, es sei weniger. Die Flüssigkeitsmenge ist auf jeden Fall für sie nicht unveränderlich (invariant) bei Formveränderungen. Bei Begründungen greifen die Kinder bevorzugt auf eine Dimension der Veränderung zurück – so sei das Niveau nun höher oder das erste Glas breiter. Es gelingt ihnen erst auf der konkret-operationalen Stufe, zu Konstanzurteilen zu gelangen. Drei Argumentationsformen sind dazu möglich, die für Piaget die grundlegenden Operationen der Erkenntnis widerspiegeln: Identität (Es wurde nichts hinzugefügt oder weggenommen), Kompensation (Das Glas ist zwar höher, aber dafür schmäler), Reversibilität (Man kann den Saft zurückschütten und erhält wieder das gleiche Niveau der Flüssigkeit).

Auf der konkret-operationalen Stufe werden dem Kind nun eine Reihe von Operationssystemen zugänglich, die u. a. zentral für schulische Leistungen sind: Es kann Elemente aufgrund abstrahierter gleicher Eigenschaften in Klassen einordnen und Systeme von Ober- und Unterklassen aufbauen (Klassifikation, Löwe als Unterklasse von Raubtier). Außerdem kann es Elemente anhand von Kriterien (z. B. nach Länge) in Reihen ordnen und verschiedene Reihen einander zuordnen (Seriation). Auf dieser Basis können auch Operationen im räumlichen und zeitlichen Bereich gelingen und es kann sich das von der Wahrnehmung abgelöste Zahlensystem bilden. Trotz allem kann das Kind sein Denken noch schwer von konkreten Inhalten oder Handlungen ablösen. Erst auf der nächsten Stufe gelingt der Aufstieg zum abstrakten formalisierten Denken. Die Merkmale des konkret-operationalen Denkens prägen das kindliche Denken auch im sozialen Bereich und werden dort geübt, z. B. durch Hierarchie-bildung bei Normen und Werten und dem Vergleich von sport-lichen Leistungen.

Stufe 4: Formal-operationale Intelligenz (ab ca. 11 Jahren)

Auf dieser Stufe schreitet das Denken des Kindes *vom Konkret-Wirklichen zum Hypothetisch-Möglichen* weiter. Darunter ist jedoch nicht ein wildes Phantasieren zu verstehen, sondern ge-rade das logisch Mögliche auf der Basis von Beobachtung und Analyse des Vorliegenden. Ein klassischer Versuch in diesem Zusammenhang ist der Pendelversuch, bei dem einem Kind bzw. Jugendlichen demonstriert wird, wie zwei Pendel mit Gewichten an einem Galgen hängend schwingen – ein kurzes Pendel mit einem schweren Gewicht und ein langes Pendel mit einem leich-ten Gewicht. Die Kinder werden gefragt, wovon die Frequenz des Pendels abhängt. Erst auf der formal-operationalen Stufe werden Kinder sagen, dass sie zur Beantwortung dieser Frage die Frequenz bei allen Kombinationen, d. h. auch bei den beiden, die ihnen nicht vorliegen (langes Pendel mit schwerem Gewicht und kurzes Pendel mit leichtem Gewicht), empirisch überprüfen müssen. Sie kombinieren systematisch Variablen, leiten Hypo-thesen ab und prüfen sie (vgl. dazu Montada, 2002). Faktisch hängt die Frequenz nur von der Länge des Pendels ab: Kurze Pendel schwingen schneller. Die neuen operatorischen Systeme erlauben das Denken von Proportionalität, Wahrscheinlichkeit und Korrelation.

Auch im sozialen Bereich spiegelt sich wiederum die für die-se Stufe charakteristische Art des Denkens; häufig findet man eine starke Orientierung an Idealen und allgemein neigen Jugendliche eher zum deduktiven als zum induktiven Denken.

Das formal-operatorische Niveau wird nicht von allen Menschen erreicht. Selbst bei Schülern im Gymnasium ist es wesentlich später vorhanden als von Piaget erwartet. Stork (1988) zitiert eine eigene Studie, nach der in der 10. Gymnasialklasse (Altersdurchschnitt 15,5 Jahre) erst ca. 25 Prozent die Stufe 4 erreicht hatten und der größte Teil der Schüler sich auf einem Übergangsniveau befand. Für den naturwissenschaftlichen Unterricht würde dies bedeuten, dass systematisch-experimentelles Denken im Unterricht zunächst aufgebaut werden müsste.

6.1.3   Kritik und Weiterentwicklung

Kritiker attestieren Piagets umfangreichem Werk Genialität und erkennen seine Kreativität im Hinblick auf Fragestellungen, Theoriebildung und Methodik an, erkennen aber auch Defizite, die ohne Weiteres vermeidbar gewesen wären (vgl. Buggle, 1993; Furth, 1981). So sind die empirischen Arbeiten aus dem Blickwinkel einer strengeren empirischen Forschung mit Mängeln behaftet. Miller stellt fest: »In der Regel sagen diese (Untersuchungs-)Protokolle nichts über die Anzahl der Versuchspersonen, das genaue Alter und die Schichtzugehörigkeit der Kinder oder über Einzelheiten des Testverfahrens aus. Manchmal lässt sich kaum sagen, ob Piaget von hypothetischen Kindern spricht oder von Kindern, die er tatsächlich getestet hat! Statistische Analysen interessieren ihn nicht besonders« (1993, S. 102).

Die Befunde sprechen weiterhin nicht für eine strenge strukturalistische Auffassung von Stufen, in denen für alle inhaltlichen Bereiche des Denkens gleichzeitig dieselben Veränderungen auftreten (vgl. Kail, 2004). Piaget hat dies später selbst eingeräumt und dafür den *Begriff der horizontalen Verschiebung* eingeführt. So kann ein Kind auf der konkret-operationalen Stufe die Erhaltung des Volumens erkennen, die des Gewichts in anderen Versuchen aber noch verfehlen. Möglicherweise ist sogar ein frühzeitiges Training von Konzepten auf früheren Stufen möglich. Hat eine Person eine bestimmte Stufe des Denkens erreicht, bedeutet dies außerdem keineswegs, dass ihre geistige Tätigkeit nicht zeitweise auf einem niedrigeren Niveau abläuft.

Piaget beschreibt den Verlauf der Entwicklung besser als er ihn erklärt. Im Einzelnen bleibt unklar, wie es tatsächlich zu den Übergängen zwischen den Stadien kommt, was letztendlich dazu führt, dass bestehende Strukturen infrage gestellt werden und das Kind sie verändern kann. Ebenso fehlt eine genaue Vorstellung darüber, wie kognitive Strukturen in Verhalten umgesetzt werden, wie sie es steuern (Performanz).

Piaget selbst hat sich kaum Zeit dafür genommen, seine theoretischen Positionen zusammenfassend darzustellen, sondern diese tauchen immer wieder im Zusammenhang mit empirischen Beobachtungen auf. Eine Menge Systematisierungs-, Präzisierungs- und Weiterentwicklungsarbeit theoretischer und methodischer Art wurde von Mitarbeiterinnen und Schülern geleistet (Furth, 1981).

Eine Reihe der von Piaget identifizierten Phänomene wurden in der Folge als früher oder später auftretend identifiziert; manche fanden auch andersgeartete Erklärungen. In Nachfolgeuntersuchungen haben sich neben den Altersvariablen auch andere Einflussfaktoren als wichtig erwiesen – Aspekte des Schwierigkeitsgrades der Aufgabe (Komplexität, sprachliche Gestaltung usw.), der bisherigen Lernerfahrungen und der Motivation, denen Piaget auf seiner Suche nach den universellen Strukturen keine Beachtung geschenkt hat (Buggle, 1993).

Obwohl der pädagogische Aspekt nur in einem kleinen Teil der Piaget'schen Schriften aufgegriffen wird, wurden dessen Erkenntnisse in der *Pädagogik* besonders stark rezipiert. Genf ist im frühen 20. Jh. ein Zentrum pädagogischer Forschung und Piaget kommt mit den Gedanken einer Schulreformbewegung in Berührung, die die Aktive Schule und eine Öffnung der Pädagogik für psychologisches Wissen propagiert. Seine Überlegungen zur schulischen Situation, die auch auf andere erzieherische Kontexte übertragen werden können, konzentrieren sich auf die Aktivität des lernenden Subjekts und die Gestaltung der pädagogischen Situation. Aktivität bedeutet in den frühen Schriften, dass dem Kind nicht fertige Erkenntnisse präsentiert werden sollen, sondern, dass es selbst nur experimentierend und entdeckend zu einem verinnerlichten Wissen kommt. Später betont er, dass das Handeln auch die Grundlage der Konstruktion von Denkwerkzeugen durch das Kind ist. Auch die Rolle der Lehrkräfte ändert sich. Sie sollen nicht nur die Kooperation zwischen den Schülern fördern, zum selbständigen Experimentieren anregendes Lehrmaterial anbieten und anregende Situationen schaffen, sondern möglichst selbst forschend tätig sein, weil es ihnen so am besten gelingt, angemessene pädagogische Situationen zu gestalten (Parrat-Dayon & Tryphon, 1999).

Neo-Piaget'sche Theoretiker bauen auf seinen Annahmen auf, unterstreichen aber die Unterschiedlichkeit von Konzepten für verschiedene Erfahrungsbereiche (z. B. Zahlen, räumliche Beziehungen) bei verschiedenen Kindern, abhängig von deren Erfahrungen und kulturellem Hintergrund, und versuchen Überlegungen aus Theorien der Informationsverarbeitung (s. u.), insbesondere zum Gedächtnis, mit Piagets Ansatz zu verbinden (vgl. Kail, 2004; Miller, 1993).

6.2 Informationsverarbeitung und Gedächtnis

Der Ansatz der Informationsverarbeitung hat seine Ursprünge in den technischen Innovationen der EDV, die auch auf das Verständnis der menschlichen Psyche ausstrahlten. Als moderne Computernutzer haben wir kaum Schwierigkeiten, uns eine neuronale Hardware als materielle Basis des menschlichen Denkens vorzustellen, auf der verschiedene Programme laufen – die psychische Software –, die Daten aus der Umwelt oder dem Organismus verarbeiten und in einer, dem System angemessenen Form speichern. Die Grenzen des Modells zeigen sich jedoch, wenn man bedenkt, dass in der menschlichen Entwicklung von den Verarbeitungsprozessen Rückwirkungen auf die Entwicklung der Hardware ausgehen, z. B. über den Aufbau bevorzugter synaptischer Verbindungen (s. Kap. 2).

6.2.1 Modelle des Gedächtnisses

Auch in der entwicklungspsychologischen Forschung werden grundlegende allgemeinpsychologische Modelle für die Reizaufnahme, -verarbeitung und -speicherung angewendet (vgl. Parkin, 2000; Markowitsch, 1992). Der *Begriff der Informationsspeicherung* ist unmittelbar mit dem Alltagsbegriff des Gedächtnisses und mit Prozessen des Lernens, Erinnerns und Vergessens verbunden. Je mehr sich die Forschung mit Gedächtnisleistungen beschäftigt, desto klarer wird, dass es sich dabei nicht um eine einheitliche Größe handelt, sondern dass sich dahinter wahrscheinlich eine Reihe mehr oder weniger unabhängiger Fähigkeiten verbirgt, die einem eigenen Entwicklungsverlauf und -tempo folgen und individuell unterschiedlich gut funktionieren können (vgl. Schneider & Bjorklund, 2003). Eine erste grundlegende Unterscheidung orientiert sich an der Art der langfristig vorhandenen Gedächtnisinhalte – man trennt zwischen *expliziten oder deklarativen*, d. h. potentiell bewussten Inhalten und *impliziten oder reflexiven*, nicht bewussten Inhalten. Bei den expliziten Inhalten wird wiederum zwischen einem *episodischen Gedächtnis* für persönlich Erfahrenes und einem *semantischen Gedächtnis* für unser »Weltwissen« unterschieden. Im impliziten Gedächtnis finden sich kognitive, motorische und wahrnehmungsmäßige Fertigkeiten (z. B. Kopfrechnen, muttersprachliche Satzkonstruktionen, Klavierspielen), die nicht bewusst, sondern quasi automatisiert in einem *prozeduralen Gedächtnis* vollzogen werden, aber auch die Ergebnisse von klassischen und instrumentellen Konditionierungsprozessen (z. B. erworbene Ängste, s. Kap. 1, »kleiner Albert«) u. a. mehr (vgl. Markowitsch, 1992).

Nach einer anderen Gliederung – in zeitlicher Hinsicht – kommen Informationen zunächst in einen *sensorischen Speicher (Ultrakurzzeitgedächtnis)*, wo ein Teil von ihnen einer impliziten Verarbeitung unterliegt und auf diesem Wege in den *Langzeitspeicher* gelangt, während ein anderer, kleiner Teil in einen *Kurzzeitspeicher* und schließlich in einen Langzeitspeicher transferiert wird (vgl. Parkin, 2000; Schneider et al., 2003). Von Baddeley und Kollegen wurde die Vorstellung des Kurzzeitspeichers erheblich verfeinert. Man spricht nun vom *Arbeitsgedächtnis* und versteht darunter eine zentrale Arbeitseinheit, in der die Verarbeitung neu aufgenommener und aus dem Langzeitgedächtnis hervorgeholter Informationen stattfindet. Außerdem postulieren sie zwei zugeordnete *Zwischenspeicher speziell für akustische und visuell-räumliche Informationen.* Hinzu kommt neuerdings noch ein *episodischer Puffer,* der visuelle und phonologische Informationen gebündelt als Episoden speichert. Dadurch steigt die Gedächtniskapazität stark an (s. u.), da nun ganze Sätze wie ansonsten einzelne Wörter gemerkt werden. Hier liegt ein wichtiger Ansatzpunkt für die Organisation von Lernmaterial (vgl. Baddeley, 2000, 2003; Parkin, 2000).

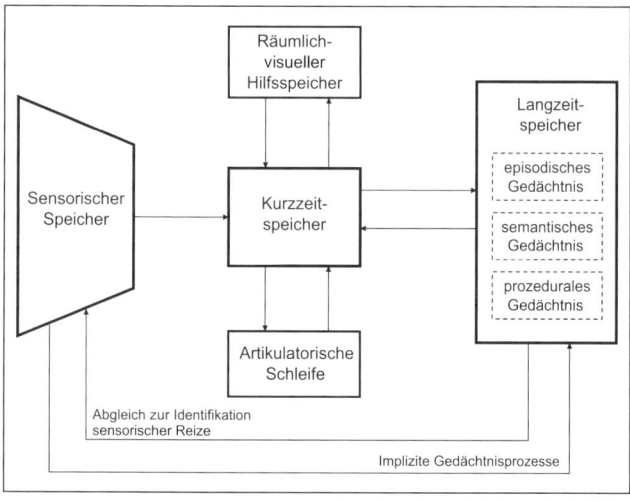

Abb. 6.1: Informationsverarbeitung und Gedächtnis (n. Parkin, 2000; Smith, 1998)

Experimentelle Studien zum Gedächtnis beschäftigen sich vor allem mit expliziten Lernprozessen bei verbalem Material (z. B. Wortlisten, Wortpaare, Geschichten). Die dem Gedächtnis abverlangten Leistungen können sehr unterschiedlich sein: Manchmal werden nur Wiedererkennensleistungen verlangt, manchmal muss Material eigenständig – evtl. sogar in korrekter Reihenfolge – reproduziert werden. Um die bis ins späte Jugendalter gefundenen Leistungszuwächse zu erklären, konzentrieren sich Untersuchungen auf Veränderungen in der Kapazität von Speichern, auf Lern- und Abrufstrategien, auf metakognitives Wissen und auf die Rolle von inhaltlichem Vorwissen für Behaltensprozesse. Möglicherweise entsprechen diese experimentellen Studien, die eine sehr exakte Wiedergabe von Informationen verlangen, jedoch nur wenig unserem alltäglichen Umgang mit Information. Jugendliche und Erwachsene greifen beim Erinnern und Denken eher auf inexakte sogenannte »Fuzzy-Repräsentationen« zurück, die vor allem die Bedeutung (»gist«) und weniger exakte Details enthalten, während besonders jüngere Kinder Informationen stärker im Sinne des Wortes speichern. Diese Gedächtnisspuren scheinen jedoch weniger haltbar zu sein (vgl. Brainerd & Reyna, 1998; Jacob & Klaczynski, 2002).

6.2.2   Kapazität des Kurzzeitgedächtnisses

Unter dem Begriff der Kapazität werden häufig Überlegungen zur Menge gleichzeitig gehaltener Information – vor allem im Kurzzeitgedächtnis – angestellt. Aufgaben zur Erfassung finden sich auch in verschiedenen psychologischen Intelligenztests. Dabei werden meist im Sekundenabstand Zahlen, Buchstaben oder Wörter vorgelesen mit der Anweisung, dass diese hinterher in der gleichen Reihenfolge wiederholt werden sollen. Die Gedächtnisspanne ist dann die Zahl der Items, die eine Person noch in der richtigen Reihenfolge wiedergeben kann. Für einsilbige Wörter gilt, dass mit fünf Jahren ca. 3,5 wiedergegeben werden können, mit elf Jahren ca. fünf. Bei Zahlen sind es mit fünf Jahren ca. 4,5 mit zwölf Jahren ca. sieben (Dempster, 1981). In der MAST-Studie liegen die Werte bei den Elfjährigen mit ca. 5,5 Zahlen noch niedriger (Schneider et al., 2003). Musste bei Vier- bis Sechsjährigen die Reihenfolge der Items nicht eingehalten werden, dann vergrößerte sich ihre Gedächtnisspanne beträchtlich. Bei älteren Kindern und Jugendlichen war dies nicht mehr der Fall (Weinert & Schneider, 1999). Für Erwachsene geht man von einer Kapazität von 7 +/- 2 Einheiten aus, die für ca. 30 Sekunden gehalten werden können (Schneider et al., 2003).

Die Bedeutung der Gedächtnisspanne wird z. B. im Zusammenhang mit verschiedenen sprachlichen Befunden deutlich. Sie korreliert recht hoch mit der Artikulationsgeschwindigkeit der Kinder (Hasselhorn & Marx, 2000). Bei Kindern mit einer Sprachentwicklungsstörung finden sich oft relativ niedrige Gedächtniskapazitäten beim Nachsprechen von Zahlen und Kunstwörtern, die mit einem Defizit vor allem in der phonologischen Schleife erklärt werden (vgl. Janczyk et al., 2003).

6.2.3   Gedächtnisstrategien

Ein weiterer Schwerpunkt der Forschung liegt auf potentiell bewussten, absichtsvoll verwendeten kognitiven Aktivitäten, die das Enkodieren, Memorieren oder den Abruf von Information verbessern sollen. Bedeutsam für das Einspeichern und Abrufen von Information sind *Organisationsstrategien – z. B. das semantische Kategorisieren*, bei dem die zu lernenden Wörter nach Oberbegriffen geordnet werden und man beim Reproduzieren der Wörter von diesen Oberbegriffen ausgeht. In der LOGIK-Studie vollziehen Kinder den Übergang beim semantischen Kategorisieren in unterschiedlichem Alter – rund 40 Prozent der Kinder schon mit vier bis sechs Jahren. Interessant ist, dass eher die Kinder, die die Strategie später entdecken, dann auch längerfristig Gebrauch davon machen (Schneider et al., 2003). Eine andere beliebte Memorierstrategie, die viele Kinder spontan schon im Kindergartenalter zeigen, ist das *Wiederholen*. Bei einzelnen Wörtern ist dies wenig effizient, besser sind kumulative Strategien, bei denen mehrere Wörter gleichzeitig in eine Memorierschleife genommen werden, z. B. Katze-Maus-Käse (vgl. Ornstein et al., 1988). Kumulative Strategien treten erst bei älteren Grundschulkindern häufiger auf. Kompliziertere Enkodierstrategien wie das *Elaborieren* (z. B. der Gebrauch von Eselsbrücken, bei denen visuelle oder sprachliche Verbindungen zwischen Wörtern hergestellt werden) finden sich erst im späteren Kindesalter und im frühen Jugendalter und viele Menschen benutzen solche Strategien nie. Insgesamt kann man sagen, dass die beschriebenen Strategien von den meisten Kindern am Ende der Grundschulzeit angemessen, d. h. auch erfolgreich, eingesetzt werden können (Schneider, 2003).

Man geht davon aus, das jüngere Kindergartenkinder Strategien im Allgemeinen nicht spontan einsetzen und auch noch nicht davon profitieren (Mediationsdefizit). Fünf- bis Siebenjährige nutzen spontan kaum Strategien, sie können ihre Gedächtnisleistung zwar steigern, wenn sie darin unterwiesen werden, behalten die Nutzung aber nicht bei (Produktionsdefizit). Häufig ist zudem zu beobachten, dass ein positiver Effekt noch nicht bei den ersten Versuchen auftritt (*Nutzungsdefizit*). Dies liegt wahrscheinlich daran, dass eine verbesserte Gedächtnisleistung erst dann auftritt, wenn die Strategie automatisiert ist und nicht mehr mit einem so hohen geistigen Aufwand für das Kind verbunden ist (Schneider, 2003; Schneider & Bjorklund, 2003).

6.2.4 Metagedächtnis

Das Metagedächtnis beinhaltet das Wissen über Gedächtnisvorgänge, wobei zwischen einem faktisch verfügbaren und verbalisierbaren Wissen (*deklaratives Metagedächtnis*) und der Fähigkeit zur Kontrolle und Regulation der eigenen gedächtnisbezogenen Aktivitäten (*prozedurales Metagedächtnis*) unterschieden wird. Mit zunehmendem Alter verfügen Kinder über mehr Wissen über Gedächtnisprozesse. Schon im Kindergartenalter wissen sie z. B., dass man etwas vergessen kann und es schwerer ist, sich an lang zurückliegende Ereignisse zu erinnern als an kurz zurückliegende. Ältere Kinder erkennen, dass es schwieriger ist, Lernstoff genau wiederzugeben als nur sinngemäß und dass ablenkende Tätigkeiten das Lernen beeinträchtigen können (Kreutzer et al., 1975). Man geht davon aus, dass sich dieses verbalisierbare Wissen noch bis ins Erwachsenenalter verbessert, während die prozedurale Seite des Metagedächtnisses schon im Kindesalter gut funktioniert. Die Fähigkeit zur Selbstregulation verbessert sich noch einmal deutlich beim Übergang vom Vorschulalter in die Grundschulzeit. Obwohl Sechsjährige in der Studie von Dufresne und Kobosigawa (1989) leichte und schwere Wortpaare beim Lernen paarweise dargebotener Wörter sehr wohl voneinander unterscheiden konnten, widmeten sie – anders als die Zehn- bis Zwölfjährigen – den schwierigen Paaren nicht mehr Zeit.

Lange Zeit wurde implizit davon ausgegangen, dass ein gutes Metagedächtnis einen förderlichen Effekt auf die Gedächtnisleistung hat. Tatsächlich zeigt sich in einer Metaanalyse von mehr als 60 Studien mit mehr als 7 000 Kindern und Jugendlichen ein mittlerer Korrelationskoeffizient von r = .41 zwischen Merkmalen des Metagedächtnisses und Gedächtnisleistungen (Schneider & Pressley, 1989). Man geht jedoch mittlerweile von einer komplizierten Beziehung zwischen den beiden Größen aus, in deren Erklärung u. a. weitere Variablen wie das Vorwissen einbezogen werden müssen (vgl. Schneider & Bjorklund, 2003).

6.2.5 Vorwissen

Eine verbreitete Modellvorstellung über die Repräsentation von Wissen ist, dass dieses in Form von *Netzwerken* organisiert ist. Diese bestehen aus »Knoten«, die Wissensbestandteile repräsentieren (z. B. Auto, Rad, bewegt) und wiederum über »Fäden« qualifiziert miteinander verbunden sind (z. B. Auto und Rad durch den Faden »ist Teil von«). Knoten können unterschiedlich stark miteinander zusammenhängen, wenn sie als Gedächtnisinhalte häufig gleichzeitig »aktiviert« bzw. abgerufen werden, was man z. B. häufiger bei Knoten erwarten würde, die zu einem Begriff gehören (s. u., z. B. rot, gelb, blau, Farbe; vgl. Smith, 1998).

Neue Informationen werden in dieses Netzwerk eingebaut. Mit zunehmender Erfahrung – ein Erfahrungsanstieg erfolgt in der Regel mit dem Alter – wird diese Wissensstruktur reichhaltiger und vernetzter. Wenn wir versuchen, uns an etwas zu erinnern und dabei einen Knoten in unseren Wissensbeständen aktivieren, so ist die Wahrscheinlichkeit, dass wir zu einem gesuchten Wissensbestand gelangen umso größer, je stärker die Vernetzung ist. Ein bedeutsamer Zusammenhang zwischen Vorwissen und Gedächtnisleistung hat sich in vielen Studien gezeigt. So waren zehnjährige *Schachexperten* selbst erwachsenen *Schachnovizen* bei einer Aufgabe deutlich überlegen, bei der es um das Erinnern von sinnvollen Figurenkonstellationen auf dem Schachbrett ging. Solche Ergebnisse ließen sich auch für das Textwissen bestätigen. In der MAST-Studie waren die Experten den Novizen auf jeder Altersstufe (3., 5., 7. Klasse) überlegen. Experten aus der dritten Klasse konnten auch mehr Textinformation erinnern als Novizen aus der siebten Klasse. Ein Vorteil der Experten drückte sich auch qualitativ aus – sie erinnerten wesentlich mehr wichtige als unwichtige Information, während dieses Verhältnis bei den Novizen ausgewogen war (Schneider et al., 2003).

6.2.6 Autobiographisches Gedächtnis

Ein seit Langem bekanntes und mittlerweile intensiver erforschtes Phänomen ist die Lücke im autobiographischen Gedächtnis in der frühen Kindheit, von der man wissenschaftlich noch unter dem von Sigmund Freud geprägten Begriff der *infantilen Amnesie* spricht. Das autobiographische Gedächtnis gilt als Teil des episodischen Langzeitgedächtnisses, in dem Erinnerungen an komplex strukturierte Erlebnisse mit starkem Selbstbezug abgelegt sind. Erste Zeichen eines autobiographischen Gedächtnisses sind ab dem Alter von drei bis vier Jahren nachweisbar (Fivush & Hamond, 1990).

Neuere Erklärungen fokussieren auf Verbesserungen der Informationsverarbeitungsgeschwindigkeit und die Erweiterung der Gedächtnisspanne. Darüber hinaus nimmt die Abhängigkeit des Erinnerungsprozesses vom Vorhandensein kontextueller Reize ab, die beim Aufbau der Erinnerung vorhanden waren (Hayne, 2004). Nelson (1988) geht davon aus, dass anfangs eher skriptartige Routinen und nicht Einzelereignisse gespeichert werden. Perner und Ruffman (1995) stellen außerdem fest, dass jüngere Kinder Ereignisse selten als selbst erlebt enkodieren. Ein personales Selbst, an das Ereignisse angekoppelt werden können, entwickelt sich erst im zweiten und dritten Lebensjahr. Der Erwerb der Sprache und – gemeinsam mit den Eltern – die Ko-Konstruktion von Ereignissen in Sprache spielen eine wichtige Rolle für das Überwinden der infantilen Amnesie (Fivush & Hamond, 1990).

6.3 Begriffsentwicklung

Die Entwicklung des begrifflichen Denkens ist eng mit der Fähigkeit zur Kategorisierung und zur Speicherung entsprechender Repräsentationen verbunden. Unsere Umwelt bietet uns eine unendliche Vielfalt von Objekten und Ereignissen, und indem wir diese in Kategorien einordnen, müssen wir sie nicht mehr als einzigartig behandeln. Es steht uns das bisher in Bezug auf andere Mitglieder der Kategorie gewonnene Wissen unmittelbar zur Verfügung, um z. B. angemessenen auf ein Ereignis zu reagieren. In der Literatur finden sich verschiedene Bezeichnungen mit sich überschneidenden Bedeutungen für die gewonnenen Repräsentationen – vor allem Begriff, Konzept, Klasse und Kategorie – die unsystematisch nebeneinander gebraucht werden. Die von Klix (1971) gegebene *Definition für Begriff* als »Zusammenfassung von Objekten und Ereignissen zu Klassen auf Grund von Merkmalen« würden viele entwicklungspsychologische Autoren für Kategorien im Allgemeinen gelten lassen, während sie von Begriffen oder Konzepten als einer Art Weiterentwicklung sprechen. Diese sind über wahrnehmungsmäßige Ähnlichkeiten hinaus mit Bedeutung aufgeladen (s. u.).

Begriffe sind oft mit Benennungen verbunden, doch dürfen *Begriffe nicht mit Wörtern verwechselt* werden. Manchmal bedarf es ganzer Sätze, um die Bedeutung eines Begriffs auszudrücken, und ein System von Begriffen kann auch von Menschen aufgebaut werden, die nicht über gesprochene Sprache verfügen. Eine zentrale Erkenntnis aus Studien ist jedoch die Existenz eines »linguistic bias«, d. h. die Begriffsorganisation orientiert sich an grammatikalisch-sprachlichen Merkmalen und wird durch diese unterstützt (Goswami, 2001).

Zur Begriffsentwicklung haben sich verschiedene Forschungsrichtungen herausgebildet. *Merkmalsbasierte Ansätze*, auf die wir genauer eingehen werden, untersuchen die Entstehungsbedingungen kindlicher Kategorisierungen und die dabei verwendeten Merkmale. Dem stehen Ansätze gegenüber, die die Wissensrepräsentation als eine Art *intuitiver Theoriebildung* in verschiedenen inhaltlichen Domänen betrachten – der physikalischen, biologischen und psychologischen Domäne (Sodian,

2008; Goswami, 2001; s. zur psychologischen Domäne auch Kap. 10 »Theory of Mind«). Für jede dieser Domänen wird ein in sich schlüssiger Wissensbestand aufgebaut. Als Ausgangspunkt gilt häufig ein angeborenes Kernwissen, das es Kindern erlaubt, in der Interaktion mit der Umwelt relativ schnell ein zusammenhängendes Verständnis von Phänomenen in einer Domäne zu erreichen. So können schon wenige Monate alte Kinder näherungsweise die Anzahl von Elementen in verschiedenen Mengen unterscheiden. Oder die Babys reagieren überrascht auf physikalisch unmögliche Ereignisse, wie etwa einen fallenden Ball, der plötzlich unter statt auf einer geschlossenen Tischplatte zu liegen kommt. Der Stand der kindlichen Theorieentwicklung in einem Bereich begrenzt ähnlich wie bei Piaget die Instruktionsmöglichkeiten von Lehrenden; anders als bei Piaget werden hier aber keine Annahmen zu bereichsübergreifenden geistigen Strukturen bemüht.

6.3.1 Merkmalsbasierte Ansätze

Wichtige Überlegungen zur Begriffsorganisation stammen von Rosch (z. B. Rosch & Mervis, 1975). Sie geht von einer Hierarchie der *Begriffsebenen* aus – einer *globalen* übergeordneten Ebene, einer *basalen* mittleren Ebene und einer *spezifischen* untergeordneten Ebene. Ein Beispiel für diese Ebenen sind die Kategorien Tier – Katze – Siamkatze. Die basale Ebene spielt dabei eine besondere Rolle. Auf ihr sind die charakteristischen Merkmale durch die Wahrnehmung vorgegeben. Die einzelnen Mitglieder (Exemplare) basaler Kategorien teilen die höchste Zahl von Merkmalen miteinander und die niedrigste mit Exemplaren anderer Kategorien. Deshalb hat es auch einen hohen psychologischen Nutzen, sich auf dieser Ebene zu bewegen.

Zusammenhänge zwischen Begriff, Merkmal und zum Begriff gehörendem Beispiel (Exemplar) werden nur im Sinne von Wahrscheinlichkeiten repräsentiert. So ist das Merkmal Flügel für die meisten, aber eben nicht für alle Vögel zutreffend. Außerdem gibt es auch Objekte die Flügel haben, aber keine Vögel sind. In der Regel sind natürliche Kategorien nicht durch ein Merkmal charakterisiert, sondern durch mehrere, miteinander korrelierende – Vögel z. B. durch Federn, Flügel, einen Schnabel und zwei Beine.

Um einen Begriff zu speichern, kommen grundsätzlich zwei Möglichkeiten in Betracht: eine Speicherung aller zugehörigen *Exemplare*, die eine Person kennenlernt oder eine Speicherung der charakteristischen Merkmale in Form eines *Prototypen*, der einem besonders charakteristischen wirklichen Exemplar entsprechen oder auch aus einer Art Durchschnitt aller Exemplare der Kategorie gebildet werden kann (Quinn & Oates, 2004).

6.3.2 Von der perzeptuellen zur konzeptuellen Repräsentation

Entwicklungsmäßig werden immer wieder stark anschauungsgebundene (frühe) Formen von Begriffen von solchen (späteren) unterschieden, in die zunehmend abstrakteres Wissen, z. B. über Funktionen usw. eingeht. Mandler (2000) unterscheidet in diesem Sinne *perzeptuelle Schemas,* die vorgeben, wie ein Ding aussieht, die aber noch keine Information über seine Bedeutung enthalten, von *Image-Schemas,* die die Vorläufer von Konzepten sind und bereits weniger offensichtliche Information enthalten, wie etwa Verhaltenscharakteristika eines Objektes. Beide Prozesse laufen parallel ab und führen schließlich zur Bildung reifer bedeutungshaltiger Konzepte.

Andere Forscher gehen von einem einheitlichen Prozess aus, bei dem die kindlichen Begriffsrepräsentationen sich schrittweise durch die Integration von immer mehr Information entwickeln und dadurch immer reichhaltiger werden. Der Input stammt nicht nur aus eigenen sinnlichen Wahrnehmungen, sondern auch aus sprachlich vermittelter Information (Quinn & Eimas, 2000).

Aufgrund der vorliegenden Forschungsergebnisse lässt sich noch keine Entscheidung treffen, welches der Modelle den kindlichen Begriffserwerb angemessener beschreibt (Quinn & Oates, 2004).

6.3.3 Fortschritte der Forschungsmethodik

Neuere Forschungen haben frühere Fortschritte in der begrifflichen Entwicklung gefunden, als von Piaget angenommen. Dies ist vor allem auf innovative Untersuchungsanordnungen zurückzuführen (s. Kasten). Bei den jüngsten Probanden, Kindern ab einem Alter von drei bis vier Monaten kommt vor allem das Habituations-/Dishabituationsparadigma zum Einsatz, ab dem Alter von sechs Monaten die Objektuntersuchungsmethode und ab 14 Monaten die Methode der sequentiellen Berührungen (Quinn & Oates, 2004).

Habituation/Dishabituation. Diese Forschungsmethode basiert darauf, dass schon sehr junge Kinder auf einen wiederholt gezeigten Reiz mit abnehmender Aufmerksamkeit reagieren, bei einem neuen Reiz diese Aufmerksamkeit aber wieder geweckt wird. Zur Untersuchung der Begriffsbildung wurde dieses Phänomen folgendermaßen benutzt: Dem Kind werden nacheinander Bilder von Mitgliedern einer Kategorie gezeigt, z. B. vier verschiedene Katzen. Dann wird ein weiteres Mitglied dieser Kategorie zusammen mit einem Mitglied einer neuen Kategorie (z. B. Hund) gezeigt. Betrachten Kinder nun das Exemplar der neuen Kategorie (den Hund) länger als das der vertrauten (die Katze), kann man daraus schließen, dass das Kind eine Kategorie vom Typ »Katze« gebildet hat.

Objektuntersuchung. Hier wird der Grundgedanke der ersten Methode aufgegriffen. Den Kindern werden jedoch Objekte einer Kategorie für eine bestimmte Zeit gegeben (meist 20 bis 30 Sekunden), anschließend ein Objekt einer neuen Kategorie. Gemessen wird die Erkundungsaktivität des Kindes – d. h. wie ausführlich ein Kind das Objekt manipuliert und betrachtet. Für eine Kategorienbildung spricht, wenn beim neuartigen Spielzeug die Erkundungsaktivität höher liegt als bei den vorhergehenden Spielzeugen.

Sequentielles Berühren. Das Kind wird mit einer Reihe von Objekten konfrontiert, die zwei verschiedenen Kategorien angehören und zufällig verteilt auf einer Fläche stehen Aufgezeichnet wird die Reihenfolge, in der Kinder die Objekte berühren. Auf die Bildung von Kategorien wird geschlossen, wenn das Kind unmittelbar nacheinander eine größere Zahl von Objekten einer Kategorie berührt, bevor es zu solchen der anderen Kategorie übergeht.

6.3.4   Begriffsbildung in der frühen Kindheit

Prototypen vs. Exemplare

Untersuchungen von Younger & Gotlieb (1988), in denen drei bis sieben Monate alte Kinder mit zweidimensionalen Punktmustern konfrontiert wurden, legen nahe, dass Kinder schon in diesem jungen Alter Begriffe sowohl über Exemplare als auch in Form abstrakter Prototypen speichern können, ähnlich wie Erwachsene, in Abhängigkeit von den Untersuchungsbedingungen. Eine solche Prototypenbildung gelingt auch mit komplexeren farbigen Bildern verschiedener Tierarten (Quinn & Oates, 2004). Quinn und Eimas (1998) finden erstaunliche Unterschiede bei der Kategorienbildung bzgl. Menschen und Tieren. Danach werden Menschen eher in exemplarischer Form gespeichert. Die Autoren spekulieren als Erklärung über die vergleichsweise umfangreiche Vorerfahrung, die Kinder mit Personen haben.

Ebenen der Kategorisierung

Rosch geht davon aus, dass Kinder ihre ersten Kategorien auf der basalen Ebene bilden und dann zu den anderen Ebenen übergehen und dass die ersten Wörter im Kleinkindalter auf der basalen Ebene erworben werden. Neuere Studien finden allerdings auch im ersten Lebensjahr bereits Kategorisierungen auf einer übergeordneten, globalen Ebene, z. B. Unterscheidungen zwischen Lebewesen und Nicht-Lebewesen (Tiere und Möbel; Behl-Chadha, 1996). Rakison (2000) warnt davor, die Begriffe für Kategorisierungsebenen in gleicher Weise für Kinder in den ersten beiden Lebensjahren und für Erwachsene zu verwenden. Bisher sei nicht belegt, dass kleine Kinder über organisierte hierarchische Begriffssysteme (Taxonomien) verfügen.

Welche Merkmale Kinder nutzen

Tierarten wie Hund und Katze sehen sehr ähnlich aus und es stellt sich die Frage, welche Merkmale sehr junge Kinder nutzen, um unterschiedliche Kategorien zu bilden? In Experimenten, in denen systematisch die An- und Abwesenheit bestimmter Merkmale variiert wurde, ergaben sich Hinweise, dass Katzen und Hunde vor allem auf der Basis von Hinweisreizen im Kopfbereich, nicht aber im Körperbereich unterschieden werden, Spielzeugtiere und Spielzeugfahrzeuge auf der Basis von Beinen und Rädern (Quinn & Oates, 2004).

Auch Bewegungsinformationen scheinen von den Kindern genutzt zu werden, wie eine Studie von Arterberry und Bornstein (2002) zeigte. Drei bis neun Monate alten Kindern wurden sich bewegende Lichtpunktkonturen (mit Lichtern an wichtigen Gelenken und Kopf) von Tieren und Fahrzeugen gezeigt, die im Dunkeln aufgenommen worden waren. Die Kinder konnten diese Informationen zur Kategorisierung nutzen und die neun Monate alten Kinder konnten sie sogar auf die unbewegten Darstellungen im Hellen übertragen. Pauen (2000) geht davon aus, dass neben der »Dimension der Bewegung«, die wesentlich für die Unterscheidung von lebendig und nicht lebendig ist, die »Dimension der Funktionalität für Menschen« zur Unterscheidung von natürlichen und künstlichen Dingen und die »Dimension der Vorhersagbarkeit« zur Unterscheidung von Menschen und Tieren bzw. von Pflanzen und Objekten genutzt wird.

6.4 Praxisthema: Spiel

Mehr als jede andere Handlungsform scheint das Spiel charakteristisch für junge Lebewesen zu sein. Dies gilt für Tiere in noch stärkerem Maße als für den Menschen, der einen Teil seiner spielerischen Neigung in höhere Lebensalter rettet. Wenn Beobachter spielerische Tätigkeiten sehen, können sie diese zuverlässig identifizieren, haben aber Schwierigkeiten, definierende Merkmale anzugeben, die für alle Spieltätigkeiten in gleicher Weise gelten. Der Philosoph Wittgenstein stellt hier eine Parallele zur Ähnlichkeit her, wie sie in Familien herrscht – es gibt eine Reihe von Merkmalen, die für eine Familie charakteristisch ist, jedoch wird sehr wahrscheinlich keines der Merkmale von allen Mitgliedern geteilt bzw. es wird sogar Familienmitglieder geben, die keines der Merkmale gemeinsam haben (zu Familienähnlichkeit vgl. Wittgenstein, 1953/1982).

Als ein Hauptmerkmal des Spiels wird meist die 1. *Zweckfreiheit* genannt (vgl. Pellegrini & Smith, 2003; Oerter, 2003). Spielhandlungen erfolgen um ihrer selbst willen; mit ihnen sollen keine außerhalb liegenden Ziele erreicht werden. Solche Handlungen sind mit einem bestimmten Erleben verbunden, bei dem man vollständig in der Tätigkeit aufgeht und das Zeitempfinden ausgeschaltet ist (Oerter, 2003). Dies unterscheidet das Spiel von modernen Formen der Freizeittätigkeit, die deutlich zeitlimitiert sind und bei denen (zumindest aus der Sicht der Eltern) der Aspekt der sinnvollen Zeitnutzung im Hinblick auf bestimmte Sozialisationsziele im Vordergrund steht (vgl. Retter, 2001). 2. Im Spiel konstruiert das Kind eine *andere Realität*, in der Gegenstände, Handlungen und Personen etwas anderes bedeuten können als normalerweise. Deshalb wird auch oft von einem »So-tun-als-Ob« gesprochen, auf das sich die Mitglieder einer Spielgruppe einigen müssen. 3. Im Spiel werden Handlungen oft wiederholt; häufig folgen sie einem festen *Ablauf, der profilierter ist*, als dies bei normalen Handlungen der Fall wäre.

Forscher teilen die Spielformen in unterschiedlicher Weise ein; außerdem gilt, dass sich diese Formen in konkreten Spielsituationen mischen (vgl. Schmidtchen & Erb, 1976; Oerter, 2003; Pellegrini & Smith, 2003). Beim *Funktions- oder sensomotorischen Spiel* erproben Kinder die Verwendungsmöglichkeiten von (eigenen und fremden) Körperteilen und Gegenständen. Sie lernen etwas über physikalische Eigenschaften, die kulturell angemessene Nutzung und über die Zusammenhänge zwischen ihrem Tun und den Effekten, die sie damit bewirken. Beim *Symbolspiel (Illusionsspiel)* werden Gegenstände in der Umwelt umgedeutet und in einer ungewöhnlichen, nicht ihrem realen Alltagsgebrauch entsprechenden Weise verwendet. Fiktion herrscht auch in den in der Regel kooperativen *Rollenspielen* vor, denn hier verkörpern die Mitspieler Rollen, die aus der kindlichen Erfahrung stammen. Das ganze komplexe Szenario ist auf einander abgestimmt. Manchmal übernimmt ein Kind aber auch mehrere Rollen z. T. unterstützt durch Spielfiguren. Einige Kinder erfinden sogar fiktive Gefährten, die sie über Wochen und Monate begleiten können. Die Sorgen mancher Eltern über die geistige Gesundheit ihrer Kinder sind dabei in aller Regel unbegründet (vgl. Klausen & Passman, 2006; Seiffge-Krenke, 2004). Bei *Regelspielen* müssen alle Spielpartner feste Regeln einhalten. Solche Spiele stammen aus vielen Bereichen – Straßenspiele wie Himmel- und Hölle, Gummitwist, Murmeln, Sportspiele oder Gesellschaftsspiele mit Karten oder Spielbrettern usw.

Kindliche *Explorations- und Konstruktionsaktivitäten* werden nicht immer zum Spiel gerechnet. Exploration wird oft als Voraussetzung für Spiel angesehen, nicht nur in Bezug auf die Entwicklung, sondern auch situativ. Ein großer Teil des Funktionsspiels würde dann eigentlich nur als Erkunden gelten und nicht als Spiel. Bei der Exploration steht eher die Frage »Was kann dieses Ding tun?« im Vordergrund, beim Spiel eher »Was kann ich mit diesem Ding tun?« (Hutt, n. Pellegrini & Smith, 2003). Beim Konstruieren ginge es darum, mit Hilfe von Materialien etwas herzustellen, z. B. eine Figur aus Knetmasse, ein Stauwehr aus Steinen und Stöcken oder ein Haus mit Buntstiftstrichen auf Papier. Oerter (2003) rechnet solche Aktivitäten zum Spiel, solange die beiden ersten zentralen Charakteristika des Spiels (s. o) erfüllt sind. Pellegrini und Smith verweisen im Zusammenhang mit der evolutionären Entwicklung des Spiels darauf, dass die von Ethologen bei Tieren am häufigsten gefundenen Arten des Spiels in den Klassifikationen des menschlichen Spiels kaum eine Rolle spielen bzw. anderen Spielformen untergeordnet werden: *grobmotorische Aktivitäten,* wie die rhythmische Wiederholung von Bewegungen, anstrengende Körperübungen, wie Rennen oder Klettern, und spielerisches Kämpfen und Jagen.

Spielformen setzen in unterschiedlichen Lebensaltern ein und haben unterschiedliche Höhepunkte. Beim Menschen bleiben sie jedoch grundsätzlich auch im Erwachsenenalter erhalten. Für Oerter (2003) münden sie größtenteils in das menschliche Kulturschaffen – in Arbeit, Sport und Kunst – ein.

Aber warum spielen Kinder eigentlich; was motiviert sie unmittelbar dazu? Bedeutende Psychologen wie Freud, Wygotski oder Piaget geben dafür Erklärungen dahingehend, dass das Spiel dem Kind erlaubt, den Zwängen der Wirklichkeit und damit realen Problemen und dem Sozialisationsdruck der Umwelt zu entfliehen. Im Spiel kann sich das Kind zum *Herrscher von Situationen* aufschwingen – es kann Probleme nachspielen und da-

bei bewältigen oder sich unrealisierbare Wünsche, z. B. nach
Stärke oder Geborgenheit oder einer bestimmten Beschaffenheit
der Welt erfüllen (vgl. Oerter, 2003).

Ist es für eine normale Entwicklung wichtig, dass Kinder spielen? Die meisten Entwicklungspsychologen, Pädagogen und Eltern würden diese Frage bejahen. Pellegrini und Smith (2003)
diskutieren hier jedoch eine Idealisierung des Spiels von den
1920er bis in die 1980er Jahre; dem Spiel werden von vielen Forschern *förderliche Wirkungen* für zahlreiche Entwicklungsbereiche zugeschrieben. Meist wird angenommen, dass diese positiven
Effekte sich erst langfristig als wünschenswerte Fertigkeiten des
Erwachsenen zeigen würden. Nach Ansicht der Autoren sind
viele dieser angenommenen Wirkungen allerdings bis zum heutigen Tage nicht wirklich nachgewiesen. Eine andere Funktion
des Spiels könnte jedoch eher *kurzfristig* bedeutsam sein; die
positiven Effekte wären dann bereits in der Kindheit zu suchen.
So würden Gefühle von Können, Meisterschaft und Selbstwirksamkeit, die mit dem kindlichen Spiel einhergehen, das Kind
darin bestärken, neue Aktivitäten auszuprobieren, die dann beibehalten würden. So würden schon kurzfristig neue Lerngelegenheiten für das Kind gesichert werden. Andere unmittelbare
Funktionen betreffen die Thermoregulation, körperliches Üben
oder den Aufbau sozialer Beziehungen. Andere *langfristige Funktionen* liegen z. B. in der Erprobung erwachsener Rollenmodelle
in einer sicheren Umgebung, der Exploration physikalischer und
sozialer Umwelten und der entsprechenden Modifikation neuronaler Schaltkreise. Im Laufe der Evolution scheinen starke
Selektionskräfte in Richtung einer Verstärkung des Spiels auch
über längere Zeit gewirkt zu haben. Kinder müssen sehr viel
lernen und brauchen dafür Zeit und sichere Umwelten. Der
Druck moderner Gesellschaften wirkt paradoxerweise dahin, die
Rolle des Spiels zurückzudrängen zugunsten von expliziten schulischen Lernzeiten bzw. durch die Zunahme der Zeit, die Kinder
vor Fernsehern oder Computern verbringen (Pellegrini & Smith,
2003; Kleine, 2003). Nur noch 45 Prozent der Zehn- bis Zwölfjährigen spielen an Werktagen, während es bei den Acht- bis
Neunjährigen noch 78 Prozent und bei den Fünf- bis Siebenjährigen 83 Prozent waren. Samstags und sonntags liegen die Wer-

te für die drei Altersgruppen jeweils um einiges höher (63 %, 58 % und 87 % sowie 83 %, 92 % und 91 %).

Zusammenfassung

Unter dem Begriff Kognition fasst man erkenntnisbezogene Prozesse und Strukturen zusammen. Die wohl bekannteste ältere Entwicklungstheorie dazu ist die von Jean Piaget. Sein Interesse an der Kognition ist biologisch und philosophisch geprägt. Piaget ging es darum, zu verstehen, wie das handelnde und denkende Subjekt zu Erkenntnissen über seine Umwelt gelangt. Durch die Beobachtung von Kindern und durch spezielle Formen der Befragung von Kindern, die er mit bestimmten Aufgaben konfrontierte, versuchte er herauszufinden, wie sich grundlegende Erkenntniskategorien (Zeit, Raum, Kausalität und Quantität) entwickeln. In einem aktiven Prozess der Auseinandersetzung mit seiner Umwelt gelangt das Kind zur Konstruktion geistiger Strukturen. Diese verändern sich im Laufe der Entwicklung und bestimmen sein gesamtes Denken. Das Kind wendet seine geistigen Strukturen auf die Umwelt an und versucht Gegenstände und Ereignisse in ihr zu erfassen (Assimilation). Gelingt dies nicht in befriedigender Art und Weise, werden die Strukturen so verändert, dass sie dem Erkennen und Handhaben von Gegenständen und Problemen angemessener sind (Akkommodation).

Piagets Theorie der Intelligenzentwicklung umfasst vier aufeinander aufbauende Stufen (sensomotorische, präoperationale, konkret-operationale und formal-operationale Stufe); die höchste Stufe wird bereits im Jugendalter erreicht. Piagets Vorstellungen über die geistige Entwicklung sind heute noch aktuell und schlagen sich in den Bildungsplänen von Bundesländern für den Krippen-, Kindergarten- und Grundschulbereich nieder (vgl. Hessisches Sozialministerium & Hessisches Kultusministerium, 2007).

Die neuere Kognitionsforschung wurde durch die elektronische Datenverarbeitung beeinflusst. Die daraus resultierenden Modelle zur menschlichen Informationsverarbeitung werden z. T. mit den Vorstellungen Piagets in Verbindung gebracht. Wir haben uns besonders mit der Speicherung von Informationen im Gedächtnis beschäftigt. Es werden verschiedene Arten der Speicherung unterschieden, je nach der Dauerhaftigkeit, mit der die Inhalte abgelegt werden (z. B. Langzeitgedächtnis), aber auch nach den sensorischen Modalitäten des gespeicherten Materials (z. B. auditorische Schleife des Kurzzeitgedächtnisses) und nach bestimmten inhaltlichen Aspekten (z. B. episodisches Gedächtnis, semantisches Gedächtnis). Der neurowissenschaftlichen Forschung gelingt es teilweise Gedächtnisleistungen spezialisierten Hirnstrukturen zuzuordnen, die allerdings vernetzt arbeiten (s. Kap. 2 und Schandry, 2006). Neben der Veränderung von Gedächtnissystemen, z. B. der zunehmenden Kapazität des Kurzzeitgedächtnisses, sind entwicklungspsychologisch vor allem auch Gedächtnisstrategien und das Wissen von Kindern über Gedächtnisprozesse von Interesse, um die Kinder beim Lernen unterstützen zu können.

Im menschlichen Gedächtnis sind nur selten einzelne Ereignisse oder Gegenstände detailgenau gespeichert. Vielmehr speichern wir Informationen meist in einer gröberen Form, z. B. nur die Bedeutung eines Ereignisses für uns, oder wir speichern zusammenfassende Begriffe ab, z. B. Hund. Besonders ökonomisch ist nicht die Speicherung aller bekannten Mitglieder eines Begriffes, sondern die eines Prototyps. Die frühen Begriffe sind besonders durch wahrnehmbare Merkmale repräsentiert, während später weitergehende Bedeutungen hinzukommen.

Für eine normale kindliche Entwicklung scheint die Aktivität des Spiels unabdingbar. Viele der dem Spiel zugewiesenen Wirkungen sind allerdings keineswegs klar nachgewiesen. Das Spiel wird insbesondere über das Merkmal der Zweckfreiheit charakterisiert.

Empfohlene Literatur

Ginsburg, H. P. & Opper, S. (2004). *Piagets Theorie der geistigen Entwicklung* (8., überarb. und erw. Aufl.). Stuttgart: Klett-Cotta.
Goswami, U. (2001). *So denken Kinder. Einführung in die Psychologie der kognitiven Entwicklung*. Bern: Huber.

7 Soziale Kognition

In diesem Kapitel beschäftigen wir uns mit der Entwicklung von sozialem Wissen und Verstehen in der Kindheit. Defizite in dieser Fähigkeit können gravierende Auswirkungen haben, wie die Studien von Kenneth Dodge (Crick & Dodge, 1994) zum Attributionsbias von aggressiven Kindern gezeigt haben. Dodge und seine Mitarbeiter konnten nachweisen, dass aggressive Kinder im Vergleich zu nicht-aggressiven Kindern in zweideutigen Situationen, in denen unklar ist, ob eine schädigende Absicht bestand oder nicht, den anderen signifikant häufiger feindselige Absichten unterstellten. Im Zentrum dieses Kapitels steht also das Wissen über und Verstehen von Menschen, ihren Gedanken, Gefühlen und Handlungen. Im ersten Abschnitt geht es dabei um die Frage, wie und wann Kinder ein Verständnis für eigene und fremde Denkprozesse, die sog. »Theory of Mind«, entwickeln. Im zweiten Abschnitt beschäftigen wir uns mit der Entwicklung eines speziellen Inhaltsbereichs, dem Denken über moralische Probleme.

7.1 Theory of Mind

Wir Erwachsenen haben ein komplexes Verständnis unserer inneren geistigen Welt. Wir benutzen sie, um Verhalten, Gedanken und Gefühle von uns und anderen zu interpretieren und zu verstehen. Ab wann sind Kinder hierzu in der Lage? Wie früh verstehen sie, dass erlebte Wirklichkeit das Ergebnis eines mentalen Vorgangs ist, dass die Welt so, wie sie ihnen erscheint, nicht auch gleichermaßen allen anderen erscheint?

Mit diesen Fragen hat sich die entwicklungspsychologische Forschung in den letzten Jahren unter der Überschrift »Theory of Mind« intensiv beschäftigt. Ausgangspunkt sind auch hier wieder die Arbeiten von Jean Piaget, der, wie in Kapitel sechs dargestellt, sich in seinem frühen Werk mit dem kindlichen Verständnis solcher mentalen Phänomene wie Gedanken oder Träume beschäftigt hat. Piaget beschrieb Kinder im voroperatorischen Stadium ihres Denkens als *egozentrisch*. Da sie dieser Auffassung nach nicht um verschiedene Perspektiven oder Standpunkte wissen, können sie auch kein Bewusstsein darüber haben, dass sie selber eine ganz bestimmte Perspektive einnehmen, die sich von der anderer möglicherweise unterscheidet. Heutzutage herrscht weitgehend Übereinstimmung darin, dass Kinder bei Weitem nicht so egozentrisch sind, wie Piaget noch vermutet hat, und dass sich die Perspektivenübernahme und ähnliche Fähigkeiten gleichwohl mit zunehmendem Alter deutlich verbessern (Flavell, 2000).

7.1.1 Versuchsanordnung und Ergebnisse zur Theory of Mind

Die eigentliche »Theory of Mind«-Forschung begann Mitte der 1980er Jahre. Der Großteil der empirischen Arbeiten hat sich dabei der Frage gewidmet, ob Kinder *Fehlannahmen* (false belief) verstehen. Das klassische Versuchsparadigma zur Beantwortung dieser Frage stammt von Wimmer und Perner (1983). Deren Versuchspersonen wurde folgende Situation mit Puppen vorgespielt: Ein Protagonist namens Maxi legt Schokolade in eine Schublade und verlässt danach den Raum. Während er weg ist, wird die Schokolade in eine andere Schublade gelegt. Das Versuchskind wird gefragt, wo Maxi nach der Schokolade suchen wird, wenn er zurückkommt. Ein Großteil der dreijährigen Kinder antwortet, dass Maxi in der Schublade nachschauen wird, in der die Schokolade jetzt tatsächlich liegt – sie verstehen noch nicht, dass er nicht über das gleiche Wissen verfügt wie sie, dass er von einem »false belief« ausgeht (für eine ähnliche Aufgabe s. **Abb. 7.1**).

Kinder im Alter von drei Jahren sind also noch nicht in der Lage, zu erkennen, dass Außenstehende falsche Annahmen haben können, die von dem abweichen, was das Kind selber weiß, wohingegen im Alter von dreieinhalb bis vier, spätestens fünf Jahren nahezu alle Kinder diese Aufgabe problemlos bewältigen.

Das ist Lea.

Das ist Marie.

Lea hat einen Korb.

Marie hat eine Schachtel.

Lea hat einen Ball. Sie legt den Ball in ihren Korb.

Lea geht nach draußen.

Marie nimmt den Ball aus dem Korb und legt ihn in die Schachtel.

Jetzt kommt Lea zurück.

Sie möchte mit ihrem Ball spielen.

Wo sucht Lea nach ihrem Ball?

Abb. 7.1: False-Belief-Aufgabe im Bereich des Autismus (nach Petermann et al., 2004, S. 133)

Jetzt erkennen sie, dass Inhalte des Bewusstseins subjektiv sind. Dieses Ergebnis scheint auch in nicht-westlichen Kulturen zu gelten, so z. B. bei den Baka, einem Pygmäen-Stamm in Kamerun, oder in China (Avis & Harris, 1991, bzw. Flavell et al., 1983, beide zit. nach Bee & Boyd, 2004, S. 160/161). Unabhängig von ihrer kulturellen Zugehörigkeit scheinen also Kinder im Alter zwischen drei und fünf Jahren einen Zugang zum subjektiven Erleben – also dem Denken und Fühlen – eines anderen zu entwickeln.

Eine Ausnahme bilden autistische Kinder. Während einige Schätzungen davon ausgehen, dass ungefähr vier von 10 000 Kindern von Autismus betroffen sind, werden in Abhängigkeit vom Diagnosekriterium z. T. auch wesentlich höhere Auftretensraten berichtet – bis zu einem von 166 Kindern (Baron-Cohen, 2005). Jungen sind deutlich häufiger betroffen als Mädchen. Autistische Kinder zeichnen sich dadurch aus, dass sie keine engen Beziehungen zu anderen Menschen eingehen können und sich mehr für Gegenstände als für Menschen interessieren. Viele haben Defizite in der Sprachentwicklung, und selbst unter denjenigen, die die Sprache einigermaßen beherrschen, benutzen nur sehr wenige Verben wie »denken« oder »wissen«, die normalerweise zum Sprachschatz von Zweijährigen gehören. Ferner spielen autistische Kinder kaum Als-ob-Spiele. Alles in allem scheinen ihre Fähigkeiten, die mentalen Zustände von anderen zu verstehen, stark beeinträchtigt zu sein (Siegler et al., 2005, S. 377). Die Unfähigkeit, Überzeugungen und Intentionen anderer Menschen zu erkennen, macht in der Folge eine normale Kommunikation unmöglich. Daher ist es nicht verwunderlich, dass sie zu anderen Menschen eine Beziehung wie zu Gegenständen haben und somit sozial isoliert sind (Astington, 2000).

7.1.2 Erklärungen für die Entwicklung der Theory of Mind

Die Beschreibung der autistischen Kinder zeigt, wie schwierig ein Leben ohne Mechanismen zum Erkennen der mentalen Zustände anderer ist bzw. wäre. Doch woher kommen die Defizite bzw. was bewirkt die Weiterentwicklung von Kindern zwischen drei und fünf Jahren?

Eine Erklärung postuliert die Existenz eines »Theory of Mind-Moduls« (ToMM), eines Mechanismus' des Gehirns, dessen Reifung Fortschritte im Verständnis der mentalen Zustände anderer Menschen bewirkt. Bei autistischen Kindern wäre dieses Modul beschädigt (Leslie, 1991, zit. nach Astington, 2000, S.169). Unterstützung erhält diese genetische Erklärung durch Untersuchungen an Menschenaffen, bei denen aufgezeigt wurde, dass auch sie anderen Mitgliedern ihrer Art innere Zustände zuschreiben können (Whiten, 1991).

Andere Autoren gehen davon aus, dass vor allem das soziale Umfeld die Entwicklung des Verstehens anderer beeinflusst. Die Möglichkeit, an Gesprächen teilzuhaben, scheint hier eine entscheidende Rolle zu spielen. So fanden Ruffman et al. (2002) in einer Längsschnittstudie heraus, dass der Gebrauch von »mental state utterances« vonseiten der Mutter, also von Äußerungen, die Bezug auf Gefühle, Wünsche, Möglichkeiten usw. nehmen, das später erfasste Verständnis der Theory of Mind voraussagte (vgl. für einen Überblick Astington & Baird, 2005). Von diesem Standpunkt aus ist es die fehlende Interaktion autistischer Kinder mit anderen Menschen, die vor allem zum mangelnden Verständnis ihrer mentalen Zustände beiträgt.

Auf zwei weitere Theorien, die »Theorie-Theorie« und die Simulationstheorie, soll hier nur verwiesen werden (vgl. Bischof-Köhler, 2000a). Welche der Theorien die Zutreffendere ist, lässt sich heute mit abschließender Gewissheit nicht sagen – wahrscheinlich ist, dass Elemente sowohl der einen als auch der anderen Sichtweise ihre Berechtigung haben.

Nachfolgend wollen wir uns nun einem ganz bestimmten Inhaltsbereich zuwenden. Wir werden uns mit der Frage beschäftigen, wie sich in der Kindheit das Denken über moralische Probleme entwickelt.

7.2 Moralisches Urteil

Unter der Überschrift »Moral oder Moralität« werden in der Entwicklungspsychologie eine Vielzahl von Fragen thematisiert. Hier beschäftigen wir uns mit der Entwicklung des moralischen Urteils, also der *kognitiven* Perspektive der Moral. Die Basis stellen wiederum Arbeiten von Jean Piaget dar, die in dem Buch

»Das moralische Urteil beim Kinde« im Jahre 1932 veröffentlicht wurden (dt. 1983).

7.2.1 Jean Piaget

Piagets Arbeiten zur Moral sind durch zwei Untersuchungsansätze gekennzeichnet: Zum einen beobachtete er Jungen beim *Murmelspiel* und stellte ihnen Fragen nach den Regeln; zum anderen führten er und seine Mitarbeiterinnen *Interviews* mit Kindern zwischen fünf und 13 Jahren durch. In diesen Geschichten wird von einem Kind Gehorsam gegenüber einer Autorität verlangt oder es wird erzählt, dass es etwas beschädigt, gestohlen, gelogen oder ein Verbot übertreten habe. Da der zweite Untersuchungsansatz größere Aufmerksamkeit in der Forschung auf sich gezogen hat, soll er im Folgenden genauer dargestellt werden. Die Geschichten, die den Kindern präsentiert wurden, waren so aufgebaut, dass sie einen kognitiven Konflikt erzeugen sollten. Zu einigen Problemen wurden Geschichtenpaare vorgelesen. Die bekannteste Geschichte erzählt von zwei kleinen Jungen namens Hans und Heinz (Piaget, 1983, S. 150).

Die Geschichte von Hans und Heinz

a) Ein kleiner Junge namens Hans ist in seinem Zimmer. Man ruft ihn zum Essen. Er geht ins Speisezimmer. Aber hinter der Tür stand ein Stuhl. Auf dem Stuhl war ein Tablett, und auf dem Tablett standen 15 Tassen. Hans konnte nicht wissen, dass all dies hinter der Tür war. Er tritt ein: die Tür stößt an das Tablett und bums!, die 15 Tassen sind zerbrochen.

b) Es war einmal ein kleiner Junge, der hieß Heinz. Eines Tages war seine Mama nicht da, und er wollte Marmelade aus dem Schrank nehmen. Er stieg auf einen Stuhl und streckte den Arm aus. Aber die Marmelade war zu hoch, und er konnte nicht drankommen. Als er doch versuchte, daran zu kommen, stieß er an eine Tasse. Die Tasse ist heruntergefallen und zerbrochen.

Der Konflikt, der mit diesen Geschichten geschaffen werden soll, besteht laut Piaget zwischen den *Folgen* der Handlung (der objektiven Größe des Schadens) und der *Absicht*, die dahinter steht. Die Versuchskinder wurden im Anschluss an die Geschichte gefragt, ob eines der Kinder aus Geschichte A und B schlimmer sei als das andere und wenn ja, warum. Die Methode wird klinisches Interview genannt (s. Kap. 1.4.1), da die Antworten der Probanden den weiteren Befragungsprozess beeinflussen.

In den Antworten fand Piaget zwei Phasen der Moral. Die *heteronome Moral,* die bis zu einem Alter von ca. acht Jahren vorherrscht, bedeutet, dass äußere Instanzen (Eltern, Gott, Staat) die Normen festlegen und Abweichungen davon bestrafen. Bei der *autonomen Moral* orientiert sich die Person bei ihrem Urteil über gut und böse an eigenen Wertmaßstäben.

Die heteronome Moral beruht nach Piaget auf dem ungleichen Verhältnis zwischen Erwachsenen und Kindern. Er ist der Auffassung, dass die Kinder Regeln und Werte der Erwachsenen übernehmen, ohne sie zu hinterfragen. Dies entspricht einem von ihm sogenannten »moralischen Realismus«, womit gemeint ist, dass die Kinder die Pflichten und Werte als absolut verpflichtend ansehen, unabhängig von den Umständen, in denen das Individuum sich befindet.

Deshalb ist die heteronome Moral laut Piaget u. a. dadurch gekennzeichnet, dass bei der Bewertung einer Handlung die *Absichten* der handelnden Person außer Acht gelassen werden. Es wird lediglich nach dem objektiven Handlungsausgang geurteilt. Im Stadium der autonomen Moral demgegenüber werden die Absichten als Urteilsgrundlage herangezogen.

Als Beispiel sollen die Antworten des sechsjährigen Geo (s. Kasten) auf die oben beschriebene Geschichte mit den zerbrochenen Tassen dienen.

»Hast Du diese Geschichten gut verstanden?« – »Ja«. – »Was hat der erste getan?« – »Er hat elf Tassen zerbrochen«. – »Und der zweite?« – »Er hat eine Tasse durch eine plötzliche Bewegung zerbrochen.« – »Warum hat der erste die Tassen zerbrochen?« – »Weil die Tür dran gestoßen ist.« – »Und der zweite?« – »Er hat eine falsche Bewegung gemacht. Als er die Marmelade suchte, fiel die Tasse herunter.« – »Ist einer schlimmer, als der andere?« – »Der erste, weil er 12 Tassen fallen gelassen hat.« – »Wenn Du der Papa wärst, wen würdest Du mehr bestrafen?« – »Den, der 12 Tassen zerbrochen hat.« – »Warum hat er sie zerbrochen?« – »Die Tür ist zu stark zugeschlagen, er hat es nicht absichtlich gemacht.« – »Und der zweite, warum hat er eine Tasse zerbrochen?« – »Er wollte Marmelade nehmen. Er hat eine zu heftige Bewegung gemacht. Die Tasse ist zerbrochen.« – »Warum wollte er Marmelade nehmen?« – »Weil er ganz allein war, er hat ausgenutzt, dass seine Mama nicht da war.« – »Hast Du einen Bruder?« – »Nein, eine kleine Schwester.« – »Na, wenn Du die 12 Tassen zerbrochen hättest, als Du in das Zimmer kamst und Deine kleine Schwester eine Tasse, als sie Marmelade sucht, wer würde mehr bestraft werden?« – »Ich, weil ich mehr als eine Tasse zerbrochen habe« (Piaget, 1983, S.153).

Der Schritt von der heteronomen zur autonomen Moral vollzieht sich nach Piaget im Wesentlichen durch die *Interaktion mit Gleichaltrigen*. Diese Interaktion sei wechselseitig und gleichwertig, im Gegensatz zur ungleichgewichtigen Eltern-Kind-Beziehung. Die Moral der Autonomie entwickelt sich somit parallel zu Fortschritten in der sozialen Kooperation unter Kindern. Die gegenseitige Achtung lässt eine Autonomie in Erscheinung treten, bei der das Kind andere so behandelt, wie es selbst behandelt werden möchte.

Wenn diese Theorie stimmt, dann müssten ältere Kinder weniger der Beeinflussung von Erwachsenen unterliegen als jüngere, weil die älteren Kinder mehr mit Peers interagieren. Außerdem müsste sich in Interventionsstudien herausstellen, dass Peers bessere Modelle sind als Erwachsene, wenn experimentell trainiert wird, Intentionen von Handlungen zu berücksichtigen. Stattdessen hat sich gezeigt, dass Erwachsene generell effektivere Modelle darstellen als Peers (Schmidt-Denter, 2005, S. 239). Ferner gibt es Untersuchungen, die nahelegen, dass es eher die *Qualität* einer Interaktion ist, die zu einem fortgeschrittenen moralischen Urteil führt, und weniger eine generelle Autoritätsabhängigkeit oder -unabhängigkeit (Trautner, 1997).

Grundsätzlich muss angemerkt werden, dass die beiden Kinder aus Piagets Geschichte sich nicht in der Intention ihrer Handlung (wurden die Tassen absichtlich zerbrochen oder nicht) sondern in ihren *Motiven* unterscheiden. Diese Unterscheidung wurde weder bei Piaget noch bei vielen Nachfolgeuntersuchungen vorgenommen. Trautner (1997) resümiert, dass Intentionalität im moralischen Urteil wesentlich früher beachtet wird, als von Piaget angenommen. Ferner scheinen Motive früher erkannt und gewichtet zu werden als Intentionalität.

Trotz dieser Kritik ist Piagets Bedeutung für diesen Forschungsbereich herausragend, da er auch hier den Anstoß zur Untersuchung vieler wichtiger Fragen geliefert hat. Er selbst hat sich nach der Veröffentlichung seiner Untersuchungen im Jahr 1932 kaum noch mit der sozial-kognitiven Entwicklung beschäftigt.

7.2.2 Lawrence Kohlberg

»Wieder entdeckt« wurde der sozial-kognitive Ansatz in den 1960er Jahren, als amerikanische Psychologen Piagets Arbeiten aufgriffen. Im Zusammenhang mit dem moralischen Urteil ist dabei der berühmteste Name Lawrence Kohlberg. Kohlberg verwendete als Methode ebenfalls einen flexiblen Interviewansatz. Im Rahmen seiner Dissertation präsentierte er 72 Jungen im Alter von zehn bis 16 Jahren Geschichten, die ein moralisches Dilemma enthielten. Dabei interessierte er sich für die Kriterien, nach denen die Probanden den Konflikt beurteilten. Als Beispiel soll das nachfolgende Heinz-Dilemma dienen (aus Kohlberg, 1995, S.147).

Das Heinz-Dilemma
»Eine Frau in Europa war dem Tode nahe, da sie an einer seltenen Form von Krebs litt. Es gab ein Medikament, von dem die Ärzte annahmen, dass es die Rettung bringen könnte. Es handelte sich um eine Art Radium, das ein Apotheker aus derselben Stadt jüngst entdeckt hatte. Der Apotheker ver-

langte 2000 Dollar, das Zehnfache dessen, was die Herstellung kostete. Der Ehemann der kranken Frau, Heinz, suchte alle, die er kannte, auf, um sich das Geld zu leihen. Aber er konnte nur etwa die Hälfte des Kaufpreises zusammenbringen. Er sagte dem Apotheker, dass seine Frau im Sterben lag, und bat ihn, das Mittel billiger abzugeben oder ihn später bezahlen zu lassen. Aber der Apotheker lehnte ab. Heinz geriet in Verzweiflung und brach in die Apotheke ein, um das Medikament für seine Frau zu stehlen. Hätte der Ehemann das tun sollen? Warum?«

Kohlberg interessierte sich vor allem für die *Begründung* der Antworten. Von den Argumentationen der Probanden ausgehend konstruierte er *drei Niveaus* mit *jeweils zwei Stufen* der moralischen Entwicklung. Der Unterschied zwischen den drei Niveaus besteht in der *sozialen Perspektive,* aus der heraus ein Mensch andere Menschen wahrnimmt, ihre Gedanken und Gefühle interpretiert und ihre Rolle oder Stellung in der Gesellschaft beurteilt. Kohlberg charakterisiert die Niveaus, wie in **Tabelle 7.1** dargestellt.

Tab. 7.1: Niveaus des moralischen Urteils (aus Kohlberg, 1995, S. 133)

Niveau des moralischen Urteils	soziale Perspektive
I. Präkonventionell	konkret-individuelle Perspektive
II. Konventionell	Perspektive eines Mitglieds der Gesellschaft
III. Postkonventionell	der Gesellschaft vorgeordnete Perspektive

Jedes Niveau untergliedert sich wiederum in zwei Stufen. Auf dem präkonventionellen Niveau bezeichnet Kohlberg die erste Stufe als *heteronome Moralität.* Im Vordergrund steht hier die Vermeidung von Strafe; gut ist, was belohnt, und schlecht, was bestraft wird. Auf Stufe zwei, von Kohlberg »*instrumenteller Individualismus und Austausch*« genannt, zeigen sich die Anfänge eines Bewusstseins, dass Menschen unterschiedliche Perspektiven in moralischen Dilemmata haben können. Richtig ist das, was die eigenen Bedürfnisse befriedigt, und es wird dabei davon ausgegangen, dass andere das genauso sehen. Reziprozität ist wichtig: Du tust etwas für mich und ich tue etwas für Dich. Auf dem konventionellen Niveau, dem für die meisten Erwachsenen typischen Argumentationsniveau, steht auf Stufe drei die *interpersonelle Übereinstimmung* im Vordergrund. Auf der Grundlage wechselseitiger Beziehungen wird zwischen zwei oder mehreren Menschen geurteilt. Dabei handelt es sich um Beziehungen der Fürsorge, des Vertrauens, der Wertschätzung usw.. Argumentationsmuster der Stufe vier (*Sozialsystem*) berücksichtigen institutionelle Ganzheiten. Vorherrschend ist die Orientierung eines Menschen, der sich als Mitglied der Gesellschaft sieht. Auf postkonventionellem Niveau schließlich, das ab einem Alter von ca. 20 Jahren – und auch dann nur sehr selten – erreicht wird, werden gesellschaftliche Regeln zwar akzeptiert und verteidigt, aber nur, wenn sie mit übergeordneten moralischen Prinzipien in Einklang stehen. Sie müssen so beschaffen sein, dass sie eine gute und gerechte Gesellschaft intendieren. Auf Stufe fünf, von Kohlberg »*sozialer Vertrag und individuelle Rechte*« genannt, wird dabei zwischen einem moralischen und einem legalistischen Standpunkt unterschieden, die sich jedoch noch im Widerstreit befinden. Auf Stufe sechs (*Universale ethische Prinzipien*) wird klar dem moralischen Standpunkt ein höheres Gewicht beigemessen. Menschen des postkonventionellen Niveaus beurteilen moralische Probleme von einem universellen und prinzipiengeleiteten Standpunkt aus. Sie streben größtmögliche Unparteilichkeit an (Oser & Althof, 1992).

Die ersten beiden Stufen des präkonventionellen Denkens sollen die moralischen Vorstellungen von Kindern abbilden (wobei zu berücksichtigen ist, dass die jüngsten Teilnehmer aus Kohlbergs Studie zehn Jahre alt waren; s. o.). Sie sind jedoch noch nicht im eigentlichen Sinne als moralisch zu bezeichnen, da sich Kinder auf Stufe eins wie schon bei Piaget bei ihrem Urteil an äußeren Gegebenheiten orientieren und auch auf Stufe zwei noch das egoistische Motiv, die eigenen Interessen zu maximieren, dominiert (Ich tue das für ihn, damit er das auch für mich tut).

Aber sind Kinder wirklich so »unmoralisch«? In Kapitel 8.1.3 wird zur Entwicklung von Mitgefühl beschrieben, dass bereits

Kleinkinder im Alter von zwei Jahren spontan versuchen, einen traurigen Menschen zu trösten. Andere Forschungsarbeiten fanden heraus, dass Kinder Handlungen als moralisch richtig oder falsch beurteilen, unabhängig davon, ob diese von Autoritäten belohnt oder bestraft werden. So gaben in der Untersuchung von Keller (1996, zitiert in Keller, 2001) neunjährige Kinder an, dass sie sich schlecht fühlen würden, wenn sie einem Freund gegenüber ein Versprechen nicht halten würden. Bei der Begründung spielten nicht etwaige Sanktionen durch den Freund, sondern die empathische Antizipation der Folgen für ihn (Enttäuschung) eine Rolle. Noch jüngeren Kindern (vier, sechs und acht Jahre) wurden in der Studie von Nunner-Winkler (2005) verschiedene Geschichten vorgelegt, in denen sich ein Kind in einem moralischen Konflikt befindet. Es überlegt z. B., einem Kindergartenkameraden heimlich Süßigkeiten wegzunehmen, die es selber furchtbar gerne isst. U. a. wurden die Kinder gefragt, ob man die Süßigkeiten nehmen darf oder nicht und warum. Fast alle Kinder gaben an, dass Stehlen falsch sei; nur ein kleiner Teil der beiden jüngeren Altersgruppen bezog sich dabei auf Sanktionen, die dem Kind drohen würden. Weit über die Hälfte der Vierjährigen nannte zur Begründung die Regel, dass man nicht stehlen darf, und mit zunehmendem Alter nahm die Zahl der Kinder zu, die die Tat mit Äußerungen wie »stehlen ist gemein« kommentierten (ein Überblick über Forschungsergebnisse zu noch jüngeren Kindern findet sich bei Thompson, 2009).

Turiel (1983; 2008) macht ferner auf folgende Unterscheidung aufmerksam: Im Bereich sozialer Konventionen (Tischmanieren, Art der Begrüßung, Kleidung) orientieren sich Kinder an Regeln und Autoritäten, wohingegen moralisches Handeln durch Argumente wie Gerechtigkeit, das Wohl des anderen, das Vermeiden von Schaden usw. begründet wird. Es muss also zwischen verschiedenen Domänen des moralischen Urteils unterschieden werden. In einer Studie mit Schulkindern im Alter zwischen sechs und zwölf Jahren stellten Turiel (2008) und sein Team Fragen sowohl zu tatsächlichen als auch hypothetischen Vorkommnissen im moralischen (z. B. ein anderes Kind schubsen, ihm etwas wegnehmen, ein Geheimnis verraten) wie konventionellen Bereich (sich nicht in der Reihe anstellen, sich im Klassenzimmer an einen anderen Platz als den eigenen setzen). Es zeigte sich, dass mehr Kinder die moralischen Verfehlungen als schlecht bezeichneten, auch wenn sie gebeten wurden, sich vorzustellen, dass es keine Regeln dazu gebe oder sie für den Lehrer akzeptabel seien. Argumente des Wohlergehens des anderen oder der Gerechtigkeit wurden in Bezug auf moralische Probleme signifikant häufiger geäußert als im Hinblick auf die sozialen Konventionen.

Diese Studien zeigen, dass Kinder im Gegensatz zu den Annahmen von Piaget und Kohlberg keineswegs nur autoritätsorientiert urteilen, sondern ihr moralisches Denken am Wohlergehen der betroffenen Person orientieren. Da Kohlbergs Stufenmodell sich im Weiteren vor allem auf Jugendliche und Erwachsene bezogen hat, soll es an dieser Stelle nicht vertieft, sondern auf weiterführende Literatur verwiesen werden (Edelstein et al. 2001). Am Ende des Kapitels werden wir jedoch noch einmal auf Kohlbergs Vorschläge zur Förderung der moralischen Entwicklung zurückkommen.

Wie aus den bisherigen Darstellungen deutlich geworden sein dürfte, ist die klassische Forschung zur sozialen Kognition überwiegend durch ein Interesse an *allgemeinen* Entwicklungsprozessen gekennzeichnet. Die Frage nach der Bereichsspezifität oder interindividuell unterschiedlichen Entwicklungsverläufen wird erst in den letzten Jahren häufiger gestellt (vgl. Thompson, 2009). Dies soll abschließend am Beispiel des Denkens über Gerechtigkeit veranschaulicht werden.

7.2.3 Entwicklung der Aufteilungsgerechtigkeit

Mit Fragen der gerechten Aufteilung werden auch schon Kinder im Alltag häufig konfrontiert. Seien es Spielsachen, ein leckerer Kuchen oder eine ofenfrische Pizza, stets muss im Falle der Gegenwart mehrerer Personen – so z. B. im Kindergarten, bei einem Geburtstagsfest oder unter Geschwistern – entschieden werden, wie diese begehrten Güter gerecht zwischen allen verteilt werden sollen.

Drei Hauptprinzipien stehen hierbei zur Verfügung: Man kann beispielsweise gleich aufteilen, also allen Beteiligten den genau gleichen Anteil geben, man kann die Person bevorzugen, die im Vergleich zu den anderen einen wie auch immer gearteten größeren Beitrag geleistet hat (z. B. besser aufgeräumt, mehr geholfen ...), oder die, die bedürftiger ist.

Laut Piaget ist für Kinder bis zu sieben/acht Jahren alles gerecht, was eine Autorität (wie z. B. die Eltern oder die Lehrerin) sagt – sie verfügen noch über keinen eigenen Gerechtigkeitsbegriff. Es folgt eine Phase des strikten Egalitarismus, in der nur Gleichaufteilungen als gerecht angesehen werden. Diese Idee der Gleichheit entwickelt sich laut Piaget durch die Kooperation zwischen den Gleichaltrigen und der gegenseitigen Achtung der Kinder. Erst im Alter von elf bis zwölf Jahren wird diese Phase abgelöst durch die Einsicht, dass es verschiedene Umstände gibt, die einer Person zugebilligt werden können, wenn man eine gerechte Aufteilung treffen will. Im Rahmen dieser »Billigkeit« kommt der Bedürftigkeit ein ganz besonderer Stellenwert zu.

William Damon (1977/1990) führte ebenfalls Interviews mit Kindern zu Fragen der Verteilungsgerechtigkeit durch. Nach seinen Ergebnissen finden vierjährige Kinder zunächst das gerecht, was ihnen nützt. Mit fünf bis sechs Jahren bevorzugen sie strikte Gleichverteilungen, gefolgt von einer Phase, in der der geleistete Beitrag im Vordergrund steht (sechs bis sieben Jahre). Ungefähr ab einem Alter von acht Jahren entsteht eine moralische Relativität, bei der erkannt wird, dass es eine Vielzahl akzeptabler Gerechtigkeitsansprüche geben kann. Zunächst wird dabei der Bedürftigkeit in den Gerechtigkeitsurteilen besonderer Vorrang eingeräumt. Auf dem letzten von Damon beschriebenen Niveau (ebenfalls ab acht Jahren) werden dann verschiedene Ansprüche vor dem jeweiligen situativen Hintergrund berücksichtigt (situationsspezifische Ethik).

Den Ansätzen von Piaget und Damon ist gemein, dass sie davon ausgehen, Kinder würden bei Aufteilungsentscheidungen zunächst auf eine einzige Dimension *zentrieren,* die sich mit dem Alter ändert. Das Alter ist die zentrale Variable, anhand derer man voraussagen kann, wie ein Kind eine gegebene Aufteilung vornehmen wird. Völlig außer Acht gelassen wird jedoch die Frage des sozialen Kontextes, in dem die Aufteilung vorgenommen wird.

Sigelman und Waitzman (1991) z. B. ließen ihre fünf bis 15 Jahre alten Versuchspersonen Aufteilungsentscheidungen in drei verschiedenen Kontexten treffen: einer »Belohnung für Arbeit«-Situation, einer Wahl- und einer Spendensituation. Es zeigte sich, dass die fünfjährigen Kinder relativ *kontextunabhängig* Gleichverteilungen trafen. Die Viert- und Achtklässler demgegenüber teilten *kontextabhängig* auf: In dem »Belohnung für Arbeit«-Szenario gaben sie dem produktivsten Kind am meisten, in der Wahlsituation wurden Gleichaufteilungen präferiert und das Spenden-Szenario rief eine Bevorzugung der Bedürftigkeit der Protagonisten hervor. Ältere Kinder, so die Autorinnen, passen ihre Entscheidungen stärker dem Kontext an als jüngere.

In allen bislang beschriebenen Untersuchungen wurde davon ausgegangen, dass die Kinder ihre Entscheidung auf der Grundlage *genau eines* Kriteriums treffen. Tatsächlich könnte es jedoch sein, dass sie z. B. Bedürftigkeit und Leistung einer Person *integrieren*, d. h., das eine mit dem anderen verrechnen (Anderson & Butzin, 1978). Um sowohl diese als auch die Frage der Kontextabhängigkeit zu prüfen, ließen Kienbaum und Wilkening (2009) sechs- und neunjährige Grundschulkinder sowie 15-jährige Gymnasiasten in drei verschiedenen experimentellen Kontexten Aufteilungsentscheidungen treffen. Die Ergebnisse zeigen, dass mit dem Alter sowohl die Fähigkeit zunimmt zwischen verschiedenen Kontexten zu unterscheiden als auch verschiedene Informationen zu integrieren. Unabhängig davon bevorzugten die sechsjährigen Kinder in allen Kontexten das *Bedürftigkeitskriterium*, wohingegen die Jugendlichen aus dem Gymnasium ihre Aufteilung stärker in Abhängigkeit von der *Leistung* der Protagonisten trafen.

Die Entwicklungsabfolge, die sich aus dieser Studie ableiten lässt, ist eine ganz andere, als die von Piaget oder Damon ermittelte: Das Bedürftigkeitskriterium scheint früher im Entwicklungsverlauf zur Grundlage von Aufteilungsentscheidungen zu werden als die Leistung. Erklären könnte man dieses Ergebnis damit, dass mit zunehmender Erfahrung in der Schule der Leistungsgedanke immer dominanter wird. In einer Nachfolgestudie konnte festgestellt werden, dass 12- wie 15-jährige Hauptschüler im Vergleich zu den Jugendlichen aus dem Gymnasium deutlich seltener das Leistungskriterium bevorzugten (Kienbaum, 2006). Dieses Ergebnis legt nahe, dass nicht nur die kognitive Entwicklung, sondern auch Sozialisationsfaktoren in der moralischen Entwicklung eine Rolle spielen. Für diese Überlegung sprechen ebenfalls neuste Ergebnisse, die in Südtirol, im nördlichen Teil Italiens gewonnen wurden. Dort besuchen bis zum Abschluss der 8. Klasse alle Schüler gemeinsam die sogenannte Mittelschule, erst danach folgt die Wahl eines weiterführenden Schultyps, der allerdings nicht leistungsbasiert ist. Interessanterweise ähnelten die Aufteilungsentscheidungen sowohl der 12-jährigen Schüler der Mittelschule als auch die der 15-Jährigen der Oberschule sehr stark denen der deutschen Gymnasiasten; d. h. sie bevorzugten klar das Leistungs- gegenüber dem Bedürftigkeitskriterium (Kienbaum, 2008a).

Insgesamt wird deutlich, dass eine Erweiterung der Fragestellungen über die Konzentration auf mit dem Alter korrelierte kognitive Veränderungen hinaus, viele neue und interessante Einsichten vermitteln kann.

7.3 Praxisthema: Förderung der moralischen Entwicklung

Lawrence Kohlberg hat sich auch mit der Frage der *Förderung* des moralischen Urteils beschäftigt. Aus seinen theoretischen Annahmen lassen sich verschiedene Fördermöglichkeiten ableiten (vgl. Schmidt-Denter, 2005, S. 242):

1. Kognitive Stimulierungen. Bedingungen, die die allgemeine intellektuelle Entwicklung fördern, schaffen Voraussetzungen für eine den höheren Stufen entsprechende moralische Argumentation.

2. Möglichkeiten zur Rollenübernahme. Soziale Erfahrungen, die Gelegenheit zur Perspektivenübernahme bieten, sind ebenfalls förderlich.

3. Moralische Atmosphäre. Die moralische Entwicklung eines Menschen kann ferner durch ein Milieu gefördert werden, das einen höheren moralischen Entwicklungsstand präsentiert als der, auf dem der Mensch sich aktuell befindet. So wurde z. B. ein Frauengefängnis zu einer »just community« gemacht. D. h., es wurde eine demokratische Selbstverwaltung durch Gemeinschaftsentscheidungen eingeführt, kombiniert mit Diskussionen über moralische Probleme. Das Programm führte zu einer Förderung des moralischen Urteils und später auch zu Verhaltensänderungen (s. u., gerechte Schulgemeinschaft).

4. *Kognitiv-moralische Konflikte.* Wenn die eigenen Urteile in Inhalt und Form vom Denken bedeutsamer Bezugspersonen abweichen, kann ein kognitiv-moralischer Konflikt entstehen, der zur Weiterentwicklung führt. Kohlbergs sogenannte »+1«-Konvention besagt, dass Heranwachsende dann am meisten profitieren, wenn sie mit einem Argument konfrontiert werden, das eine Stufe über derjenigen liegt, auf der sie sich gerade befinden (s. auch die »Zone der nächsten Entwicklung« von Wygotski, Kap. 1.3.3). Da in Gruppen wie z. B. Schulklassen natürlicherweise eine Mischung von Argumenten verschiedener Stufen auftritt, ist diese Bedingung in der Regel gegeben. Auf dieser Basis empfiehlt Kohlberg die Durchführung sogenannter *Dilemmadiskussionen.* Gemeint ist hiermit, dass in den Schulunterricht die Diskussion realer oder hypothetischer Dilemmata integriert wird, die in den Schülerinnen und Schülern einen Wertekonflikt auslösen. Als Beispiel soll das nachfolgende Dilemma dienen (s. Kasten; aus Schuster, 2001, S. 207).

»Diese Geschichte erzählt von Paula. Paula ist acht Jahre alt und klettert sehr gerne auf Bäume. Sie ist sogar die beste Kletterin in der Nachbarschaft. Eines Tages fällt sie von einem Baum, verletzt sich aber nicht. Ihr Vater sieht den Sturz. Er ist besorgt und sagt ihr, sie solle ihm versprechen, nicht mehr auf Bäume zu klettern. Paula verspricht es und beide geben sich die Hand. Am gleichen Tag trifft Paula ihre Freundin Anna und andere Freunde. Annas süßes Kätzchen sitzt auf einem Baum und kommt nicht mehr alleine herunter. Es muss sofort etwas getan werden, denn sonst könnte das Kätzchen vom Baum fallen. Da Paula die beste Kletterin ist, fragen die Kinder sie, ob sie auf den Baum klettern könnte, um das Kätzchen zu retten. Doch Paula erinnert sich an das Versprechen, das sie ihrem Vater gegeben hat.«

Zentral ist das Konflikterleben; das unterrichtspraktische Ziel besteht in der intensiven Auseinandersetzung mit den Wertfragen und der argumentativen Verteidigung der Standpunkte. Wichtig ist dabei, dass der im Dilemma geschilderte Konflikt in der Gruppe emotionale Betroffenheit auslöst und die Schüler sich in eine Diskussion begeben, deren Ausgang offen ist. Die Lehrkraft soll sich dabei mit ihrer Meinung zurückhalten; sie ist nur eine unter vielen (Schuster, 2001). Genauere Schilderungen der Anwendung der Dilemmamethode in der Schule finden sich bei Lind (2003), Schuster (2001), Zierer (2006) sowie dem vom Landesinstitut für Schule und Weiterbildung (1995) herausgegebenen Sammelband.

5. Gerechte Schulgemeinschaft. Das umfassendste Konzept zur Förderung der moralischen Entwicklung stellt die Gerechte Schulgemeinschaft dar, die im Folgenden in Anlehnung an die Darstellung von Oser und Althof (2001) beschrieben werden soll.

Aufbauend auf Kohlbergs Idee der Just Community, die er mit High School Schülern und in Gefängnissen entwickelt hatte, wurde im deutschsprachigen Raum das Konzept der Gerechten Schulgemeinschaft entwickelt. Ziel dieser Schulgemeinschaft ist es, durch Beteiligung, Mitbestimmung und Verantwortungsübernahme die Schule zu einem »… Kernbereich demokratischen Verhaltens, prosozialen Handelns [und] moralischen Urteilens ...« zu machen (Oser & Althof, 2001, S.237). Wie ist diese Schule aufgebaut?

Kernstück der Gerechten Schulgemeinschaft ist die Gemeinschaftsversammlung, an der alle in der Schule tätigen Personen, also Lehrkräfte, Schülerinnen und Schüler, Hausmeister und Sekretärinnen, teilnehmen. Dort werden aktuelle Themen (z. B. Diebstahl in der Schule, Beschädigung von Mobiliar, Zuspätkommen von Lehrkräften, Rauchen in den Toiletten, aber auch Verschönerung des Schulhofes, Planung eines Schulfestes u. Ä.) diskutiert und Beschlüsse gefasst. Sie findet in regelmäßigen Abständen während der Schulzeit statt. Die Leitung übernehmen Mitglieder der *Vorbereitungsgruppe*, die aus Lehrkräften und Schülern aller Klassen besteht. Die Vorbereitungsgruppe sammelt in den Klassen die Themen für die nächste Gemeinschaftsversammlung, bereitet die Tagesordnung vor und gestaltet den Ablauf.

Ein drittes Organ ist der sog. *Vermittlungsausschuss*, in den amerikanischen Just Community-Schulen *Fairness Committee* genannt. Dieser Ausschuss achtet darauf, dass die Beschlüsse des Parlaments ausgeführt werden und vermittelt im Streit zwischen Einzelnen oder Gruppen. Er berät aber auch, so dass Kinder sich mit ihren Sorgen an ihn wenden können. Es wird dann versucht, gemeinsam mit den Kindern eine Lösung zu finden.

Eine weitere wichtige Komponente der Gerechten Schulgemeinschaft sind *fächerspezifische Dilemmadiskussionen* (s. o.) Sie sollten pro Klasse möglichst wöchentlich durchgeführt werden und können Themen aus den unterschiedlichsten Fächern (Deutsch, Religion, Sozialkunde, Geschichte, Biologie, Sport usw.) umfassen. Wichtig ist, dass ein Entscheidungskonflikt vorgegeben wird, in dem sich zwei Werte gegenüberstehen, die man beide nicht preisgeben möchte, von denen aber einer unweigerlich verletzt wird, wenn man sich für den anderen entscheidet. Ziel der Erziehung ist dabei die moralische *Entwicklung* der Schüler und nicht etwa die normalerweise in der Schule übliche Wissensvermittlung.

Für das Gelingen das Projekts »Gerechte Schulgemeinschaft« ist zentral, dass das Lehrerkollegium *begleitet* wird. Die Lehrkräfte mussen sowohl mit den theoretischen Grundlagen vertraut gemacht als auch bei den unvermeidlich auftretenden praktischen Schwierigkeiten beraten und unterstützt werden. Schulinterne Fortbildung und Beratung ist insofern ein Muss.

Die Prinzipien, durch die sich die gerechte Schulgemeinschaft auszeichnet, sind zusammenfassend:

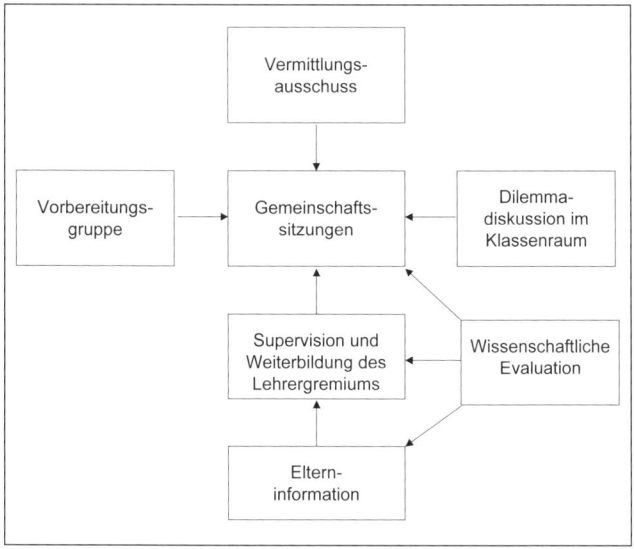

Abb. 7.2: Elemente der Struktur einer gerechten Gemeinschaft
(aus: Oser & Althof, 1992, S. 365)

Diskussion realer Probleme. Die moralischen Probleme, die in der gerechten Schulgemeinschaft diskutiert werden, entstammen der Lebenswelt der Kinder direkt und machen somit einen unmittelbaren Bezug sowie eine hohe Involviertheit wahrscheinlich.

Verbesserung des Verhältnisses von Urteil und Handeln. Das Verhältnis zwischen moralischem Urteil und Handeln ist weitgehend noch ungeklärt (Garz et al., 1999); häufig klaffen beide auseinander. In der Gerechten Schulgemeinschaft jedoch wird das zuvor intensiv diskutierte Urteil institutionell in Handeln umgesetzt, das Handeln wird also geübt und von anderen überprüft: Man muss zu seinem Wort stehen.

Entwicklung geteilter Normen. In Schulklassen werden häufig Regeln formuliert und anschließend über ein Plakat oder ähnliche Aushänge visualisiert. Die Verhaltenswirksamkeit ist jedoch meistens gering. In der Gerechten Schulgemeinschaft erhöht sich die Identifikation mit den Regeln dadurch beträchtlich, dass sie anhand konkreter Probleme *gemeinsam* diskutiert und für die gesamte Schulgemeinschaft als verbindlich beschlossen werden.

»Abfälle des Lebens« als Eigenerfahrungen. Hierunter verstehen Oser und Althof den Prozess, Probleme, die normalerweise von Lehrkräften geregelt – also »aufgeräumt und weggekehrt« werden – zum Gegenstand gemeinsamer Lösungsprozesse zu machen. Als Beispiel führen die Autoren das Beschädigen von Mobiliar im Klassenzimmer an, auf das Lehrkräfte normalerweise mit Strafe reagieren. Aus Strafe jedoch »... erwächst selten Einsicht – es sei denn die Einsicht, sich beim nächsten Mal besser nicht erwischen zu lassen« (Oser & Althof, 2001, S. 242). Das gemeinsame Diskutieren des Problems eröffnet die Chance zu einer gemeinsamen Lösungsfindung, die von allen Beteiligten akzeptiert wird.

Demokratisierung als soziales Prinzip und als Lernangebot. Im Kern wird hierunter eine »... wohldurchdachte Übergabe von Entscheidungsmacht an die Schüler« (Oser & Althof, 2001, S.242) verstanden. Nicht mehr die Schulleitung oder die Lehrkräfte alleine, sondern die Gemeinschaft entscheidet, was wie diskutiert und umgesetzt wird.

Rollenübernahme praktizieren. Auf die Bedeutung der Rollenübernahme in Kohlbergs Modell der Entwicklung des moralischen Urteils hatten wir bereits hingewiesen. Im Rahmen der Gerechten Schulgemeinschaft ergeben sich vielfältige Möglichkeiten, die Motive, Intentionen, Gefühle und Handlungen anderer in Beziehung zu sich selber zu setzen und sie zu verstehen, nachzuvollziehen oder letztlich sogar zu akzeptieren.

Eine Welt möglicher sozialer Selbstwirksamkeit schaffen. In der Regel erfahren Schüler die Schule als einen Ort, den sie besuchen müssen und an dem sie nicht viel ändern können. Durch die gerechte Schulgemeinschaft wird die Schule als beeinfluss- und veränderbar erlebt. Hieraus kann sich die Überzeugung entwickeln, dass nicht »alles egal« ist, sondern die Möglichkeit existiert, Ungerechtigkeiten zu beseitigen und Probleme zu lösen.

Zu-Mutung praktizieren. In der Gerechten Schulgemeinschaft trauen die Lehrkräfte es ihren Kindern zu, all die bereits genannten Fähigkeiten (Rollenübernahme, Diskussion, Entscheidung,

Umsetzung von Gemeinschaftsentscheidungen in Handlungen) zu entwickeln. Oser und Althof vergleichen diesen Prozess mit dem einer sich selbst erfüllenden Prophezeiung, bei der solche Kinder höhere Leistungen entwickeln, von denen die Lehrer glauben, dass sie sie entwickeln werden. Analog bekommen die Kinder die Chance zur moralischen Entwicklung, indem der Erwartung Ausdruck verliehen wird, dass sie dazu in der Lage sind.

Diese Idee der gerechten Schulgemeinschaft wurde im deutschsprachigen Raum bislang v. a. in Deutschland und der Schweiz aufgegriffen. Von 1985–1989 fand in Nordrhein-Westfalen an drei Schulen das Programm »Demokratie und Erziehung in der Schule« statt (vgl. Dobbelstein-Osthoff et al., 1991). Die Ergebnisse der wissenschaftlichen Evaluation zeigen, dass sich die moralische Atmosphäre an den Schulen positiv entwickelt hat und die moralische Urteilsfähigkeit merklich angestiegen ist. Die Lehrkräfte berichteten einen intensiveren Zusammenhalt untereinander sowie eine gestiegene Identifikation der Schüler mit der Schule.

In der Schweiz wird die Gerechte Schulgemeinschaft an verschiedenen Schulen, darunter auch Grundschulen, durchgeführt. Auch die dort an einem Teil der Schulen durchgeführte Evaluation zeigt durchweg positive Effekte, wobei als interessantes »Nebenprodukt« erwähnt werden sollte, dass sich auch die Haltung der Schülerinnen und Schüler zum Lernen verbessert hat. Oser und Althof (2001) erklären dies damit, dass vermutlich »die zwischenmenschlichen Reibungsverluste im Klassenzimmer geringer geworden sind« (S. 257).

Zusammenfassung

Die Forschung zum Thema »Theory of Mind« befasst sich mit der Frage, ab wann Kinder verstehen, dass erlebte Wirklichkeit das Ergebnis eines mentalen Vorgangs ist, dass also die Welt so, wie sie ihnen erscheint, nicht auch allen anderen erscheint. Studien in verschiedenen Kulturen kamen übereinstimmend zu dem Ergebnis, dass zwischen einem Alter von dreieinhalb bis spätestens fünf Jahren Kinder einen Zugang zum subjektiven Denken und Fühlen eines anderen entwickeln. Eine Ausnahme bilden autistische Kinder. Verschiedene Theorien erklären diese Entwicklung aus unterschiedlichen Perspektiven. Die Modularitätstheorie z. B. postuliert einen Mechanismus des Gehirns, dessen Reifung Fortschritte im Verständnis des subjektiven Erlebens eines anderen bewirkt. Andere Autoren betonen die Bedeutung des sozialen Umfeldes für diesen Prozess.

Die Entwicklung des moralischen Urteils vollzieht sich laut Piaget in zwei Phasen: der heteronomen und der autonomen Moral. Erstere ist dadurch gekennzeichnet, dass Kinder glauben, äußere Instanzen wie Gott oder die Eltern würden Normen festlegen und Abweichungen davon bestrafen. Kinder in diesem Stadium beurteilen ein Fehlverhalten nach den Konsequenzen – je gravierender diese ausfallen, desto »schlimmer« wird der Täter eingestuft. Die zugrundeliegenden Absichten oder Motive werden erst in der Phase der autonomen Moral berücksichtigt; hier orientiert die Person sich bei ihrem Urteil über gut und böse an den eigenen Wertmaßstäben.

Die Frage, wie man sich in moralischen Konfliktsituationen verhalten sollte und warum gerade so, wurde von Lawrence Kohlberg untersucht. Er entwarf auf der Grundlage von Dilemmadiskussionen ein Modell der moralischen Entwicklung, das aus drei Niveaus mit jeweils zwei Stufen besteht. Je nach Niveau wird eine unterschiedliche *soziale Perspektive* eingenommen. Während sowohl die Theorie von Piaget als auch die von Kohlberg Kinder eher als autoritätsgläubig und wenig moralisch darstellt, belegen neuere Forschungsarbeiten, dass sich ihr moralisches Denken durchaus am Wohlergehen anderer orientiert. Am Beispiel der Entwicklung von Aufteilungsgerechtigkeit wird aufgezeigt, dass auch im Bereich der sozialen Kognition differentielle Entwicklungsverläufe zu verzeichnen sind.

Die Förderung der moralischen Entwicklung kann über kognitive Stimulierungen, Möglichkeiten zur Rollenübernahme, die Schaffung einer moralischen Atmosphäre sowie die Konfrontation mit kognitiv-moralischen Konflikten geschehen. Das umfassendste Modell ist das der »Gerechten Schulgemeinschaft«. Evaluationen belegen, dass ihre Durchführung sowohl die moralische Atmosphäre an den Schulen als auch die moralische Urteilsfähigkeit verbessert und zu einer Intensivierung des Zusammenhalts sowie einer gestiegenen Identifikation der Kinder mit der Schule führt.

Empfohlene Literatur

Astington, J. W. (2000). *Wie Kinder das Denken entdecken*. München: Reinhardt.

Edelstein, W., Oser, F. & Schuster, P. (Hrsg.) (2001). *Moralische Erziehung in der Schule*. Weinheim: Beltz.

Auf zu großen Taten!

Klara, 5 Jahre

Tobias, 6 Jahre, 7 Monate
Klara, 2 Jahre, 6 Monate

8 Emotion und Motivation

In diesem Kapitel werden wir uns mit der Entwicklung ausgewählter Emotionen (Scham, Mitgefühl) und Motivsysteme (Prosozialität, Leistungsmotiv) beschäftigen.

8.1 Emotion

Die Erforschung der emotionalen Entwicklung des Menschen ist in der Psychologie noch relativ neuer Natur, da über lange Zeit die Beschäftigung mit kognitiven Prozessen dominierte. Erst in den 1980er Jahren fand ein »shift in the Zeitgeist« (Campos et al., 1983, S. 787) statt, der dazu führte, dass dem Thema Emotionen wesentlich mehr Aufmerksamkeit gewidmet wurde. Die Frage, was eine Emotion ausmacht, ist dabei Gegenstand kontroverser Diskussionen, deren Darstellung den Rahmen dieses Buches sprengen würde (vgl. Ulich & Mayring, 2003). Während alltagspsychologisch Emotionen weitestgehend mit dem Erleben von Gefühlen gleichgesetzt werden, ist das psychologische Emotionsverständnis in der Regel deutlich komplexer. Weitgehend Einigkeit besteht darin, dass Emotionen Prozesse darstellen, an denen verschiedene Komponenten beteiligt sind.

8.1.1 Komponenten der Emotion

Scherer (1990) geht in seinem Modell von *fünf Emotionskomponenten* aus, die zeitweilige *Zustände organismischer Subsysteme* sind. Diese arbeiten im Emotionsprozess eng aufeinander abgestimmt zusammen. Das *Informationsverarbeitungssystem* überwacht die aus der Innen- und Außenwelt eingehenden Signale und bewertet sie im Hinblick auf ihre Bedeutsamkeit für den Organismus (*kognitive Komponente*). Das *Versorgungssystem* ist für die Regulation des organismischen Gleichgewichts (z. B. Atmung, Blutdruck, Stoffwechsel) und für die Bereitstellung der Energie für Handlungen zuständig (*neurophysiologische Komponente*). Das *Steuerungssystem* dient der Planung von Handlungen (z. B. Entscheidung über Ziele, Vermittlung bei konfligierenden Motiven) (*motivationale Komponente*), während das *Aktionssystem* die Kommunikation von Reaktionen und Intentionen und die Ausführung von Handlungen übernimmt (*Ausdruckskomponente*). Das *Monitorsystem* schließlich kontrolliert und reflektiert den Zustand der Subsysteme und lenkt die Aufmerksamkeit auf die für den Organismus bedeutsamen Bedingungen (*Gefühlskomponente*).

Die meisten Untersuchungen zu Emotionskomponenten liegen für einen sehr begrenzten Satz von bis zu zehn Emotionen vor, die alle oder teilweise als Basisemotionen bezeichnet werden. Die Bezeichnung entstammt der Annahme einiger Forscher, dass sich für diese Emotionen im Laufe der Evolution distinkte organismische Verarbeitungsmuster herausgebildet haben, z. B. eine von Anfang an bestehende Konkordanz zwischen verschiedenen Komponenten – d. h. eine bestimmte Situationseinschätzung geht unmittelbar mit einem bestimmten Ausdruck und Gefühl einher (vgl. Ekman, 1992; zur Kritik vgl. Bischof, 1989). Für Magai und McFadden (1995) zählen zu den Basisemotionen Interesse, Freude, Überraschung, Ekel, Ärger, Trauer, Furcht/Angst, Scham/Schüchternheit und Schuld. Im Folgenden wollen wir die Bedeutung der einzelnen Komponenten im Prozess anhand einer »Basis«-Emotion – der Scham – genauer untersuchen. Scham gilt als eine negative selbstbewertende Emotion, die in verschiedenen Formen auftritt, die eine »Emotionsfamilie« bilden (Barrett, 1995). Mitglieder einer Emotionsfamilie (z. B. Scham, Verlegenheit, Peinlichkeit) teilen bestimmte Ausprägungen in den Emotionskomponenten, wobei es nicht ein Merkmal gibt, das für alle Mitglieder gilt, sondern einen Prototyp, mit dem alle Mitglieder einzelne oder mehrere Merkmale teilen (vgl. Mascolo et al., 2003). Versuche, Emotionsfamilien auf der Basis von Begriffen einzuteilen, ergeben Übereinstimmungen, aber auch Unterschiede zwischen verschiedenen Sprachen bzw. Kulturen (Mascolo et al., 2003).

Vom *Informationsverarbeitungssystem* einer Person werden Situationen als beschämend oder peinlich bewertet, in denen dieses feststellt, dass die Person Werte einer Bezugsgruppe verletzt hat und dass dies von mindestens einem Mitglied dieser Bezugsgruppe wahrgenommen werden kann (Borg et al., 1988). Aus Berichten von betroffenen Personen wird deutlich, dass es, anders als bei der Emotion Schuld, um das Öffentlichwerden von Fehlverhalten oder Schwächen geht. Manchmal kann schon das Zeigen an sich ein Fehlverhalten darstellen, und es ist unklar, ob das Gezeigte selbst auch als negativ oder defizitär angesehen werden muss. Dies ist z. B. der Fall bei der Körperscham. In bestimmten Situationen ist es ist uns peinlich, wenn jemand den nackten Po sieht, auch wenn wir ihn wohlgeformt finden. Der Zusammenhang der Scham mit den Werten und der Wahrnehmung durch andere verweist sofort auf die Ansatzpunkte für kulturelle Unterschiede, auf die wir hier nicht weiter eingehen können (vgl. Mascolo et al., 2003).

In kognitiven Emotionstheorien (vgl. Barrett, 1995), auf die sich die Schamforschung bei Kindern hauptsächlich stützt, werden bestimmte Entwicklungsvoraussetzungen für das Auftreten echter Scham genannt. Es geht dabei um die Fähigkeit, sich als eigenständige Person zu erleben (Selbstobjektivierung), sich selbst als ein Objekt der Bewertungen anderer zu erleben und das Verständnis von Regeln oder Gütestandards. Ab ca. eineinhalb Jahren können Kinder sich als eigenständige Person wahrnehmen. Lewis et al. (1989) finden bei solchen Kindern bereits Verlegenheit angesichts der Aufmerksamkeit anderer Personen, z. B. beim Vorsingen. In der Forschung zu frühen Schamreaktionen werden experimentell häufig leistungsthematische Situationen untersucht; entsprechende Ergebnisse werden deshalb später im Zusammenhang mit der Leistungsmotivation erläutert (s. Kap. 8.2.1). Schuhrke (1999) hat in 41 Familien eine der wenigen Untersuchungen zur Körperscham von Vier- bis Neunjährigen durchgeführt. In Interviews berichten Eltern von ersten Episoden ab drei Jahren, den meisten Eltern fallen körperliche Schamgefühle jedoch erstmals mit vier bis fünf Jahren auf, und bis zum Alter von sieben Jahren sind sie so gut wie bei allen untersuchten Kindern vorhanden. Das etwas spätere Einsetzen der Körperscham im Vergleich zur Leistungsscham oder auch moralischen Scham könnte damit zusammenhängen, dass manche der hier geltenden Regeln vergleichsweise komplex sind, so ist z. B. Nacktheit oder die Anwesenheit anderer Personen beim Toilettengang unter Familienmitgliedern vielfach akzeptiert, seltener jedoch unter Fremden. Anders als in experimentellen Studien muss man natürlich auch Erinnerungsmängel der Eltern als mögliche Erklärung berücksichtigen. In einem Puppenspiel wurden mit denselben Kindern für Körperscham relevante Szenen aus dem kindlichen Alltag gespielt (z. B. Toilettengang mit Freundin, Baden im Garten vor Fremdem) und der verbale und nonverbale Ausdruck ausgewertet. Hier konnten auch Dimensionen von Schamregeln aufgezeigt werden. Kinder differenzieren nach dem Vertrautheitsgrad, vor allem zwischen Kernfamilie und anderen Personen und nach der Stärke des Eingriffs in ihre körperliche Sphäre, ob es nur um Gesehenwerden oder auch um Berührungen geht (Schuhrke, 2005).

Während die meisten Studien mit Kindern sich auf den nonverbalen Ausdruck stützen und davon auf deren emotionales Erleben schließen, werden in manchen Fällen auch verbale Reaktionen auf bildlich oder sprachlich vermittelte Geschichten/Situationen genutzt. Die Ergebnisse dieser Studien legen nahe, dass ein volles Verständnis und evtl. ein volles Erleben selbstbewertender Emotionen in einem erwachsenen Sinn erst mit ca. sieben bis acht Jahren auftreten. Dann haben Kinder einen neuen Schritt in ihrer kognitiven Entwicklung gemacht. Sie nehmen »bi-intentionale« Interpretationen sozialer Situationen vor, bei denen sie zwei Variablen sozialer Realität einbeziehen. In einem Versuch wird Kindern ein Szenario zur Peinlichkeit vorgestellt, bei dem ein Kind bei einer Theateraufführung seinen Text vergessen hat. Ältere Kinder würden eine Aussage zum Verstoß gegen einen Standard machen (z. B. Das Kind hat etwas Dummes gemacht, es hat seinen Text vergessen) und eine weitere zu einer sozialen Bewertung (z. B. Die Zuschauer würden denken, ich bin dumm; die Zuschauer lachen über einen). Jüngere Kinder würden in der Regel nur den Aspekt des Verstoßes gegen einen Standard nennen (Griffin, 1995).

Seit Langem wird versucht, einzelnen Basisemotionen *neuro-physiologische* Muster zuzuordnen. Gesucht wurde bei Maßen, die für die Aktivität des autonomen Nervensystems stehen (z. B. Pulsrate, Hautwiderstand), bei den muskulären Grundlagen der Mimik und bei der zentralnervösen Aktivität. Zwar lassen sich Prozesse und Verarbeitungsstrukturen Emotionen zuordnen, sie zeigen aber weniger typische Muster als erwartet, d. h. bei gleichen Mustern werden immer wieder auch verschiedene Emotionen berichtet bzw. gleiche Emotionen bei verschiedenen Mustern (Mascolo et al., 2003). Bei Kindern finden sich keine Studien zur schambezogenen neurophysiologischen Aktivität.

Nahezu alle Emotionszustände haben deutliche *motivationale Auswirkungen*. Für Frijda (1986) ist es geradezu ein Definitionsmerkmal von Emotionen, dass sie mit Aktionsbereitschaften (action readiness) in Bezug auf bestimmte Person-Umwelt-Konstellationen verbunden sind. Für Scham gilt: »Shame implies, that one is to blame, and mostly in relation to moral standards; action readiness can be one that corresponds to mere suffering, or to trying to escape from suffering, or to submission to those who blame« (Frijda 1986, S. 73). Inwieweit Scham eine eigene Aktionsbereitschaft zukommt, ist umstritten. Bei der Aktionsbereitschaft liegen Überschneidungen zur Angst nahe; Scham wird oft auch als soziale Angst betrachtet (vgl. Leary & Kowalski, 1995). Es kommt jedoch weniger zur Flucht als zu dem im Tierreich häufiger beobachteten Erstarren. Scham drückt sich vor allem im Nichthandeln aus und das Entkommen erfolgt unmittelbar durch den für Scham typischen Abbruch des Blickkontaktes. Manche Forscher sehen eine für Scham typische Handlungsbereitschaft im Verbergen. Dies steckt sogar in der indogermanischen Sprachwurzel für das Wort Scham, die für bedecken oder verhüllen steht (vgl. Schuhrke, 1999). Bei der Körperscham zieht das Verbergen schon präventiv weite Kreise, die kulturell und individuell unterschiedlich ausfallen, z. B. unterschiedliche weibliche Bekleidungsvorschriften, die von einer kleinen Genitalbedeckung in Form einer Schnur bei einigen brasilianischen Ureinwohnerinnen bis zum Ganzkörperschleier bei manchen Afghaninnen reichen können. Auch die Eltern in der Studie von Schuhrke (1999) erkennen eine Schamhaftigkeit ihrer Kinder häufig an schampräventivem Verhalten und nicht an der eigentlichen Emotion. Sie beobachten z. B., dass Kinder sich immer wieder versichern, dass keine fremde Person in der Nähe ist, wenn sie draußen ihr Geschäft verrichten müssen (s. nachfolgendes Beispiel). Wurmser (2001) meint, dass eine Schamangst bereits im Vorfeld signalisiert, dass wirkliche Beschämung drohen könnte.

Die Mutter einer Neunjährigen berichtet, wie sie das Einsetzen des Schamgefühls bei ihrer ältesten Tochter erlebt hat. Die Nachfragen der Interviewerin wurden ausgelassen (Schuhrke, 1999, S. 69):

M: Na ja, das war schlichtweg immer, wenn sie sich vor Leuten ausziehen sollte, also angefangen von der Kinderärztin, wo sie sich dann etwas geziert hat, dann im Schwimmbad ganz extrem. Sie ist dann, wenn ich mich recht erinnere, damals nicht einmal ohne Bikinioberteil herumgelaufen ...

M: Also das war damals extrem. Da musste man ihr immer ein Handtuch halten, wenn sie ihren Bikini gewechselt hat oder sie ging hinter die Liege oder irgend so etwas und wollte sich nicht einmal vor ihren Kindergartenfreunden ausziehen oder – genau, jetzt weiß ich es wieder – dann sind sie irgendwann einmal mit dem Kindergarten ins Schwimmbad gegangen und da wollte sie partout nicht mitgehen – bis ich dann darauf gekommen bin, dass sie nicht mitwollte, weil sie ihren Bikini hätte anziehen müssen, im Schwimmbad im Freien.

M: Ja, ja. Da haben wir den Bikini zu Hause angezogen, dann war die Sache erledigt.

M: Also ich kann das – ich denke so ab Fünfeinhalb.

Die Ausdrucks- und die motivationale Komponente hängen eng zusammen, wenn man unter Ausdruck auch instrumentelle Handlungen mit einschließt. Deshalb werden die beiden Komponenten in anderen Ansätzen auch oft zusammengefasst (vgl. Mascolo et al., 2003). Obwohl meist das Erröten als besonders typisches *Ausdrucksmerkmal* von Scham gilt, ist es doch vor allem die Blickvermeidung bei gleichzeitig gesenktem Kopf, die auch der Handlungstendenz und dem Erleben bei der Scham entspricht. Andere bei Kindern gefundene Ausdrucksmerkmale, die z. T. auch eher mit Verlegenheit, Peinlichkeit oder Unterordnung assoziiert werden, sind das mit einem gesenkten Blick kombinierte Lächeln, Lippenbeißen, Körperberührungen oder eine zusammengesunkene Haltung (vgl. Geppert, 1997).

Holodynski (2005) unterscheidet eine direkte und eine semiotische Funktion des Ausdrucks in der kindlichen Handlungsregulation. Experimente aus der Kognitionsforschung bei Erwachsenen zeigen, dass durch Blickabwendung eine Abkoppelung von Umweltinformationen stattfindet und dadurch anspruchsvollere kognitive Tätigkeiten und Erinnerungsprozesse erleichtert werden (Glenberg et al., 1998). Bei der Scham könnte die Blickabwendung helfen, das beurteilende Publikum auszublenden und Auswege aus der Situation zu finden. Die semiotische oder Zeichenfunktion zeigt sich in der kommunikativen Wirkung des Schamausdrucks. Er signalisiert den Interaktionspartnern, dass die sich schämende Person ihr Fehlverhalten erkannt hat. Mütter reagieren dann weniger strafend auf eine Missetat, wenn ihre Kinder peinlich berührt wirken (Semin & Papadopoulou, n. Miller, 1995).

Etwa ab dem sechsten Lebensjahr kommt es zu einer Verlagerung des emotionalen Ausdrucks auf eine mentale Ebene. Dies ermöglicht das Entstehen einer privaten Welt, wenn im Ausdruck nicht jederzeit wie in einem offenen Buch gelesen werden kann. Für eine Internalisierung und gegen eine reine Kontrolle vor anderen Personen spricht, dass die »Ausdrucksminiaturisierung« vor allem in Alleinsituationen einsetzt (Holodynski, 2005).

Für das individuelle Erleben der Emotion – die *Gefühlskomponente* – werden in klassischen Theorien der Emotionspsychologie zwei Aspekte als bedeutsam angesehen – einerseits die Bewertung, die das emotionsauslösende Ereignis erfahren hat, andererseits die Wahrnehmung der eigenen peripheren körperlichen Veränderungen, dic unter der Ausdruckskomponente beschrieben wurden (vgl. Zimbardo & Gerrig, 2004). Wallbott und Scherer (1989) berichten Ergebnisse aus mehreren international vergleichenden Fragebogenstudien. Mit Ausnahme der Muskelentspannung, die sich nur bei Freude findet, ist keines der berichteten Symptome spezifisch für eine Emotion. Im Zusammenhang mit Scham werden bei Erwachsenen Hitzegefühl, Beschleunigung oder Senkung der Herzschlagfrequenz, Anspannung und Erregung genannt (vgl. Wallbott & Scherer, 1989; Barrett & Campos, 1987; Wicker et al., 1983). Zu den Erlebensmerkmalen bei Scham gehört auch eine vorübergehende Einschränkung der kognitiven und sprachlichen Funktion (Schuhrke, 2003).

Die Komponentensysteme der Emotion haben einerseits eine gewisse Unabhängigkeit, andererseits regulieren sie sich wechselseitig im Verlauf einer Emotion. So beeinflusst das wahrgenommene Gefühl der Scham wiederum den Bewertungsprozess der Situation, und der Verlauf kann sich in verschiedene Richtungen wenden: Die wahrgenommene Abwertung durch andere Menschen und die für Scham typische unerträgliche Selbstabwertung können mit der Hilfe anderer und ihrem reintegrierenden, unterstützenden Verhalten bewältigt werden. Bekannt ist jedoch, dass Scham oftmals in Wut und Aggression gegen die demütigenden anderen umschlägt (Scham-Wut-Spirale). Auch auf diese Weise kann die Person wieder Kontrolle über die Situation erlangen (vgl. Tangney et al., 1992).

Im folgenden Abschnitt werden wir uns nun mit einer weiteren Emotion, dem Mitgefühl, beschäftigen. Das Mitgefühl eignet sich besonders gut, um den motivationalen Aspekt einer Emotion zu veranschaulichen, da aus Mitgefühl im Allgemeinen der Wunsch entsteht, zu trösten. Von der Frage, wie sich diese Fähigkeit in der Kindheit entwickelt, handeln die folgenden Teile des Kapitels.

8.1.2 Mitgefühl und Tröstbereitschaft

Wie reagiert ein Kind, wenn es Zeuge von Kummer wird? Die beobachtbaren interindividuellen Unterschiede sind groß: Während das eine Kind sich spontan anrühren lässt und tröstet, empfindet ein anderes vor allem Anspannung und Unwohlsein, wohingegen sich ein drittes schlicht abwendet und anderen Tätigkeiten nachgeht oder sogar Schadenfreude zeigt.

Empirische Belege für diese interindividuellen Unterschiede stammen aus verschiedenen Quellen: So berichtet bereits Murphy (1937), dass von den 70 zwei- bis vierjährigen Kindern ihrer Beobachtungsstudie 18 niemals Mitgefühl zeigten. Sawin (1980, zit. nach Radke-Yarrow et al., 1983, S. 483) kam aufgrund seiner Beobachtungen an Drei- bis Siebenjährigen in Kindertagesstätten zu folgenden Zahlen bezüglich der Reaktionen von Kindern, die sich in der Nähe eines weinenden Kindes befanden: 7 % zeigten keine Reaktion, 17 % versuchten zu trösten, beinahe 50 % zeigten einen betroffenen Gesichtsausdruck, 10 % holten einen Erwachsenen, 5 % bedrohten den Verursacher des Kummers, aber 12 % zogen sich zurück und 2 % waren explizit »unsympathetic«, zeigten also keinerlei Mitgefühl.

Mitgefühl (im englischen »sympathy«) wird definiert als affektive Reaktion, die von der Wahrnehmung des emotionalen Zustandes eines anderen stammt und durch auf den anderen orientierte Gefühle von Betroffenheit und Bedauern charakterisiert ist (Eisenberg et al., 1989, S. 42). Sie ist damit zu unterscheiden von Empathie, dem allgemeinen *Einfühlungsvermögen*, das offen lässt, ob ein Zustand des Bedauerns, des Unwohlseins (»distress«) oder gar der Schadenfreude aus dieser Einfühlung resultiert (Kienbaum, 1993). Mitgefühl gilt allgemein als motivationale Basis für prosoziale Verhaltensweisen im Sinne von Trösten (Eisenberg et al., 2006; Kienbaum, 2003).

8.1.3   Allgemeine Entwicklung von Mitgefühl und Tröstbereitschaft

Das erste Auftreten tröstender Reaktionen lässt sich in der frühen Kindheit verzeichnen, einige Monate nach dem ersten Geburtstag (Zahn-Waxler & Radke-Yarrow, 1982; Zahn-Waxler, Radke-Yarrow et al., 1992). Als Vorläufer im ersten Lebensjahr gilt die sogenannte »Gefühlsansteckung« (Bischof-Köhler, 2000b). Darunter fallen Reaktionen wie z. B. der reaktive Neugeborenenschrei; Säuglinge reagieren auf das Schreien eines anderen Babys ebenfalls mit Weinen; bei andersartigen Lauten gleicher Phonstärke fällt ihre Reaktion deutlich schwächer aus. Dies konnte in verschiedenen Studien nachgewiesen werden (Sagi & Hoffman, 1976; Simmer, 1971). Der Prozess des »Sich-anstecken-Lassens« vom Gefühl eines anderen, bei dem der emotionale Zustand eines anderen vom Kind selbst Besitz ergreift, ohne dass es sich der Herkunft dieses Gefühls bewusst wird, kennzeichnet das ganze erste Lebensjahr. Erst danach entwickelt sich ein Bewusstsein dafür, dass »selbst« und »anderer« im psychischen Sinne zu unterscheiden sind, dass also die fraglichen Gefühle in der anderen Person und nicht im Kind selber entstanden sind. Diesen Prozess der Ausbildung einer psychischen Grenze, die es erlaubt, eigenes Erleben von dem eines anderen abzugrenzen, bezeichnet Bischof-Köhler (2000b, S. 143) als »Selbstobjektivierung«.

Ein Modell, das die Entwicklung empathischer Betroffenheit über die ersten beiden Lebensjahre hinaus beschreibt, stammt von Martin Hoffman (2000). Auf den reaktiven Neugeborenenschrei (s. o.) folgt in Hoffmans Theorie das *egozentrische empathische Unbehagen* (»egocentric empathic distress«). Bei diesem Reaktionstyp, der typischerweise gegen Ende des ersten Lebensjahres auftritt, fangen die beobachtenden Kinder immer noch selber an zu weinen, versuchen aber, den Kummer zu bewältigen, indem sie z. B. eine Bezugsperson aufsuchen, um sich trösten zu lassen. Sie sind noch nicht in der Lage, eine Unterscheidung zu treffen zwischen dem, was jemand anderem, und dem, was ihnen selbst zustößt.

Auch das »*quasi-egozentrische empathische Unbehagen*«, das ein bis zwei Monate später auftritt, ist noch durch eine Instabilität der Ich-Andere-Unterscheidung gekennzeichnet. Kinder am Anfang des zweiten Lebensjahres verstehen noch nicht, dass ihre eigenen inneren Zustände sich von denen anderer unterscheiden (s. auch Kap. 7, »Theory of Mind«). In der Folge kommt es häufiger zum Versuch, als Hilfeleistung das zu tun, was ihm selber Trost spenden würde (z. B. den eigenen Teddy anbieten).

Ungefähr in der zweiten Hälfte des zweiten Lebensjahres erreichen die Kinder dann das nächste Niveau, von Hoffman »*echtes empathisches Unbehagen*« (»veridical empathic distress«) genannt. Die Kinder sind jetzt zu der oben beschriebenen Selbstobjektivierung fähig und verstehen, dass das Gefühl des Kummers in dem anderen entstanden ist und nicht in ihnen selber. Hier ist das Bewusstsein, dass sich die Gefühle anderer von den eigenen unterscheiden, voll entwickelt. Mit der sprachlichen Entwicklung sind die Kinder nicht mehr nur auf Hinweisreize des Ausdrucks angewiesen – d. h. sie müssen nicht mehr unmittelbar Zeuge des Kummers werden –, sondern können die Emotionen anderer ebenfalls aufgrund symbolischer Hinweisreize ableiten. Dies ermöglicht eine empathische Betroffenheitsreaktion auch auf komplexere Emotionen wie Enttäuschung und Gefühle des Vertrauensbruchs.

In der späteren Kindheit, ab ca. acht bis zehn Jahren, sind Kinder dann auch zum »empathischen Unbehagen über die Situation hinaus« (»empathic distress beyond the situation«) fähig. Ihnen wird bewusst, dass die Gefühle des anderen evtl. auch über die aktuelle Situation hinausgehen. Empathische Betroffenheit kann nun auch ohne konkrete Hinweisreize entstehen; evtl. sogar für ganze Personengruppen. Nach Hoffmans Modell sollte also die empathische Reaktionsbereitschaft mit dem Alter zunehmen, da das Individuum zunehmend in der Lage ist mehr und abstraktere Lebenssituationen zu verstehen und mit den davon betroffenen Menschen mitzufühlen.

Hoffman selbst hat sein Modell nicht empirisch geprüft, so dass vor allem die Altersangaben zur Empathie für die generelle Lage eines anderen nur als grobe Anhaltspunkte zu verstehen sind. Die Annahme eines graduellen Übergangs von starker Selbstbezogenheit zu einer empathischen Betroffenheit für andere in der frühen Kindheit wird bestätigt durch Studien aus der Arbeitsgruppe von Carolyn Zahn-Waxler und Marian Radke-Yarrow (Zahn-Waxler & Radke-Yarrow, 1982; Zahn-Waxler, Radke-Yarrow et al., 1992; Zahn-Waxler et al., 2001). Letztere Studie zeigte z. B. längsschnittlich eine Zunahme von empathischer Betroffenheit und prosozialem Verhalten von 14 Monaten bis zu einem Alter von drei Jahren. Was den weiteren Verlauf von Mitgefühl und prosozialem Verhalten anbelangt, so besteht in der Literatur Uneinigkeit. Eisenberg et al. (2006, S. 657) berichten zwar einerseits auf der Basis einer Metaanalyse von einem generellen Anstieg prosozialer Responsivität von der frühen

Kindheit bis zur Adoleszenz, weisen aber andererseits auch darauf hin, dass stabile interindividuelle Unterschiede zwischen den Kindern zu bestehen scheinen (s. u.).

Nach Hay (1994) *verringern* sich prosoziale Aktivitäten ab einem Alter von ungefähr zwei Jahren; hilfreiches Verhalten wird ihrer Ansicht nach von da an zu manchen, aber nicht allen Gelegenheiten, und einigen, aber nicht allen potentiellen Empfängern gegenüber gezeigt. Es verliert den Charakter eines sozialen Impulses und erhält den einer überlegten Entscheidung (S. 38). Denn obwohl sich die kognitiven Voraussetzungen für effektive Hilfeleistungen mit dem Alter des Kindes verbessern, entwickeln sich gleichzeitig Tendenzen, die das Auftreten von mitfühlenden und hilfreichen Verhaltensweisen hemmen. So geraten die vormals spontanen Impulse zum Beispiel unter die Kontrolle von Regeln, die bestimmen, wer wann wofür Mitgefühl verdient und somit den Kreis der »Hilfeberechtigten« einschränken (vgl. Caplan, 1993; Hay, 1994). So konnten Volland et al. (2004) nachweisen, dass Kinder im Alter von vier bis acht Jahren eher einem Rezipienten Hilfe anbieten, der über folgende Merkmale verfügt: sein erlittener Schaden ist groß, es liegt kein Eigenverschulden vor, das Kind ist jünger und vertraut. Auch Reziprozität wirkte sich positiv aus: Einem Kind, das auch schon einmal geholfen hatte, wurde eher Hilfe angeboten. Mit steigendem Alter der Kinder nahm der Einfluss der Rezipientenmerkmale zu.

Insgesamt scheint das Lebensalter also bestenfalls ein schwacher Prädiktor für die Entwicklung mitfühlend-tröstenden Verhaltens zu sein. Neben dem oben beschriebenen allgemeinentwicklungspsychologischen Verlauf findet nämlich auch eine *differentielle* Entwicklung statt, die dadurch gekennzeichnet ist, dass manche Kinder deutlich mehr mitfühlend-tröstende Reaktionstendenzen zeigen als andere (die evtl. auch in verschiedenen Alterstrends für verschiedene Kinder resultieren). Coté et al. (2002) fanden heraus, dass das Niveau der Hilfsbereitschaft von Kindern zum Zeitpunkt des Schuleintritts bis zum Ende der Grundschulzeit stabil blieb. Weniger hilfsbereite Kinder blieben also weniger hilfsbereit und umgekehrt. Damit scheinen sich schon vor dem Schuleintritt interindividuelle Unterschiede zwischen den Kindern auszubilden, die in der Folge eher stabil bleiben. Wie lässt sich die Entstehung dieser Unterschiede erklären?

8.1.4 Differentielle Entwicklung von Mitgefühl und Tröstbereitschaft

In der Literatur werden verschiedene Faktoren zur Erklärung interindividueller Unterschiede angeführt. Ein erster Schwerpunkt gilt dabei der Frage, inwiefern Unterschiede in Mitgefühl und Tröstbereitschaft auf biologische Faktoren zurückzuführen sind. Die klassische Methode, um das Verhältnis von »Anlage« und »Umwelt« (s. Kap. 1) bezüglich eines bestimmten Persönlichkeitsmerkmals zu bestimmen, sind Vergleichsstudien zwischen ein- und zweieiigen Zwillingen. Der zugrundeliegende Gedanke ist dabei, dass eine höhere Übereinstimmung zwischen eineiigen im Vergleich zu zweieiigen Zwillingen für einen genetischen Einfluss auf das interessierende Merkmal spricht.

Die Arbeitsgruppe um Carolyn Zahn-Waxler (Zahn-Waxler, Robinson et al., 1992; Zahn-Waxler et al., 2001) untersuchte die Entwicklung von Reaktionen auf Kummer bei ein- und zweieiigen Zwillingen im Alter von 14, 20, 24 und 36 Monaten. Datenbasis waren die Reaktionen der Kinder auf Schmerzsimulationen vonseiten der Mutter und der Versuchsleiterin; ferner wurden Interviews mit den Müttern über die prosozialen Tendenzen ihrer Kinder (Helfen, Teilen, Trösten) durchgeführt. Der Anteil an Varianz, der durch genetische Einflüsse erklärt werden konnte, schwankte je nach Alter und Datenbasis zwischen 19 und 39 Prozent und ist damit eher als mäßig zu bezeichnen.

Pragmatisch scheint es aufgrund dieser Daten das Naheliegendste zu sein, von einer biologischen Prädisposition zu Mitgefühl und prosozialem Verhalten auszugehen, die aber breiten Raum für Einflüsse vonseiten der Umwelt lässt. Von diesen soll im Folgenden die Rede sein.

Umweltfaktoren können auf sehr verschiedenen Ebenen analysiert werden; eine davon ist die kulturelle. Reaktionen fünfjähriger Kinder auf den Kummer einer nicht zur engeren Bezugsgruppe gehörenden Person untersuchten Kienbaum (1993, 1995) im deutsch-russischen Kulturvergleich sowie Trommsdorff et al. (2007) bei Kindern aus Deutschland, Israel, Indonesien und Malaysia. Die Kinder wurden im Hinblick darauf beobachtet, wie sie auf die simulierte Traurigkeit einer studentischen Spielpartnerin reagierten. In beiden Studien erwiesen sich die Kinder aus den westlichen im Vergleich zu den nicht-westlichen Kulturen als hilfsbereiter, und in beiden Studien wurde dem Statusunterschied zwischen Kind und studentischer Spielpartnerin eine zentrale Rolle bei der Erklärung dieses Ergebnisses eingeräumt.

Der Unterschied zwischen den deutschen und den russischen Kindern ging vor allem auf die Mädchen in beiden Gruppen zurück. Hier zeigte sich bei einer Analyse der mütterlichen Erziehungstheorien, dass die russischen Mütter großen Wert auf Anpassung und Gehorsam legten und vor allem ihre Töchter als »brav« und wenig verantwortlich für ihre Handlungen ansahen. Diese Sichtweise könnte der Grund dafür sein, dass die russischen Mädchen nicht in der Lage waren, in einer eher ungewohnten Situation – eine junge Erwachsene, die normalerweise zur Gruppe der Autoritätspersonen gehört, zeigt offen ihren Kummer – aktiv zu werden, da sie nie die notwendigen Handlungskompetenzen einüben konnten (Kienbaum & Trommsdorff, 1999; Ulich et al., 1999). Diese Wahrnehmung einer erwachsenen Bezugsperson als Autorität bestätigte sich auch in einer Analyse des Verhaltens der Kinder gegenüber der Studentin in einer freien Spielsituation: Hier erwiesen sich die russischen im Vergleich zu den deutschen Mädchen als deutlich gehemmter. Weitere Analysen zeigten einen signifikanten Zusammenhang zwischen Verhaltenshemmung und Mitgefühl: Je gehemmter ein Mädchen sich verhalten hatte, desto weniger Mitgefühl zeigte es anschließend in der Kummersimulation (Kienbaum, 1993).

Trommsdorff et al. (2007) weisen im Hinblick auf die von ihnen untersuchten Kulturen darauf hin, dass es den Kindern möglicherweise darum ging, der Spielpartnerin einen Gesichtsverlust zu ersparen, indem sie so taten, als sei nichts geschehen. Beide Studien weisen auf die Bedeutung von Kind-Kontext-Interaktionen im Rahmen unterschiedlicher kultureller Umwelten hin.

Die am häufigsten gewählte Strategie zur Analyse von Umweltfaktoren stellen Studien dar, die Sozialisationseinflüsse innerhalb
einer Kultur, und hier fast ausschließlich im Rahmen der Mutter-
Kind-Interaktion, untersuchen (Eisenberg et al., 2006, S. 665–
678). Diese Ergebnisse zusammenfassend lässt sich festhalten,
dass ein familiäres Klima, das durch Wärme, Unterstützung und
sichere Bindungsmuster (s. Kap. 5) gekennzeichnet ist, in dem
die Eltern prosoziale Modelle darstellen und ihrem Kind vermitteln, dass es ohne Scham traurig oder ängstlich sein darf,
gleichzeitig aber andere Menschen nicht verletzen soll, die Wahrscheinlichkeit der Entwicklung einer mitfühlend-tröstenden
Disposition bei Kindern erhöht.

Eher selten sind Studien, die neben der Bedeutung der Mutter auch Sozialisationseinflüsse im Rahmen der Beziehungen
zwischen Kindern und außerfamiliären Bezugspersonen untersuchen. Auch wurde die Rolle von kindlichen Persönlichkeitseigenschaften für die Entwicklung prosozialer Responsivität
kaum erforscht.

Kienbaum (2003, 2008b) untersuchte, inwiefern sich Unterschiede in der Bereitschaft fünfjähriger Kinder, mitfühlend und
tröstend auf den Kummer einer Spielpartnerin zu reagieren,
durch ihre Erfahrungen in der Mutter-Kind-Interaktion, der
Erzieherinnen-Kind-Interaktion sowie die kindliche Schüchternheit bzw. Aggressivität erklären lassen. Zunächst einmal
stellte sich heraus, dass die Mädchen im Vergleich zu den Jungen
im Mittel deutlich mitfühlender reagierten. Ferner zeigte sich,
dass für die beiden Geschlechter jeweils unterschiedliche Variablen eine förderliche Wirkung für die Entwicklung von Mitgefühl und Tröstbereitschaft innehaben: Die Jungen zeigten dann
mehr Mitgefühl und Trösten, wenn sowohl ihre Erzieherin als
auch ihre Mutter sich warm und unterstützend ihnen gegenüber
verhielten. Im Gegensatz dazu wirkte sich bei den Mädchen das
Erziehungsverhalten der Mütter und Erzieherinnen nur in
Wechselwirkung mit dem Persönlichkeitsmerkmal Schüchternheit aus: Schüchterne Mädchen mit warmen und unterstützenden Müttern zeigten mehr, schüchterne Mädchen mit wenig
warmen und unterstützenden Müttern zeigten weniger Mitgefühl und Tröstbereitschaft. Tendenziell galt der gleiche Zusam-

menhang für die Erzieherinnen. Außerdem erwiesen die Mädchen sich als umso mitfühlender, je aggressiver sie eingeschätzt wurden. Im Rahmen eines Längsschnitts zur Entwicklung von Mitgefühl bei Kindern in Südtirol wird derzeit eine Replikationsstudie durchgeführt (Kienbaum, 2007).

Das Ergebnis für die Jungen macht Sinn vor dem Hintergrund von Studien, die herausgefunden haben, dass Jungen sich im Vergleich zu Mädchen in konfliktreicheren Beziehungen zu ihren Erzieherinnen befinden (vgl. O'Connor & McCartney, 2006). Auch Studien zur Mutter-Kind-Interaktion belegen Geschlechterunterschiede: So berichten Eisenberg, Fabes und Murphy (1996), dass Mütter ihre Söhne im Vergleich zu den Töchtern häufiger straften. Da also Jungen im Vergleich zu Mädchen offensichtlich über eine schlechtere Ausgangsbasis in der Interaktion mit ihren weiblichen Bezugspersonen verfügen, profitieren sie vermutlich besonders, wenn diese ihnen gegenüber Wärme und Unterstützung verwirklichen.

Bei den Mädchen scheint es die Subgruppe der schüchternen Mädchen zu sein, auf die sich Wärme und Unterstützung besonders positiv auswirken. Während manche Studien zumindest für bestimmte Teilstichproben oder -bedingungen einen negativen Zusammenhang zwischen Schüchternheit und Mitgefühl und/oder Hilfsbereitschaft berichten (z. B. Eisenberg, Fabes, Karbon et al., 1996; Young et al., 1999), zeigt diese Studie also, dass schüchterne Kinder sehr sensibel auf Sozialisationsbedingungen reagieren und in Abhängigkeit von ihnen mehr oder weniger Mitgefühl und Tröstbereitschaft zeigen.

Der positive Zusammenhang zwischen Aggressivität und mitfühlend-tröstender Reaktionsbereitschaft bei den Mädchen wirkt zunächst kontraintuitiv, scheinen doch Aggression auf der einen und Mitgefühl bzw. Trösten auf der anderen Seite Zustände zu sein, die einander ausschließen. Ein Blick auf den Forschungsstand zeigt jedoch, dass die Zusammenhänge komplexer sind. Ein wesentlicher Aspekt scheint das *Aggressionsniveau* zu sein. So stellte bereits Schmidt-Denter (1980, zit. nach Schmidt-Denter, 1994, S. 300) in seiner Studie zu sozialen Konflikten im Kindesalter fest, dass ein gewisses Aggressionsniveau auch mit Kooperation, prosozialem Verhalten und hohem Peer-Status einhergehen kann. Ähnlich fanden Radke-Yarrow und Zahn-Waxler (1976) einen positiven Zusammenhang zwischen Trösten und Aggressivität für Jungen im Vorschulalter, die *wenig* aggressiv waren (unterhalb des Medians), wohingegen sich für Jungen *oberhalb* des Medians in Aggressivität ein genau umgekehrter Zusammenhang ergab: Je aggressiver diese Jungen waren, desto weniger tröstendes Verhalten zeigten sie. Möglicherweise scheint im Vorschulalter Pro- wie Antisozialität Ausdruck eines generell hohen Aktivitätsniveaus eines Kindes zu sein – zumindest, wenn die Aggressivität ein bestimmtes Maß nicht übersteigt. Eisenberg und Mussen (1989, zit. nach Eisenberg et al., 2006) schlussfolgern, dass für junge Kinder, die im Ganzen gesehen nicht sehr aggressiv sind, Aggression häufig eher ein Indikator für Selbstbehauptung (engl. »assertiveness«) denn für Feindseligkeit ist. Da die Mädchen in der Studie von Kienbaum (2003, 2008b) im Vergleich zu den Jungen im Mittel weniger aggressiv waren, könnte ihr Aggressionsniveau eher für Selbstbehauptung als für Feindseligkeit stehen und die positive Korrelation zwischen mitgefühlend-tröstender Reaktionsbereitschaft und Aggression im Sinne von »je selbstbehauptender ein Mädchen, desto mehr Mitfühl und Trösten zeigt es« interpretiert werden.

Hinzu kommt, dass aggressives Verhalten bei Mädchen ein nicht-geschlechtstypisches Verhalten darstellt. Verschiedene Forschungsarbeiten haben gezeigt, dass Menschen, die nicht in ihrer Geschlechterrolle verhaftet bleiben, sondern auch typische Verhaltensweisen des anderen Geschlechts in ihr Repertoire aufgenommen haben (sog. Androgynität, Bem, 1985), über weniger Anpassungsprobleme verfügen als die klassisch männlichen oder weiblichen Typen. Androgyne Menschen haben ein breiteres Spektrum an Handlungsalternativen zur Verfügung, da sie je nach den Erfordernissen der Situation handeln können, statt in ihrer Geschlechtstypik verhaftet zu bleiben (Alfermann, 1996). Interessanterweise scheinen es eher die Mädchen bzw. Frauen zu sein, bei denen sich stärker androgyne Persönlichkeits- und Rollenentwicklungen beobachten lassen. Trautner (1994) sieht den Grund für diese Entwicklung in der »– von beiden Geschlechtern erlebten – höheren Wertigkeit der Jungen-/Männerrolle gegenüber der Mädchen-/Frauenrolle« (S. 187). Feshbach und Feshbach (1969) berichten ein hierzu passendes Ergebnis: »Thus aggression appears to be negatively correlated with intelligence in boys and positively correlated with intelligence in girls. ... a low score for a boy and a high score for a girl possesses a certain functional similarity in that both represent a less stereotyped, and possibly experientially richer, behavior pattern« (S. 106). Aggressivität hat also für Mädchen offensichtlich eine andere *Funktion* als für Jungen; sie dürfte eher Zeichen eines generell hohen Aktivitätsniveaus und einer androgynen Geschlechtsrollenorientierung sein, denn ein Ausdruck erhöhter Feindseligkeit.

Eine letzte Überlegung betrifft noch die Wahrnehmung dessen, was bei Jungen und Mädchen als aggressiv bezeichnet wird. Ein und dieselbe Verhaltensweise, von einem Mädchen oder einem Jungen ausgeführt, bedeuten für die beobachtende Person nicht zwingend dasselbe. Da bei Jungen aufgrund existierender Geschlechterstereotype gewisse aggressive Verhaltensweisen eher als »normal« angesehen werden, dürfte ein Verhalten, das bei Jungen als durchaus im Rahmen wahrgenommen wird, bei Mädchen u. U. bereits das Urteil »aggressiv« hervorrufen. Auch diese Ausführungen weisen darauf hin, dass die als aggressiv bezeichneten Mädchen nicht feindselig, sondern eher selbstbehauptend sind. Letztere Eigenschaft steht nachgewiesenermaßen in einem positiven Zusammenhang zu Prosozialität (Eisenberg et al., 2006).

Zusammenfassend zeigen diese Ausführungen, dass es Faktoren innerhalb wie außerhalb des Kindes sind, die zur Entwicklung seiner Bereitschaft beitragen, mit Mitgefühl und Trösten auf den Kummer eines anderen zu reagieren. Erst die gleichzeitige Berücksichtigung von Persönlichkeits- und Sozialisationsvariablen ermöglicht ein tieferes Verständnis dieser Entwicklungsprozesse.

8.2   Motivation

Die Motivationspsychologie befasst sich damit, »Richtung, Ausdauer und Intensität von Verhalten zu erklären« (Rheinberg,

2006, S. 13). Sie sucht also eine Antwort auf die Frage nach dem »Warum« des Verhaltens. Warum lesen Sie jetzt gerade in diesem Buch, statt einer anderen Tätigkeit nachzugehen? Warum lesen viele Mädchen gerne, wohingegen die Mehrzahl der Jungen sich am liebsten mit einer Spielkonsole oder dem Computer beschäftigt? Fragen nach der Motivation beschäftigen uns also auch im Alltag ständig. Die klassische Motivationspsychologie unterscheidet dabei zwischen dem *Motiv* als konstantem Persönlichkeitsmerkmal und der in einer aktuellen Situation entstehenden *Motivation*, die aus der Wechselbeziehung zwischen Motiv und Situation resultiert. Mit dem Begriff »Motivation« wird also das Zusammentreffen von einem Motiv und solchen situativen Anregungsbedingungen bezeichnet, die eine Zielerreichung erfolgreich erscheinen lassen (Thomas, 1991, S. 107).

8.2.1 Leistungsmotivation

Das Phänomen leistungsmotivierten Verhaltens stellt das am besten erforschte Motivsystem dar. In der Psychologie bezeichnen wir ein Verhalten dann als leistungsmotiviert, wenn es in *Auseinandersetzung mit einem Gütemaßstab* auf die *Selbstbewertung eigener Tüchtigkeit* abzielt (Rheinberg, 2006, S. 60). Nicht jede Anstrengung ist daher mit Leistungsmotivation zu erklären – es kommt ganz auf das angestrebte Ziel an. Wenn z. B. jemand eine beruflich höhere Position anstrebt, um mehr Geld zu verdienen, würden wir die damit verbundenen Anstrengungen nicht als leistungsmotiviert bezeichnen. Auch müssen die Ziele, auf die leistungsmotivierte Anstrengungen ausgerichtet sind, nicht unbedingt von jedermann rational nachvollziehbar sein. Rheinberg (2006, S. 61) bringt als Beispiel den hochbezahlten Manager, der trotz chronischen Zeitdrucks verbissen versucht, mit Schere und Taschenmesser das defekte Armband seiner Uhr zu reparieren. Im Hinblick auf sein Gehalt könnte er sich für die zur Reparatur verbrauchte Zeit viele neue Armbänder kaufen – würde sich jedoch um die Zufriedenheit und Freude in Anbetracht der eigenen Tüchtigkeit bringen.

Man kann davon ausgehen, dass Menschen sich umso eher zur Ausführung einer Handlung entscheiden, je mehr sie von deren Erfolg überzeugt sind und für je wertvoller sie das erwartete Ergebnis halten (Schnotz, 2006, S. 92). Diese Annahme charakterisiert die sogenannten Erwartungs-mal-Wert-Modelle der Motivationspsychologie. »Klassische Motivationstheorien gehen davon aus, dass die Motivation für solche Ziele am höchsten ist, für die das Produkt aus Erwartung und Wert maximal ist. Dies stellt gewissermaßen einen Kompromiss zwischen Erreichenswahrscheinlichkeit und Attraktivität dar. So werden wir z. B. hoch attraktive Ziele dann meistens nicht anstreben, wenn die Zielerreichung äußerst unwahrscheinlich ist. Eine Ausnahme stellt hier offenbar das Lottospielen dar« (Müsseler & Prinz, 2002, S. 233).

Atkinson (1957) formulierte das bekannteste, zu dieser Gruppe gehörende Modell der Leistungsmotivation, das sogenannte *Risiko-Wahl-Modell*. Stellen Sie sich vor, eine Person befindet sich in einer Situation, in der sie zwischen Aufgaben mit verschiedenen Schwierigkeitsgraden wählen kann – ein Referat zu einem einfachen oder anspruchsvolleren Thema schreiben, beim Sport vom Ein- oder Drei-Meter-Brett springen. Das, was die Person sich zu schaffen vornimmt, nennt man *Anspruchsniveau*. Wie hoch oder niedrig jemand sein Anspruchsniveau setzt, hängt laut Atkinson sowohl von der Erfolgswahrscheinlichkeit (*Erwartung)* als auch dem Erfolgsanreiz (*Wert)* ab. Die Erwartung basiert auf der Einschätzung der eigenen Tüchtigkeit und der Aufgabenschwierigkeit. Der Anreiz zum Handeln besteht in der Vorwegnahme einer affektiven Selbstbewertung nach Erfolg (z. B. Stolz) bzw. Misserfolg (z. B. Scham). Der Stolz wächst natürlich mit steigender Aufgabenschwierigkeit, so dass der Anreizwert umso höher ausfällt, je niedriger die Erfolgswahrscheinlichkeit ist. Umgekehrt steigt der Misserfolgsanreiz mit sinkender Misserfolgswahrscheinlichkeit an. Sehr schwierige Aufgaben haben zwar einen hohen Anreizwert, gehen aber mit einer sehr geringen Erfolgswahrscheinlichkeit einher und lösen von daher keine Leistungsmotivation aus. Leichte Aufgaben sind zwar mit Sicherheit zu bewältigen, beinhalten aber genau deshalb keinen Anreizwert. Mittelschwere Aufgaben demgegenüber sind zwar anspruchsvoll, gleichzeitig aber auch zu bewältigen und entsprechen von daher am ehesten einer »realistischen Zielsetzung«.

Dennoch wird nicht immer die mittelschwere Aufgabe gewählt. Dies kann zum einen mit situativen Faktoren zusammenhängen. Hat man in einer Situation viel zu verlieren, wird man eher vorsichtig agieren. Kann man nur gewinnen, ist es ein leichteres, ein größeres Risiko einzugehen. Zum anderen gibt es aber auch stabile Unterschiede zwischen Personen bezüglich ihrer Tendenz, in Anforderungssituationen eher Hoffnung auf Erfolg oder eher Furcht vor Misserfolg zu empfinden. Das Leistungsmotiv wird daher in zwei Komponenten zerlegt: das *Erfolgsmotiv* und das *Misserfolgsmotiv* (Atkinson, 1957; Heckhausen, 1963). Misserfolgsängstliche Personen zeichnen sich im Risikowahlmodell dadurch aus, dass sie gerade mittelschwere Aufgaben meiden und stattdessen eher leichte oder schwere wählen. Leichte deshalb, da sie mit Sicherheit zum Erfolg führen. Die schweren Aufgaben sind zwar nicht zu bewältigen, lassen jedoch die selbstwertschonende Aussage »das hätte ja keiner geschafft« zu. Erfolgszuversichtliche Menschen wählen demgegenüber eher die mittelschweren Aufgaben. Zwei weitere grundlegende Unterschiede zwischen erfolgs- und misserfolgsmotivierten Personen werden im Selbstbewertungsmodell von Heckhausen beschrieben (s. **Tab. 8.1**). Menschen mit Hoffnung auf Erfolg führen einen Erfolg auf Anstrengung oder eigene Tüchtigkeit zurück, Misserfolg auf mangelnde Anstrengung oder Pech. Menschen mit Furcht vor Misserfolg demgegenüber erklären Erfolg mit Glück oder einer leichten Aufgabe, wohingegen Misserfolge auf mangelnde eigene Fähigkeit zurückgeführt werden. Diese Art der subjektiven Ursachenzuschreibung nennt man in der Fachsprache »Kausalattribuierung«. Sie kann innerhalb der Dimensionen internal (d. h. auf eigene Anstrengung oder Fähigkeit) oder external (Glück, Zufall oder Aufgabenschwierigkeit) sowie stabil oder variabel (immer oder nur momentan) variieren (Weiner et. al., 1971, zit. nach Rheinberg, 2006, S. 82). Ein dritter Unterschied besteht in der Selbstbewertung. Bei Erfolgszuversichtlichen fallen die positiven Affekte nach einem Erfolg gleichstark oder stärker aus als die negativen nach einem Misserfolg, dies macht Leistungssituationen insgesamt eher anziehend. Bei den Misserfolgsmeidenden verhält es sich genau umgekehrt: Die negativen Affekte nach dem Misserfolg sind deutlich stärker als

Tab. 8.1: Das Selbstbewertungsmodell der Leistungsmotivation (Heckhausen, 1972; Quelle: Rheinberg, 2006, S. 86)

3 Komponenten		Motivausprägung	
		erfolgszuversichtlich	misserfolgsmeidend
1. Zielsetzung/ Anspruchsniveau		realistisch, mittelschwere Aufgaben	unrealistisch, Aufgaben zu schwer oder zu leicht
2. Ursachenzuschreibung	Erfolg	Anstrengung, gute eigene Tüchtigkeit	Glück, leichte Aufgabe
	Misserfolg	mangelnde Anstrengung/Pech	mangelnde eigene Fähigkeit/»Begabung«
3. Selbstbewertung		Erfolgs-/Misserfolgsbilanz positiv	Erfolgs-/Misserfolgsbilanz negativ

die positiven nach dem Erfolg. Leistungssituationen erhalten dadurch einen bedrohlichen Charakter (Rheinberg, 2006). Wie sich diese interindividuellen Unterschiede zwischen Menschen entwickeln ist eine Frage der differentiellen Entwicklung, auf die wir im übernächsten Abschnitt eingehen werden. Zunächst betrachten wir jedoch den allgemeinen Entwicklungsverlauf der Leistungsmotivation.

8.2.2 Allgemeine Entwicklung der Leistungsmotivation

Die allgemeine Entwicklung der Leitungsmotivation beschreibt Heckhausen (1980) als eine Abfolge verschiedener Entwicklungsmerkmale. Um sich mit einem Tüchtigkeitsmaßstab auseinandersetzen zu können, muss ein Kind in der Lage sein, einen Effekt erzielen zu wollen, den es als durch sein eigenes Handeln verursacht wahrnimmt (erstes Entwicklungsmerkmal). Dies ist in der Regel ab einem Alter von eineinhalb Jahren der Fall.

Ab ungefähr zweieinhalb Jahren kann der Effekt auf die eigene Tüchtigkeit zurückgeführt werden (zweites Entwicklungsmerkmal). Das Kind ist also in der Lage eine Kausalattribution in dem Sinne vorzunehmen, dass es die Ursache für den erzeugten Effekt in seiner eigenen Tüchtigkeit sieht. Damit einher geht eine Selbstbewertung, die sich an affektiven Selbstbewertungsfolgen (Stolz, Scham) erkennen lässt. Reagiert ein Kind mit diesen Gefühlen, wird also davon ausgegangen, dass es sich anhand eines Tüchtigkeitsmaßstabes bewertet hat; im Gegensatz zur Reaktion mit Freude oder Ärger, die nicht eindeutig auf das Vorhandensein leistungsmotivierten Handelns schließen lassen (Holodynski, 2006). Stolz und Scham »… gelten als die wichtigsten positiven und negativen Anreize im Leistungshandeln« (Heckhausen & Heckhausen, 2006, S. 398). Diese affektgeladenen Erfolgs- oder Misserfolgsreaktionen waren in den Experimenten von Heinz Heckhausen bis spätestens einem Alter von dreieinhalb Jahren bei allen untersuchten Kindern zu beobachten. Mit dem Auftauchen dieser selbstbewertenden Reaktionen unter den Dreijährigen liegen also bereits rudimentäre Tüchtigkeitskonzepte vor, die jedoch noch nicht in Fähigkeit oder Anstrengung als Ursachen unterschieden werden können. Zu diesem Zeitpunkt spricht man von den ersten Anfängen eines leistungsmotivierten Handelns. Holodynski (2006) hat ergänzend in Beobachtungsstudien festgestellt, dass Kinder im Vorschulalter Scham und Stolz zunächst nur im Beisein Erwachsener zeigten, erst im Grundschulalter auch in Alleinsituationen. Er schlussfolgert, dass »im Vorschulalter leistungsmotiviertes Handeln noch an die Anwesenheit einer anderen (erwachsenen) Person gebunden ist, die aus der Perspektive des Kindes den Tüchtigkeitsmaßstab verkörpert« (S. 3).

Eine Weiterentwicklung (drittes Merkmal nach Heckhausen) findet statt, wenn das Kind in der Lage ist, zwischen *verschiedenen Graden* der Aufgabenschwierigkeit oder der persönlichen Tüchtigkeit zu unterscheiden, denn dies ist die kognitive Voraussetzung für die Bildung von *Maßstäben* für die eigene Tüchtigkeit. Eine Differenzierung des globalen Tüchtigkeitserlebens wird dann möglich, wenn Unterschiede in der (objektiven) Aufgabenschwierigkeit erkannt werden (ab ungefähr fünf Jahren).

Ein *viertes Entwicklungsmerkmal* besteht darin, dass das globale Tüchtigkeitskonzept in die Ursachenkonzepte von Fähigkeit und Anstrengung aufgegliedert wird. Dabei scheint sich die Anstrengungs- im Vergleich zur Fähigkeitsattribution früher zu entwickeln, was insofern nachvollziehbar ist, als sich Anstrengung im Gegensatz zur Fähigkeit unmittelbar beobachten lässt. Nach den Befunden Heckhausens sind die meisten fünf- bis sechsjährigen Kinder in der Lage, eine Kovariation zwischen abgestuften Handlungsergebnissen und anschaulichen Tüchtigkeitsmerkmalen – seien diese mehr fähigkeits- oder mehr anstrengungsbezogen herzustellen. Sie verstehen z. B., dass sie sich mehr anstrengen müssen, wenn die Aufgabe schwieriger ist, oder dass die Anstrengung geringer gewesen sein muss, wenn das Ergebnis schlechter war.

Beim *fünften Entwicklungsmerkmal* geht es um das Konzept der subjektiven Erfolgswahrscheinlichkeit (s. o., Risikowahlmodell). Um sie einschätzen zu können, müssen Kinder die eigene Tüchtigkeit (sowohl Anstrengung als auch Fähigkeit) in Beziehung zur objektiven Aufgabenschwierigkeit setzen können. Kinder im Alter bis zu viereinhalb Jahren erwiesen sich in Heckhausens Wetteiferstudie trotz einer objektiven Erfolgsrate von 50 Prozent in aller Regel noch völlig erfolgszuversichtlich (Heckhausen, 1980). Hier zeigt sich eine wunschgeleitete Erhöhung der eigenen Fähigkeitseinschätzung, die somit noch nicht »anstrengungsbereinigt« ist. Ein stabiler Fähigkeitsbegriff, in dem Anstrengung und Fähigkeit nicht mehr miteinander vermischt werden, ist erst ab ca. zehn Jahren vorhanden. Folglich kann die volle Entwicklung des Konzeptes der Erfolgswahrscheinlichkeit erst nach diesem Alter erreicht werden. Interessant ist in diesem Zusammenhang, dass eine gewisse Überschätzung der eigenen Möglichkeiten motivational eher positive Folgen zu haben scheint. So fanden Lopez et al. (1998) in einer zweijährigen Längsschnittstudie mit 381 deutschen Kindern im Alter von acht bis elf Jahren heraus, dass eine Überschätzung der eigenen Kapazitäten (im Vergleich zur aktuellen Schulleistung) mit nachfolgenden besseren Schulleistungen zusammenhing.

Das sechste Entwicklungsmerkmal nennt Heckhausen »*Beziehung zwischen Erwartung und Anreiz*«. Die Beziehung zwischen Erfolgswahrscheinlichkeit (Erwartung) und Anreiz (Wertigkeit der Handlung, abzulesen an den affektiven Folgen) hatten wir bereits weiter oben bei der Beschreibung des Risikowahl-

modells dargestellt. Laut Heckhausens Befunden sind Stolzre-
aktionen über einen Erfolg (als Anreiz-Indikatoren) ungefähr
ab einem Alter von vier bis fünf Jahren bei höheren Schwierigkeitsgraden (den Erwartungs-Indikatoren) ausgeprägter. Wird
die Information über die Schwierigkeit allerdings nicht über
anschauliche Schwierigkeitsgrade, sondern verbal über soziale
Vergleichsinformation vermittelt, aus der erst auf die Schwierigkeit der Aufgabe geschlossen werden muss (»fast alle« oder »nur
wenige« können dies), findet sich das erste Auftreten einer
schwierigkeitsabhängigen Anreizvariation in der Regel erst ab
einem Alter von acht Jahren.

　　Beim *siebten Entwicklungsmerkmal* geht es um die im Risiko-
wahl-Modell postulierte bevorzugte Wahl solcher Aufgaben und
Ziele, bei denen das Produkt von Erwartung und Anreiz maximal ist. Diese multiplikative Verknüpfung dürfte erst nach dem
zehnten Lebensjahr auftreten, da erst dann, wie bereits beschrieben, das Konzept der Erfolgswahrscheinlichkeit voll entwickelt
ist. Bei jüngeren Kindern lassen sich Vorformen finden, bei denen auf einen Faktor von den zweien zentriert wird. D. h. die
Kinder wählen zwar schon leistungsorientiert, zentrieren aber
entweder mehr auf die Erfolgserwartung (was die Bevorzugung
leichterer Aufgaben zur Folge hat) oder auf den Anreiz (was die
Bevorzugung von Aufgaben zur Folge hat, die schwieriger und
damit reizvoller scheinen).

　　Mit der Frage, wann sich die kausalen Schemata für Fähigkeit
und Anstrengung entwickeln, befasst sich *Entwicklungsmerkmal
Nummer acht*. Zunächst sind Fähigkeit und Anstrengung fest
aneinander *gekoppelt* – hat der eine Faktor eine bestimmte Ausprägung, so verfügt der andere über die gleiche Ausprägung.
Achtjährige Kinder überwinden dieses starre Schema zugunsten
eines Kompensationsschemas, wenn ihnen Information zur Fähigkeit vorgegeben wird und sie daraus auf die Anstrengung
schließen müssen. Zu der umgekehrten Schlussfolgerung – Anstrengung ist gegeben und Fähigkeit zu erschließen – waren erst
neun- bis zehnjährige Kinder in der Lage. Der Anstrengungs-
begriff löst sich also früher aus dem globalen Tüchtigkeitskonzept als der Fähigkeitsbegriff. Zu einer vollen Fähigkeitskompensation (wenn z. B. zwei Kinder das gleiche Ergebnis erzielen,

wird nur dem Kind eine höhere Fähigkeit zugeschrieben, das sich weniger angestrengt hat) sind die Kinder erst später in der Lage. In der Studie von Nicholls (1978) gaben mehrheitlich erst Zwölfjährige an, dass geringe Anstrengung durch hohe Fähigkeit ausgeglichen werden kann, und zeigten somit ein Verständnis dafür, dass Anstrengung und Fähigkeit als kompensatorische Ursachen auftreten können.

Beim *neunten Entwicklungsmerkmal* steht die Frage nach der Gewichtung in der Bewertung eigener und fremder Leistungs-ergebnisse im Zentrum. Bei Erwachsenen und Jugendlichen ist für die Fremdbewertung *Anstrengung* und für die Selbstbewer-tung *Fähigkeit* der wichtigere ursächliche Faktor. Die Frage lau-tet, ab wann Anstrengung und Fähigkeit unterschiedlich bewer-tet werden und sich in ihrer affektiven Wirksamkeit für die Fremd- und Selbstbewertung auseinanderentwickeln. Dies ist der Fall, wenn das Kind sowohl über Anstrengungs- als auch Fähigkeitskompensation verfügt, d. h. ab ungefähr zehn Jahren. Von diesem Alter an ist Anstrengung der ausschlaggebende Fak-tor für die Fremdbewertung und Fähigkeit für die Selbstbewer-tung. Dies gilt zunächst nur nach Erfolg; ab ca. zwölf Jahren sind die Kinder jedoch in der Lage, sowohl nach Erfolg als auch nach Misserfolg aus anstrengungsorientierten Fremdbewertungen die impliziten (auf dem Kompensationsschema beruhenden) Fähig-keitseinschätzungen zu erschließen.

8.2.3 Differentielle Entwicklung der Leistungs-motivation

Während sich diese neun Entwicklungsmerkmale auf die allge-meine Entwicklung der Leistungsmotivation bezogen, wollen wir im Folgenden betrachten, wie interindividuelle Unterschie-de in der Leitungsmotivation entstehen können. Beginnen wir mit der Rolle *familiärer Faktoren.* So wurde z. B. vermutet, dass frühe Selbstständigkeitserziehung mit einer hohen Leistungs-motivation zusammenhängt (Winterbottom, 1958). Wie sich jedoch in mehreren Studien herausstellte, ist nicht die Frühzei-tigkeit, sondern die *Entwicklungsangemessenheit* der Selbststän-digkeitserziehung der entscheidende Faktor. Nur wenn das Kind mit Aufgaben konfrontiert wird, die es aus eigenem Bemühen bewältigen kann, erlebt es den Zusammenhang zwischen Anstrengung und Erfolg, was sich wiederum förderlich auf die Entwicklung eines erfolgszuversichtlichen Leistungsmotivs auswirkt (zusammenfassend siehe Heckhausen & Heckhausen, 2006).

Ein weiteres sehr interessantes Beispiel für die Bedeutung familiärer Faktoren entstammt einer Längsschnittstudie von Trudewind und Husarek (1979). Aus dem Einschulungsjahrgang einer deutschen Großstadt wurden 40 Jungen ausgewählt, die bei der Einschulung weder besonders erfolgs- noch besonders misserfolgsorientiert waren und sich auch nicht bezüglich demographischer Variablen oder hinsichtlich des intellektuellen Entwicklungsstandes unterschieden. Am Ende des ersten Schuljahres ließen sie sich jedoch in zwei Gruppen unterteilen: Die eine war ausgesprochen erfolgs-, die andere misserfolgsmotiviert. Eine Erklärung für diese unterschiedliche Entwicklung lieferte eine Analyse der Mutter-Kind-Interaktion bei den Hausaufgaben, bei der sich klare Unterschiede zwischen den Müttern beider Motivgruppen ergaben. Mütter, deren Söhne misserfolgsorientiert geworden waren, zeichneten sich durch folgendes Verhalten aus:

1. Stärkere Orientierung an der sozialen Bezugsnorm (d. h. Vergleich mit anderen Kindern) und größere Unzufriedenheit mit den Hausaufgaben, obwohl in den Zeugnisnoten kein Unterschied zwischen den beiden Gruppen bestand.
2. Mehr Strukturierung und Kontrolle in der Hausaufgabensituation, weniger Respekt gegenüber kindlichen Wünschen und seltenere Ermunterung des Kindes zu selbstständigem Arbeiten und zum Fassen eigener Entschlüsse. Hilfe wurde meist in Form direkter Eingriffe in die Aufgabenbearbeitung gegeben.
3. Erfolg bei den Hausaufgaben wurde eher der Leichtigkeit der Aufgabe, Misserfolg mangelnder Begabung zugeschrieben.
4. Nach einem Erfolg äußerten die Mütter mehr neutrale und weniger lobende Reaktionen, nach einem Misserfolg tadelten sie eher.

Diese Studie zeigt, wie innerhalb des ersten Schuljahres eine Entwicklung Richtung Erfolgs- bzw. Misserfolgsmotivation stattfinden kann. Heckhausen (1980) vermutet, dass solche Unterschiede sich bereits zwischen dem vierten und fünften Lebensjahr ausbilden können.

Neben dem Elternhaus ist natürlich auch der Umgang mit Leistung in der Schule ein wichtiger Faktor. Die Forschung aus der Arbeitsgruppe um Rheinberg (2006; Rheinberg & Krug, 2005) hat ergeben, dass die sogenannte *Bezugsnormorientierung* im Unterricht eine entscheidende Rolle spielt. So kann sich eine Lehrkraft bei der Leistungsbeurteilung am Klassendurchschnitt orientieren, also einen sozialen Leistungsvergleich vornehmen. Gut ist eine Leistung, die über dem Durchschnitt liegt, und schlecht entsprechend diejenige, die unterdurchschnittlich ausfällt. Dies bezeichnet man als *soziale* Bezugsnorm. Bei der *individuellen* Bezugsnorm demgegenüber werden Schüler an ihren vorausgegangenen Leistungen gemessen. Gut ist eine Leistung, die eine Verbesserung gegenüber der vorangegangenen Leistung anzeigt, und schlecht eine solche, die im intraindividuellen Leistungsvergleich einen Rückschritt erkennen lässt. Die Orientierung erfolgt also an der individuellen Leistungsentwicklung. Eine Reihe von Studien belegt, dass Unterricht, der sich an der individuellen Bezugsnorm orientiert, die Schüler mittelfristig erfolgszuversichtlicher machen kann. Besonders günstig sind die Auswirkungen für leistungsschwächere Schülerinnen und Schüler (Rheinberg, 2006; Rheinberg & Krug, 2005), da diese feststellen können, dass sie bei vermehrter Anstrengung und Übung in der Regel ihre Leistungen verbessern werden.

Wie wichtig diese Attribution auf Anstrengung ist, zeigen auch die Studien der US-amerikanischen Psychologin Carol Dweck (Dweck & Molden, 2005). Sie geht davon aus, dass Menschen unterschiedliche Theorien über Intelligenz und Erfolg haben. In einer Vielzahl von Studien fand sie heraus, dass es von entscheidender Bedeutung ist, ob Menschen eher geneigt sind zu glauben, dass ihre Intelligenz eine unveränderliche Eigenschaft ist, die man eben hat oder nicht (»entity« theory), oder ob sie eher der Ansicht sind, dass man Intelligenz durch Lernen und Anstrengung verändern kann (»incremental« theory). Beispielsweise erhoben Blackwell et al. (2003, zit. nach Dweck & Molden, 2005, S. 124) bei Schülerinnen und Schülern der 7. Klasse deren Theorien bezüglich Intelligenz, eine Reihe anderer motivationaler Variablen sowie ihre Mathematiknoten im Verlauf der nächsten zwei Jahre. Es zeigte sich, dass diejenigen Siebtklässler, die der Meinung waren, dass Intelligenz veränderbar ist, großen Wert auf Lernen sowie Anstrengung legten und ihre Misserfolge dementsprechend auf Mängel in diesem Bereich zurückführten. Ihre Strategie war folglich, sich in diesem Fall auf die nächste Prüfung besonders gut vorzubereiten. Die Noten dieser Schüler waren im Verlauf der zwei Jahre deutlich besser als die derjenigen, die Intelligenz für eine unveränderbare Größe hielten. Letztere fokussierten, wenn sie ihre eigene Leistung bewerteten, eher auf das Ergebnis (z. B. bestanden oder nicht) als auf den Prozess (z. B. die Anstrengung), der zu dem Ergebnis geführt hatte. Sich anstrengen müssen war für diese Schüler gleichbedeutend mit unfähig sein, so dass ihnen im Falle von Misserfolg der Weg der gesteigerten Anstrengung versperrt blieb. Stattdessen gaben sie an, zukünftig weniger Zeit in dieses Fach zu investieren, es abzuwählen oder beim nächsten Mal pfuschen zu wollen.

Wie entwickeln sich diese unterschiedlichen Orientierungen? Laut den Ergebnissen der Arbeitsgruppe von Dweck (s. zusammenfassend Dweck & Molden, 2005) spielt es eine große Rolle, wofür Kinder gelobt bzw. kritisiert werden: Für ihre Fähigkeiten (»Du bist sehr klug«) oder für ihre Anstrengungsbereitschaft (»Du hast Dich wirklich angestrengt«). Je nachdem wird eine »entity« oder eine »incremental« theory überwiegen. Aber auch kulturelle Faktoren scheinen eine Rolle zu spielen. Laut Bee und Boyd (2004) dominiert in Asien im Vergleich zu Nordamerika die Ansicht, dass vermehrte Anstrengung zu erhöhter Fähigkeit führt (»that people become more capable by working harder«, S. 200). Hierauf baut die Annahme auf, dass asiatische Eltern und Lehrkräfte ihre Kinder eher zu besserer Leistung motivieren können als nordamerikanische. Die Änderung der Fokussierung von Fähigkeit zu Anstrengung scheint also ein Weg zu sein, Kindern zu besserer Leistung und mehr Erfolgszuversicht zu verhelfen.

Folgen individueller und sozialer Bezugsnormorientierung

Trudewind (1982) prüfte in einer Längsschnittstudie, ob die Bezugsnorm-Orientierung des Klassenlehrers in der Grundschule zu interindividuellen Unterschieden in der Ausprägung des Leistungsmotives führt. Die Erhebungen fanden zu Beginn und am Ende des 1. Schuljahres sowie in der Mitte des 4. Schuljahres statt. Es zeigte sich, dass unter individueller Bezugsnorm die Hoffnung auf Erfolg im Verlauf des 1. Schuljahres zunahm und bis zum 4. Schuljahr auf konstant hohem Niveau blieb. Demgegenüber sank die Erfolgshoffnung bei denjenigen Kindern, die von Lehrkräften mit sozialer Bezugsnorm unterrichtet worden waren, und blieb auf konstant niedrigem Niveau erhalten (s. **Abb. 8.1**).

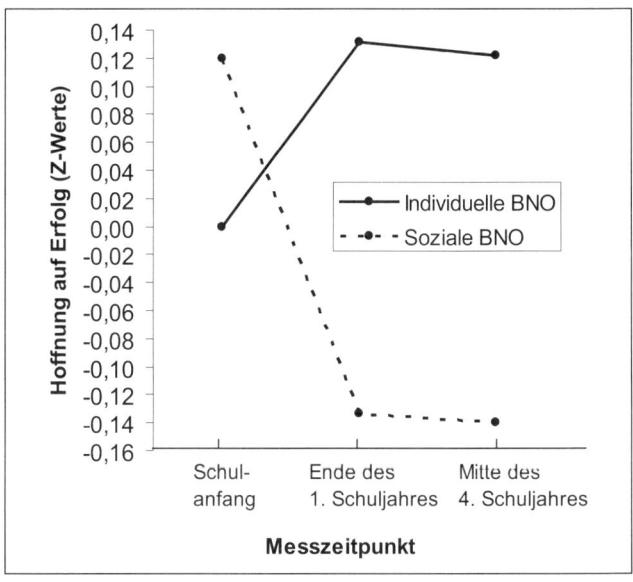

Abb. 8.1: Mittelwerte in Hoffnung aus Erfolg (z-Werte) zu den verschiedenen Messzeitpunkten in Abhängigkeit von der Bezugsnormen-Orientierung der Lehrer (N=302 Grundschüler) (Quelle: Trudewind & Kohne, 1982)

8.3   Praxisthema: Prävention von aggressivem Verhalten am Beispiel von »Faustlos«

In dem folgenden Abschnitt geht es um die Förderung sozial-emotionaler Kompetenzen von Kindern, speziell in ihrer Funktion zur Prävention von aggressivem Verhalten. Aggression wird in der Regel über drei Bestimmungsmerkmale definiert (Busch, 1998):

1. Schädigung bzw. versuchte Schädigung
2. Intention/Gerichtetheit
3. Unverhältnismäßigkeit/Normabweichung (S. 5)

Die Frage, wie der Entstehung von Aggressivität und Gewalt in der Kindheit vorbeugend entgegengetreten werden kann, beschäftigt Menschen in Wissenschaft, Politik und vielen gesellschaftlichen Bereichen gleichermaßen. Aus den verschiedenen Programmen zur Gewaltprävention an Schulen (vgl. Kirchheim, 2005) soll im Folgenden »Faustlos – ein Curriculum zur Prävention von aggressivem und gewaltbereitem Verhalten bei Kindern der Klassen 1 bis 3« vorgestellt werden.

»Faustlos« ist die deutschsprachige Version des Second Step Curriculums (Beland, 1988), das vom Committee for Children, einer unabhängigen Non-Profit-Organisation in Seattle (Washington, USA) für verschiedene Altersgruppen entwickelt und evaluiert wurde. In Deutschland liegt es inzwischen in einer Version für den Kindergarten, die Grundschule und bald auch für die Sekundarstufe vor (Schick & Cierpka, 2008). Faustlos hat zum Ziel, das impulsive und aggressive Verhalten von Kindern zu vermindern und ihre soziale Kompetenz zu erhöhen. Dies soll erreicht werden über ein Training in den Bereichen *Empathie*, *Impulskontrolle* und *Umgang mit Wut*. Die Förderung empathischer Fähigkeiten stellt hier also nur einen Aspekt unter anderen dar, wird jedoch »als wichtigste Grundlage jedes Programms zur Prävention von Gewalt und zur Steigerung der sozialen Kompetenz …« (Cierpka, 2001, S. 12) angesehen.

Das Training umfasst 51 Lektionen, die im Laufe der ersten drei Grundschuljahre durchgeführt werden sollen. Im Zentrum der *Unterrichtsstrategien* stehen Gruppendiskussionen um eine mit einer Fotofolie illustrierte Geschichte und Rollenspiele.

8.3.1 Empathietraining

Im Zentrum dieser Lektionen stehen das Erkennen von Gefühlen, die Fähigkeit zur Perspektivenübernahme und zur emotionalen Reaktionsbereitschaft. Die Kinder sollen »lernen, den emotionalen Zustand anderer Menschen zutreffend einzuschätzen, die Perspektive anderer Menschen zu übernehmen und emotional angemessen auf diese zu reagieren« (Schick & Cierpka, 2008, S. 184). Wie man sieht, liegt den Faustlos-Curricula also ein sehr breites Verständnis von »Empathie« zugrunde, das vielleicht mit dem Begriff »emotionale Kompetenz« zutreffender überschrieben wäre.

In der ersten Lektion geht es zum Beispiel um das Erkennen von Gefühlen. Den Kindern werden Photos gezeigt, auf denen mimisch ganz bestimmte Gefühle ausgedrückt werden. Die Kinder sollen sagen, woran sie diese Gefühle erkennen und sie anschließend selber darstellen. In der nächsten Sitzung werden wieder anhand von Photos situative Hinweise besprochen, anhand derer man auf den emotionalen Zustand eines Menschen schließen kann. In den folgenden Lektionen geht es um Ähnlichkeiten und Unterschiede zwischen Menschen, die Veränderlichkeit von Gefühlen, ihre Vorhersage und um die Fähigkeit, Gefühle mitzuteilen. Die Durchführung ergänzender Übungen wird den Lehrkräften anheimgestellt, so etwa das Erstellen eines Buches mit Texten und Bildern über die Gefühle der Schülerinnen und Schüler oder das Erzählen von Geschichten aus den Perspektiven verschiedener Menschen. Explizit hingewiesen wird auf die Verwendung eines bestimmten Vokabulars, das im Zusammenhang mit dieser Thematik eine wichtige Rolle spielt.

8.3.2 Impulskontrolle

Aggressive Kinder sind häufig auch impulsiv. Dies wird u. a. auf Defizite in der sozialen Informationsverarbeitung zurückgeführt (s. Kap. 7, Attributionsbias aggressiver Kinder). Deshalb werden in diesen Lektionen der Umgang mit Problemen und sozial kompetentes Verhalten geübt. Ein Problemlöseverfahren in fünf Schritten wird mit den Kindern immer wieder durchgearbeitet:

1. Was ist das Problem?
2. Welche Lösungen gibt es?
3. Frage Dich bei jeder Lösung: Ist sie ungefährlich? Wie fühlen sich die anderen? Ist sie fair? Wird sie funktionieren?
4. Entscheide Dich für eine Lösung und probiere sie aus.
5. Funktioniert die Lösung? Wenn nicht, was kannst Du jetzt tun?

Die Kinder sollen sich diese Fragen zunächst laut stellen und dann im Laufe der Zeit verinnerlichen. Wie schon in der Empathie-Einheit werden auch hier den Kindern Fotos gezeigt, auf denen sich Kinder in Konfliktsituationen befinden. Die Kinder diskutieren über die Situation auf dem Bild und versuchen die fünf Problemlöseschritte anzuwenden. In dieser Einheit sind auch Rollenspiele von besonderer Bedeutung, da die Kinder so das Umsetzen der erlernten Strategien üben können – z. B., wie man Ablenkungen oder Störungen ignoriert, jemanden höflich unterbricht oder dem Impuls widerstehen kann, zu lügen oder zu stehlen.

8.3.3 Umgang mit Ärger und Wut

In diesen Lektionen soll der konstruktive Umgang mit den Gefühlen von Ärger und Wut gelernt werden. Geübt werden Techniken der Stressreduktion, kombiniert mit kognitiven Strategien der Selbstinstruktion und des Problemlösens. Im Einzelnen sollen die Kinder lernen, mit heftigen Gefühlen umzugehen, negative Gefühle zu regulieren, tolerieren und auszuhalten sowie körperliche Empfindungen als Hinweis auf ihren Gefühlszustand wahrzunehmen. Themen der Lektion sind »sich aus einem Kampf heraushalten«, »Umgang mit Hänseleien, Neckereien«, »Umgang mit Kritik«, »Konsequenzen akzeptieren«, »Umgang mit Enttäuschung«, »Umgang mit Vorwürfen« und »sich beschweren«.

Geübt werden die folgenden vier Schritte zum Umgang mit Ärger und Wut:

1. Wie fühlt sich mein Körper an?
2. Beruhige Dich: Hole dreimal tief Luft, zähle langsam rückwärts, denke an etwas Schönes und sage »beruhige Dich« zu Dir selber.
3. Denke laut über die Lösung des Problems nach (s. o., Problemlösestrategien).
4. Denke später darüber nach: Warum habe ich mich geärgert? Was habe ich dann gemacht? Was hat funktioniert? Was hat nicht funktioniert? Was würde ich beim nächsten Mal anders machen? Kann ich mit mir zufrieden sein?

Wie schon beim Problemlösen sollen die Kinder zunächst laut denken und die Schritte dann verinnerlichen.

8.3.4   Evaluation in der Grundschule

In Deutschland wurde das Grundschulprogramm von Schick und Cierpka (2003) im Rahmen eines Prä-Post-Kontrollgruppendesigns evaluiert. 30 Grundschulklassen gehörten der Experimental-, 14 der Kontrollgruppe an; Letztere wurden dabei *keinem* treatment unterzogen. 18 Monate nach der Präerhebung fand die Postbefragung statt, bei der die Eltern und Lehrer per Fragebogen und eine Zufallsauswahl von Kindern (je zwei pro Klasse) per Interview befragt wurden. Der größte Teil der Kinder (74 %) war zu diesem Zeitpunkt zwischen sieben und acht Jahre alt. Empathie wurde nur über die Selbsteinschätzungen der Kinder gemessen. Die Fragen stammten aus dem »Fragebogen zur Erfassung von Empathie und angemessenem sozialen Verhalten«, der für Jugendliche im Alter von 12 bis 16 Jahren entwickelt wurde (FEAS, Meindl, 1998) und Empathie als eher kognitive Kompetenz im Sinne von Rollenübernahmefähigkeit erfasst. Mit diesem Instrument traten keine Veränderungen zwischen Prä- und Postmessung auf, wobei die Verwendung eines Fragebogens bei Grundschulkindern, der an Zwölf- bis 16-Jährigen validiert wurde und Empathie als rein kognitive Fähigkeit operationalisiert, sicherlich zu hinterfragen ist. Wie schon weiter oben dargestellt, wird im Faustlos-Curriculum unter Empathie ein sehr breites Konzept verstanden, das eher dem Begriff der emotionalen Kompetenz entspricht.

Dennoch zeigte sich eine Reihe von Effekten, die in einem weiteren Sinne mit der Fähigkeit zusammenhängen, einem anderen Menschen in seinem Kummer beizustehen. So stieg für Jungen und Mädchen in der Experimentalgruppe die von den Eltern eingeschätzte Perspektivenübernahme, wie auch bei den Jungen in der Kontrollgruppe. Ferner zeigte sich, dass bei »Faustlos«-Kindern aus Sicht der Eltern sowohl ängstlich-zurückgezogene als auch depressive Verhaltensweisen abgenommen hatten, was u. U. damit erklärt werden kann, dass die Kinder in Situationen, die Angst und Kontrollverlust beinhalten (Arztbesuche, Gewitter), ihre Gefühle besser verbalisieren konnten – eine Fähigkeit, die einen Schwerpunkt des Empathietrainings dargestellt hatte.

Insgesamt kann man also dem Curriculum bezüglich der Erhöhung prosozialer Kompetenzen in der Grundschule eine nachgewiesene Effektivität zubilligen, die aber insgesamt nicht überwältigend ausfällt (für die Evaluation der Kindergartenversion siehe Schick & Cierpka, 2006). Schick und Cierpka (2003) weisen in diesem Zusammenhang darauf hin, dass an Präventionsprogrammen teilnehmende Personen »normale« Ausgangswerte haben, so dass dramatische Veränderungen nicht zu erwarten sind.

Zukünftige Evaluationsstudien sollten versuchen, die Effekte der einzelnen Komponenten des Programms herauszuarbeiten, damit genauere Schlussfolgerungen bezüglich ihrer Wirksamkeit möglich werden. Wünschenswert wäre für den deutschen Sprachraum auch eine Evaluation unter dem Einbezug von Kontrollgruppen, die an einem treatment teilnehmen, und Methoden, die geeigneter sind zur Messung der emotionalen Kompetenz bei Grundschulkindern. Eine generell höhere Effektivität wäre vermutlich dadurch zu erreichen, dass zum einen die Interaktionskompetenz der Lehrkräfte und zum anderen die der Familien der Kinder in stärkerem Maße einbezogen würde, als dies bislang der Fall ist (vgl. auch Hahlweg et al., 1998; Schick & Cierpka, 2006). Auch Kontextbedingungen spielen eine nicht zu vernachlässigende Rolle: In einer in den USA durchgeführten Evaluation des Sekundarstufenprogrammes von Second Step fanden sich positive Effekte nur in solchen Klassen, in denen die Lehrkräfte eine positive Einstellung dem Programm gegenüber hatten (Orpinas et al., 1995, zit. nach Schick & Cierpka, 2008, S.192). Die Motivation der anwendenden Personen sowie die Unterstützung durch die Schul- oder Kindertagesstättenleitung dürften von daher auch eine wichtige Rolle spielen.

Zusammenfassung

Der in der Psychologie vorherrschende Emotionsbegriff ist komplex und umfasst verschiedene Komponenten wie die kognitive Bewertung des Geschehens, die damit einhergehende physiologische Erregung, den mimischen Ausdruck, das subjektiv empfundene Gefühl und die Handlungstendenzen, die sich anschließen können. Diese Komponenten werden anhand der Entwicklung von Scham, insbesondere von Körperscham, erläutert.

Das zweite Gefühl, dessen Entwicklung dargestellt wird, ist das Mitgefühl. Mitfühlen bedeutet, den emotionalen Zustand eines anderen wahrzunehmen und Betroffenheit und Bedauern in Anbetracht seiner Lage zu empfinden. Hier wird die motivationale Komponente der Emotion besonders deutlich, da aus Mitgefühl im Allgemeinen der Wunsch entsteht, zu trösten. Voraussetzung für die Entstehung von Mitgefühl und Trösten ist die Unterscheidung zwischen »Selbst« und »Anderem«, die etwa ab einem Alter von 18 Monaten auftritt. Bis zum dritten Lebensjahr nimmt die mitfühlend-tröstende Reaktionsbereitschaft zu, danach treten zunehmend stabile interindividuelle Unterschiede zwischen den Kindern auf. Zu den Faktoren, die dazu beitragen, dass die einen Kinder mehr, die anderen weniger Mitgefühls- und Tröstbereitschaft zeigen, wurden neben genetischen und kulturellen Einflüssen folgende Sozialisationsbedingungen identifiziert: Förderlich für die Entwicklung von Mitfühlen und Trösten ist eine sichere Erwachsenen-Kind-Bindung, in der die erwachsenen Bezugspersonen prosoziale Modelle darstellen, sich warm und unterstützend dem Kind gegenüber verhalten und ihm vermitteln, dass es ohne Scham traurig und ängstlich sein darf, andere Menschen aber nicht verletzten soll. Die Persönlichkeitseigenschaften eines Kindes – wie z. B. Aggressivität oder Schüchternheit – sind ebenfalls von Bedeutung. Eine besondere Rolle kommt dem Geschlecht zu, da zum einen Mädchen in der Regel mehr Mitgefühl zeigen als Jungen und sich auch die förderlichen bzw. hemmenden Bedingungen für die Geschlechter zu unterscheiden scheinen.

Die Motivationspsychologie sucht eine Antwort auf die Frage nach dem »Warum« des Verhaltens. Leistungsmotiviertes Verhalten stellt das am besten erforschte Motivsystem dar; es zielt auf die Selbstbewertung der eigenen Tüchtigkeit in Auseinandersetzung mit einem Gütemaßstab ab. Die allgemeine Entwicklung der Leistungsmotivation wird von Heckhausen (1980) als eine Abfolge von neun Entwicklungsschritten beschrieben. Im Hinblick auf die Entstehung interindividueller Unterschiede in der Leistungsmotivation ist die Orientierung an der sozialen oder individuellen Bezugsnorm sowohl in der Familie als auch in der Schule ein wichtiger Faktor. Erfolgsorientierte Kinder führen eigene Erfolge auf internale Faktoren wie Anstrengung oder Fähigkeit zurück, Misserfolge dagegen auf externale Faktoren, wie z. B. Pech. Misserfolgsorientierte Kinder attribuieren genau andersherum; eigene Misserfolge führen sie auf ihre mangelnde Fähigkeit zurück und Erfolge auf den Zufall.

Die Förderung empathischer und die Prävention aggressiver Verhaltensweisen ist ein Ziel des Curriculums »Faustlos« für Grundschulkinder. Trainiert werden eine Reihe sozioemotional kompetenter Verhaltensweisen wie das Erkennen, Verstehen und Ausdrücken von Gefühlen, u. a. Sorge und Mitgefühl. Das Grundschulprogramm ist in 51 Lektionen unterteilt, die im Verlauf der ersten drei Schuljahre von den regulären Lehrkräften durchgeführt werden. Neben empathischen Fähigkeiten werden auch die Impulskontrolle und der Umgang mit Wut trainiert. Das zentrale Arbeitsmaterial sind Fotos, auf denen passend zum Thema der jeweiligen Lektion soziale Situationen dargestellt werden. Evaluationsstudien liefern erste Hinweise für die Wirksamkeit des Programms.

Empfohlene Literatur

Rheinberg, F. (2006). *Motivation*. Stuttgart: Kohlhammer.
von Salisch, M. (2002). *Emotionale Kompetenz entwickeln. Grundlagen in Kindheit und Jugend*. Stuttgart: Kohlhammer.

9 Identität und Persönlichkeit

Obwohl mit Begriffen wie *Persönlichkeit, Temperament, Identität und Selbst* unterschiedliche Forschungstraditionen verbunden sind, ist ihnen doch gemeinsam, dass sie auf Kontinuitäten im Verhalten und Erleben von Menschen verweisen, auf einen stabilen Kern, der bei all dem Wandel bleibt, dem wir angesichts von Entwicklungs- und Lernprozessen unterworfen sind. Persönlichkeit wird meist als das umfassendste Konstrukt angesehen, während die anderen Begriffe eher für Teilbereiche stehen. Ein Unterschied zwischen den Begriffen mag auch darin begründet sein, dass mit ihnen in unterschiedlichem Maße Fremdsicht und Selbstsicht auf das Individuum thematisiert werden.

9.1 Persönlichkeit und Temperament

Persönlichkeit und Temperament implizieren stärker die Perspektive des Betrachters von außen. Persönlichkeitseigenschaften (personality traits) verweisen nach Caspi (1998, S. 312) auf individuelle Unterschiede in der Neigung von Personen, sich auf konsistente Weise zu verhalten, zu denken und zu fühlen. Für das Erwachsenenalter wurden zahlreiche Versuche unternommen, übergeordnete Dimensionen bzw. Faktoren empirisch zu finden, mit deren Hilfe sich die Struktur der Persönlichkeit beschreiben ließe. Das bekannteste Ergebnis sind *The Big Five*, übergeordnete Persönlichkeitseigenschaften (higher-order traits), die sich auch zunehmend für Kindheit und Jugendalter erhärten lassen:

1. extraversion/Extraversion,
2. neurotizism/Neurotizismus,
3. conscientiousness/Gewissenhaftigkeit,
4. agreeableness/Verträglichkeit und

5. openness to experience/Offenheit gegenüber Erfahrungen (Caspi & Shiner, 2007, S. 310, Tab. 6.2).

Diese übergeordneten Persönlichkeitsfaktoren sind sehr breit und fassen jeweils eine größere Zahl stärker spezifischer Merkmale (lower-order traits) zusammen. Der Extraversion untergeordnet sind die Merkmale Soziabilität und Energie/Aktivitätsniveau. Kinder mit hoher Ausprägung auf diesem Faktor werden als »[…] sociable, expressive, high-spirited, lively, socially potent, physically active, and energetic« beschrieben (Caspi & Shiner, 2007, S. 311). Zum Neurotizimus gehören die Merkmale Furcht, Angst und Trauer. Hohe Werte beim Neurotizismus erreichen Kinder, die als »[...] anxious, vulnerable, tense, easily frightened, ›falling apart‹ under stress, guilt-prone, moody, low in frustration tolerance, and insecure in relationships with others« gelten (Caspi & Shiner 2007, S. 313). Gewissenhaftigkeit umfasst Aufmerksamkeit, Selbstkontrolle, Leistungsmotivation (auch im Sinne von Ausdauer) und Ordentlichkeit. Der Verträglichkeit/dem angenehmen Wesen untergeordnet sind prosoziale Tendenzen und Eigensinn/Widerstand. Hohe Werte von Verträglichkeit sind assoziiert mit »[…] warm, considerate, empathic, generous, protective of others, and kind« (Caspi & Shiner, 2007, S. 320). Die umstrittenste und am wenigsten verstandene Dimension ist Offenheit gegenüber Erfahrungen mit den Merkmalen Intellekt, Kreativität und Neugier.

Die am häufigsten verwendete Methode zum Studium der Persönlichkeit sind Q-Sorts. Dabei beschreibt eine Person (z. B. ein klinisch tätiger Psychologe, ein Elternteil, eine Lehrerin) ein Kind mit Hilfe eines Kartensatzes. Auf jeder Karte ist ein Persönlichkeitsmerkmal vermerkt. Die Karten werden auf verschiedene Stapel sortiert, die von »am wenigsten charakteristisch« für das beurteilte Individuum bis zu »am meisten charakteristisch« reichen. Der Grad der Ähnlichkeit zwischen zwei Personen ergibt sich aus der Korrelation zwischen ihren Q-Sorts. Persönlichkeitstypen werden mittels statistischer Verfahren aus den Beschreibungen größerer Stichproben ermittelt.

Viele Forscher sind der Meinung, dass bereits frühzeitig im Leben auftretende *Temperamente Vorläufer späterer Persönlich-*

keitstypen sind. Ein solcher Nachweis ist jedoch schwer zu führen, denn es bedarf dazu aufwendiger Längsschnittstudien. Schon den ersten Forschern, die in den 1920er und 1930er Jahren nach Normdaten zur kindlichen Entwicklung suchten, fiel die Unterschiedlichkeit bei Säuglingen auf, so als existiere von Geburt an bereits ein Persönlichkeitskern (vgl. Rothbart & Bates, 1998). Die einflussreichste Linie zur heutigen Temperamentsforschung geht von den Kinderpsychiatern Alexander Thomas und Stella Chess aus, die in den 1950er Jahren die New York Longitudinal Study (NYLS) bei drei bis sechs Monate alten Säuglingen begannen. Rothbart und Bates definieren Temperament »[…] as constitutionally based individual differences in emotional, motor, and attentional reactivity and self-regulation« (Rothbart & Bates, 1998, S. 109). Man geht davon aus, dass Merkmale des Temperaments über Situationen und die Lebenszeit hinweg relativ stabil sind und dass sie Ergebnisse der biologischen Evolution sind.

Wie kann Temperament bei Kindern eigentlich gemessen werden? Zum Einsatz kommen Befragungen der Eltern, die Selbstbeurteilung älterer Kinder, Beobachtungen in der natürlichen Umgebung und strukturierte Beobachtungen im Labor. Teilweise versucht man auch eine Beziehung zu psychobiologischen Maßen (Studien der Hirnfunktion, elektrodermale Aktivität usw.) herzustellen. Die meisten Daten stammen dabei aus *Elternbefragungen mittels standardisierter Fragebogen*, von denen einige auch in einer deutschsprachigen Adaptation verfügbar sind: so der Emotionality-Activity-Sociability Temperament Survey (EAS, s. Kasten) von Buss und Plomin (Spinath, 2000) und der Infant Behavior Questionnaire von Rothbart (Pauli-Pott et al., 2003).

In dieser Variante wird der EAS Eltern vorgelegt, die das Verhalten ihrer Kinder für jedes Item auf einer Skala von 1 (nicht charakteristisch) bis 5 (sehr charakteristisch) einschätzen sollen. In der deutschen Version wurden einige Items anderen Dimensionen zugeordnet als in der ursprünglichen US-amerikanischen. Dies betrifft insbesondere Items, die zunächst das Merkmal Soziabilität messen sollten, in der Einschätzung der Eltern aber eher einen Bezug zur Schüchternheit anregen. Die mit dem EAS gemessenen Dimensionen werden als Emotionalität, Aktivität, Schüchternheit und Soziabilität angegeben, wobei unter Emotionalität vor allem eine negativ gefärbte Erregung im Sinne von Ängstlichkeit oder Ärger gemeint ist. Das EAS kann vom Kleinkind- bis zum Jugendalter verwendet werden (Spinath, 2000).

Die von Thomas und Chess in der NYLS gefundenen neun Temperamentsaspekte lassen sich auf eine geringere Zahl von

---

Der Emotionality-Activity-Sociability Temperament Survey (EAS)

1. Das Kind neigt zu Schüchternheit (Sch)
2. Das Kind fängt leicht an zu weinen (Emo)
3. Das Kind ist gerne unter Menschen (Soz)
4. Das Kind ist immer in Bewegung (Akt)
5. Das Kind spielt lieber mit anderen als alleine (Soz)
6. Das Kind neigt dazu, emotional zu sein (Emo)
7. Wenn sich das Kind umherbewegt, tut es dies gewöhnlich langsam (Akt)
8. Das Kind findet leicht Freunde (Sch)
9. Das Kind springt auf und läuft herum, sobald es morgens aufwacht (Akt)
10. Das Kind findet Menschen anregender als alles andere (Soz)
11. Das Kind quengelt und weint oft (Emo)
12. Das Kind ist sehr kontaktfreudig (Sch)
13. Das Kind steckt voller Tatendrang (Akt)
14. Das Kind braucht lange, um mit Fremden warm zu werden (Sch)
15. Das Kind regt sich leicht auf (Emo)
16. Das Kind ist eher ein Einzelgänger (Soz)
17. Das Kind bevorzugt ruhige, weniger aktive Spiele gegenüber aktiveren Spielen (Akt)
18. Wenn das Kind allein ist, fühlt es sich ausgeschlossen (Soz)
19. Das Kind reagiert intensiv, wenn es sich aufregt (Emo)
20. Das Kind ist Fremden gegenüber sehr freundlich (Sch)

Dimensionen zurückführen, wie faktorenanalytische Studien zeigen (Rothbart & Bates, 1998). Für das Kleinkindalter kristallisieren sich hauptsächlich sechs Dimensionen heraus (s. **Tab. 9.1**). Sie gelten in sehr ähnlicher Weise auch für ältere Kinder:

1. Ängstliche und 2. gereizte Bedrängnis werden gerne auch als »generelle negative Emotionalität« zusammengefasst, 3. positiver Affekt und 4. Aktivitätsniveau als »Annäherung/Vermeidung«; hinzu kommen 5. Selbstkontrolle/Durchhaltevermögen bei Aufgaben und 6. angenehmes Wesen/soziale Anpassungsfähigkeit. Der schon bei Kleinkindern schwach ausgeprägte Faktor »Regelmäßigkeit« findet sich bei den älteren Kindern nicht mehr. Diese Faktoren zeigen starke konzeptuelle und statistische Zusammenhänge mit einigen Eigenschaften der »Big Five«.

Tab. 9.1: Dimensionen des Temperaments im Kleinkindalter

Dimension	Stichworte zur Beschreibung
ängstliche Bedrängnis/Rückzug (fearful distress/withdrawal)	langsame Anpassung, Rückzug, Furcht und Belastung in neuen Situationen
gereizte Bedrängnis (irritable distress)	leicht erregbar, negative Reaktion auf Beschränkungen, Ärger/Frustration
positive Stimmung (positive affect)	Lächeln, Lachen, Annäherung, geringe Betroffenheit, Kooperativität/Lenkbarkeit
Aktivitätsniveau (activity level)	schnelles Tempo, kraftvolle, lebhafte Motorik
Aufmerksamkeitsspanne/Ausdauer (attention span/persistence	anhaltendes Interesse und Ausdauer bei Beschäftigung
Regelmäßigkeit (rhythmicity)	Vorhersagbarkeit bei Körperfunktionen wie Schlaf, Nahrungsaufnahme, Ausscheidungen

Zum Verständnis von Temperament als einem Persönlichkeitsmerkmal gehört per definitionem, dass es eine gewisse Stabilität über die Lebenszeit aufweist. Rothbart und Bates (1998) geben einen Überblick über die Stabilitäten in verschiedenen Temperamentsdimensionen. Es lassen sich teilweise Vorhersagen von der frühen Kindheit bis ins Grundschulalter oder sogar bis ins

Jugendalter aufzeigen. Die in verschiedenen Studien gefundenen Korrelationen liegen jedoch nur im niedrigen bis mittleren Bereich. Wie lässt sich dies erklären? Zum einen wurde immer klarer, dass Temperament sich auch entwickelt. So zeigen wiederholte Messungen von Temperament manchmal keinen Zusammenhang, d. h. Temperamentsaspekte im jüngeren Alter können nicht die in höherem Alter vorhersagen. Genetisch verwandte Individuen zeigen aber trotzdem sehr ähnliche Veränderungen ihres Temperaments. Dies konnte z. B. für das Aktivitätsniveau gezeigt werden (Eaton, nach Rothbart & Bates, 1998). Auch werden frühe Temperamentsunterschiede in der emotionalen und motorischen Reaktivität später durch die Entwicklung regulativer Systeme beeinflusst – das eine mehr reaktiv und emotionsbasiert (Furcht und Verhaltenshemmung), das andere mehr selbst-regulativ (Aufmerksamkeitskontrolle). Zum anderen verändern sich auch die Äußerungsformen von Temperament: Ein eher negativ gestimmtes Kind wird mit sechs Jahren durchaus z. B. weniger weinen als im ersten Lebensjahr. Dies bedeutet, dass die Konstrukte und Messmethoden sich verändern müssen, um Stabilität zu finden.

Verhaltensgenetische Studien verweisen auf eine *beträchtliche Erblichkeit der Temperamentsmerkmale* (Rothbart & Bates, 1998, S. 128). Dies zeigt sich an den beträchtlich höheren Korrelationen für einige Merkmale bei eineiigen als bei zweieiigen Zwillingen. Studien, bei denen zusätzlich verglichen wird, ob die Zwillinge getrennt oder gemeinsam aufgewachsen sind, finden aber auch einen Einfluss der gemeinsamen Umwelt (shared environment), denn die Merkmale Annäherung, positiver Affekt und Selbstkontrolle fallen bei gemeinsam aufgewachsenen Zwillingen ähnlicher aus. Offensichtlich werden eben nicht die gesamten Merkmale vererbt, sondern bestimmte Grundlagen (chemical templates) für die Entwicklung der Struktur des Nervensystems. Diese interagieren mit den Angeboten der Umwelt und persönlichen Lebensentscheidungen (s. Kap. 1.1 und Kap. 1.2.1, interaktionistisches Modell).

Die Beschäftigung mit kindlichen Persönlichkeitsmerkmalen und Temperamenten ist nicht zuletzt unter entwicklungspsychopathologischen Fragestellungen von Interesse (vgl. dazu

Rothbart & Bates, 1998; Caspi & Shiner, 2007; s. Kap. 12). Es
stellt sich die Frage, ob bestimmte Ausprägungen bei Kindern
ein erfolgreicheres oder weniger erfolgreiches Bestehen in einer
Gesellschaft bedingen. Einige Temperamentsmerkmale können
Kinder weniger verletzlich für kritische Lebensbedingungen
(z. B. Scheidung der Eltern, Verarmung der Familie) machen,
andere können Risiken für das Kind heraufbeschwören, etwa
wenn sich die Interaktion mit Bezugspersonen so schwierig gestaltet, dass es leichter zum Opfer von Misshandlung wird. Zentner (2000) diskutiert verschiedene Studien, die zeigen, dass eine
Beratung zum Temperament des Kindes schon in den ersten
Lebensjahren die Eltern entlasten und eine bessere Abstimmung
der Erziehung ermöglichen kann.

9.2   Identität und Selbst

Die Begriffe Identität und Selbst sind eng miteinander verwandt
und werden häufig fast deckungsgleich verwendet. Der *Identitätsbegriff* geht in der Psychologie auf E.H. Erikson zurück. Von
seiner sprachlichen Wurzel drückt Identität stärker als Selbst
aus, dass wir uns als identisch mit uns selbst oder gleichbleibend
erleben (lat. idem derselbe, Logik: völlige Gleichheit), trotz aller
Veränderungen aufgrund von Erfahrungen und sogar angesichts
rasanter körperlicher Veränderungen, die auch das Aussehen
betreffen.

Für Straub bezeichnet der Identitätsbegriff die Selbstbezie-
hung von Personen und die psychische Konstitution personaler
Einheit, sagt aber noch nichts über Individualität aus (Straub,
2000). Für Nunner-Winkler (2000) dagegen stellt auch Individualität eine Bedeutungsfacette von Identität dar. Bei Erikson
beginnt die Identitätsentwicklung als Teil der Persönlichkeitsentwicklung mit dem Säuglingsalter und setzt sich bis ins Erwachsenenalter fort. Jede der Persönlichkeitskomponenten
(Vertrauen, Autonomie, Initiative, Werksinn, Identität, Intimität,
Generativität, Integrität) dominiert die Entwicklung in einem
der acht von Erikson unterschiedenen Lebensalter. Da alle Komponenten miteinander verbunden sind, färbt die dominierende

Komponente auch die Entwicklung in den anderen Persönlichkeitsbereichen. In jedem Lebensalter kommt es zu einer psychosozialen Krise und einer mehr oder weniger dauerhaften, mehr oder weniger gelungenen Lösung. Erikson gibt immer ein Begriffspaar an, das das Ergebnis einer gelingenden bzw. misslingenden Lösung der Krise anzeigt. Bei der Identitätsentwicklung ist die wesentlichste Phase die Adoleszenz und die Lösung bewegt sich zwischen Identität und Identitätsdiffusion. Gelingt die Lösung, so mündet die Identitätsentwicklung in das Gefühl der Ich-Identität »[…] also das gesammelte Vertrauen darauf, dass der Einheitlichkeit und Kontinuität, die man in den Augen anderer hat, eine Fähigkeit entspricht, eine innere Einheitlichkeit und Kontinuität […] aufrechtzuerhalten« (Erikson, 1971, S. 107). Eriksons Ansatz basiert vor allem auf klinischen Erfahrungen. Er zeichnet ein idealtypisches Modell der Entwicklung – im konkreten Fall wird das Entwicklungstempo von individuellen und gesellschaftlichen Faktoren bedingt. Im Prozess der Identitätsbildung werden Kindheitsidentifikationen teilweise aufgegeben, teilweise in einer neuen Struktur absorbiert. Dies hängt auch vom Prozess ab, »[…] durch den eine Gesellschaft (oft mittels Untergesellschaften) den jungen Menschen identifiziert, indem sie ihn als jemanden annimmt und anerkennt, der so werden musste, wie er ist« (Erikson, 1971, S. 140).

Der *Begriff des Selbst* wurde von William James bereits gegen Ende des 19. Jh. verwendet. Er unterscheidet zwischen einem »I« (einem Erkennenden, das Selbst als Subjekt) und einem »Me« (einem Erkannten, das Selbst als Objekt). Das »Me« ist eine auf Erfahrung basierende Sammlung von Informationen über das Individuum und wurde später als Selbstkonzept bezeichnet. Im »I« wurden von James verschiedene Arten von Bewusstsein verankert, die wir bereits bei der Identität erwähnt haben – das Bewusstsein der persönlichen Kontinuität über die Zeit und der Andersartigkeit bzw. Getrenntheit als Person (Harter, 1998, S. 554).

Das »Selbst« ist keine Person in der Person, obwohl in der Literatur vor allem aus sprachökonomischen Gründen eine verdinglichende Begrifflichkeit vorherrscht, die einer solchen Auffassung Vorschub leistet (vgl. Mummendey, 2006). Man sollte

»Selbst« eher als einen zusammenfassenden Begriff für Inhalte und Prozesse verstehen, bei denen es darum geht, wie wir uns als Person wahrnehmen und wie wir diese Wahrnehmungen aufrechterhalten bzw. verändern (Greve, 2000). Die *inhaltliche (objektive) Seite* lässt sich nach drei Dimensionen strukturieren: eine zeitliche Dimension mit den Ausprägungen retrospektiv, aktuell, prospektiv, eine Wirklichkeitsdimension mit den Ausprägungen realistisches Selbst und mögliches Selbst und eine Bewertungsdimension mit den Ausprägungen beschreibend/ nicht bewertend und bewertend. Es erscheint jedoch fragwürdig, wenn Greve (2000) »nicht bewertend« mit kognitiv und »bewertend« mit emotional gleichsetzt. Bewertungen können vollständig kognitiv sein, dann aber zum Auslöser emotionaler Prozesse werden (s. Kap. 8).

Klassische Konzepte der Selbstpsychologie lassen sich in dieses Rahmenmodell einordnen. So würde beispielsweise das *Selbstkonzept* auf eine beschreibende Art und Weise realistische Inhalte aus der Vergangenheit oder Gegenwart umfassen, die man durch die folgenden Selbstkommunikationen beschreiben könnte: »So war ich!« oder »So bin ich geworden!« (subjektive Biographie) und »So bin ich!« (reales Selbst) (Greve, 2000). Das Selbstkonzept kann im Sinne Epsteins als eine Theorie der Person über sich selbst verstanden werden. Die Aussagen in einer Theorie sind aufeinander bezogen und manche gehören zu einem für den Bestand der Theorie wichtigen Kern, während andere peripherer sind. Außerdem ist eine solche Theorie hierarchisch gegliedert: sie enthält peripher eher konkrete erfahrungsnahe Aussagen über sich selbst und zentral eher übergeordnete, abstraktere (vgl. Wentura, 2000). Verschiedenste Informationen über Hilfeleistungen, die man anderen erwiesen hat (ich halte die Tür auf, wenn jemand keine Hand frei hat; ich erkläre Klassenkameraden etwas, wenn sie es nicht verstanden haben; ich leihe meinem Freund Geld, wenn er knapp bei Kasse ist), können in dem zentralen Satz gipfeln: »Ich bin hilfsbereit.«

Dem Selbstkonzept wird meist als bewertender Teil das *Selbstwertgefühl* gegenübergestellt (vgl. dazu Schütz, 2000). Der Versuchung, hier in Richtung Emotionalität zu denken, erläge man nicht, wenn man sich stattdessen der im Deutschen weniger gängigen Synonyme Selbstwertschätzung oder Selbstachtung bedienen würde. Coppersmith (nach Schütz, 2000, S. 4) definiert Selbstwertgefühl als »the evaluation which the individual makes and customarily maintains with regard to himself; it expresses an attitude of approval or disapproval, and indicates the extent to which the individual believes himself to be capable, significant, successful, and worthy. In short, self-esteem is a personal judgement of worthiness that is expressed in attitudes the individual holds toward himself«.

Wird das Selbst nicht mehr nur als Inhalt, sondern als *Prozess* gesehen (das »I«, *die subjektive Seite*), geht es darum, wie persönliche Kontinuität gewährleistet werden kann angesichts lebenslanger Veränderung. Selbstrelevante Informationen werden nicht einfach aufgenommen, sondern aktiv verarbeitet und in die Inhaltsstrukturen eingebaut. Das Selbst muss dabei einerseits gegen die vom bestehenden Konzept abweichenden Informationen verteidigt werden, die seine Integrität verletzen könnten. Die Forschung zeigt darüber hinaus, dass mit solchen Prozessen die Positivität des Selbstwertgefühls gewährleistet wird. Andererseits müssen abweichende Informationen bis zu einem gewissen Grade aufgenommen werden, damit das Selbst noch der Realität der persönlichen Existenz angepasst ist. Nur dann kann das Individuum handlungsfähig bleiben (vgl. Greve, 2000).

9.3 Identität und Selbst in der Entwicklung

Die von James angestoßene Trennung in ein »I« und ein »Me« hat in der neueren entwicklungspsychologischen Forschung, insbesondere der zur frühen Kindheit viele Nachfolgekonzepte gefunden (vgl. Harter, 1998). Dabei ist das »I« wahrscheinlich schon viel früher aktiv als das »Me«, das erst im zweiten Lebensjahr (15 bis 18 Monate) zu existieren beginnt (s. Selbstobjektivierung, Kap. 7 und Kap. 8).

Von gleicher Aktualität sind die Positionen von Theoretikern wie Cooley, Baldwin und Mead, die bereits im frühen 20. Jh. herausgearbeitet haben, dass das Selbst eine soziale Konstruktion ist, deren Basis die Erfahrungen in den Interaktionen mit anderen darstellen. Dabei ist die Interaktion mit den frühen Bezugspersonen nicht nur für die Art des Selbst wichtig, das sich herausbildet (z. B. hohes oder niedriges Selbstwertgefühl, Inhalte des Selbstkonzepts), sondern generell für das Voranschreiten der Selbst-Entwicklung (Harter, 1998).

Harter (2007) gilt das Selbst in erster Linie als eine kognitive Konstruktion des Individuums. Insofern setzt die allgemeine kognitive Entwicklung auch die Rahmenbedingungen für die Veränderungen des Selbst. Seine Struktur entwickelt sich in einer Geschichte von *Differenzierung und Integration*. So bilden sich unterschiedliche Anteile des Selbst für verschiedene kindliche Erfahrungsbereiche heraus (*domains of experience*, Harter, 2007, S. 507) (z. B. körperliche Attraktivität, sportliche Kompetenz, schulische Leistungsfähigkeit), ebenso werden ideale und reale Selbstkonzepte differenziert. Andererseits werden vielfältige Informationen und Bewertungen wiederum durch Generalisierungen höherer Ordnung integriert bzw. zusammengefasst, z. B. in einer generellen Einschätzung des eigenen Selbstwertes, einem globalen Selbstwertgefühl.

Einer der wichtigsten Bereiche des Selbstkonzeptes umfasst kindliches Wissen und Wahrnehmen rund um sein Geschlecht. Hier hat sich der Oberbegriff einer *Geschlechtsidentität* gehalten, womit »[…] die *überdauernde* (Hervorhebung der Verf.) Selbstwahrnehmung, das innere Gefühl oder die Überzeugung, (biologisch und sozial) eindeutig männlich oder weiblich zu sein«, gemeint ist (Trautner, 2008, S. 631). Dieser globalen Geschlechtsidentität wird eine spezifische gegenübergestellt, die ihre inhaltliche Ausfüllung durch verschiedene Selbstkonzeptaspekte erhält – das Selbsterleben als männlich oder weiblich, das Selbstkonzept eigener maskuliner oder femininer Aktivitäten und Interessen, die Selbstwahrnehmung der eigenen Muster von Freundschaftsbeziehung oder der sexuellen Orientierung usw. (vgl. Trautner, 2002, S. 653).

9.3.1 Selbstentwicklung in Säuglingszeit und früher Kindheit

Harter (2007) unterscheidet in der Kindheit drei Stadien der Selbstentwicklung, zwischen denen es zu ausgeprägten Veränderungen kommt. Die Selbstentwicklung beginnt bei Harter im Kleinkindalter, während sie bei anderen Autoren, z. B. dem Psychoanalytiker Daniel Stern (1993), schon im Säuglingsalter einsetzt. Wir integrieren daher sein Modell für die Säuglingszeit und stützen uns in starkem Maße auf Harters Überlegungen bei den höheren Altersgruppen.

Das Modell der Selbstempfindungen nach Stern

Stern hat in den 1980er Jahren zentrale Positionen klinisch denkender Fachkollegen revidiert und auf der Basis entwicklungspsychologischer Forschungsergebnisse eine Theorie des schrittweise auftauchenden Selbst formuliert, die die beiden ersten Lebensjahre umfasst. Nacheinander tauchen vier Modalitäten des Selbstempfindens auf, die mit vier Arten des Bezogenseins auf die Außenwelt einhergehen. Frühere Arten des Selbsterlebens und der Bezogenheit werden jeweils in die darauf folgenden Arten aufgenommen. Sie behalten dabei so viel von ihrer ursprünglichen Qualität, dass sie unter bestimmten Bedingungen (Stress, Träume, psychopathologische Zustände usw.) wieder das Erleben auch älterer Individuen dominieren können. Dafür steht der klinische Begriff der »Regression«.

Die Entwicklungsphase für die »*Empfindung des auftauchenden Selbst*« setzt Stern bei zwei bis drei Monaten an, die »*des Kern-Selbst*« bei sieben bis neun Monaten, die »*des subjektiven Selbst*« bei 15 Monaten und im Anschluss daran die »*des verbalen Selbst*«. Die drei ersten Arten der Empfindung betrachtet er als unmittelbares, nicht selbstreflexives, nicht bewusstes Gewahrsein seiner selbst und als Vorläufer des objektivierbaren, selbstreflexiven, verbalisierbaren Selbst.

Das auftauchende Selbstempfinden: Das Selbstempfinden in den ersten beiden Monaten ist das Empfinden einer im Entstehen begriffenen Organisation. Das Neugeborene kann dabei auf funktionierende physiologische Körpersysteme und frühe sensorische und motorische Kompetenzen aufbauen, die sich z. T. bereits pränatal gebildet haben (s. auch Kap. 3). Die ersten Erfahrungen bestehen in vergleichsweise unverbundenen Ereignissen, die erst in eine zusammenfassende Perspektive integriert werden müssen. Stern geht jedoch davon aus, dass der Säugling nicht nur das Resultat, also die fertige Organisation erlebt, sondern bereits den Prozess des Entstehens. Säuglinge scheinen intrinsisch motiviert zu sein zum Aufsuchen von Lerngelegenheiten, und neuartige Erfahrungen wirken belohnend. Sie erleben keinen (Mangel-)Zustand der Undifferenziertheit, sondern machen viele lebhafte Einzelerfahrungen, und wenn diese vielfältigen Erlebnisse nun auf irgendeine Art verbunden werden, z. B. als sich bildendes sensomotorisches Schema, so erleben sie das Auftauchen von Organisation. Experimente mit Säuglingen in den ersten Lebenswochen, die die Mimik (z. B. Herausstrecken der Zunge) und Gestik eines erwachsenen Modells imitieren, legen einerseits nahe, dass die sensorischen Erfahrungen von Anfang an stärker integriert sind, als von Piaget erwartet (vgl. Butterworth, 1990; Meltzoff, 1990) und verweisen andererseits darauf, dass andere Personen bereits wenigstens rudimentär als eine Art Gegenüber wahrgenommen werden.

Das Empfinden eines Kern-Selbst: Sobald der Säugling zwei bis drei Monate alt ist, scheint er die interpersonale Bezogenheit bereits aus einem integrierten Empfinden seiner selbst als körperliches Wesen heraus zu gestalten. Aus den ersten vier der auf den nächsten Seiten genannten Invarianzerfahrungen bildet sich dann ein Kern-Selbst mit deutlicher Abgegrenztheit heraus. Parallel dazu entwickelt sich das Erleben eines Kern-Anderen.

Das Empfinden des subjektiven Selbst: Der Säugling entdeckt, dass er ein Seelenleben besitzt und dass dies auch für andere Personen gilt. Hier könnte man die Anfänge einer »Theorie« des Innenlebens ansetzen, bei der der Säugling davon ausgeht, dass es eine Ähnlichkeit gibt zwischen dem, was in ihm und in anderen vorgeht, und dass man sich dies auch gegenseitig mitteilen kann. Es kommt zu einem Erleben von Intersubjektivität, das auf einem gemeinsamen Rahmen von Bedeutung und einfachen nonverbalen Kommunikationsformen aufbaut. Der Säugling beginnt zusammen mit Bezugspersonen die Aufmerksamkeit auf Dinge zu richten und auf Gegenstände in seiner Umwelt durch Zeigen zu verweisen. Er kommuniziert mit der Absicht, andere zu beeinflussen, z. B. ihm etwas zu geben, und sucht in ambivalenten Situationen nach emotionaler Rückmeldung im

Gesicht der Bezugsperson, die ihm sagt, wie er sich verhalten soll (social referencing, Klinnert et al., 1983).

Das Empfinden des verbalen Selbst: Mit 15 bis 18 Monaten beginnen Kinder mit Hilfe von Zeichen und Symbolen ihr Weltwissen psychisch zu repräsentieren. Folgen dieser Fähigkeit, die sich unmittelbar auf das Selbstempfinden und die Bezogenheit auf andere auswirkt, sind die Möglichkeit, das Selbst zum Objekt der Reflexion zu machen, symbolisch zu handeln (z. B. im Spiel) und der Spracherwerb. Die Kinder haben damit die Fähigkeit, über das unmittelbare Erleben hinauszugehen, ihr eigenes Leben auch narrativ zu konstruieren und ihre Weltsicht mit anderen zu teilen. Nur ein Teil des unmittelbaren Erlebens, das weiterhin zu einem guten Teil auf den ersten drei Arten des Empfindens basiert, kann auch sprachlich dargestellt werden. So besteht mit dem Spracherwerb auch die Gefahr einer Entfremdung von basalen Formen des Selbstempfindens, wenn nur noch das Verbalisierbare als wirklich betrachtet wird.

Die beschriebenen Empfindungen des Selbst bauen auf elementaren Erlebnissen auf, die dem Säugling auf verschiedene Weise Erfahrungen von Ordnung und Invarianz sowohl in inneren als auch äußeren Prozessen vermitteln. Die Motivation, die eigene Welt zu ordnen, bezeichnet Stern als einen »Imperativ des Seelenlebens« (S. 114). *Invarianzerfahrungen* entstehen aus dem Erleben

1. der *Urheberschaft von Handlungen*: Hier geht es darum, dass Säuglinge sich selbst als Urheber von Handlungen und deren Konsequenzen erfahren bzw. als Nicht-Urheber. Dazu tragen die schon frühzeitig auftretende Willensempfindung, das propriozeptive Feedback während der Handlung (s. Kasten) und die Regelmäßigkeit bei, mit der bestimmte Handlungskonsequenzen auftreten. Soweit Handlungen das Kind selbst betreffen, sind die Konsequenzen meist regelmäßig und damit vorhersehbar; dies gilt jedoch weniger, wenn die Handlungen andere Personen betreffen. Wenn das Kind z. B. vokalisiert, spürt es sicher eine Brustresonanz des Lautes; ob die Mutter antwortet, ist jedoch ungewiss.

2. des eigenen *körperlichen Zusammenhalts (Kohärenz)*: Hier geht es darum, sich gegenüber dem Anderen als einzigartige, zusammenhängende und abgrenzbare Ganzheit zu erfahren. Dazu trägt z. B. bei, dass eine Einheit sich immer zu einem Zeitpunkt nur an einem Ort befinden kann.

3. der eigenen *Affektivität*: Mit bestimmten Erfahrungen treten charakteristische Kombinationen von Emotionskomponenten auf, z. B. ein bestimmter Ausdruck, mit einer bestimmten Gefühlskomponente (s. Kap. 8).

4. der eigenen *Kontinuität (Selbst-Geschichtlichkeit)*: Erst durch die Speicherung von Erfahrungen in frühen Formen des Gedächtnisses kann eine Dauerhaftigkeit des Erlebens entstehen. Erfahrungen von Urheberschaft, Kohärenz, Affektivität und Kontinuität können in kleinen Blöcken gelebter Erfahrung zusammenhängend als Episoden abgespeichert werden (s. Kap. 6, episodisches Gedächtnis).

5. der Fähigkeit zur *Intersubjektivität* mit anderen Menschen: s. Empfinden des subjektiven Selbst.

6. dem Erleben eigener innerer *Organisiertheit*: s. Empfinden des subjektiven Selbst.

7. der Fähigkeit zur *Bedeutungsübermittlung*: s. Empfinden des verbalen Selbst.

»Betrachten wir zwei Invarianten, den Willen und die propriozeptive Wahrnehmung, so wird deutlich, dass der Säugling drei verschiedene Kombinationen dieser beiden Invarianten empfinden könnte: eigengewolltes Handeln des Selbst (den Daumen zum eigenen Mund führen), das mit Willensempfindung sowie propriozeptiver Wahrnehmung einhergeht; fremdgewolltes Handeln des Anderen (die Mutter steckt dem Baby den Schnuller in den Mund), ohne Willensempfindung und propriozeptive Wahrnehmung; und drittens fremdgewolltes, auf das Selbst einwirkendes Handeln (die Mutter faßt das Baby an den Handgelenken und spielt mit ihm Händeklatschen oder ›Backe, Backe Kuchen‹, und zwar zu einem Zeitpunkt, zu dem das Kind dieses Spiel noch nicht kennt); in diesem Fall gibt es ein propriozeptives Feedback, aber keine Willensempfindung. In solchen Situationen kann der Säugling diejenigen Invarianten, die ein Kern-Selbst, einen Kern-Anderen und jene verschiedenartigen Amalgame dieser Invarianten, die Selbst-mit-dem-Anderen charakterisieren, identifizieren« (Stern, 1993, S. 119).

Die Entwicklung der verschiedenen Formen des Selbstempfindens vollzieht sich wesentlich durch die Interaktion mit Bezugspersonen. Anfänglich unterstützen sie die kindliche Erfahrung von Regelmäßigkeit und Organisation durch geordnete Pflegestrukturen, die zunächst zur Regelmäßigkeit bei den kindlichen physiologischen Bedürfnissen und Prozessen (Schlafen, Nahrungsaufnahme, Ausscheidung, Erregung und Beruhigung) beitragen (vgl. Sroufe, 1990). In der Interaktion mit dem Säugling behandeln die Eltern ihn immer so, als habe er bereits ein entwickeltes Selbstempfinden, wenngleich sie sich dabei immer auch am aktuellen Entwicklungsstand orientieren und diesem nur etwas vorauseilen (s. Kap. 1, Zone nächster Entwicklung).

Die spielerischen Interaktionen mit dem Säugling sind charakterisiert durch übertriebenes Verhalten, durch Wiederholungen mit geringen Variationen, die es dem Säugling erlauben Invarianzen wahrzunehmen und gleichzeitig nicht sein Interesse zu verlieren, was bei völliger Gleichartigkeit geschehen würde. Gleichzeitig werden diese Interaktionen so gestaltet, dass die Kinder mit ihren bis dato zur Verfügung stehenden Mitteln sich selbst im optimalen Erregungsbereich halten können, z. B. durch Blickabwendung bei Stimulation an der oberen Grenze der erträglichen Erregung, an der freudiges Erleben in negatives umschlagen würde. Aus wiederholten Interaktionen bilden sich psychische Repräsentanzen generalisierter Interaktionen, z. B. aus Wiederholungen des Guck-Guck-da-Spiels, die für eine Zusammenfassung all dieser Episoden stehen und aus denen sich auch Repräsentanzen für Personen ableiten lassen (vgl. als ähnliches Konzept die inneren Arbeitsmodelle der Bindungstheorie, Kap. 5).

Die Interaktion mit Bezugspersonen spielt auch eine wichtige Rolle beim Aufbau der Intersubjektivität. Für Stern ist das gemeinsame Erleben von Affekten das auffälligste Merkmal, und Bezugspersonen tragen zur Entwicklung der Affektabstimmung bei. Affekte sind sowohl Medium als auch vorrangiges Thema der Kommunikation in der frühen Kindheit. Beobachtungen zeigen, dass Mütter bei neun Monate alten Säuglingen von der bisherigen reinen Imitation auf eine mit transmodaler Qualität übergehen. So schwenkt z. B. ein neun Monate alter Junge unter dem Ausdruck von Belustigung und Interesse eine Rassel. Die Mutter beginnt im Takt der kindlichen Armbewegungen mit dem Kopf zu nicken. Dies lenkt die Aufmerksamkeit auf das dahinter liegende gemeinsame Gefühl, weg von einer reinen Nachahmung des äußerlichen Verhaltens. Es entsteht ein Sprungbrett für Sprache, denn es gibt nun so etwas wie ein gemeinsames Signifikat (das Gefühl) und verschiedene Signifikanten (Verhalten von Kind und Mutter), die darauf verweisen.

Kognitive und sozial-kognitive Ansätze – Harter und andere

Sterns viertes Selbstempfinden zeigt viele Anknüpfungspunkte zum James'schen »Me« bzw. mit den Anfängen der Selbstkonzeptbildung. Die neue kindliche Fähigkeit, sich selbst zum Gegenstand seines Denkens zu machen (Selbstobjektivierung), lässt sich an verschiedenen Indikatoren aufzeigen. Besonders gut untersucht ist das visuelle Erkennen in verschiedenen Medien – im Spiegel, auf Video oder Photo (Lewis & Brooks-Gunn, 1979; Bischof-Köhler, 1988). Die Zahl der Kinder, die sich erkennen, nimmt zwischen 18 und 21 Monaten deutlich zu und danach ist die Fähigkeit bei den meisten vorhanden. Zwischen zwei und drei Jahren taucht auch die Fähigkeit zur Selbstkategorisierung als Mädchen oder Junge auf (vgl. Trautner, 2002).

Junge Kinder konstruieren nur konkrete *kognitive Repräsentationen beobachtbarer Merkmale*. Damon und Hart (1988) nennen sie »kategoriale Identifikationen« und unterscheiden physische (Körper – Ich habe blaue Augen, Besitztümer – Ich habe eine Katze), aktivitätsbezogene (Ich kann ganz schnell rennen), soziale (Ich habe einen Bruder) und psychische (Gefühle – Ich bin glücklich, Präferenzen – Ich mag Pizza). Im Laufe der Kindheit werden zunehmend Aspekte der kindlichen Umwelt wie Gegenstände und Personen in das Selbstkonzept aufgenommen und in den Dienst einer Selbst-Umwelt-Differenzierung gestellt. Mummendey (2006) verweist in diesem Zusammenhang auf Thomaes Konzept der »Selbst-Extension«. Solche kategorialen Selbstbeschreibungen stehen unverbunden nebeneinander; sie werden nicht Kategorien höherer Ordnung untergeordnet, was eine Integration auf einer höheren Ebene bedeuten würde, da das Kind nach Piaget in diesem Alter noch nicht zu einer Bildung von echten Begriffen und begrifflichen Hierarchien in der Lage ist (s. Kap. 6). Dies lässt sich auch darauf zurückführen, dass Vorschulkinder noch nicht in der Lage sind, mehrere Strukturen gleichzeitig zu verarbeiten, u. a. wegen Begrenzungen in der Kapazität des Arbeitsspeichers (vgl. Case, 1992). So verwundert es auch nicht, dass junge Kinder noch nicht über ein globales Selbstwertgefühl verfügen, das die Integration bereichsspezifischer Selbstbewertungen darstellen würde (Harter, 2007).

Dass die *Selbstbewertungen von Vorschulkindern typischerweise übermäßig positiv ausfallen*, führt Harter (2007) auf zwei Gründe zurück: Zum einen unterscheiden Kinder noch nicht zwischen wirklichen Fähigkeiten und denen, die sie sich wünschen würden; beide Seiten fließen in ihre Beschreibungen ein; zum anderen können sie in die Selbsteinschätzung noch keine Informationen aus sozialen Vergleichen einbeziehen (vgl. Frey & Ruble, 1990), was wiederum mit der bereits erwähnten Unfähigkeit zusammenhängt, größere Mengen von Information gleichzeitig in Beziehung zu setzen.

Nach der Auffassung erfahrener Kindergärtnerinnen kann man jedoch Kinder sehr wohl nach ihrem Selbstwertgefühl unterscheiden, auch wenn sie dieses Selbst nicht verbalisieren können und es daher lediglich in ihrem Verhalten zutage tritt. In einer Studie von Harter (2007) sortierten Erzieherinnen aus Krippe und Kindergarten 84 Beschreibungsmerkmale als typisch für niedriges oder hohes Selbstwertgefühl bzw. als irrelevant für die Selbstwertbeschreibung. Diese Merkmale hatte eine Gruppe von Peers vorher zusammengestellt. Hohes Selbstwertgefühl wurde durch zwei Aspekte charakterisiert (Harter 2007, S. 515, Übersetzung der Verf.):

1. Aktive Demonstrationen von Vertrauen, Neugier, Initiative
    und Unabhängigkeit, die folgende Merkmale umfassen:
    vertraut auf die eigenen Ideen, stellt sich Herausforderun-
    gen, initiiert Aktivitäten vertrauensvoll, ergreift die Initia-
    tive, setzt selbst unabhängig Ziele, ist neugierig, erforscht
    und stellt infrage, ist begierig, neue Dinge auszuprobieren,
    beschreibt sich selbst positiv, zeigt Stolz auf sein Werk.
2. Adaptive Reaktion auf Veränderung oder Stress, die Folgen-
    des umfasst: fähig, sich Veränderungen anzupassen, zufrie-
    den mit Übergängen, toleriert Frustration und hält durch,
    ist fähig, mit Kritik und Hänselei umzugehen.

Das Kind mit niedrigem Selbstwertgefühl wurde mit gegensätz-
lichen Merkmalen charakterisiert. Interessanterweise hing nach
Ansicht der Kindergärtnerinnen ein hohes oder niedriges Selbstwertgefühl des Kindes nicht systematisch mit dessen tatsächli-
chem Fertigkeits- oder Kompetenzniveau zusammen. Solche
Zusammenhänge werden erst in späteren Phasen stärker.

Harter (2007) nimmt an, dass viele der bekannten kognitiven
Begrenzungen im Hinblick auf das kindliche Selbstkonzept und
dessen Selbstbewertung eine schützende Wirkung für die kindliche Psyche haben könnten. Die überaus positive Selbstsicht,
der fehlende soziale Vergleich usw. tragen dazu bei, dass das
Kind unbeeinträchtigt durch Selbstzweifel weiter daran arbeitet,
seine Umwelt zu meistern und sich die Kompetenzen anzueig-
nen, auf die es später ein positives Selbstwertgefühl gründen
kann.

Eine Reihe von Studien an *Kindern mit Misshandlungserfah-
rungen* unterstreicht noch einmal verstärkt die kritische Rolle
der sozialisierenden Umwelt sowohl für die Me- als auch für die
I-Seite des Selbst, auf die wir nur exemplarisch verweisen können. Eltern spielen z. B. eine wichtige Rolle bei der Konstruktion einer autobiographischen Selbsterzählung, die Informationen
über die Wahrnehmung des Selbst und signifikanter Anderer
enthält. Sie unterstützen Kinder dabei, indem sie für Kleinkinder
Erfahrungsaspekte versprachlichen bzw. später mit den Kindern
Erinnerungen ko-konstruieren und dabei Aspekte betonen, die
sie als Eltern für erinnerungswürdig halten (vgl. Nelson, 1993;

Nelson & Fivush, 2004). Die Erzählungen misshandelter Kinder, die als Vervollständigung vorgegebener Geschichtenanfänge gewonnen werden, enthalten mehr negative Selbst-Repräsentationen und Repräsentationen der Mutter und sie sind weniger kohärent als die nicht misshandelter Kinder (Toth et al., 1997; Macfie et al., 2001). Misshandelte Kleinkinder können auch weniger gut über ihre inneren Zustände, besonders über negative Gefühle und physiologische Zustände Auskunft geben (Beeghly & Cicchetti, 1994). Briere (1992) geht davon aus, dass die mangelhafte Selbstaufmerksamkeit dadurch bedingt ist, dass misshandelte Kinder ständig auf ihre bedrohliche Außenwelt aufmerksam sein müssen.

9.3.2 Selbstentwicklung in der mittleren Kindheit

Kinder von fünf bis sieben Jahren zeigen eine beginnende Fähigkeit Konzepte miteinander zu koordinieren, dabei bleibt ihr Denken jedoch »unidimensional«. Sie können z. B. ein soziales Vermögen in verschiedenen Kontexten herausstellen: »Ich habe viele Freunde, in der Nachbarschaft, in der Schule und im Sportverein« (Case, 1985; Harter, 2007). Noch immer herrscht ein *Schwarz-Weiß-Denken* vor – jemand kann nur gut oder böse, klug oder dumm sein. Doch werden nun typischerweise Repräsentationen als Gegensatzpaare aufeinander bezogen: »Ich bin gut und deshalb kann ich nicht schlecht sein. Aber ich kenne andere Leute, die schlecht sind.« Diese Art des Denkens führt typischerweise zur Überbetonung von Unterschieden. Bei misshandelten Kindern kann dieses Denken in Oppositionen allerdings dazu führen, dass sie von sich selbst schlecht denken, glauben, sie hätten die Misshandlungen verdient, denn die Eltern als Autoritätspersonen können es ja nicht sein (Briere, 1992).

Die eigenen Leistungen *vergleichen Kinder vor allem zeitlich mit ihren früheren Leistungen.* Zwar sind sie auch daran interessiert, wie andere Aufgaben bewältigen, doch nutzen sie diese Information noch nicht zur Selbstbewertung (Frey & Ruble, 1990; Ruble & Frey, 1991). Das Kind bemerkt in diesem Alter, dass andere es in bestimmter Weise bewerten. Es beginnt auch, sich an diesen Bewertungen zu orientieren, doch werden sie noch nicht in dem Sinne internalisiert, dass das Kind sie auf sich selbst anwenden würde (Higgins, 1991).

9.3.3   Selbstentwicklung in der späten Kindheit

In der letzten Phase der Kindheit (ca. acht bis elf Jahre) findet sich eine *Beschreibung in Eigenschaftsbegriffen* (z. B. beliebt, hilfsbereit), die nun bereits Generalisierungen höherer Ordnung darstellen, in denen grundlegendere Verhaltensweisen integriert werden. Die Eigenschaft »klug« fasst dann z. B. die Erfolge in verschiedenen Schulfächern zusammen (Harter, 2007).

Die selbst zugewiesenen Eigenschaften werden *zusehends sozial geprägt*, da die Beziehungen, vor allem zu Gleichaltrigen, einen immer wichtigeren Bestandteil des Selbstkonzepts ausmachen (Damon & Hart, 1988). Kinder nutzen nun auch häufig soziale Vergleichsmaßstäbe, insbesondere um ihre persönlichen Kompetenzen einzuschätzen. Dies wird dadurch unterstützt, dass Lehrer und Eltern zunehmend soziale Vergleichsmaßstäbe einsetzen (Harter, 2007; s. Kap. 8 soziale Bezugsnormorientierung).

Ausgehend von den theoretischen Überlegungen Meads (1934) konnten Fuhrer und Kollegen (vgl. Fuhrer et al., 2000) zeigen, dass nicht nur Personen, sondern auch Dinge, die über Handlungserfahrungen eine symbolische Bedeutung für Individuen gewinnen, für die Selbstbildung wichtig sind. So schätzen Zehnjährige bestimmte Dinge aus ihrer Umwelt als sehr bedeutsam z. B. für die soziale Integration ein. Fuhrer et al. deuten dies im Sinne der Winnicott'schen »Übergangsobjekte«: Dinge vermitteln den Zugang zu erwünschten Sozialpartnern.

Die *Selbstwahrnehmungen werden auf dieser Altersstufe negativer*, da die Kinder drei neue kognitive Fähigkeiten hinzugewinnen: Sie können soziale Vergleiche zur Selbstevaluation vornehmen, die eben nicht immer zu ihren Gunsten ausfallen; sie differenzieren zwischen einem idealen Selbst und einem realen, und sie verstehen besser, was andere über sie denken – und dies wird außerdem immer wichtiger für sie (Harter, 2007). Die Meinungen bedeutsamer Anderer können nun internalisiert und zur Selbstbewertung genutzt werden (Selman, 1984). Eine realistischere, weniger einseitig positive Einschätzung der eigenen Fähigkeiten wird auf dieser Altersstufe von vielen Forschern als adaptiv angesehen, da sich die Kinder zunehmend dem Jugendalter mit seinen Forderungen nach einer selbstständigen Lebensgestaltung annähern, die sich an den wirklichen Fähigkeiten orientieren sollte (Harter, 2007).

9.4 Praxisthema: Bedeutung und Förderung des Selbstwertgefühls

Bei psychologischen Arbeiten zum Selbstwertgefühl von Personen aller Altersstufen ist bis Ende der 1990er Jahre »[…] ein deutlicher Tenor erkennbar, wonach hohe Selbstwertschätzung als wünschenswert, niedrige als problematisch erachtet wird« (Schütz, 2000, S. 37). Verfolgt man Ratgeber, so ist diese Auffassung bis tief in die Alltagspsychologie vorgedrungen – vor allem in die nordamerikanische – und Eltern, Lehrer wie auch Therapeuten sind gleichermaßen bestrebt, das kindliche Selbstwertgefühl zu erhöhen, weil man sich davon viele positive Effekte erhofft. In einer überaus kritischen Literaturübersicht zu den Zusammenhängen von hohem Selbstwertgefühl in allen Altersgruppen und schulischen und beruflichen Leistungen, Erfolg in sozialen Beziehungen, Glück und gesünderem Lebenswandel kommen Baumeister et al. (2003) jedoch zu der Auffassung, dass viele dieser Erwartungen so nicht haltbar sind. Am besten scheinen ihnen Glücklichsein und hohe Tatkraft als Folgen abgesichert. Sehr viel Forschung wurde dem Zusammenhang zwischen Selbstwert und schulischen Leistungen gewidmet. Dieser fällt jedoch – gleichgültig, ob man Selbstwertgefühl als Ursache oder als Folge betrachtet – nur sehr schwach aus und verschwindet, sobald andere Variablen statistisch kontrolliert werden, die mit dem Selbstwertgefühl korreliert sind. Offensichtlich gibt es keine direkte Verbindung zwischen Leistung und Selbstwertgefühl; beide zeigen jedoch Zusammenhänge zu dem Aspekt des Selbstkonzepts, der Aussagen über akademische Fähigkeiten beinhaltet (Pekrun, 1987; Marsh & O'Mara, 2008).

Wie bereits angemerkt, ist das Selbstkonzept von Kindern vor dem Schuleintritt von positiven Informationen dominiert; ein stabiles, umfassendes Selbstwertgefühl bildet sich jedoch erst gegen Ende der Kindheit (vgl. auch Trzesniewski et al., 2003); in dieser Zeit werden auch die Inhalte des Selbstkonzeptes realistischer und sind normalerweise weniger positiv gefärbt. Studien zu Geschlechterunterschieden zeigen in der Regel eine vorteilhaftere Selbstsicht der Jungen sogar schon ab dem Vorschulalter auf, die sich im Übergang zum Jugendalter noch verstärkt (vgl. Schütz, 2000).

Eine der wichtigsten Quellen des Selbstwertgefühls scheint in den sozialen Beziehungen zu liegen. Coopersmith (1967, n. Harter, 2007) beschreibt die Sozialisationspraktiken von Eltern, die das kindliche Selbstwertgefühl beeinflussen. Eltern von Kindern mit hohem Selbstwertgefühl erweisen sich a) als akzeptierender, gefühlvoller und lassen sich mehr auf die kindlichen Aktivitäten ein; b) sie setzen Regeln in gleichbleibender Weise durch und ermutigen Kinder, hohe Verhaltensstandards zu halten; c) sie bevorzugen andere disziplinarische Maßnahmen als Zwang und diskutieren die Gründe, warum ein kindliches Verhalten unangemessen war; d) sie verhalten sich demokratisch, indem sie die Meinung des Kindes bei bestimmten familialen Entscheidungen berücksichtigen. In Baumrinds (1989) Typologie von Erziehungsstilen würden viele dieser Merkmale zum »autoritativen Erziehungsstil« gehören. Bindungstheoretiker betonen, dass sich auf der Basis einfühlsamer und unterstützender Interaktionserfahrungen mit den primären Bezugspersonen ab der frühen Kindheit Arbeitsmodelle von Beziehungen herausbilden, die auch ein kindliches Grundgefühl des Angenommenseins und Geliebtwerdens beinhalten (B-Muster der sicheren Bindung, Bretherton, 1993; s. Kap. 5). Auch wenn später andere Beziehungen an Bedeutung gewinnen (Geschwister, Freunde, Klassenkameraden), verliert die zu den Eltern ihre bis ins Jugendalter hinein nicht. Besonders wichtig für die globale Selbstachtung sind neben den Eltern die Klassenkameraden (Harter, 2007; van Aken et al. 1996). Harter erklärt die Rolle der Klassenkameraden damit, dass sie ein objektiveres Feedback über die eigenen Kompetenzen und den Wert einer Person zu geben scheinen, während Freunde per definitionem empathisch, fürsorglich, sensitiv und hilfreich bei Problemlösungen sein müssen.

Der einfachste und direkteste Weg zur Förderung des Selbstwertgefühls scheint über das Lob und die Anerkennung der kindlichen Eigenschaften bzw. seiner selbst als Person zu gehen. Aktuell haben aber Studien Aufsehen erregt, die gewisse Gefahren aufzeigen (Dweck, 2007; vgl. auch 8.2.3). Lob, das schon bei niedrigen Leistungen gegeben wird, führt beim Gelobten leicht zur Einschätzung, der Lobende halte ihn für wenig fähig (Meyer et al., n. Reisenzein et al., 1992). Als besonders abträglich für das akademische Selbstwertgefühl und die intrinsische Lern- und Leistungsmotivation von Kindern wird Lob eingeschätzt, das die Person an sich oder eine unveränderliche Fähigkeit des Kindes, häufig Intelligenz, in den Vordergrund stellt (»You are so smart!«; Dweck, 2007; Karmins & Dweck, 1999, s. Kap. 8.2.3). Dweck und Kollegen konnten zeigen, dass dadurch eine Einstellung zum Lernen entsteht, bei der im Vordergrund steht, immer intelligent oder klug zu wirken. Die Folgen lassen sich dann so charakterisieren: Herausforderungen werden gemieden und Fehler eher vertuscht als korrigiert; Anstrengung wird vermieden (Wenn man klug ist, muss man sich nicht anstrengen!) und Ausdauer und Bewältigungsversuche werden herabgesetzt (Wenn man sich anstrengen muss, ist man wohl doch nicht so klug! Wenn man nicht klug genug ist, gibt es keine Möglichkeit, eine Leistung doch noch zu erreichen!). Eine erstrebenswerte Form des Lobes ist die, die sich am Prozess des Erreichens einer Leistung orientiert und Aspekte hervorhebt, die durch die Person kontrollierbar sind, z. B. Anstrengung (vgl. Henderlong & Lepper, 2002; Karmins & Dweck, 1999; Dweck, 2007). Auch die Verletzungen des Selbstwertgefühls durch Leistungsversagen und die Form, wie das angeschlagene Selbstwertgefühl wieder hergestellt werden kann, hängen davon ab, ob das Versagen auf unveränderliche oder kontrollierbare Ursachen zurückgeführt wird (Niija et al., 2004; Nussbaum & Dweck, 2008). Die hier vorgestellten Befunde gelten für individualistische westliche Kulturen und können nicht ohne Weiteres auf eher kollektivistische Kulturen, z. B. China oder Japan, übertragen werden, bei denen Anstrengung und Fähigkeit weniger als sich gegenseitig kompensierend, sondern immer als positiv zusammenhängend gesehen werden: »[…] for Chinese students, people working hard have higher

ability and those who have high ability must have worked hard«
(Salili & Hau, zit. n. Henderlong & Lepper, 2002, S. 788).

Zusammenfassung

Die Begriffe Persönlichkeit, Temperament, Identität und Selbst
verweisen in etwas unterschiedlicher Weise auf Kontinuitäten im
Erleben und Verhalten von Menschen. Die Existenz solcher Anteile entspricht sowohl der Fremd- als auch der Selbstwahrnehmung von Menschen. Früh im Leben auftretende, stark anlage-
bestimmte Temperamentsmerkmale sind teilweise die Vorläufer
späterer Persönlichkeitstypen. Die Messung dieser Temperamente erfolgt meist per Elternfragebogen. In der Forschung haben
sich aus einer ursprünglich größeren Anzahl von Temperaments-
merkmalen fünf als überdauernd herauskristallisiert: generelle
negative Emotionalität, positiver Affekt, Aktivitätsniveau bzw.
Annäherung/Vermeidung, Selbstkontrolle und Durchhaltever-
mögen bei Aufgaben und angenehmes Wesen/soziale Anpassungsfähigkeit. Die Beschäftigung mit Temperamenten und Persönlichkeitsmerkmalen ist auch unter der Fragestellung interessant,
wie erfolgreich Kinder mit bestimmten Temperamenten unter
bestimmten gesellschaftlichen Bedingungen bestehen, und ob
durch bestimmte Interventionen der Lebenserfolg der Kinder mit
eher ungünstigen Temperamenten verbessert werden kann.

Die Begriffe Identität und Selbst werden für ähnliche Sachverhalte verwendet. Immer geht es um die Beziehung zur eigenen
Person. Letztere wird als relativ unveränderlich, einzigartig, als
mit bestimmten Eigenschaften ausgestattet und als Zentrum des
Erkennens und Handelns wahrgenommen. Häufig wird eine
inhaltliche Seite des Selbst, die die Person in selbstobjektivieren-
der Weise erkennen kann, von einer prozesshaften Seite des
Selbst unterschieden, bei der es um Denk- und Verhaltensweisen
geht, mit denen die Person ihr Selbst stabilisieren kann. Das
Selbstkonzept ist ein Ausschnitt dieser inhaltlichen Seite, der das
»So bin ich« und »So bin ich geworden« beschreibt. Dem wird
häufig das Selbstwertgefühl als zusammenfassende Bewertung
von Aspekten des eigenen Selbst gegenübergestellt.

Im Hinblick auf die Entwicklung des Selbst wurden besonders Überlegungen von Daniel Stern und Susan Harter vorgestellt. Stern deckt mit seiner Theorie der vier sich entwickelnden Selbstempfinden besonders die ersten beiden Lebensjahre ab, auch wenn diese Selbstempfinden lebenslang als Möglichkeit erhalten bleiben. Die ersten Formen des Selbstempfindens sind noch unmittelbar, nicht selbst-reflexiv und nicht bewusst und sind Vorläufer des objektivierbaren, selbst-reflexiven, verbalisierbaren Selbst. Stern zeigt, wie die Formen des Selbstempfindens auf elementaren Erlebnissen des Säuglings aufbauen (z. B. das regelmäßige Auslösen von Effekten in der Umwelt, die Erfahrung des körperlichen Zusammenhalts, das Erleben von Affektivität und Intersubjektivität). Harter setzt mit der Entwicklung der objektiven Selbsterkenntnis im zweiten Lebensjahr ein und beschreibt drei Stadien der Selbstentwicklung bis zum Beginn des Jugendalters. Für sie ist das Selbst in erster Linie eine kognitive Konstruktion des Individuums und Selbstkonzept und Selbstwertgefühl werden wesentlich durch die allgemeine Art der kindlichen Informationsverarbeitung bestimmt.

Ausgehend von psychologischen Studien sind Eltern und Pädagoginnen und Pädagogen seit Langem bestrebt, das kindliche Selbstwertgefühl zu erhöhen, weil man sich davon vielfältige positive Effekte u. a. auf die schulische und berufliche Leistungsfähigkeit erhoffte. Der scheinbar direkteste Weg zu einem hohen Selbstwertgefühl über direktes Lob und bedingungslose Anerkennung wird mittlerweile kritisch gesehen. Günstiger für das Leistungsverhalten von Kindern erweist sich Lob, das sich am Prozess des Erreichens einer Leistung orientiert und Aspekte hervorhebt, die durch die Person beeinflusst werden können, z. B. den persönlichen Einsatz.

Empfohlene Literatur

Greve, W. (Hrsg.) (2000). *Psychologie des Selbst*. Weinheim: PVU.
Stern, D. (2007). *Die Lebenserfahrung des Säuglings* (9., erw. Aufl.). Stuttgart: Klett-Cotta.

Das Ende der Kindheit

Klara, 10 Jahre, 2 Monate

Tobias, 10 Jahre, 11 Monate

10 Entwicklungspsychopathologie

Die entwicklungspsychopathologische Perspektive tauchte in den 1970er Jahren als eine Vereinigung zweier Denk- und Forschungstraditionen auf, die sich mit Verhaltensanpassung beschäftigten – der psychopathologischen und der entwicklungspsychologischen Tradition (Masten, 2006). Seit der Veröffentlichung von Achenbachs Buch »Developmental Psychopathology« (1974) hat sich eine neue Wissenschaft herausgebildet. Sie bietet einen *integrativen Rahmen, der* über eine bloße entwicklungsorientierte Erweiterung verschiedener Disziplinen hinausgeht. Mittlerweile beteiligt sind, z. B. die Entwicklungspsychologie, Klinische Psychologie, Psychiatrie, Epidemiologie, Soziologie und – nicht zu vergessen – die Neurowissenschaften, von denen momentan unser Denken besonders beeinflusst wird (vgl. Niebank & Petermann, 2002; Masten, 2006).

Die Beiträge verschiedener Wissenschaftler zusammenfassend kann man sagen, dass sich die Entwicklungspsychopathologie mit dem *Ursprung und Verlauf individueller Muster fehlangepassten Verhaltens über die gesamte Lebensspanne* befasst (Cicchetti, 1999). Anpassung und Fehlanpassung sind immer im Hinblick auf bestimmte *Lebensräume oder ökologische Systeme* zu sehen, in denen Menschen bestehen müssen (s. die Theorie von Bronfenbrenner, Kap. 1.3.2). Diese Systeme sind nicht nur durch die biologischen Lebensbedingungen geprägt, sondern auch durch die in einer Kultur bzw. Gesellschaft erzeugten Gegenstände, etablierten Bildungseinrichtungen, Regeln für das soziale Zusammenleben u. a. mehr (vgl. Oerter, 2008). Entwicklungspsychopathologen untersuchen den psychischen Funktionsstatus von Kindern und Jugendlichen. Dazu bewerten sie sehr viele verschiedene Informationen über die Person im Hinblick darauf, was über die allgemeine menschliche Entwicklung und ihre Varianten im Kindes- und Jugendalter und dann weiterhin über die Lebensspanne bekannt ist. Sie bewerten Aspekte des Verhaltens und Erlebens, wie wir sie in diesem Buch beschrieben haben (Kognition, soziale Kognition, Emotion usw.), aber auch darunter liegende Ebenen (genetische, physiologische usw.) und berücksichtigen dabei die Einflüsse von Umgebung und Gesellschaft auf das Erleben und Verhalten (Cicchetti, 1999).

10.1 Grundannahmen der Entwicklungspsychopathologie

Betrachten wir einmal genauer, was das entwicklungspsychopathologische Denken ausmacht, das momentan das führende Paradigma für das Studium psychischer Störungen bei Kindern und Jugendlichen darstellt. Es lassen sich sieben Kernprinzipien konstatieren, bei denen eine deutliche Übereinstimmung in der Literatur zu verzeichnen ist (Masten, 2006).

10.1.1 Das Entwicklungsprinzip

Ein allgemeiner Entwicklungsrahmen wird durch die in aktuellen Entwicklungstheorien akzeptierten Grundannahmen abgesteckt (s. auch Kap. 1). Zu solchen Grundannahmen gehört, dass Entwicklung als ein geordnetes Veränderungsmuster anzusehen ist, bei dem spätere Zustände eines sich entwickelnden Merkmals aus früheren Zuständen durch Transformation entstehen. Auch wenn das Erscheinungsbild sich deutlich verändert, kann die grundlegende Bedeutung bzw. Organisation gleich bleiben (heterotypische Kontinuität; Niebank & Petermann, 2002; Sroufe, 1997). Ein Beispiel wäre das Bindungsverhalten bzw. die gesamte Organisation von Bindung als Verhaltenssystem: während Säuglinge noch laut weinen und sofort hinter ihrer Bezugsperson herkrabbeln, wenn diese den Raum verlässt, und Sicherheit in diesem frühen Alter erst durch tatsächliche körperliche Nähe wiederhergestellt ist, reicht es einem Jugendlichen im Zweifelsfalle aus, von seinen Eltern aus dem Urlaub alle paar Tage telefonisch ein Lebenszeichen zu erhalten und knapp über die wesentlichsten Ereignisse zu berichten. Die

Bedeutung des Bindungsverhaltens, eine (ein Gefühl der) Sicherheit garantierende Nähe zu gewährleisten, hat sich im Laufe der Entwicklung nicht verändert. Tatsächlich ist es jedoch sehr schwierig und bedarf umfangreicher Forschungsarbeiten, um solche Kontinuitäten abzusichern.

Zu den bewährten entwicklungspsychologischen Modellvorstellungen gehören auch solche zu den Antriebskräften von Entwicklung. Biologische Anlagen bzw. Reifung, durch die Umwelt vermittelte Erfahrungen und die Eigenaktivität des Individuums treiben die Entwicklung voran. Dabei gibt es möglicherweise Zeitfenster, die als sensible Phasen bezeichnet werden, in denen jeweils Teile des Organismus besonders offen für bestimmte Erfahrungen sind und bereit, aus ihnen zu lernen und sich zu verändern (s. auch Kap. 2; Niebank & Petermann, 2002).

Nach Sroufe (1997) sind im Hinblick auf die *Gesamtentwicklung vier verschiedene Pfade* möglich: der Pfad einer kontinuierlichen Fehlanpassung, die langfristig in eine Störung mündet, der einer kontinuierlichen gelingenden Anpassung, sowie der Pfad einer anfänglichen Fehlanpassung mit anschließender Anpassung und schließlich der einer anfänglichen Anpassung mit später sich entwickelnder Fehlanpassung. Veränderungen sind an vielen Punkten des Entwicklungspfades möglich, die Wahrscheinlichkeit eines Wechsels von Fehlanpassung zu Anpassung oder umgekehrt nimmt jedoch im Laufe der Entwicklung ab, weil sich biologische, psychische und psychosoziale Regulationssysteme zunehmend ausgeformt haben und veränderungsresistenter werden.

Welche Komplexität in der Betrachtung von Entwicklungen zu berücksichtigen ist, darauf verweisen die Begriffe der *Äqui- und Multifinalität* (vgl. Niebank & Petermann, 2002; Cicchetti, 1999). Äquifinalität besagt, dass Individuen »[…] von unterschiedlichen Ausgangsbedingungen aus oder über unterschiedliche Entwicklungspfade das gleiche Entwicklungsziel erreichen können« (Niebank & Petermann, 2002, S. 65). So können sowohl hörende als auch gehörlose Kinder mit hörenden Eltern das Ziel einer sozialen Kommunikation mit hörenden bzw. gehörlosen Peers auf ganz unterschiedlichen Wegen erreichen – über eine selbst entwickelte Gebärdensprache oder eine an der elterlichen

Sprache orientierte verbale Sprache (vgl. Goldin-Meadow, 1997). Multifinalität sagt dagegen aus, dass Individuen mit vergleichbaren Ausgangsbedingungen sehr unterschiedliche Entwicklungspfade einschlagen und damit verschiedene Endzustände erreichen können. Entsprechendes zeigen die Ergebnisse der 1970 bei Risikokindern mit perinatalen Schädigungen begonnenen Rostocker Längsschnittstudie. Kognitive Beeinträchtigungen infolge von Geburtskomplikationen wurden bei jenen Kindern ausgeglichen, die in einem günstigen psychosozialen Milieu aufwuchsen (Meyer-Probst et al., 1991; Meyer-Probst & Reis, 1999).

10.1.2 Das normative Prinzip

Die Psychopathologie wird immer im Hinblick auf den normalen Verlauf von Entwicklung definiert. Eine Störung (disorder) wird als abweichende Entwicklung (developmental deviation) verstanden (Sroufe, n. Masten 2006). Abweichungen können einerseits rein quantitativer Natur sein, also extreme Ausprägungen normalen Verhaltens oder qualitativ unterschiedliche psychische Zustände darstellen (Largo, n. Niebank & Petermann, 2002, S. 59).

Verschiedene Normbegriffe spielen allgemein in der Psychopathologie eine wichtige Rolle für die Definition von psychischen Störungen (z. B. statistische Normen, soziale Normen, vgl. Schuhrke, 2005). Resch (1999, S. 613) definiert die besondere Norm der Entwicklungspsychopathologie als eine *funktionelle*: »Das, was explizit die Norm der [entwicklungsorientierten, Anm. d. Verf.] funktionellen Psychopathologie bildet, ist die Entwicklungsförderlichkeit, d. h. im funktionellen Sinne normal ist ein Erleben und Verhalten, das dem Individuum für die Zukunft möglichst große Anpassungs- und Entwicklungschancen erlaubt.« Diese Normauffassung ist schwer auf den Punkt zu bringen und erweist oft erst in der Rückschau ihre Gültigkeit. Für Resch (1999) führt sie aber über eine Normalitätsvorstellung hinaus, die nur durch die sozialen Anderen festgelegt wird.

Neben dem insbesondere in der Soziologie wichtigen Normbegriff spielt auch der schillernde Begriff der Anpassung bzw.

Fehlanpassung eine wichtige Rolle, der eher im biologisch-evolutionären Denken wurzelt. Im entwicklungspsychopathologischen Sinn kann der Grad der Anpassung oder Adaptation eines Individuums an der Erfüllung von Entwicklungsaufgaben festgemacht werden. Diese verändern sich über die Entwicklungsspanne und drücken die in einer Gesellschaft oder kulturellen Gruppe geltenden Verhaltens- und Leistungsstandards für Personen zunehmender physischer Reife aus (vgl. Masten, 2006; Resch, 1999). Im soziologischen Sinne kann dies auch als Erfüllung sozialer Normen gesehen werden, wobei Entwicklungsaufgaben sehr umfassende Normen darstellen (z. B. der Aufbau einer beruflichen Orientierung im Jugendalter) und es auf untergeordneten Ebenen auch stärker situationsbezogene Verhaltensnormen gibt (z. B. aufmerksam sein im Schulunterricht). Ein Konzept der Entwicklungsaufgaben wurde frühzeitig von Havighurst (1948) formuliert; neue Entwicklungsaufgaben entstehen danach in der Interaktion von organismischen Veränderungen (z. B. Pubertät), gesellschaftlichen Anforderungen (z. B. ökonomische Selbständigkeit) und Werten und Zielen des Individuums (z. B. materieller Wohlstand) selbst.

10.1.3 Das Systemprinzip

Varianten einer Systemtheorie bilden heute in vielen Wissenschaften einen übergeordneten theoretischen Rahmen, so auch in der Entwicklungspsychopathologie. Menschen sind nicht nur lebende Systeme, auf einer niedrigeren Ebene kann man biologische und verhaltensorientierte Systeme unterscheiden, die zum *System Mensch* integriert werden, und auf einer höheren Ebene sind Menschen wiederum Teil übergeordneter Systeme (s. Kap. 1.3.2). Lebenden halboffenen Systemen wie dem Menschen wird die Fähigkeit zur *Selbst-Organisation* zugesprochen, d. h. im psychologischen Sinne bildet sich spontan eine Ordnung in Form von relativ stabilen und effizient erscheinenden psychischen Strukturen (z. B. das Selbst, die Identität) und Verhaltensmustern (z. B. Schlaf-wach-Rhythmen, Gangmuster), ohne dass eine eindeutige gestaltende Kraft identifiziert werden könnte (Emergenz).

In übergeordneten Systemen werden Personen durch andere reguliert und regulieren andere (*Ko-Regulation*). Viele Errungenschaften der Entwicklung sind daher besser als gemeinsame Konstruktionen (*Ko-Konstruktionen*) von Interaktionspartnern denn als individuelle zu verstehen (z. B. internale Arbeitsmodelle für Bindung als Ko-Konstruktion von Mutter und Kind) (Oerter & Noam, 1999). Systeme tendieren zu bestimmten, relativ stabilen Zuständen (Attraktoren), haben aber auch die Möglichkeit zur Transformation bei Veränderung der Kontrollbedingungen. Die Bewältigung von Entwicklungsaufgaben kann man als ein Beispiel für einen Attraktor angeben (vgl. Oerter, Schneewind & Resch, 1999).

Selbstorganisierende Systeme verfügen auch über die Fähigkeit zur *Selbstkorrektur* bzw. Selbstheilung (self-righting), was von Interesse im Hinblick auf fehlangepasste Entwicklungspfade ist. Von außen kommende Einflüsse können nicht als einfache Ursache von Verhalten(sänderung) gesehen werden; sie treffen auf ein System, das ihnen mit seiner Eigendynamik einen gewissen Widerstand entgegensetzt und durch Einflüsse von außen lediglich angeregt (verstört) wird, wobei schwer vorherzusagen ist, wozu dieser Anstoß letztendlich führt. Dies ist eine Erkenntnis, die zur Bescheidenheit auf verschiedenen Ebenen führt, z. B. auch bei therapeutischen Interventionen (Schröer, 1999).

10.1.4 Das Mehrebenenprinzip

Um der Komplexität der individuellen systemischen Organisation und Entwicklung und ihrer Interaktion mit der Umwelt analytisch gerecht zu werden, wurde eine Reihe von Mehrebenen-Modellen vorgeschlagen (vgl. Cicchetti, 2002; Niebank & Petermann, 2002). Hier sei beispielhaft Gottliebs Konzept der *probabilistischen Epigenese* (Gottlieb et al., 1998; s. **Abb. 10.1**) vorgestellt. Er führt drei organismische Analyseebenen ein – genetische Aktivität, neuronale Aktivität und Verhalten – denen allerdings bei einer feineren Untergliederung noch weitere Ebenen hinzugefügt werden könnten (z. B. zelluläre Ebene). Hinzu kommt eine Umweltebene, die wiederum dreigeteilt ist (physisch, sozial, kulturell). Entwicklung wird als zunehmende Komplexität der Organisation des Organismus gesehen und ist eine Folge des Zusammenwirkens von Teilen des Organismus. Es kommt zu reziproken Interaktionen auf vertikaler Ebene (z. B. genetische und neuronale Ebene) und horizontaler Ebene (z. B. Gen – Gen).

Das in **Abbildung 10.1** dargestellte probabilistische Modell nach Gottlieb et al. (1998) steht im Gegensatz zu einem deterministischen, bei dem sich Entwicklung im Wesentlichen als von genetischen Prozessen festgelegte Reifung von Strukturen und ihrer Funktion bzw. Aktivität vollzieht. Im probabilistischen Modell kommt es dagegen auch zu vorab nicht genau festgelegten und vorhersagbaren Rückwirkungen von Strukturen (neuronale, sensorische, muskuläre usw.) und ihrer Funktion bzw. Aktivität auf die genetische Ebene. Erfahrungen sind wesentlich für die Entwicklung, wobei der Begriff der Erfahrung funktionale Aktivität auf allen vier Ebenen umfasst. Mittlerweile gibt es trotz der großen Komplexität dieses theoretischen Modells auch empirische Belege. Eine vertikale Interaktion zeigt sich im Tiermodell bei Nagern. Natürlicherweise vorkommende Unterschiede im mütterlichen Betreuungsverhalten verändern bei den Jungen die Expression von Genen, die sowohl die behavioralen

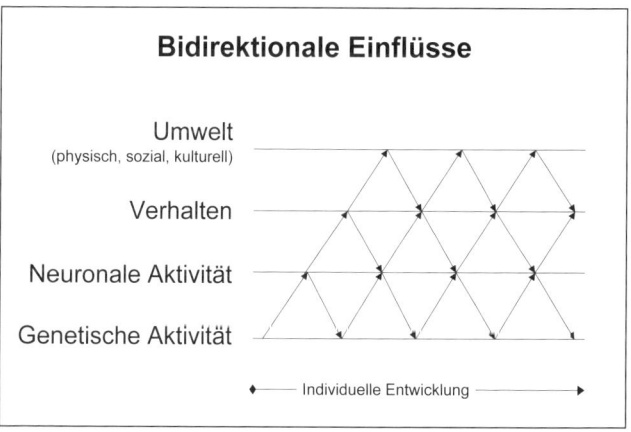

Abb. 10.1: Eine systemische Sicht der psychobiologischen Entwicklung (n. Gottlieb et al., 1998, S. 241)

und endokrinen Reaktionen auf Stress regulieren als auch die Entwicklung von Synapsen im Hippocampus (Meaney, 2001). Solche Ergebnisse stehen in Zusammenhang mit der Responsivität des endokrinen Systems, das für die Stressreaktion zuständig ist, und an dem limbisches System, Hypothalamus, Hirnanhangdrüse und Nebenniere beteiligt sind. Die Beeinflussbarkeit entsprechender neuroendokriner Funktionen beim Menschen durch Erfahrungen machen auch Studien an misshandelten und nicht misshandelten Kindern deutlich. So fand sich bei Kindern, die multiple Formen der Misshandlung erlebt hatten (physisch, sexuell, emotional und vernachlässigend) eine chronische Überaktivität dieses Systems, was auf eine ständige erhöhte Wachsamkeit und Furcht im Hinblick auf weitere Misshandlungen hinweist (vgl. Cicchetti, 2002).

10.1.5 Das Aktivitätsprinzip

Wie die meisten heutigen Entwicklungstheorien betont die Entwicklungspsychopathologie, dass das Individuum seine eigene Entwicklung aktiv mitgestaltet. Besonders ausformuliert wurden diese Überlegungen in konstruktivistischen Ansätzen, wobei man verschiedene Arten von Konstruktionsprozessen unterscheiden sollte: Konstruktionsprozesse als Informationsverarbeitung oder als Aufbau größerer Funktionssysteme z. B. des Selbst und nach außen gerichteter Handlungskompetenzen. Auf Letzteres zielt Mastens (2006) Beispiel, dass Jugendliche sich Freunde wählen und diese dann wiederum rückwirkend das Verhalten der Jugendlichen beeinflussen.

Im Sinne der Informationsverarbeitung geht es um erkenntnistheoretische Überlegungen (vgl. Oerter & Noam, 1999). Realität wird als vom Menschen selbst erzeugt angesehen. Piaget hat schon vor dem Aufkommen einer explizit als Konstruktivismus bezeichneten philosophischen Position die Erkenntnisfortschritte von Kindern als Konstruktionsleistung beschrieben. G. H. Mead hat die Rolle von sozialen Konstruktionen betont, die via symbolische Interaktion die individuellen Konstruktionen beeinflussen.

10.1.6 Das Prinzip der wechselseitigen Information

Die Untersuchung von Prozessen der normalen Entwicklung, von Kompetenz, Resilienz (s. u. und **Abb. 10.2**), Bewältigung usw. steigert das Verständnis von Störungen, und die Beschäftigung mit abweichendem Verhalten liefert wichtige Informationen über die normale Entwicklung.

10.1.7 Das Längsschnittprinzip

Für ein besseres Verständnis von Entwicklungspfaden, Gabelungen, Entwicklungstempi usw. liefern längsschnittlich erhobene Daten die wertvollsten Informationen. Die vielleicht aussagekräftigste Methode im Hinblick auf individuelle Verläufe und interindividuelle Unterschiede ist die »prospektive Längsschnittstudie, bei der Gruppen von Personen über längere Zeit hinweg wiederholt untersucht werden« (Cicchetti 1999, S. 25). Je später abweichende Entwicklungspfade in Form von psychopathologischen Diagnosen im Lebenslauf sichtbar werden und je früher die Ursachen zu erwarten sind, d. h. je weiter Untersuchungsbeginn und erste Ergebnisse auseinanderliegen, desto größer ist der Aufwand an Zeit und personellen bzw. materiellen Ressourcen für solche Studien. Außerdem haben auch längsschnittliche Designs mit verschiedenen messmethodischen Problemen zu kämpfen (s. dazu Kap. 1).

Die Entwicklungspsychopathologie ist zunehmend mehr an *personenzentrierten* als an *variablenzentrierten Forschungsdesigns* interessiert. Bei variablenzentrierten Designs werden Gruppen untereinander auf ihrem durchschnittlichen Niveau im Hinblick auf bestimmte Variablen verglichen und die individuellen Abweichungen in den Gruppen werden als »Messfehler« vernachlässigt. Die Prinzipien von Multi- und Äquifinalität verlangen jedoch gerade nach Forschungsdesigns, die individuelle Entwicklungsverläufe von Personen festhalten und individuelle Abweichungen als eigenständige Entwicklungspfade berücksichtigen.

10.2   Klassifikation psychischer Störungen

Wie bereits bei den Kernprinzipien angesprochen, fragt die Entwicklungspsychopathologie nach Abweichungen vom normalen Entwicklungspfad. Sind solche Abweichungen mit deutlichen und dauerhaften Beeinträchtigungen (beim Kind oder bei Personen seiner Umgebung) verbunden, so erfüllen sie die Kriterien, die in gängigen psychiatrischen Klassifikationssystemen für die Feststellung einer psychischen Störung oder Krankheit gelten. Beide Begriffe werden oft synonym verwendet, meist gilt jedoch der *Störungsbegriff* als der modernere, theoretisch weniger vorbelastete, während der Begriff der Krankheit sehr schnell mit einem engen medizinischen Modell in Verbindung gebracht wird, das zwar in weiten Bereichen der Medizin selbst ausgedient hat, aber doch oft noch implizit die Konzeptualisierung von Störungen, Forschungsdesigns und die Interpretation von Forschungsergebnissen leitet (Sroufe, 1997). Bei diesem engen medizinischen Modell werden bevorzugt körperliche/endogene Faktoren als Ursachen für pathologische Entwicklungen geltend gemacht, von denen man erwartet, dass sie durch einen objektiven Befund sichtbar gemacht werden können. Im Bereich der psychischen Abweichung sind Ursachen jedoch nur selten geklärt und sie bestehen oft ohne dass – zumindest mit den bisherigen diagnostischen Mitteln – auch auf der körperlichen Ebene ein abweichender Befund sichtbar zu machen wäre bzw. ohne dass bei einem entsprechenden Befund klar unterschieden werden könnte, ob es sich um die Ursache oder Folge einer Störung handelt (vgl. Petermann et al., 2002).

Nicht jede Fehlanpassung stellt bereits eine Störung dar, sondern Störung tritt erst als Folge einer Reihe von Fehlanpassungen auf (Sroufe, 1997). Resch spricht von Anpassungsspannungen und -überforderungen in den Anfangsstadien risikoreicher Entwicklungen, wenn z. B. Eltern an ein kognitiv beeinträchtigtes Kind ständig zu hohe Leistungsanforderungen stellen, die schließlich in eine ängstlich-depressive Symptomatik münden, bis hin zur Suizidalität. Gestört sind auch nicht die Menschen an sich, sondern Verhaltensweisen bzw. mehr oder weniger umfassende psychische Funktionen. Die Menschen können zwi-

schen pathologischem und nicht-pathologischem Funktionsstatus hin und her wechseln. Und selbst während einer Episode, in
der sich gestörtes Verhalten deutlich manifestiert, bleiben auch
adaptive Formen des Verhaltens erhalten. Darüber hinaus kann
ein Verhalten in verschiedenen Kontexten unterschiedlich angepasst sein (Cicchetti, 1999). So kann aggressives Verhalten in
einer Familie adaptiv sein, in der dies der normale Weg der Auseinandersetzung ist, und in einem anderen Kontext nicht adaptiv, wenn das Kind z. B. in der Kindergartengruppe ein Spielzeug
haben will.

Nicht nur für die Erklärung von Entwicklung allgemein, sondern auch für die Entstehung von Störungen gelten momentan
(transaktionale, s. Kap. 1) biopsychosoziale Modelle als am an-
gemessensten. Gerade in jungen Jahren zeigen Kinder oft ein
auffälliges Verhalten, das wesentlich durch die Umwelt gesteuert
wird und sich oft sehr schnell zum Besseren wendet, wenn die
Bezugspersonen sich ändern. So sind bei Schlafstörungen in der
frühen Kindheit Erfolge durch Veränderungen der Eltern-Kind-
Interaktion, Einführung eines angemessenen Tagesrhythmus und
eines Schlafrituals zu erwarten (Dunitz-Scheer et al., 1998).

Je weiter die Entwicklung fortschreitet, desto mehr tritt die
Selbstregulation des heranwachsenden Kindes an die Stelle von
Fremdregulation (vor allem elterliche) und desto eher scheint es
gerechtfertigt, einer Person eine Störungskategorie als individuelle Diagnose zuzuordnen, wie dies in den Klassifikationssystemen psychischer Störungen geschieht. Insbesondere für die
ersten drei bis fünf Lebensjahre bestehen jedoch erhebliche
Zweifel, dass es eine schon relativ stabil in der kindlichen Selbstregulation verankerte Störung unabhängig von der Eltern-Kind-
Beziehung geben kann (vgl. Wiefel et al., 2007). Aus einem systemischen Denken heraus müsste über die kindliche Interaktion
im Familiensystem hinaus auch die familiale Interaktion mit
übergeordneten Systemen betrachtet werden, die für die Fami-
lienentwicklung mehr oder weniger günstige Bedingungen be-
reitstellen können.

Steinhausen (2006, S. 20) definiert eine psychische Störung
im Kindes- und Jugendalter folgendermaßen: »Eine psychische
Störung bei Kindern und Jugendlichen liegt vor, wenn das Ver-

halten und/oder Erleben bei Berücksichtigung des Entwicklungsalters abnorm ist und/oder zu einer Beeinträchtigung führt.« Steinhausen diskutiert neun Kriterien für Abnormität, von denen mehrere erfüllt sein müssen, um von einer Störung zu sprechen. Berücksichtigt werden die mangelnde Angemessenheit von Verhalten im Hinblick auf Entwicklungsstand, Alter, Geschlecht oder kulturelle Werte, die Dauerhaftigkeit, der Schweregrad und die Häufigkeit der Symptomatik, die Durchgängigkeit des Problems über Situationen bzw. soziale Kontexte (z. B. Elternhaus und Schule), ein fehlender Zusammenhang mit aktuellen Belastungen in einer Lebensphase, sowie ob ein Symptom in Zusammenhang mit anderen Symptomen auftritt (z. B. motorische Unruhe mit Aufmerksamkeitsproblematik) oder evtl. Teil einer allgemeineren Fehlfunktion (z. B. schlechte Leseleistung bei gleichzeitiger Schwäche des Kurzzeitgedächtnisses u. a.) ist. Zusätzlich sollte immer berücksichtigt werden, inwieweit das Kind bzw. andere Personen durch die Symptomatik beeinträchtigt werden. So muss man sich fragen, ob ein Leiden(sdruck) des Kindes oder anderer Personen gegeben ist, ob die Sozialkontakte eingeengt werden oder die Entwicklung insgesamt behindert wird. Bei aggressivem Verhalten eines Kindes leiden möglicherweise vor allem Eltern und Peers. Gerade das Fehlen von Freundschaftsbeziehungen bewirkt bei Kindern einen besonderen Leidensdruck und wirkt sich auf viele Entwicklungsbereiche aus (z. B. prosoziales Verhalten, Identitätsfindung, Ablösung von den Eltern).

Die Klassifikation psychischer Störungen ist einem steten Wandel unterworfen, der sich sowohl aus einem besseren Verständnis von Ursachen und Verläufen psychischer Störungen als auch aus dem Wandel kultureller Normen ergibt. Eine Klassifikation kann als Systematik von Störungsgruppen (z. B. Tiefgreifende Entwicklungsstörungen) verstanden werden, denen jeweils einzelne Störungsbilder (z. B. frühkindlicher Autismus) – bestehend aus Symptomgruppen (Syndromen) – zugeordnet sind (Petermann et al., 2002).

Im Wesentlichen kann man zwischen *kategorialen und dimensionalen Klassifikationssystemen* unterscheiden. Bei der kategorialen Klassifikation werden psychische Störungen als klar voneinander abgrenzbare Einheiten behandelt. Diesem Ansatz folgen augenblicklich die wichtigsten diagnostischen Systeme, die von der Weltgesundheitsorganisation (WHO) herausgegebene ICD-10 (International Classification of Diseases and Related Health Problems, 10. Version) und das von der American Psychiatric Association (APA) herausgegebene DSM-IV (Diagnostic and Statistical Manual of Mental Disorders, 4. Version). Eine neue, 11. Version der ICD, in der u. a. verstärkt Entwicklungsaspekte berücksichtigt werden sollen, wird für das Jahr 2010 erwartet (Remschmidt et al., 2006). Durch die Festschreibung der ICD als offizielle Klassifikation im Gesundheitssystem in Deutschland seit 1998 hat die kategoriale Klassifikation eine intensive Verbreitung gefunden (Rosner, 1999).

In Deutschland veröffentlichen Remschmidt et al. (2006) ein multiaxiales Klassifikationssystem speziell für das Kindes- und Jugendalter (kurz: MAS), das der ICD folgt. Ein Kind muss auf allen Achsen beurteilt werden, wobei auf den meisten Achsen auch lediglich vermerkt werden kann, dass keine entsprechenden Störungen, Symptome oder besonderen psychosozialen Umstände vorliegen oder dass entsprechende Informationen fehlen (s. Kasten). Die Verschlüsselung der Diagnosen erfolgt über einen Code, bestehend aus einem Buchstaben und einer Zahlenfolge, und einer sprachlichen Kategorie, wobei die psychischen Störungen immer mit dem Buchstaben F beginnen (z. B. F84.0 Frühkindlicher Autismus). Für jede Gruppe von Störungen bzw. für jede einzelne dazu gehörende Störung findet sich eine ausführliche Charakterisierung nach verschiedenen Aspekten – eine allgemeine Beschreibung des Erscheinungsbildes, diagnostische Leitlinien, bei denen die zentralen Symptome benannt werden, eine Anleitung zur Differentialdiagnose, mit der die oft schwierige Abgrenzung von anderen, ähnlich erscheinenden Störungen erleichtert werden soll, diagnostische Kriterien, die erfüllt sein müssen, und weitere Kommentare. Insgesamt folgen die genannten Klassifikationssysteme in ihren neuesten Versionen der Philosophie, Störungen nach ihrem Erscheinungsbild zu beschreiben und danach zu einer Einordnung zu kommen, die sich im Wesentlichen nicht mehr auf andere Informationen, z. B. Annahmen über die Ätiologie, stützt. Auch das gleichzeitige Auftreten psychischer Störungen ist möglich, sofern dies nicht in bestimmten Fällen ausdrücklich ausgeschlossen wird. Man spricht dann von Komorbidität.

Das Multiaxiale Klassifikationsschema für psychische Störungen des Kindes- und Jugendalters (kurz: MAS; Remschmidt et al., 2006)

Erste Achse: Klinisch-psychiatrisches Syndrom
Diese Achse enthält alle psychiatrischen Störungsbilder aus der Sektion V der ICD-10 mit Ausnahme der Klassen F7 und F8, die im MAS weitestgehend auf gesonderten Achsen (Achse 3 und 2) beurteilt werden. Enthalten sind auch die Störungen des Erwachsenenalters, die nur selten für Kinder und Jugendliche herangezogen werden.
Beispiel: F5 Verhaltensauffälligkeiten mit körperlichen Störungen und Faktoren; F50 Essstörungen (F50.0 Anorexia nervosa, F50.00 A.n. ohne aktive Maßnahmen zur Gewichtsabnahme, F50.01 A.n. mit aktiven Maßnahmen zur Gewichtsabnahme, F50.02 Bulimia nervosa) (S. 397)

Zweite Achse: Umschriebene Entwicklungsstörungen
Es handelt sich um aktuelle Störungen umgrenzter Funktionen, die aus dem übrigen Entwicklungsniveau des Kindes herausfallen.
Beispiel: Liegt eine allgemeine Entwicklungsverzögerung aufgrund einer geistigen Behinderung vor, wird eine bestehende Lese- und Rechtschreibstörung nicht mehr als umschriebene Entwicklungsstörung gesehen und vermerkt.

Dritte Achse: Intelligenzniveau
Das aktuelle Intelligenzniveau wird entweder in Form einer klinischen Einschätzung oder psychometrisch mittels Intelligenztest ermittelt. Die Klassifikation erfolgt auf 8 Stufen. Anders als in der ICD-10 werden nicht nur die Einschränkungen der Intelligenz vermerkt. Begrifflichkeiten wie Idiotie (s. u.) wirken diskriminierend und entsprechen eigentlich nicht dem aktuellen Gebrauch in Wissenschaften wie Psychologie oder Heilpädagogik.

Beispiele: 1. Sehr hohe Intelligenz, weit überdurchschnittliche Intelligenz, IQ über 129; 8. Schwerste intellektuelle Behinderung, Idiotie, IQ unter 20 (S. 303f)

Vierte Achse: Körperliche Symptomatik
Diese Achse ist vorgesehen für die Kodierung von aktuellen nicht-psychiatrischen Krankheitssymptomen bzw. -syndromen, unabhängig davon, ob sie mit einer diagnostizierten psychischen Störung in Zusammenhang stehen.

Fünfte Achse: Assoziierte aktuelle abnorme psychosoziale Umstände
Hier werden abnorme psychosoziale Situationen kodiert, die für die Verursachung der psychischen Störung und Therapieplanung von Bedeutung sein können, aber nicht sein müssen. Es wird kein klarer Zeitrahmen angegeben, der bei der Beurteilung berücksichtigt werden soll.
Beispiel: 1.3 Körperliche Kindesmisshandlung (S. 397)

Sechste Achse: Globale Beurteilung des psychosozialen Funktionsniveaus (Adaption/Beeinträchtigung)
Diese Achse orientiert sich an einer vergleichbaren im DSM-IV. Da die Beschreibungen der Kodierungen (0–9) sehr defizitbezogen ausfallen, fügt das MAS beispielhaft kompetenzbezogene Definitionen hinzu. Dies entspricht aktuellen Forderungen aus dem human- und sozialwissenschaftlichen Bereich. Die Beurteilung sollte sich in der Regel auf die letzten drei Monate beziehen.
Beispiel defizitorientierte Operationalisierung: 4. Ernsthafte soziale Beeinträchtigung in mindestens ein oder zwei Bereichen (wie z. B. erheblicher Mangel an Freunden [...] (S. 392). Kompetenzorientierte zusätzliche Definition: Kann alterstypische Entwicklungsaufgaben in zwei oder drei Bereichen befriedigend oder besser erfüllen, sonst nur teilfunktionsfähig (S. 15).

Aus den besonderen Problemen einer Psychopathologie des Kleinkind- und Vorschulalters heraus sind in letzter Zeit besondere klassifikatorische Anstrengungen im Hinblick auf diese

Altersgruppe zu verzeichnen. In diesem Alter ist das gestörte
Verhalten sehr stark vom sozialen Kontext abhängig und meist
eher als ein Problem eines Beziehungssystems als eines Kindes
zu sehen. Außerdem herrscht ein hohes Entwicklungstempo und
diagnostische Erhebungen sind schwierig, etwa weil Kinder noch
kaum selbst Auskünfte geben können. Deshalb wurde eine zuletzt 2005 revidierte »Diagnostic Classification 0–3 (DC: 0-3R)«
entwickelt, die die bestehenden Klassifikationssysteme ergänzen
soll und die eigentlich bis zum Alter von fünf Jahren angewendet
werden kann (Wiefel et al., 2007, S. 72).

Vorteile einer kategorialen Klassifikation liegen u. a. in der
Reduktion einer Fülle störungsbezogener Information nach
nachvollziehbaren Regeln in einer Kategorie, in der Verbesserung der Kommunikation in Forschung und Praxis durch eine
solche vereinheitlichte Begrifflichkeit, und darin, dass solche
Kategorien einen Ankerpunkt für Forschungsdesigns und sich
daraus ergebendes störungsbezogenes Wissen darstellen (vgl.
Rosner, 1999). Doch ergeben sich auch zahlreiche Ansätze für
Kritik, u. a. die fehlenden Konsequenzen der Zuordnung zu einer Störungskategorie im Bereich der Intervention. So haben
sich viele psychotherapeutische Vorgehensweisen bereits vor
bzw. unabhängig von der Einführung von Störungskategorien
entwickelt und ihre Indikation im Zusammenhang mit bestimmten Kategorien ist noch ungeklärt. Andererseits gilt, dass zusätzlich zur Kenntnis einer Störungskategorie für eine angemessene
Interventionsplanung eine Fülle zusätzlicher diagnostischer Information erhoben werden muss (vgl. Rosner, 1999), so dass im
Urteil vieler Therapeuten den genannten Klassifikationssystemen
nur wenig Nutzen für die Praxis zukommt.

Die Vergabe von Störungsdiagnosen sollte zuverlässig erfolgen, d. h. verschiedene Beurteiler sollten zur selben Einschätzung kommen (Interrater-Reliabilität (s. Kap. 1), was leider in
vielen Fällen nicht gewährleistet ist. Gründe sind darin zu sehen,
dass manche Störungen in der Praxis schwer voneinander ab-
grenzbar sind, dass nicht immer alle diagnostischen Kriterien
erfüllt sind und dass mitunter unklar ist, wo Grenzwerte zu ziehen sind, ob es sich bei einem Phänomen also noch um eine
Variation des Normalen oder schon um eine (behandlungsbe-

dürftige) Störung handelt (vgl. Petermann et al., 2002). So ist es für Kinder ganz normal, bei der Trennung von ihren Eltern Angst zu erleben, und es ist schwer zu fassen, bei welcher Ausprägung man von einer Abweichung im Sinne einer Angststörung sprechen sollte. Der ursprünglich angenommene qualitative Unterschied zwischen verschiedenen Störungen basiert häufig auch deshalb auf quantitativen Aussagen im Sinne eines Mehr oder Weniger, weil viele diagnostische Instrumente, z. B. auch die im nächsten Kapitel erläuterten Entwicklungstests, dimensionale Informationen liefern. Ein empirisch festgelegter Grenzwert gibt dann an, ab wann man von einer klinisch relevanten Ausprägung des Erlebens oder Verhaltens spricht, die als Symptom einer Störung gelten kann (vgl. Rosner, 1999). Grenzwert könnte z. B. der Angstwert sein, über dem in einem Angstfragebogen bei einer Normstichprobe entsprechenden Alters nurmehr ca. 2,5 Prozent der Kinder liegen.

Bei Phänomenen, die eher kontinuierlich verteilt sind und bei denen keine eindeutig bestimmbaren qualitativen Abgrenzungsmöglichkeiten vorliegen, scheint dann auch ein *dimensionaler Ansatz der Klassifikation* besser geeignet als ein kategorialer (vgl. Petermann et al., 2002). Die dimensionale Klassifikation geht generell davon aus, dass sich psychische Störungen als (zumeist extreme) Ausprägungen von kontinuierlichen Merkmalen beschreiben lassen. Das bekannteste System ist das von Achenbach. Per Fragebogen werden Urteile von Eltern und Lehrern über die Verhaltensmerkmale der Probanden erhoben – bei Jugendlichen auch Selbsturteile.

Aus den Daten wurden mittels statistischer Verfahren acht Dimensionen extrahiert, die eine Zusammenfassung der vielen beurteilten Merkmale darstellen und wiederum in drei Gruppen eingeteilt werden können: in internalisierende, externalisierende und gemischte Auffälligkeiten (s. Kasten).

Die Achenbach'schen Dimensionen psychischer Störungen (n. Petermann et al., 2002, S. 42)

Internalisierende Auffälligkeiten
Sozialer Rückzug: Bei hoher Ausprägung möchten Kinder lieber alleine sein, sind verschlossen, weigern sich zu sprechen, sind eher schüchtern, wenig aktiv und öfter traurig verstimmt.

Körperliche Beschwerden: Die Skala umfasst somatische Symptome wie Schwindel, Müdigkeit, Schmerzen und Erbrechen.

Ängstlich/Depressiv: Neben allgemeiner Ängstlichkeit und Nervosität werden Einsamkeits-, Ablehnungs-, Minderwertigkeits- und Schuldgefühle und traurige Verstimmtheit erfasst.

Externalisierende Auffälligkeiten
Dissoziales Verhalten: Erfasst werden dissoziale Verhaltensweisen wie Lügen, Stehlen, Schulschwänzen und häufig damit assoziiertes Verhalten (z. B. »ist lieber mit Älteren zusammen«).

Aggressives Verhalten: Erfasst wird verbal- und körperlich-aggressives Verhalten und solches, das häufig damit in Verbindung steht (z. B. »spielt den Clown«).

Gemischte Auffälligkeiten
Soziale Probleme: Umfasst vor allem Ablehnung durch Gleichaltrige sowie unreifes und erwachsenenabhängiges Verhalten.

Schizoid/Zwanghaft: Erfasst werden Tendenzen zu zwanghaftem Denken und Handeln und psychotisch und bizarr anmutendes Denken und Verhalten.

Aufmerksamkeitsprobleme: Beinhaltet motorische Unruhe, Impulsivität, Konzentrationsstörungen und Verhaltensweisen, die häufig mit hyperkinetischem Verhalten assoziiert sind (z. B. »verhält sich zu jung«).

10.3 Zur Epidemiologie und Ätiologie psychischer Störungen

Durch groß angelegte epidemiologische Studien wird seit den 1950er Jahren versucht, das Ausmaß psychischer Störungen bei Kindern und Jugendlichen in der Allgemeinbevölkerung zu ermitteln. Untersucht wurden auch mögliche, das Entstehen und den Verlauf einer Störung bestimmende Faktoren, Störungsmechanismen sowie der Bedarf an psychosozialen Hilfseinrichtungen und die damit verbundenen Kosten (Petermann et al., 2002). Ausführliche internationale Daten zur Prävalenz und Inzidenz psychischer Störungen bei Kindern und Jugendlichen finden sich bei Ihle und Esser (2002). Die *Prävalenzrate* gibt alle ermittelten Fälle psychischer Störungen zu einem Stichtag oder innerhalb eines bestimmten Zeitraumes (z. B. ein Jahr) bezogen auf eine bestimmte Population an, die *Inzidenzrate* dagegen nur die neu aufgetretenen Fälle. Als ungefähren Wert kann man davon ausgehen, dass beinahe 20 Prozent aller Kinder- und Jugendlichen an einer behandlungsbedürftigen Störung leiden (vgl. Ihle & Esser, 2002; Steinhausen, 2006). In besonderen Populationen, z. B. bei Kindern und Jugendlichen, die im Rahmen der Kinder- und Jugendhilfe in Heimen oder heilpädagogischen Tagesgruppen betreut werden, wurde bei bis zu 60 Prozent eine Störung diagnostiziert (vgl. Schuhrke & Arnold, 2009).

Ätiologische Modelle, die Ursachen und Entstehung behandeln, müssten eigentlich spezifisch für einzelne Störungen untersucht werden. Generell hat die Forschung jedoch eine Reihe von Faktoren und Bedingungen herausgearbeitet, die in vielen Zusammenhängen das Risiko einer abweichenden Entwicklung erhöhen oder mildern (vgl. Petermann, 2002; Steinhausen, 2006; **s. Abb. 10.2**). Über die *risikomildernden Faktoren*, die Petermann und Resch (2008) unter dem Begriff Schutzfaktoren zusammen fassen, weiß die Forschung viel weniger gut Bescheid als über die das Risiko erhöhenden (vgl. Steinhausen, 2006). Auf der Seite des Kindes (kindbezogen) werden eher ursprüngliche, evtl. angeborene Faktoren (z. B. günstige Temperamentseigenschaften) von solchen unterschieden, die das Kind erst im Laufe der

Entwicklung erwirbt (z. B. positives Sozialverhalten, günstiges Selbstwertgefühl, gute Problemlösefähigkeit, sicheres Bindungsmodell) (s. auch Werner in Kap. 1). Systemisch betrachtet stellt *Resilienz* eine Form der Selbstorganisation eines Systems dar, die es erlaubt, »[…] den ungünstigen Wirkungen aus der Umwelt standzuhalten und die Attraktoren von Entwicklung beizubehalten« (Oerter et al., 1999, S. 111). Schutzfaktoren aus der kindlichen Umgebung, wobei vor allem aber nicht ausschließlich an die familiale Umgebung zu denken ist (z. B. anregendes Erziehungsklima, Vorhandensein einer stabilen Bezugsperson, anerkannte Wertorientierung der Familie, stabile Freundschaften), interagieren mit den kindbezogenen Faktoren und leisten einen Beitrag zu den Ressourcen für eine günstige Entwicklung. Schutzfaktoren wirken nicht generell, sondern immer im Hinblick auf bestimmte Abweichungen; so schützt ein hohes Bildungsniveau der Eltern nicht vor einer Depression (Rutter, n. Petermann & Resch, 2008).

Faktoren aus der kindlichen Umgebung können auch *risikoerhöhend* wirken (z. B. schlechte sozioökonomische Bedingungen, Konflikte der Eltern, Gewalt und Misshandlung in der Familie, psychische Störung der Eltern, jugendliche Eltern). Die *Vulnerabilität* (Verletzlichkeit) sollte ebenso wie die Resilienz unter Entwicklungsgesichtspunkten gesehen werden (vgl. auch Resch, 1999). Hier wird in der Literatur bereits von einer primären Vulnerabilität gesprochen, zu der unseres Erachtens jedoch nicht nur genetische Dispositionen (Petermann & Resch, 2008), sondern auch bei der Geburt oder früh im Lebenslauf auftretende Faktoren (z. B. Erkrankungen des Säuglings, Beeinträchtigungen durch Frühgeburtlichkeit, schwieriges Temperament) gehören. Ebenso sollten Interaktionen zwischen Stressoren und der primären und sekundären Vulnerabilität untersucht werden. Wirkungen der Umgebung auf das Kind sind gut belegt. Dabei spielen weniger einzelne spezifische Faktoren eine Rolle, sondern vor allem deren Häufung, denn das Risiko für abweichende Entwicklungspfade steigt mit der Zahl der Risikofaktoren (vgl. Meyer Probst & Reiss, 1999; Petermann & Resch, 2008). Seltener wird an potentielle Rückwirkungen des Kindes auf seine Umgebung gedacht, wie sie z. B. im Zusammenhang mit

Kindeswohlgefährdungen in der Sozialen Arbeit bekannt sind. So tragen besonders behinderte Kinder und solche mit Entwicklungsverzögerungen und Regulations- und Verhaltensstörungen ein hohes Risiko für Misshandlung, weil diese Faktoren des Kindes die Eltern nicht selten in ihrer Erziehungskompetenz überfordern (vgl. Reinhold & Kindler, 2006). Im Lebenslauf ergeben sich Phasen erhöhter Verletzlichkeit häufig dann, wenn von Kindern Transitionen in neue soziale Umwelten verlangt werden, z. B. der Übergang von Elternhaus oder Kindergarten zur Schule.

Als Bilanz einer Betrachtung gemäß **Abbildung 10.2** ergibt sich eine Einschätzung der Anstrengungen, die ein Kind bzw. seine Familie zur Bewältigung von Belastungen unternehmen kann und eine Entwicklungsprognose für das Kind (s. Fallbeispiel **Kasten**).

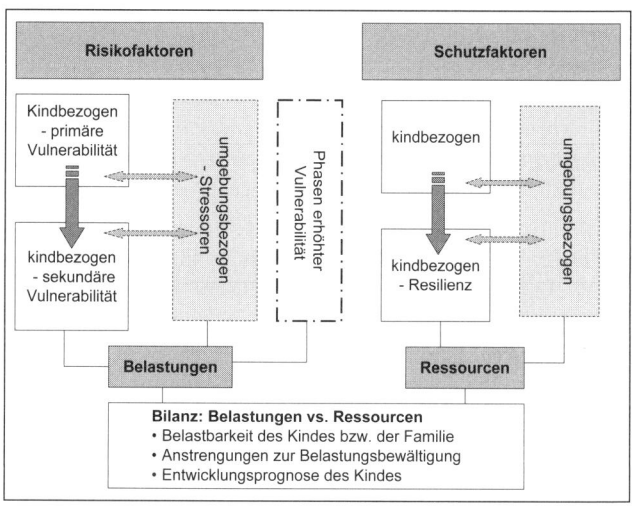

Abb. 10.2: Faktoren, die das Risiko für eine abweichende Entwicklung bzw. eine psychische Störung erhöhen oder verringern (mod. n. Petermann, 2002, S. 12; Petermann & Resch, 2008)

Können Sie Risiko- und Schutzfaktoren identifizieren?

Als der neunjährige Christian zum ersten Mal in der Erziehungsberatungsstelle vorgestellt wird, kommt zum zweiten vereinbarten Termin auch der Vater, denn die Eltern sehen Kindererziehung als ihre gemeinsame Aufgabe. Christian ist der älteste Sohn einer 42-jährigen Hausfrau und eines 49-jährigen Bankmanagers. Die Mutter hat selbst einen Hochschulabschluss, arbeitet aber nicht mehr, da die Berufstätigkeit des Mannes immer wieder längere Abwesenheiten mit sich bringt. Die Familie hat in einem größeren zeitlichen Abstand zu Christian noch eine Tochter und einen Sohn bekommen.

Im Gespräch zeigt sich die Mutter völlig überfordert und ratlos. Christian hat in der Schule sehr schlechte Leistungen vor allem im Lesen und Rechtschreiben und stört den Unterricht. Er steht häufig auf, kramt in seiner Tasche und lässt sich von jeder Kleinigkeit ablenken. Wenn er aufgerufen wird, weiß er oft nicht, was gerade im Unterricht passiert ist. Zu Hause braucht er Stunden, um seine Hausaufgaben zu erledigen, was häufig zu Konflikten mit seiner Mutter führt. Oft kommt es auch vor, dass Christian ständig seine Geschwister ärgert und beim Spielen stört. Bei häufigen Gesprächen mit der Lehrerin wird der Mutter seit Langem nahegelegt, endlich etwas zu unternehmen. Die Diagnose *ADHS (Aufmerksamkeitsdefizit-Hyperaktivitäts-Syndrom)* liegt in der Luft und wird im diagnostischen Prozess zusammen mit einer begleitenden *Lese-Rechtschreibstörung* bestätigt. Ansonsten verfügt Christian aber über eine gute Intelligenz und zeigt Ausdauer bei handwerklichen Tätigkeiten, an denen ihn immer wieder ein befreundeter Nachbar beteiligt.

Im Laufe des Gesprächs erhält die Beraterin noch weitere bedeutsame Informationen. So scheint die Beziehung der Eltern gut zu sein. Die Mutter fragt sich, ob sie schuld ist an den Problemen ihres Sohnes, da sie in der Schwangerschaft trotz schlechten Gewissens das Rauchen nicht aufgegeben hat. Bei einem Gespräch mit ihren Eltern hat die Mutter erfahren, dass ein Bruder ihres Vaters ähnliche Probleme hatte wie Christian. Christian ist schon immer ein schwieriges Kind gewesen, er weinte schon im ersten Jahr viel, schlief schlecht und war schwer zu beruhigen. Im Kindergarten wurde er von anderen oft abgelehnt, weil er so wild war und Spielregeln missachtete. Solange er das einzige Kind war, ging alles noch recht gut. Richtig schlimm wurde es erst mit Beginn der Schule. Wenn Christian mit schlechten Noten kommt oder einen Hefteintrag der Lehrerin mitbringt und die Mutter ihn darauf anspricht, sagt er nur noch »Ich bin halt ein Arschloch«. Manchmal verschwindet er dann einfach stundenlang. Die Mutter kann sich gut in das Leid ihres Sohnes hineinversetzen.

In einem mehrjährigen Prozess, in dem die Beratungsstelle die Familie unterstützt, diese aber auch selbst sehr aktiv Informationen einholt, wendet sich die Situation zum Besseren. Einerseits lernen Mutter und Sohn über ein verhaltensmodifikatorisches Training, besser mit Christians Problematik zu Hause umzugehen. Den größten Durchbruch bringt aber sein Wechsel auf eine Montessori-Schule, die mit seinen Defiziten und Stärken besser umgehen kann und viele Erfahrungen in Form von Praktika bietet. Sein Selbstwertgefühl steigert sich; er ist in seiner Klasse akzeptiert und strebt einen Realschulabschluss an. Eine medikamentöse Behandlung haben die Eltern immer abgelehnt.

10.4 Veränderung im Rahmen der Entwicklungspsychopathologie

Die gegenwärtige Entwicklungspsychopathologie betont die Erforschung von Veränderung, sei es natürlicherweise auftretende, sei es durch professionelle Intervention hervorgerufene. Bei den Interventionsmethoden bestand lange Zeit ein Defizit, das aber mittlerweile aus dem klinisch-psychologischen Bereich aufgefüllt wurde.

Fortschritte bei den Methoden der personenzentrierten statistischen Analyse haben die Augen geöffnet für die beträchtliche intraindividuelle Variabilität, z. B. Schwankungen in Ausprägung und Form von Symptomen im individuellen Lebenslauf, aber auch für den interindividuell übereinstimmenden Wandel (Masten, 2006). So zeigt etwa Cole (2006), dass trotz einer langfristig relativ hohen Stabilität bei depressiven Symptomen, Kinder zunächst einen deutlichen Rückgang dieser Symptome nach dem Übergang zur Sekundarschule erleben.

Interventionen, die auf der Basis entwicklungspsychopathologischen Wissens entwickelt werden, sprechen strategisch verschiedene Systeme (Familie, Gleichaltrige, Nachbarschaft) an, sie berücksichtigen Überlegungen zu günstigen Interventionszeitpunkten im Entwicklungsverlauf und beziehen Modelle ein, die Risikofaktoren für die Entwicklung von Problemverhalten und Interventionsmöglichkeiten identifizieren (Lochman, 2006).

Zusammenfassung

Die Entwicklungspsychopathologie vereinigt entwicklungspsychologische und psychopathologische Theoriebildung und Forschung. Sie untersucht Ursprünge und Verlauf fehlangepassten Verhaltens über die gesamte Lebensspanne im Hinblick auf die biologisch und kulturell geprägten Lebensräume, in denen Menschen bestehen müssen.

Das entwicklungspsychopathologische Denken lässt sich durch sieben Prinzipien charakterisieren. Entwicklung wird als geordnetes Veränderungsmuster gesehen, und für die Veränderung gelten verschiedene Modellvorstellungen, z. B. über die Antriebskräfte, die Entwicklung hervorbringen. Psychopathologische Verläufe gelten als Abweichungen vom Normalverlauf. Der Mensch wird als ein System betrachtet, das untergeordnete Systeme integriert und selbst wieder Teil übergeordneter Systeme ist. Systeme funktionieren nach bestimmten Prinzipien, z. B. tauchen beim Menschen psychische Strukturen wie das Selbst ohne eine eindeutig gestaltende Kraft auf. Die menschliche Organisation und Entwicklung in Interaktion mit der Umwelt wird auf mehreren Ebenen beschrieben (z. B. genetische, neuronale Aktivität). Das Individuum gestaltet seine Entwicklung aktiv mit. Wissenschaftlich steigern Erkenntnisse zur normalen Entwicklung das Verständnis der abweichenden Entwicklung und umgekehrt. Die längsschnittliche Betrachtung individueller Entwicklungsverläufe ist von besonderem Wert.

Sind die Abweichungen vom normalen Entwicklungspfad mit deutlichen und dauerhaften Beeinträchtigungen beim Kind oder Personen seiner Umgebung verbunden, so erfüllen sie die Kriterien für eine psychische Störung. Solche Störungen sind in psychiatrischen Klassifikationssystemen erfasst. Im Wesentlichen unterscheidet man kategoriale (z. B. ICD-10 der WHO) und dimensionale Klassifikationssysteme. Bei Ersteren werden Störungen als klar abgrenzbare Einheiten betrachtet (z. B. frühkindlicher Autismus), bei Letzteren werden sie als (zumeist extreme) Ausprägungen kontinuierlicher Merkmale beschrieben (z. B. aggressives Verhalten). Epidemiologische Studien haben ermittelt, dass ca. 20 Prozent der Kinder und Jugendlichen an einer behandlungsbedürftigen Störung leiden. Aktuelle ätiologische Modelle beschreiben Ursachen und Entstehung von Störungen bei Kindern oder Jugendlichen als Zusammenspiel verschiedener Faktoren, die man zunächst einmal in risikoerhöhende und risikomildernde einteilen kann. Je jünger ein Kind ist, desto mehr muss die Störung als Merkmal des Beziehungssystems gesehen werden, in dem das Kind lebt. Mit fortschreitender Entwicklung verfestigt sich das fehlangepasste Verhalten und wird zu einem relativ stabilen Merkmal der Person. Entsprechend verschieben sich auch die Ansatzpunkte für Interventionen.

Empfohlene Literatur

Oerter, R., Hagen, C. v., Röper, G. & Noam, G. (Hrsg.) (1999). *Klinische Entwicklungspsychologie. Ein Lehrbuch.* Weinheim: PVU.
Petermann, F. (Hrsg.) (2008). *Lehrbuch der Klinischen Kinderpsychologie* (6., überarb. Aufl.). Göttingen u. a.: Hogrefe.

11 Entwicklungsdiagnostik

Beurteilungen im Zusammenhang mit der Entwicklung von Kindern werden auch im Alltag häufig vorgenommen. Eltern vergleichen ihre Sprösslinge auf dem Spielplatz, Erzieherinnen und Lehrkräfte schätzen den Entwicklungsstand der ihnen anvertrauten Kinder ein. Ziel wissenschaftlicher Diagnostik ist es, diese Einschätzungen so objektiv, genau und zutreffend wie möglich vorzunehmen – mit anderen Worten, die Kriterien der Objektivität, Reliabilität und Validität zu erfüllen (s. Kap. 1).

Entwicklungsdiagnostik als Bereich der Angewandten Entwicklungspsychologie beschäftigt sich dabei mit »… der quantitativen und qualitativen Erfassung entwicklungsbedingter Kompetenzen in Hinblick auf die Beschreibung und Erklärung des aktuellen Kompetenzniveaus, die Prognose der zukünftigen Entwicklung sowie die Planung und Evaluation von Entwicklungsinterventionen« (Deimann & Kastner-Koller, 2007, S. 558).

Die Ziele der Entwicklungsdiagnostik formuliert Ettrich (2000, S. 16) folgendermaßen:

1. *Feststellung des Entwicklungsstatus* bzw. Entwicklungsniveaus eines Merkmals oder einer Konfiguration von Merkmalen.
2. Ermittlung von *Veränderungen im Entwicklungsstatus*, bezogen auf unterschiedliche Beobachtungszeitpunkte. Hierfür ist es also nötig, sich nicht auf einen Messzeitpunkt zu beschränken, sondern ein Kind mehrmals zu untersuchen.
3. Ermittlung der *Veränderungsgeschwindigkeit*. Ist die Veränderung von Zeitpunkt 1 zu Zeitpunkt 2 vergleichbar mit der von Zeitpunkt 2 zu Zeitpunkt 3?
4. Ermittlung der *Veränderungsrichtung*. Ist die Richtung der Veränderung zwischen den verschiedenen Messzeitpunkten gleich oder unterschiedlich? Gibt es Fort- oder Rückschritte?
5. Beschreibung von *Veränderungsmustern*. Entwickeln sich beispielsweise kognitive und soziale Fähigkeiten synchron

oder diachron? Gibt es qualitative Unterschiede zwischen verschiedenen Niveaustufen eines Merkmals, wie sie z. B. Stufenmodelle der Entwicklung annehmen?

Von dem festgestellten Entwicklungsstatus aus werden sodann Rückschlüsse über die bisherige Entwicklung gezogen, die zukünftige Entwicklung prognostiziert, evtl. Entwicklungsauffälligkeiten diagnostiziert und Maßnahmen zur Entwicklungsförderung formuliert sowie gegebenenfalls evaluiert.

Historisch gesehen bestand Ende des 19./Anfang des 20. Jahrhunderts das zentrale Ziel der Entwicklungsdiagnostik in der Identifikation von Risikokindern vor deren Einschulung. Als Beispiel kann einer der ersten Intelligenztests, die Stufenleiter der Intelligenz von Binet und Simon (1905), genannt werden. Das Verfahren sollte sonderschulbedürftige Kinder identifizieren. Auch die Entwicklungsskalen von Gesell (s. Kap. 1) stellen frühe Beispiele für die Entwicklungsdiagnostik dar. In den letzten Jahrzehnten hingegen verlagerte sich der Fokus zunehmend auf das Säuglings- und Kleinkindalter, um abweichenden Entwicklungen möglichst frühzeitig entgegenwirken zu können (Macha & Petermann, 2006).

Die Notwendigkeit einer Entwicklungsdiagnostik ergibt sich z. B. bei der Frage nach einem bestimmten Entwicklungsdefizit (dem Fehlen gewisser Kompetenzen) oder einem Entwicklungsrückstand (Kompetenzen treten erst mit deutlicher Verzögerung auf), manchmal auch bei der Frage nach einer beschleunigten Entwicklung (z. B. Hochbegabung). Bei bestimmten entwicklungsgefährdeten Gruppen, wie z. B. Frühgeborenen, ist eine obligatorische Diagnostik empfehlenswert, damit evtl. Störungen frühzeitig erkannt und behandelt werden können (Kubinger, 2006). Auch die in einigen Bundesländern durchgeführten Sprachstandserhebungen lassen sich unter den Begriff Entwicklungsdiagnostik fassen.

Dabei wird im Kindesalter häufig ein normativer Vergleich mit der Gruppe der Gleichaltrigen vorgenommen, ausgehend von der Annahme, dass entwicklungsbedingte Veränderungen meist in einem engen Zusammenhang zum Lebensalter stehen. Es wird also gefragt, ob die aktuelle Entwicklung des Kindes mit dem durchschnittlichen Entwicklungsstand von Kindern seiner Altersgruppe übereinstimmt. Dabei ist jedoch zu berücksichtigen, dass die Bandbreite »normaler« Entwicklung sehr groß ist.

Die bereits in Kapitel 1 angesprochene Grundfrage nach Kontinuität oder Diskontinuität in der Entwicklung spielt auch für die Diagnostik eine wichtige Rolle, denn Abweichungen können sowohl in qualitativer als auch in quantitativer Hinsicht bestehen. Laut Rosner (1999) wird für die meisten Störungen heute ein quantitatives Modell angenommen, bei dem empirisch gewonnene Leistungsgrenzwerte (Cut-Off-Werte) zwischen klinisch relevanten Störungen und klinisch nicht auffälligen Ausprägungen unterscheiden; das Konzept eines qualitativen Sprungs bleibt bei nur wenigen Störungen erhalten.

Die *Methoden* der Entwicklungsdiagnostik umfassen dabei Verhaltensbeobachtungen und -einschätzungen (z. B. beim Spiel), Befragungen (z. B. Interviews mit bzw. Fragebögen für die Eltern) und Entwicklungstests. Im Folgenden werden wir uns zunächst genauer mit den Entwicklungstests beschäftigen, da sie ein gängiges Instrument in der Entwicklungsdiagnostik darstellen und der Begriff Entwicklungsdiagnostik z. T. mit dem Durchführen von Entwicklungstests gleichgesetzt wird (Macha & Petermann 2006; Quaiser-Pohl & Rindermann, in Druck).

Eine Entwicklungsdiagnostik, die sich nur auf Ergebnisse von Entwicklungstests stützt, ist jedoch nicht unumstritten (vgl. Meisels & Atkins-Burnett, 2006). Da zudem bestimmte, für eine gesunde psychische Entwicklung extrem wichtige Bereiche wie die sozioemotionale Entwicklung des Kindes bislang von Entwicklungstests kaum bzw. unzureichend erfasst werden, wird abschließend ein Verfahren vorgestellt (PERIK, Mayr & Ulich, 2006a,b), das die Erfassung sozioemotionaler Basiskompetenzen von Kindergartenkindern per Beobachtung ermöglicht.

11.1 Entwicklungstests

11.1.1 Screening-Verfahren

Im Vorfeld der eigentlichen Diagnostik findet häufig ein sogenanntes *Screening* statt. Hierunter versteht man ein Kurztestverfahren, das in der Regel zehn bis 20 Minuten dauert und die grobe Einteilung des Entwicklungsstandes in auffällig oder unauffällig ermöglicht (Petermann & Macha, 2005a). Dadurch soll die Identifikation von Risikokindern gewährleistet werden; Entwicklungsscreenings kommt somit eine »Filterfunktion im Vorfeld der eigentlichen Entwicklungsdiagnostik« zu (Deimann & Kastner-Koller, 2007, S. 564). Das Screening-Verfahren soll also klären, ob die Durchführung eingehenderer diagnostischer Untersuchungen nötig ist oder nicht (Mayr, 2003, S. 33). Screening-Verfahren sollten u. a. zwei Qualitätskriterien erfüllen: Sensitivität und Spezifität. Mit der Sensitivität wird die Häufigkeit eines positiven Testergebnisses bei den tatsächlich gefährdeten Kindern beschrieben. Eine Sensitivität von 1 sagt aus, dass alle Kinder, die in ihrer Entwicklung gefährdet sind, durch das Screening auch erfasst werden. Wird hingegen kein Kind erfasst, ist die Sensitivität gleich null. Spezifität ist demgegenüber das Maß für die Qualität der richtigen Identifikation der nicht gefährdeten Kinder. Eine Spezifität von 1 bedeutet, dass bei allen nicht gefährdeten Kindern der Screeningtest negativ ausfällt. Da eine falsche Zuordnung für ein Kind gravierende Konsequenzen haben kann, sollten sowohl Sensitivität als auch Spezifität einen Wert von .8 nicht unterschreiten (Petermann & Macha, 2005b). Wichtig ist, dass ein Screening keine endgültige Aussage über den Entwicklungsstatus eines Kindes erlaubt, sondern nur die Basis für weitergehende Untersuchungen bildet – im Sinne einer Hypothese, die bestätigt werden kann oder auch nicht (Meisels & Atkins-Burnett, 2006).

Beispiele für Screening-Verfahren sind die Erweiterte Vorsorgeuntersuchung (EVU) von Melchers et al. (2003) und das Neuropsychologische Entwicklungsscreening (NES) von Petermann und Renziehausen (2005). Screening-Verfahren können im Rahmen der kinderärztlichen Routineuntersuchungen zum Einsatz kommen (Petermann & Winkel, 2005).

Sollte das Screening einen auffälligen Wert ergeben, müssen weitere Informationen eingeholt werden. Hier ist zum einen natürlich in erster Linie eine Befragung der Bezugspersonen des Kindes vonnöten. Zum anderen kommen zusätzlich *allgemeine* oder *spezielle* Entwicklungstests infrage.

11.1.2 Allgemeine Entwicklungstests

Allgemeine Entwicklungstests beanspruchen einen breiten Aussagebereich, d. h., sie wollen alle wesentlichen Bereiche der kindlichen Entwicklung abbilden. Hier geht es also nicht nur um die präzise Abgrenzung eines Risikobereichs, sondern um eine gute Differenzierung über das gesamte Leistungsspektrum, also z. B. auch um die Unterscheidung zwischen knapp durchschnittlichen versus gut durchschnittlichen Kindern im sogenannten Normalbereich (Macha et al., 2005). Folgende Bereiche werden im Allgemeinen geprüft: Motorik, Wahrnehmung, kognitive Entwicklung, Sprache, sozial-emotionale Entwicklung und lebenspraktische Fertigkeiten (vgl. Petermann & Macha, 2008, S. 42). Die Durchführungsdauer liegt je nach Alter zwischen 30 und 90 Minuten. Beispiele sind der Wiener Entwicklungstest von Kastner-Koller und Deimann (2002) oder der Entwicklungstest 6 bis 6 (ET 6-6) von Petermann et al. (2006).

11.1.3 Spezielle Entwicklungstests

Das Ziel *spezieller Entwicklungstests* ist die differenzierte Erfassung der Leistung in einem bestimmten Merkmalsbereich (z. B. Entwicklung der Sprache oder der visuellen Wahrnehmung) oder von Entwicklungsstörungen schulischer Fertigkeiten (Lese-, Rechtschreib-, Rechenleistungen) und deren Vorläuferstörungen. In der Frühförderung kommen sie zum Einsatz, wenn eine umschriebene Entwicklungsabweichung wie z. B. eine Verzögerung der Sprachentwicklung bereits identifiziert wurde. Eine Untersuchung mit spezifischen Verfahren ermöglicht dann spezifische Förderempfehlungen (Petermann & Winkel, 2005). Beispiele für spezielle Entwicklungstests sind der Sprachentwicklungstest für drei- bis fünfjährige Kinder (SETK 3-5, Grimm, 2001) oder das Testverfahren zur Dyskalkulie (ZAREKI, von Aster, 2001).

Verfahren zur Intelligenzmessung im Kindesalter wie die Kaufmann-Assessment Battery for Children (K-ABC, deutsche Fassung von Melchers & Preuß, 2003) werden von manchen Autoren (Petermann & Macha, 2008, S. 40) bei den speziellen, von anderen Autoren (Quaiser-Pohl & Rindermann, in Druck) bei den allgemeinen Entwicklungstests eingeordnet – je nachdem, wie eng oder breit der Bereich der kognitiven Entwicklung aufgefasst wird.

11.1.4 Konstruktionsmerkmale von Entwicklungstests

Laut Macha und Petermann (2006) kommen alle aktuell bedeutsamen Entwicklungstests in den Testformen Stufenleiter, Testbatterie oder Inventar vor. Unter *Stufenleiterverfahren* versteht man ältere, eher an Reifungsmodellen orientierte Tests, die sich an der Annahme universeller Entwicklungsfolgen, die für alle Kinder in gleicher Weise Gültigkeit haben sollen, orientieren. Diese Verfahren bestehen aus Aufgabenreihen mit ansteigendem Schwierigkeitsgrad. Die inhaltlich verschiedenen Testaufgaben werden nach dem Alter gereiht, in dem die Kinder einer Referenzstichprobe (z. B. zu 50 %) diese Aufgabe lösen können. Dadurch wird jeder einzelnen Aufgabe ein Entwicklungsalter zugeordnet. Der Testeinstieg erfolgt mit in der Regel leicht unterfordernden Items; dann wird der Test so lange durchgeführt, bis das Kind die zunehmend schwierigeren Aufgaben nicht mehr lösen kann. Die schwierigste noch gelöste Aufgabe wird zum Beurteilungsmaßstab für das aktuelle Entwicklungsalter.

Problematisch an diesen, mittels Durchschnittswerten ermittelten Angaben zum Entwicklungsalter ist, dass sie kaum Aussagen darüber zulassen, in welchem Altersrahmen Kinder üblicherweise bestimmte Fähigkeiten erlangen. So können beispielsweise 50 Prozent der Kinder einer Normstichprobe mit 13 Monaten frei Laufen; die Spannbreite der unauffälligen Entwicklung erstreckt sich jedoch über einen Altersbereich von ca. neun bis 17 Monate. Erst Kinder, die mit 18 Monaten noch nicht frei gehen, zeigen ein hohes Risiko für eine abweichende motorische Entwicklung. Dieser Zeitpunkt wurde aus der längsschnittlichen Verfolgung kindlicher Entwicklungsverläufe abgeleitet (Petermann & Macha, 2005a). »Ein Kind, das im Alter von 15 Monaten noch nicht frei geht und somit das Beurteilungskriterium für ein motorisches Entwicklungsalter von ›13 Monaten‹ verpasst hat, sollte also nicht vorschnell als retardiert beurteilt werden« (Petermann & Macha, 2005b, S. 135). Man spricht hier von einer »falsch positiven« Befundung.

Testbatterien überprüfen in separaten Untertests isolierte Teilbereiche der Entwicklung. Diese Einzeltests weisen in sich eine hohe Konsistenz auf, was bedeutet, dass sie den jeweiligen Bereich sehr genau messen können (Reliabilität). Dieser erhöhten Messgenauigkeit der Untertests steht die zwangsläufig reduzierte Anzahl der überprüften entwicklungsbezogenen Fertigkeiten gegenüber. Jeder Untertest für sich erfasst also genau einen umgrenzten Merkmalskomplex. Eine Testbatterie mit beispielsweise zwölf Untertests bildet somit auch genau zwölf »Entwicklungsqualitäten« ab (Petermann & Macha, 2003). Ein Beispiel für eine Testbatterie ist der Wiener Entwicklungstest (Kastner-Koller & Deimann, 2002).

Inventare demgegenüber erfassen für einen Entwicklungsbereich viele qualitative Aspekte. Mit den einzelnen Items sollen verschiedene Facetten eines komplexen Merkmals gemessen werden. Da innerhalb gewisser Grenzen, also unabhängig vom Leistungsniveau des Kindes, der Test komplett absolviert wird, kennzeichnet er die Variabilität von Entwicklungsverläufen. Probleme bestehen hier im Bereich der Reliabilität (s. Kap. 1), da die Skalen inhaltlich heterogen sind. Ein Beispiel für ein Inventar ist der Entwicklungstest 6 bis 6 von Petermann et al. (2006).

11.1.5 Aussagemöglichkeiten von Entwicklungstests

Entwicklungstests können zum einen Entwicklungs*zustände* und zum anderen Entwicklungs*verläufe* erfassen. Aussagen zu Entwicklungsverläufen sind erst möglich, wenn Entwicklungszustände zu mehreren Zeitpunkten erfasst werden. Daher empfiehlt sich beispielsweise zur Therapieverlaufskontrolle die wiederholte Anwendung der jeweiligen Verfahren.

Welche Aussagemöglichkeiten ein Entwicklungstest hat, hängt u. a. von der Art seiner Ergebniswerte und deren Darstellungsweise ab. Moderne Entwicklungstests ermöglichen die Erstellung eines *Entwicklungsprofils*. Damit können Defizite und Ressourcen verschiedener Bereiche (z. B. Motorik, Sprache, kognitive Entwicklung, emotionale Entwicklung) differenziert gegenübergestellt werden (Macha & Petermann, 2006). Dies ist wichtig, da die Entwicklung eines Kindes selten über alle Bereiche homogen verläuft.

Ein *Gesamtentwicklungsquotient*, der aus der Mittelung der Ergebnisse eines Kindes in diesen unterschiedlichen Bereich (s. o.) zustande gekommen ist, wird vor diesem Hintergrund als unangemessen, da zu undifferenziert, angesehen. Auch die im Rahmen von Stufenleiterverfahren ermittelten Angaben zum *Entwicklungsalter* unterliegen aus den oben bereits genannten Gründen der Kritik.

Allgemeine Entwicklungstests beziehen sich demgegenüber meistens auf Normwerte, die es möglich machen, die individuellen Ergebniswerte eines Kindes im Vergleich zu einer Bezugsgruppe zu beurteilen. Sie beruhen auf der Werteverteilung einer Normstichprobe und ermöglichen die objektive Interpretation eines Testergebnisses, da sie eindeutigen Beurteilungskategorien wie z. B. überdurchschnittlich, durchschnittlich oder weit unterdurchschnittlich zugeordnet werden können (Macha & Petermann, 2006).

Besonders wichtig ist hier die *Aktualität* der Normen. Petermann und Macha (2005a) illustrieren dies am Beispiel von Intelligenztestleistungen, für die eine mittlere Leistungszunahme von ungefähr fünf IQ-Punkten über eine Dekade festgestellt werden konnte (nach Flynn, 1987). Dass das kognitive Entwicklungsniveau durch die veralteten Normen der IQ-Tests überschätzt wird, hat zur Folge, dass viele eigentlich auffällige Kinder als unauffällig eingestuft werden. Für andere Entwicklungsbereiche wie zum Beispiel die Motorik oder die Sprache vermuten die Autoren gegenläufige Kohorteneffekte, also stabile Unterschiede zwischen Personen unterschiedlicher Geburtsjahrgänge, was zu einer Steigerung falsch positiver Diagnosen aufgrund von veralteten Normen führen sollte.

Beachtet werden sollte des Weiteren, dass viele Testergebnisse stark vom Sprachverständnis (d. h. dem Verständnis der Instruktion) und der Sprachproduktion (dem Antworten auf Fragen) abhängen. Dies macht das Ausarbeiten eines fairen Befundes für z. B. junge Kinder oder Migrantenkinder nicht möglich. Speziell im Hinblick auf Kinder aus zugewanderten Familien machen Schölmerich und Leyendecker (in Druck) darauf aufmerksam, dass sie je nach der Erziehung in ihrer Herkunftskultur im Beisein von Erwachsenen kaum reden, auf Fragen nur knappe Antworten geben oder Gegenstände nur dann in die Hand nehmen, wenn sie explizit dazu aufgefordert werden. Einen möglichen Weg zur Verringerung des Sprachproblems stellen im Bereich der Intelligenz sprachfreie Tests dar, wie der Snijders-Oomen Non-verbale Intelligenztest (Tellegen et al., 2007) oder die Coloured Progressive Matrices (Raven, 2002).

Grundsätzlich sind bei Testleistungen von Kindern immer auch kontext- und personenbezogene Störeinflüsse zu beachten. Sowohl Umgebungsbedingungen (Gestaltung des Raumes, der Möblierung, mögliche akustische Störungen) als auch Variablen auf der Seite des Kindes (Motivation, Konzentrationsfähigkeit, Angst) können die Testleistungen herabsetzen. Margraf-Stiksrud (2003, S. 1118) weist darauf hin, dass die »besondere Schutzlosigkeit junger Kinder (…) den Untersucher zu einer überaus aufmerksamen Beachtung der diagnostischen Standards (Sorgfaltspflicht bei der Durchführung, Transparenz im Vorgehen, Dokumentation des eigenen Handelns)« veranlassen sollte. Da der Diagnostiker fast ebenso sehr Instrument ist wie das eingesetzte diagnostische Verfahren, sind für die Aus- und Weiterbildung hohe Standards zu fordern, und eine diagnostische Tätigkeit ohne spezielle Vorbereitung ist auszuschließen.

Schließlich ist bei der Interpretation eines Testergebnisses zu berücksichtigen, dass die aktuellen Kompetenzen eines Kindes immer das Ergebnis der wechselseitigen Beeinflussung seiner genetischen Disposition, der Erfahrungen, die es mit seiner Umwelt gemacht hat, sowie der bisher realisierten Entwicklung sind (Deimann & Kastner-Koller, 2007). Wie schon im Zusammenhang mit der Entwicklung der Leistungsmotivation beschrieben (s. Kap. 8, individuelle vs. soziale Bezugsnorm), gilt auch hier, dass sich die Bewertung eines Kindes im Vergleich zu seiner eigenen, bisherigen Leistung entwicklungsfördernder auswirkt als die Bewertung anhand der Vergleichsgruppe der Gleichaltrigen (Meisels & Atkins-Burnett, 2006).

11.2 Entwicklungsprognose

Eine entwicklungsbezogene Aussage kann nach Kenntnis des Leistungsstandes eines Kindes nur getroffen werden, wenn gleichzeitig seine *Entwicklungsbedingungen* berücksichtigt werden. Das heißt, dass sich die Entwicklungsvorhersage nicht nur auf den (u. U. einmaligen) Testbefund stützen darf, sondern der komplette biopsychosoziale Entwicklungskontext eines Kindes mit einbezogen werden muss (Ettrich, 2000). Zu diesen Entwicklungsbedingungen zählen Eigenschaften sowohl des Kindes selbst (biologische Risiken, Temperamentsmerkmale) als auch seiner Umwelt. Letztere beinhaltet den familiären, sozialen und medizinischen Bereich sowie das Ausmaß und die Qualität der durchgeführten Fördermaßnahmen. Eine Entwicklungsprognose sollte also nur unter Berücksichtigung *aller* Aspekte getroffen werden (Petermann & Macha, 2005a) und darüber hinaus gleichzeitig *mehrere* Zeitpunkte berücksichtigen (Mehrfachmessung). Auch die für den Prognosezeitraum zu erwartenden Entwicklungsbedingungen, nicht nur der aktuelle Entwicklungsstatus, sollten in die Vorhersage mit einbezogen werden (Ettrich, 2000). Mit anderen Worten gilt es, den *Entwicklungsgedanken* ernst zu nehmen und der Dynamik des Geschehens Rechnung zu tragen. Vermieden werden soll, dass Kinder »nur erfasst, registriert und kategorisiert werden« (Ettrich, 2000, S. 176).

11.3 Fördermaßnahmen

In der Regel schließen sich an eine Diagnose von Entwicklungsauffälligkeiten Interventionsmaßnahmen an. Hinweise darauf, wo die Fördermaßnahmen idealerweise anzusetzen haben, können dabei den Ergebnissen der Entwicklungsdiagnostik entnommen werden. Auch eine Evaluation des Behandlungserfolgs kann mit Hilfe der verwendeten Verfahren durchgeführt werden. Entwicklungsdiagnostische Verfahren, die Diagnose und Behandlung in einem Gesamtkonzept verbinden und einer empirischen Prüfung unterziehen, sind jedoch selten (Deimann & Kastner-Koller, 2007).

Bei den Fördermaßnahmen sei noch einmal an die in Kapitel 1 beschriebene »Zone nächster Entwicklung« erinnert: Sie muss beachtet werden, damit das Kind nicht überfordert wird und es nicht zu motivationalen Einbrüchen kommt. Frühförderung sollte spielerisch erfolgen und vom Kind als lustvoll erlebt werden (Rollett, 2002).

11.4 Empfehlungen zum Einsatz von Entwicklungstests

Welcher Entwicklungstest wann zum Einsatz kommen sollte, hängt von einer Reihe von Fragestellungen ab. Eine davon betrifft das *Ziel* und den *Kontext* der Messung. Nach Macha und Petermann (2006, S. 601) gilt es ferner zu berücksichtigen:

- Wie viel Zeit zur Verfügung steht (Screening oder differenzierte Diagnostik?),
- Welche Entwicklungsbereiche von Interesse sind,
- Ob vorrangig Defizite oder auch Ressourcen identifiziert werden sollen,
- Ob durch ein Verfahren Benachteiligungen für ein Kind oder eine Gruppe von Kindern zu erwarten sind (z. B. motorische Gebundenheit, Sprachgebundenheit),
- Ob aktuelle Normen vorliegen,
- Ob eine kindgerechte Durchführung des Tests erfolgen kann.

Einheitliche Qualitätsstandards für die Entwicklungsdiagnostik liegen derzeit nicht vor und sind aufgrund der Vielzahl der unterschiedlichen Fragestellungen auch nicht einfach herzustellen. Als unbestrittene Eckpunkte für die Einschätzung der Güte von Entwicklungstests nennen Petermann und Macha (2005a, S. 137/138):

- Die Aktualität der Normen (maximal zehn Jahre alt)
- Die angemessene Repräsentativität der demographischen Merkmale der Normierungsstichprobe; u. U. sollten auch spezifische, beispielsweise klinische Normen vorliegen

- Die Standardisierung der Durchführung (Materialien, Instruktionen)
- Die Differenzierungsfähigkeit bei umschriebenen klinischen Stichproben sollte untersucht sein (z. B. autistische Kinder, Kinder mit Down-Syndrom, usw.)
- Die Kriteriumsvalidität (s. Kap. 1) sollte untersucht sein und zufriedenstellend ausfallen
- Für den Fall der Sprachgebundenheit einzelner Aufgaben oder Skalen sollte der differentielle Einfluss quantifiziert sein.

Um die Testgüte einschätzen zu können, wird der Rückgriff auf Kompendien (z. B. Petermann und Macha, 2005b; Quaiser-Pohl & Rindermann, in Druck) oder Testbesprechungen in der Zeitschrift Diagnostica empfohlen.

11.5 Entwicklungsdiagnostik in der pädagogischen Praxis am Beispiel des PERIK

Nachdem bislang vor allem psychologische Tests und deren Einsatz durch psychologisches Fachpersonal im Zentrum der Darstellung standen, soll im Folgenden noch auf standardisierte Beobachtungsverfahren zur Einschätzung der kindlichen Entwicklung eingegangen werden. Ihre Vor- und Nachteile hatten wir bereits im ersten Kapitel besprochen (s. 1.4.2). Im Bereich der Entwicklungsdiagnostik bieten Beobachtungen von Kindern im natürlichen Setting wie beispielsweise der Kindertagesstätte den unschätzbaren Vorteil der ökologischen Validität – die Kinder befinden sich in ihrem gewohnten Lebensumfeld und verhalten sich unabhängig von dem Verständnis der Instruktionen eines Tests, dem Verhalten von fremden Testleitern und den durch fremde Räume evtl. hervorgerufenen Befindlichkeiten (vgl. Meisels & Atkins-Burnett, 2006).

Verfahren, die sich auf durch Beobachtung gewonnene Einschätzungen von Erzieherinnen stützen und bundesweite Verbreitung gefunden haben, sind beispielsweise der SISMIK (Sprachverhalten und Interesse an Sprache bei Migrantenkindern in Kindertageseinrichtungen, Ulich & Mayr, 2003) sowie

der SELDAK (Sprachentwicklung und Literacy bei deutschsprachig aufwachsenden Kindern, Ulich & Mayr, 2006). Mit ihrem neuesten Verfahren, das im Folgenden dargestellt werden soll, haben sich die Autoren der sozioemotionalen Entwicklung von Kindern zugewandt.

Der Beobachtungsbogen PERIK (Positive Entwicklung und Resilienz im Kindergartenalltag, Mayr & Ulich, 2006a,b) ermöglicht eine standardisierte Einschätzung sozioemotionaler Basiskompetenzen von Kindern durch Erzieherinnen im Kindergarten. Da es sich hier um einen Bereich handelt, der trotz seiner immensen Bedeutung in der Entwicklungsdiagnostik bislang nur wenig untersucht wurde, kommt der Entwicklung eines Instrumentes, das bei jungen Kindern ansetzt und von Fachkräften in der Praxis angewandt werden kann, eine große Bedeutung zu.

11.5.1 Theoretischer Hintergrund

Der PERIK basiert auf der Forschung zu drei Themenbereichen: Wohlbefinden/Gesundheit, Resilienz und schulischer Erfolg. Während die Frage nach einer gelingenden psychischen Entwicklung im Sinne von Wohlbefinden bei Erwachsenen einige Aufmerksamkeit erfahren hat (Ryan & Deci, 2000), gibt es zu diesem Thema bei Kindern kaum Forschungsaktivitäten. Einer der Gründe dürfte darin zu finden sein, dass die Wohlbefindensforschung sich in erster Linie auf Selbstaussagen über subjektive Befindlichkeiten stützt, die von Kindern im Kindergartenalter nur schwerlich zu erhalten sind (Mayr & Ulich, 2003). Die Dimensionen seelischer Gesundheit, die in empirischen Studien mit Jugendlichen und Erwachsenen gefunden wurden, umfassen Selbstakzeptierung, Optimismus, Fähigkeit zur Bedürfnisbefriedigung, soziale -, Stressbewältigungs- und Selbstkontrollkompetenz (Mayr & Ulich, 2006a).

Die Längsschnittstudien zum Thema Resilienz (zu denen auch die eingangs geschilderte Untersuchung von Emmy Werner zählt) haben einige typische Merkmale von Kindern herausgefunden, die sich trotz widriger Umstände positiv entwickeln und später privat und beruflich zufrieden und erfolgreich sind – wie der in Kapitel 1 beschriebene Michael. Hierzu zählen die Freude an

neuen Erfahrungen und Optimismus, Ausdauer und Konzentrationsfähigkeit, eine prosoziale Grundeinstellung und positive soziale Beziehungen, die Fähigkeit, Bedürfnisse aufzuschieben und Affekte zu kontrollieren, ein angemessener Ausdruck von Gefühlen und Forderungen sowie die Fähigkeit, negative Erfahrungen konstruktiv zu verarbeiten und sich nach belastenden Erlebnissen relativ schnell zu erholen (Mayr & Ulich, 2006a).

Der Bereich »Schule« wird im Allgemeinen mit der Entwicklung kognitiver Fähigkeiten in Verbindung gebracht. Neuere Studien (Zins et al., 2004) zeigen aber, dass auch frühe soziale und emotionale Kompetenzen wesentlich Einfluss darauf haben, wie sich ein Kind später in der Schule zurechtfindet. Hierzu zählen Fähigkeiten der Emotionsregulation, wie der Umgang mit Belastungen oder »negativen« Emotionen, sowie der Selbstbehauptung, des prosozialen Verhaltens und der positiven Beziehungsgestaltung zu Kindern wie Erwachsenen.

Die im PERIK gemessenen Aspekte sozioemotionaler Entwicklung bei Kindergartenkindern beruhen auf Dimensionen, die aus allen drei Forschungstraditionen abgeleitet wurden. Zusätzlich wurde bei der Auswahl und Formulierung der Items berücksichtigt, welche Entwicklungsanforderungen bei Kindern dieses Alters typischerweise auftreten und wie solche Kompetenzen im Setting Kindertagesstätte beobachtbar sind.

11.5.2 Skalenentwicklung

Die Entwicklung des Instruments fand in mehreren Schritten statt (Mayr & Ulich, 1999, 2003, 2006a). Es resultierten sechs Entwicklungsbereiche mit jeweils sechs Beobachtungsfragen, die im Folgenden dargestellt werden.

Beobachtungsbereiche und -fragen

a) Kontaktfähigkeit
   Hier geht es um die Frage, wie sich der Kontakt zu anderen Kindern gestaltet, ob das Kind von sich aus aktiv wird, ob es Freunde hat usw. Beispielitems: »Kind findet leicht/schnell (positiven) Kontakt zu anderen Kindern«; »seine/ihre Meinung zählt bei den Kindern«.

b) Selbststeuerung/Rücksichtnahme

Hier wird danach gefragt, ob das Kind eigene Wünsche zurückstellen sowie Rücksicht und Anteilnahme zeigen kann. Beispielitems: »Kind wartet, bis es an der Reihe ist, z. B. bei Gruppengesprächen, beim Austeilen von Material oder von Essen«; »ist betroffen, wenn es einem Kind wehgetan hat/ etwas kaputt gemacht hat, entschuldigt sich, versucht es wieder gut zu machen«.

c) Selbstbehauptung

Die Fragen in diesem Bereich zielen darauf ab herauszufinden, wie das Kind eigene Interessen und Bedürfnisse vertritt (s. **Abb. 11.1**).

d) Stressregulierung

Hier geht es um den Umgang mit Belastungssituationen. Beispielitems: »Kind bleibt in schwierigen Situationen ansprechbar, zugänglich, z. B. wenn es traurig, wütend oder enttäuscht ist«; »nimmt es nicht so schwer, wenn es bei einem Spiel verliert«.

e) Aufgabenorientierung

In diesem Bereich wird danach gefragt, ob das Kind Aufgaben selbstständig und zielstrebig bearbeiten kann. Beispielitems: »Kind beginnt schnell mit einem Angebot/einer Aufgabe«; »bearbeitet Aufgaben selbstständig«.

f) Explorationsfreude

Diese Fragen betreffen die Motivation, sich Neuem zuzuwenden, die Freude am Entdecken, das aktive Erkunden und Wissenwollen. Beispielitems: »Kind hat Spaß, Neues kennenzulernen«; »Kind ist wissbegierig«.

Zielgruppe und Durchführung

Der PERIK ist geeignet für Kinder ab einem Alter von 3,5 Jahren bis zum Schuleintritt. Das Material besteht aus dem Beobachtungsbogen und dem Begleitheft. Die Erzieherin beantwortet allein oder im Team die verschiedenen Items auf einer fünfstufigen Skala (durchgängig, überwiegend, teilweise, kaum, gar nicht). Zusätzlich gibt es Platz für freie Notizen, in denen z. B. die Situations- oder Personenspezifität eines Verhaltens festge-

C	Selbstbehauptung *eigene Interessen und Standpunkte selbstbewusst vertreten*	durch- gängig	über- wiegend	teil- weise	kaum	gar nicht
1	Kind erzählt von sich aus der päd. Bezugsperson, z. B. vom Wochenende	5	4	3	2	1
2	wenn es von Erwachsenen ungerecht behandelt wird, traut sich das Kind das zu sagen	5	4	3	2	1
3	traut sich Erwachsenen gegenüber berechtigte Forderungen zu stellen, z. B. eine Absprache/ein Versprechen einfordern	5	4	3	2	1
4	wenn unter Kindern etwas Schlimmes passiert, kann er/sie das sagen, z. B. „das mag ich nicht", „lass das", „hör auf", …	5	4	3	2	1
5	kann sich verteidigen (körperlich oder verbal), wenn es von anderen Kindern bedrängt/angegriffen wird	5	4	3	2	1
6	bleibt standhaft, lässt sich von anderen Kindern nicht unter Druck setzen, z. B. vertritt eine Meinung, die Andere nicht teilen	5	4	3	2	1

Abb. 11.1: Items der Skala »Selbstbehauptung«

halten werden kann. Auf den letzten beiden Seiten hat die Erzieherin die Möglichkeit, in einer Übersicht ihre Beobachtungen zusammenzufassen. Auch Überlegungen zur Förderung können hier notiert werden.

Die Dauer der Beobachtung steht im Ermessen der Erzieherinnen. Empfohlen wird eine Einübungsphase, in der z. B. zwei Fachkräfte unabhängig voneinander mit dem Bogen dieselben Kinder beobachten und ihre Ergebnisse anschließend miteinander vergleichen.

Auswertung und Interpretation

Für die quantitative Auswertung sind den einzelnen Abstufungen im Antwortraster numerische Werte von 5 (durchgängig) bis 1 (gar nicht) zugeordnet. Diese werden für jeden Bereich auf einem eigens dafür vorgesehenen Bogen zu einem Summenwert addiert. Abgesehen von längsschnittlichen Vergleichsmöglichkeiten (wo stand das Kind vor einem halben Jahr, wo steht es jetzt) besteht ferner die Möglichkeit des Vergleichs mit anderen Kindern. Hierfür stehen Tabellen mit Vergleichsnormen zur Verfügung. Diese sind für jede Basiskompetenz für Jungen und Mädchen und verschiedene Altersgruppen (bis 4 Jahre, 5 Jahre, 6 Jahre) getrennt aufgeführt. Die Summenwerte werden dabei in drei Gruppen aufgeteilt: die oberen 25 Prozent in Gruppe 1, die mittleren 50 Prozent in Gruppe 2 und die unteren 25 Prozent in Gruppe 3 (Perzentilnormen). Auch für diese Zuordnung ist eine eigene Vorlage vorhanden.

Im Hinblick auf die Interpretation verweisen die Autoren darauf, dass die Grenzen dieser Normtabellen nicht absolut verstanden werden dürfen und bei Werten im Grenzbereich zu bedenken ist, dass die Platzierung des Kindes eher in einen Zwischenbereich gehört.

Normierung und Gütekriterien

Wie bereits erwähnt, wurde die Normierung des PERIK getrennt nach Geschlecht und Alter vorgenommen. Die Gesamtstichprobe bestand aus N = 320 Kindern, die Stichprobengröße für die einzelnen Vergleichsgruppen schwankt von 28 (6-jährige Mädchen für die Bereiche Stressregulierung sowie Aufgabenorientierung) bis 139 (5-jährige Mädchen für den Bereich Aufgabenorientierung).

Reliabilität: Die interne Konsistenz der Skalen variiert von .81 (Skala Stressregulation/Ausgeglichenheit) bis .88 (Kontaktfähigkeit/Initiative) und ist in Anbetracht von nur sechs Items pro Skala als gut zu bezeichnen. Die Skalen sind näherungsweise normal verteilt, differenzieren also sowohl im unteren wie im oberen Bereich (Mayr & Ulich, 2009).

Validität: Zur Bestimmung der Konstruktvalidität (s. Kap. 1) wurden Alters- und Geschlechtseffekte untersucht. Eine 2 (Geschlecht) x 3 (Altersgruppen: 4-, 5- und 6-jährige Kinder) Varianzanalyse (Verfahren zur zufallskritischen Überprüfung von Mittelwertsunterschieden zwischen Gruppen) wurde für jede einzelne Skala berechnet. Wie erwartet, wurden ältere Kinder im Vergleich zu jüngeren auf allen Skalen als kompetenter eingeschätzt. Der gleiche Effekt ergab sich für Mädchen im Vergleich zu Jungen, mit einer Ausnahme: Im Bereich »Selbstbehauptung« wurden keine Geschlechterunterschiede gefunden (Mayr & Ulich, 2009). Diese Ergebnisse bestätigen jene aus anderen Studien (z. B. Janus & Offord, 2007; Kochanska et al., 1997; Mayr, 2000).

Hinweise für Übereinstimmungsvalidität fanden sich in einer Untersuchung zum Zusammenhang zwischen kindlichen Kompetenzen (PERIK) und der Qualität der Erzieherin-Kind-Beziehung, erfasst über die STRS-Skala von Pianta (2001). Auch hier waren die Zusammenhänge durchgängig in der erwarteten Richtung (Mayr & Ulich, 2009): So gab es eine hohe negative Korrelation zwischen den selbstregulativen Kompetenzen der Kinder (PERIK: »Selbststeuerung/Rücksichtnahme« und »Stressregulierung«) und der Konflikthaltigkeit von Erzieherinnen-Kind-Beziehungen (STRS: »conflict«). Wie aus der Bindungstheorie vorhersagbar, bestand auch ein enger positiver Zusammenhang zwischen emotionaler »Nähe« (STRS) und »Explorationsfreude« (PERIK). Wenngleich auch diese Ergebnisse auf die gleiche Varianzquelle zurückgehen (alle Einschätzungen wurden von den Erzieherinnen vorgenommen), so deuten sie doch in Richtung einer befriedigenden Übereinstimmungsvalidität.

Förderung der sozioemotionalen Basiskompetenzen

Im Begleitheft werden auf den Seiten 11 bis 16 Möglichkeiten zur Förderung der sozioemotionalen Basiskompetenzen beschrieben. Dies geschieht anhand von Fallbeispielen zu den Themen »Explorationsfreude fördern« und »Stress- und Impulsregulierung fördern«. Anschließend wird dargelegt, wie über die Gestaltung der Lernumwelt und die Unterstützung von Lernprozessen der Bereich »Aufgabenorientierung« gefördert werden kann. Den Schluss bilden Literaturhinweise zu Übungen und Spielen, die sozial-emotionale Kompetenzen fördern.

Abschließende Bemerkungen

Der PERIK füllt mit Hinblick auf die Zielgruppe und den inhaltlichen Schwerpunkt eine bestehende Lücke, da bislang kaum Verfahren existieren, die den Entwicklungsstand sozioemotionaler Kompetenzen bei Kindern im Kindergartenalter diagnostizieren. Die gewählte Methode – Beobachtung kombiniert mit anschließender Einschätzung auf Skalen – ist dem Gegenstand angemessen, wenngleich die Qualität der Messung natürlich mit den Beobachtungsfähigkeiten der Erzieherin steht und fällt. Sehr wichtig ist hier der Hinweis der Autoren auf die anfänglich gemeinsame Beobachtung mehrerer Kinder durch zwei Erzieherinnen, was letztlich dem Versuch gleichkommt, eine Beobachterübereinstimmung herzustellen (s. Kap. 1).

Wünschenswert wäre sicherlich auch die Vergrößerung des Stichprobenumfangs der Normstichproben in den einzelnen Altersgruppen, so v. a. bei den sechsjährigen Mädchen, und generell eine Ausweitung über die bayerische Landesgrenze hinaus.

Zusammenfassung

In der Entwicklungsdiagnostik werden entwicklungsbezogene Kompetenzen eines Menschen erfasst. Dabei werden sowohl das aktuelle Kompetenzniveau als auch Veränderungen im Entwicklungsstatus beschrieben und erklärt, Entwicklungsprognosen

formuliert und gegebenenfalls Interventionen geplant und evaluiert.

Entwicklungstests stellen eine Möglichkeit zur Durchführung
von Entwicklungsdiagnostik dar. *Screenings* sind Kurztestverfahren, die im Vorfeld der eigentlichen Diagnostik stattfinden
und Risikokinder identifizieren sollen. Ergibt das Screening einen auffälligen Wert, können neben der Befragung der Bezugspersonen des Kindes weitere Informationen über zusätzliche
Entwicklungstests eingeholt werden. *Allgemeine Entwicklungstests* geben einen Überblick über ein breites Spektrum entwick-
lungsbezogener Leistungen, wie z. B. die motorische, kognitive,
sprachliche und sozioemotionale Entwicklung. *Spezielle Entwicklungstests* demgegenüber ermöglichen differenziertere Aussagen in einem ausgewählten Entwicklungsbereich, wie z. B. der
Sprache, Motorik oder der kognitiven Entwicklung.

Bei den Testformen, in denen Entwicklungstests vorliegen,
wird zwischen Stufenleiter, Testbatterie oder Inventar unterschieden. Bezüglich ihrer Aussagemöglichkeiten ist zu beachten, dass
die Testleistungen von Kindern immer von einer Vielzahl kon-
text- und personenbezogener Faktoren abhängen. Wichtig ist
vor allem ihre Fähigkeit zu Sprachverständnis und -produktion
sowie die Wahrnehmung der Testsituation, die mit Angst und
Unsicherheit darüber, was von ihnen erwartet wird, mit Konzentrationsstörungen und anderen, die Testleistung mindernden
Verhaltensweisen, einhergehen kann. Die Entwicklungsprognose sollte stets unter Einbezug des gesamten Entwicklungskon-
textes eines Kindes getroffen werden und sich nicht nur auf einen
einmaligen Testbefund stützen.

Der zweite Schwerpunkt des Kapitels ist der Entwicklungsdiagnostik in der pädagogischen Praxis am Beispiel des Beob-
achtungsbogens PERIK (Positive Entwicklung und Resilienz
im Kindergartenalltag, Mayr & Ulich, 2006a,b) gewidmet. Mit
Hilfe des PERIK schätzen Erzieherinnen in Kindertagesstätten
die sozioemotionale Kompetenz von Kindern im Alter von 3,5
Jahren bis zum Schuleintritt auf den Skalen Kontaktfähigkeit,
Selbststeuerung/Rücksichtnahme, Selbstbehauptung, Stressregulierung, Aufgabenorientierung und Explorationsfreude ein.
Das Verfahren verfügt neben Reliabilität, Konstrukt- und Über-

einstimmungsvalidität zusätzlich über ökologische Validität, da die Kinder in ihrem gewohnten Lebensumfeld beobachtet werden.

Empfohlene Literatur

Quaiser-Pohl, C. & Rindermann, H. (in Druck). *Entwicklungsdiagnostik*. München: Reinhardt.

12 Entwicklungsorientierte präventive Intervention

Für die Förderung der gesunden Entwicklung eines Kindes sind in erster Linie die Eltern zuständig. Eine moderne Gesellschaft wie die der Bundesrepublik Deutschland stellt Eltern ein umfassendes Angebot an Hilfen zur Verfügung, das sie bei der Fürsorge und Erziehung unterstützen soll, setzt aber auch Normen und kontrolliert deren Einhaltung. Ein gutes Beispiel ist die Schulpflicht.

Verschiedene institutionalisierte Unterstützungssysteme und verschiedene Berufsgruppen sind mit *Hilfen und Kontrollen* betraut (vgl. Schone, 2000; Textor, 2000). Lassen wir Hilfen zur Existenzsicherung (z. B. Arbeitslosengeld II) außen vor – auch wenn die Armut von Familien häufig mit vielen für die Entwicklung von Kindern ungünstigen Bedingungen korreliert ist (vgl. Weiß, 2000). Weitere beteiligte Hilfesysteme sind das Gesundheitswesen, das Bildungswesen, die Jugendhilfe und die Justiz. Die dort mit Unterstützung oder Kontrolle betrauten Berufsgruppen (z. B. Psychologinnen, Ärzte, Lehrerinnen, Sozialpädagoginnen, Erzieherinnen, Richter) nutzen entwicklungspsychologisches Grundlagenwissen, bringen teilweise solches auch selbst durch ihre Grundlagenwissenschaften oder die berufliche Praxis hervor. Die verschiedenen Systeme haben unterschiedliche Blickwinkel auf die Entwicklung von Kindern, und die von ihnen ausgehenden Maßnahmen sind unterschiedlich stark von Gedanken der Förderung, Kompetenzentwicklung und Bildung oder der Vermeidung von Abweichungen z. B. in Form von körperlichen oder psychischen Krankheiten oder delinquentem Verhalten geprägt.

Im Folgenden geht es um wissenschaftlich begleitete oder auf wissenschaftlicher Basis initiierte Programme bzw. Modellprojekte an der Schnittstelle von Psychologie, Medizin und (Sozial-) Pädagogik. Sie können Grundlage für die Einführung neuer Formen der gesellschaftlichen Unterstützung für Eltern und Kinder sein.

12.1 Formen der Intervention

Abweichenden Entwicklungsverläufen in der Kindheit sollte aus der Sicht des Gesundheitswesens möglichst vorgebeugt werden. Zeichnen sich erste Probleme bereits ab, hofft man durch eine Rückführung in günstige Bahnen eine Verschärfung zu vermeiden, die in diagnostizierbare psychische Störungen einmünden könnte. Caplan hat bereits 1964 eine Dreiteilung von präventiven Strategien (*primäre, sekundäre und tertiäre Prävention*) formuliert. Diese orientiert sich am Zeitpunkt des Eingreifens in den Verlauf eines komplexen Prozesses der Entstehung körperlicher und psychischer Krankheiten bzw. Störungen und ihrer Folgen. Caplan (1964) verstand unter Primärprävention Strategien, die das Auftreten von Störungen verringern, unter Sekundärprävention Strategien, die die Dauer und Intensität reduzieren, und unter Tertiärprävention Strategien, um die Behinderung, die durch die Störungen hervorgerufen wird, zu verringern.

Das Caplan'sche Konzept wurde von vielen Autoren weiterentwickelt. So nehmen Hurrelmann und Settertobulte (2000, S. 135) den in den letzten Jahren vermehrt verwendeten Leitbegriff der Intervention und präsentieren das in **Tabelle 12.1** dargestellte Modell, das eine differenziertere Einteilung von Maßnahmen zur Gesunderhaltung und Wiederherstellung von Gesundheit bei Kindern und Jugendlichen möglich macht. Es erlaubt auch, den Vorschlag des amerikanischen Institute of Medicine von 1994 zu integrieren – eine Einteilung in universelle, selektive und indizierte Prävention, und damit eine neuerliche Schärfung des Präventionsbegriffes (vgl. Durlak & Wells, 1998; Heinrichs et al., 2006a). *Universelle Prävention* zielt auf die Allgemeinbevölkerung ab und schließt Personen unabhängig von ihren individuellen Risiken und der Anzahl und Stärke möglicher Symptome ein. *Selektive Prävention* beschränkt sich auf Personen mit einem erhöhten Risiko für eine psychische Störung wegen des Vorliegens biologischer oder sozialer Risikofaktoren, erfolgt aber unabhängig von der Anzahl und Stärke möglicher Symptome. *Indizierte Prävention* konzentriert sich auf Personen mit ersten Störungsanzeichen, die die Kriterien einer Störung noch nicht vollständig erfüllen (subklinisches Niveau). Sie erfolgt unabhängig von biologischen und sozialen Risikofaktoren, ist aber meist mit solchen korreliert und ist abhängig von der Anzahl und Stärke individueller Symptome. Im Folgenden wird der Begriff der präventiven Intervention für Maßnahmen verwendet, die den ersten drei Phasen in **Tabelle 12.1** zuzuordnen sind.

Tab. 12.1: Übersicht über Phasen und Schritte möglicher Interventionsansätze im Hinblick auf die Gesundheit von Kindern und Jugendlichen (modif. n. Hurrelmann & Settertobulte, 2000, S. 135).

Phase	1	2	3	4	5
Interventionszeitpunkt	Gesundheit	erkennbare Risikofaktoren	erste/frühe Störungs-/Krankheitsanzeichen	manifeste Störungen/Krankheiten	langfristige Störungs-/Krankheitsfolgen
Zielgruppe	Gesamtpopulation	potentielle Risikogruppen	(akut) erkrankte, subklinisch gestörte Personen	(chronisch) fortgeschrittten Erkrankte	genesende Beeinträchtigte/Behinderte
Zielsetzung	Verhütung der Entstehung von Störungen/Krankheiten, Stärkung der Schutz- und Abwehrkräfte	gezielte Vorbeugung durch Beeinflussung von früh identifizierten Risikofaktoren	frühzeitiges Zurückdrängen der Störungs- und Krankheitsauslöser	Behandlung und Heilung der fortgeschrittenen Störungen und Krankheiten	Verhinderung von Rückfällen, Vermeidung von Folgeerkrankungen, Sicherung verbleibender Lebensqualität
Interventionsart	primordial	primär	sekundär	tertiär	quartär
Begriffe aus anderen Konzepten	primäre Prävention universelle Prävention	primäre Prävention selektive Prävention	sekundäre Prävention indizierte Prävention	tertiäre Prävention	tertiäre Prävention
Bezeichnung der Maßnahme	generelle (unspezifische) Prävention, Gesundheitsförderung	spezifische Prävention	Kuration, Therapie	Kuration, Therapie	Rehabilitation, Kompensation

Phase	1	2	3	4	5
Beispiele für Maßnahmen	Schutzimpfungen, Gesundheitserziehung, Ernährungsberatung, soziales Kompetenztraining, Umweltschutz	Früherkennungstests (Screening), Selbstuntersuchungen, gezielte Kompetenz- und Leistungsförderung bei sozial Benachteiligten	medizinische Behandlung, Psychotherapie, Verhaltenstraining		Dauermedikation, Kompensation verlorener Funktionen, Verhaltenstraining, soziale Wiedereingliederung

Für eine präventive Intervention ist es nie zu früh – viele Maßnahmen der allgemeinen Gesundheitsversorgung, die die Gesundheit von Müttern während der Schwangerschaft unterstützen, gehören dazu (z. B. Aufklärungskampagnen und Beratung über gesunde Ernährung und den Gebrauch legaler und illegaler Drogen), ebenso regelmäßige kinderärztliche Vorsorgeuntersuchungen (U1 bis U9 und J1, vgl. auch Scheithauer & Petermann, 2000). Andere universell präventive Programme, wie z. B. Triple P (s. u.) versuchen Eltern ganz allgemeine Erziehungskompetenzen zu vermitteln.

Als Frühinterventionsprogramme gelten solche, die in den ersten drei Lebensjahren, also in der Altersphase der frühen Kindheit einsetzen; manchmal wird noch der Bereich bis ca. sechs Jahre eingeschlossen. US-amerikanische präventive Frühinterventionsprogramme werden häufig dahingehend eingeteilt, ob sie ausschließlich *kindzentriert* oder auch *familienzentriert* an einer günstigen Entwicklung des Kindes arbeiten, oder ob es sich um Zwei-Generationen-Programme handelt, die Maßnahmen zum Wohle von Eltern und Kindern verbinden (Gomby et al., 1995, n. Scheithauer & Petermann, 2000). Präventionsprogramme können aber durchaus auch *andere Erziehungspersonen oder -institutionen* einbeziehen, beispielsweise Kindergärten und Schulen. So beinhaltet das Programm ProAct zur Prävention von »bullying« an Schulen neben einem Schüler- und einem Elterntraining auch eine Lehrerberatung (Spröber et al., 2006). Heinrichs et al. (2008) sprechen bei mehreren Ansatzpunkten von multizentrischen Programmen.

Die meisten Programme betreiben keine universelle, sondern eine zielgerichtete, d. h. selektive oder indizierte Prävention. Frühinterventionsprogramme zielen häufig auf die Bewältigung der folgenden Entwicklungsrisiken ab: Geburtskomplikationen, Behinderungen, psychische Störungen/Erkrankungen der Eltern, Armut/soziale Benachteiligung und mangelnde Erziehungsfertigkeiten der Eltern (vgl. Scheithauer & Petermann, 2000). Metaanalysen und Übersichtsarbeiten zur Wirksamkeit von Präventionsmaßnahmen bei Kindern und Jugendlichen über den Zeitraum von 1995 bis heute, bei denen universelle und zielgerichtete Maßnahmen einbezogen wurden, behandeln folgende speziell auf Kinder ausgerichtete Thematiken (Beelmann, 2006): die allgemeine Entwicklungsförderung, dissoziale Verhaltensprobleme, Scheidungsfolgen und Misshandlung/sexueller Missbrauch; eher auf Jugendliche ausgerichtet ist die Prävention von Substanzmissbrauch und frühen Schwangerschaften.

12.2 Die Wirksamkeit präventiver Interventionen

Präventive Interventionsprogramme zeigen überwiegend positive und zum Teil beträchtliche Wirkungen, die durchschnittlich im Bereich von einem Drittel bis zu einer halben Standardabweichung liegen. Dies entspricht einer stärkeren Verbesserung – um 15 bis 25 Prozent – in einer Interventionsgruppe im Vergleich mit einer Kontrollgruppe (Beelmann, 2006). Dabei gibt es jedoch sehr große *Unterschiede zwischen den Programmen,* und teilweise werden auch beträchtlich höhere Effekte erzielt. Eher niedrige Effekte zeigen Metaanalysen von Studien aus dem Bereich des dissozialen Verhaltens und Suchtverhaltens sowie Studien, die »harte«, d. h. dem Alltagsverhalten nahe oder standardisierte Wirksamkeitsmaße einsetzen (nicht nur z. B. elterliche Erfolgseinschätzungen) (Beelmann, 2006). Universelle Präventionsprogramme weisen geringere Effekte auf als selektive oder indizierte. Dies verwundert allerdings nicht, da die meisten Kinder sich gut entwickeln und keine Verhaltensprobleme haben und es deshalb für Programme viel schwerer ist, bei solchen Kindern positive Wirkungen zu erzielen. In diesem Zusammenhang müssen dann mögliche negative Effekte, wie z. B. die Gefahr einer Verängstigung von Kindern im Rahmen der Prävention sexuellen Missbrauchs, ernster genommen und auch verstärkt Kosten-Nutzen-Analysen betrieben werden. Natürlich kann es aus normativen Erwägungen auch sinnvoll sein, geringe Effekte zu finanzieren, wenn gesellschaftlich ein sehr hoher Wert auf das Wohlergehen von Kindern gelegt wird (Beelmann, 2006). Die meisten Studien berücksichtigen bei der Einschätzung des Programmerfolges leider nicht die normale Inzidenzrate (s. Kap. 10) des Problemverhaltens, dem vorgebeugt werden soll (Heinrichs et al., 2008).

Ein großer Informationsmangel besteht hinsichtlich der *längerfristigen Effekte* von Programmen, die fast nur für die entwicklungsfördernden Vorschulprogramme untersucht wurden (vgl. Beelmann, 2006; Ramey & Ramey, 1998; Mayr, 2000). Zuverlässige Angaben liegen meist nur bis zu einem Jahr nach Abschluss der Programme vor. Es ist gut möglich, dass präventive Programme auch erst langfristig Wirkung entfalten, wenn z. B. die in einem Elterntraining erlernten Strategien (s. u.) auch in der Erziehung umgesetzt werden und die Kinder entsprechende Veränderungen, wie etwa eine verstärkte elterliche Anerkennung, als stabil erleben.

Stark strukturiert und verhaltensorientiert vorgehende Programme schneiden in der Regel besser ab als andere (Durlak & Wells, 1998; Beelmann, 2006). Größere Effekte zeigen sich auch dann, wenn es sich um universitäre Modellprojekte handelt bzw. wenn Autoren oder Programmentwickler wesentlich an der Durchführung beteiligt sind. Schlechter schneiden Projekte in Praxiskontexten ab oder wenn die Projektdurchführung durch Dritte erfolgt (vgl. Beelmann, 2006; Hoagwood et al., 1996). Ein Transfer von Modellprojekten in die Praxis ist schon deshalb schwierig, weil viele Projekte nur unpräzise dokumentiert bzw. nicht manualisiert sind. Dies macht es häufig auch schwierig in Publikationen nachzuvollziehen, was die Wirkung eines Programms im Vergleich zu einem anderen eigentlich ausmacht. Zukünftig wäre die bessere Dokumentation ein wichtiger Schritt, auch um die Forschung der eigentlich wirksamen Bestandteile voranzutreiben (Ramey & Ramey, 1998; Beelmann, 2006).

Eine zentrale Frage bei der Messung der Wirksamkeit ist die richtige *Wahl der Erfolgsmaße*. Angemessen wäre eine multimodale (z. B. Emotion, Kognition, Verhalten) und multimethodale (z. B. Verhaltensbeobachtung, schriftliche oder mündliche Befragung, Test) Erfassung von Veränderungen in verschiedenen Settings (z. B. zu Hause, Schule) durch verschiedene Beurteiler (z. B. Eltern, Kinder, Lehrerinnen und Lehrer). Je nach gewählter Erfassung können sich sehr unterschiedliche Effektstärken zeigen (Heinrichs et al., 2006a).

Ein weitergehendes Modell, das eine systematische Einschätzung der Effektivität von Maßnahmen zur Pflege der psychischen Gesundheit von Kindern und Jugendlichen erlauben soll, haben Hoagwood et al. (1996) vorgelegt (s. **Tabelle 12.2**). Ihre Überlegungen sind natürlich nicht zuletzt im Hinblick auf die enorme Steigerung der Kosten im Gesundheitswesen entstanden, die in allen Industrieländern des Westens zu verzeichnen ist. Auch wenn ihr Modell seine Herkunft aus einem klinisch-psychiatrischen Kontext nicht leugnen kann, lässt es sich dennoch auf Interventionen mit einem eher fördernden Schwerpunkt übertragen. Dabei würden Ergebnisse vor allem auf der zweiten Ebene, der psychosozialen Anpassung angestrebt. Es ginge dann z. B. darum, muttersprachliche Kompetenzen von Kindern aufzubauen oder zum Schulbesuch zu motivieren. Hoagwood et al. (1996) argumentieren, dass Ergebnisse tatsächlich immer auf mehreren, miteinander verwobenen Ebenen auftreten, dass aber Studien, die über die Symptomebene hinausgehen, noch erstaunlich selten sind. Außerdem haben sich zwei Richtungen der Forschung ganz unabhängig voneinander entwickelt: *Studien zur klinischen Effektivität und Studien zur Effizienz von Versorgungsstrukturen* im Gesundheitswesen. Interventionen, die im Rahmen gut kontrollierter und intensiv begleiteter wissenschaftlicher (klinischer) Studien durchgeführt werden, scheinen jedoch leider erfolgreicher zu verlaufen als solche, die Teil der allgemeinen Versorgung sind (Hoagwood et al., 1996; Beelmann, 2006). Die Integration von Forschung in die Praxis, d. h. die allgemeine Versorgung, ist ihrer Ansicht nach daher eine unerlässliche Bedingung für eine qualitativ hochwertige Gesundheitsfürsorge.

Tab. 12.2: Das SFCES-Modell zur Prüfung der Wirkung von Interventionen zur Pflege psychischer Gesundheit im Kindes- und Jugendalter (n. Hoagwood et al. 1996, S. 1059)

Bereiche	Beispiele
Symptome und Diagnosen (S: Symptoms and diagnoses)	Ablenkbarkeit, Impulsivität, Depression, Angst
Psychosoziale Anpassung/ Funktionsniveau (F: Functioning)	Ausmaß der Fähigkeit, sich an die Anforderungen von Zuhause, Schule und Gemeinschaft anzupassen
Perspektiven der Nutzer (C: Consumer perspectives)	Lebensqualität, Zufriedenheit mit Versorgung, familiale Belastung
Umwelten (E: Environments)	Gegenstück zum Funktionsniveau: Stabilität der kindlichen Umgebung (elterliche Beziehung, Erhalt der Schulklasse), Gewalt im Wohnviertel, Verfügbarkeit sozialer Unterstützung
Systeme (S: Systems)	Angebote sozialer Dienste: Niveau, Art, Nutzungsmuster, Restriktivität; Beziehung und Koordination von Organisationen, Kosten und Finanzierungsmechanismen

12.3 Vermeidung von Verhaltensauffälligkeiten und psychischen Störungen

Ausgehend von einem Risiko- und Schutzfaktorenmodell der kindlichen Entwicklung (s. Kap. 10, **Abb. 10.2**), sollten Programme, die auf eine Prävention von psychopathologischen Entwicklungsverläufen abzielen, einerseits risikoerhöhende Faktoren beseitigen oder minimieren, andererseits risikomildernde Faktoren verstärken bzw. einführen. Doch wo sollen die Programme ansetzen – die Zahl der bekannten Faktoren ist groß und gerade im primär präventiven Bereich werden Interventionen in der Regel weniger maßgeschneidert erfolgen, als in späteren Phasen der Prävention, wo den Maßnahmen oft eine ausführliche Diagnostik vorausgeht. Ausgangspunkt sind Überlegungen, von welchen Faktoren eine möglichst breit gefächerte Wirkung ausgeht, wie gut beeinflussbar ein Faktor ist – bei möglichst minimalen Aufwendungen aufseiten der dafür verantwortlichen Hilfesysteme, z. B. der Gesundheitsfürsorge. Beispielhaft seien im Folgenden zwei primär präventive manualisierte Programme vorgestellt, die auch in Deutschland angewendet und methodisch anspruchsvoll evaluiert werden.

Da der *Eltern-Kind-Beziehung* eine Basisfunktion für die gesamte kindliche Entwicklung zukommt und eine Türöffner-Funktion im Hinblick auf soziale Umwelten, haben Trainingselemente, die die Eltern-Kind-Beziehung verbessern und solche, die Eltern in die Lage versetzen, ein anregendes Erziehungsklima zu schaffen, in allen möglichen Interventionsphasen hohe Priorität. Das momentan wohl bekannteste Programm zur Verbesserung elterlichen Erziehungsverhaltens – *Triple P* (Positive Parenting Program, Sanders, 1999; Sanders & Ralph, 2005) – wurde an der Universität von Queensland entwickelt. Es kann als universelle Präventionsstrategie durchgeführt werden, wie dies in Australien z. B. mit Fernsehbeiträgen geschehen ist, oder in unausgelesenen Elterngruppen im Rahmen der Familienbildung; es kann aber auch an Eltern vermittelt werden, deren Kinder bereits Verhaltensauffälligkeiten zeigen. Die Eltern sollen in die Lage versetzt werden, unabhängig von professioneller Unterstützung Erziehungsprobleme zu lösen.

Fünf Aspekte bilden Grundprinzipien für eine positive Erziehung: So sollen die Eltern 1. für eine sichere und interessante Umgebung und 2. eine positive und anregende Lernatmosphäre sorgen, sie sollen 3. sich konsequent verhalten, 4. nicht zu viel von ihren Kindern erwarten und 5. die eigenen Bedürfnisse nicht vernachlässigen. Außerdem werden den Eltern auch Erziehungsstrategien vermittelt, die für das Kindesalter oder Teilbereiche davon gelten (Markie-Dadds et al., 2002).

Elterliche Strategien zur Umsetzung einer positiven Beziehung in Triple P

1. Eine positive Beziehung aufbauen
Wertvolle Zeit miteinander verbringen: Versuchen Sie regelmäßig im Laufe des Tages kurze Zeitspannen mit Ihrem Kind

zu verbringen und ihm dabei auch Ihre Aufmerksamkeit zu schenken.

Miteinander reden: Sprechen Sie mit dem Kind über Dinge, die es interessieren, aber teilen Sie auch eigene Gedanken mit.

Zuneigung zeigen: Dies sollte auch körperlich durch Zärtlichkeiten, Toben usw. gezeigt werden.

2. Angemessenes Verhalten fördern

Loben: Wenn Ihr Kind sich angemessen verhält, können Sie es loben, indem Sie allgemeine Zustimmung formulieren, besser aber mit der genauen Beschreibung dessen, was Ihnen gefällt. Vermeiden Sie, Lob in dem Sinne negativ zu formulieren, dass es etwas unterlassen hat, das Sie nicht gut finden.

Aufmerksamkeit schenken: Hier geht es wieder um Situationen, in denen Sie etwas gut finden und Sie können dies ganz beiläufig tun, z. B. durch Blicke oder ein Schulterklopfen.

Für spannende Beschäftigungen sorgen: Bieten Sie Ihrem Kind sowohl drinnen als auch draußen Umgebungen, die sicher sind und in denen interessante Dinge zum Entdecken und Spielen vorhanden sind.

3. Neue Fertigkeiten und Verhaltensweisen beibringen

Ein gutes Vorbild sein: Man sollte das Kind zusehen lassen, wie man gerade Dinge tut, beschreiben, was man tut und das Kind sie nachahmen lassen. Gegebenenfalls sollte man es unterstützen, es ermutigen, das Ganze noch einmal alleine zu versuchen und bei Erfolg loben.

Beiläufiges Lernen nutzen: Wenn Ihr Kind sich von selbst an Sie wendet, um Informationen oder Aufmerksamkeit zu erhalten, dann ist es bereit zu lernen. Um seine Selbständigkeit zu unterstützen, sollten Sie nicht einfach eine Antwort geben, sondern ihm eher helfen, selbst eine Lösung zu finden. Wenn das Kind das Interesse verliert oder keine Lösung findet, sollten Sie selbst die richtige Antwort geben und nicht auf dem Thema beharren.

Methode des Fragen-Sagen-Tun: Lange und schwierige Aufgaben kann man mit dieser Methode Schritt für Schritt beibringen. Fragen Sie zunächst, was der erste Schritt ist. Weiß

Ihr Kind die Antwort nicht, sagen Sie ihm mit ruhiger Stimme, was es tun soll. Helfen Sie Ihrem Kind, wenn es die Handlung nicht alleine ausführt, indem Sie die Hände auf die des Kindes legen und sie führen. Sie sollten die Hilfe beenden, sobald die Handlung begonnen hat und Ihr Kind diese selbständig zu Ende führen lassen.

Punktekarte benutzen: Dies ist eine gute Methode, um Ihr Kind besonders zu motivieren, wenn es ein Verhalten ändern, etwas Neues lernen oder eine Aufgabe bewältigen soll. Sie können die Methode für einige Wochen anwenden und dann langsam ausblenden. Ihr Kind kann sich Punkte, Smilies oder Ähnliches verdienen, die dann in eine Tabelle geklebt werden. Dies kann Ihrem Kind ein Gefühl dafür geben, was es schon erreicht hat. Bei einer bestimmten Anzahl von Punkten kann es auch eine vereinbarte besondere Belohnung geben.

4. Umgang mit Problemverhalten

Klare Familienregeln aufstellen: Sie sollten nur wenige Regeln aufstellen, die nachvollziehbar, leicht zu befolgen, durchsetzbar und positiv formuliert sind.

Mit direktem Ansprechen auf Regelverstöße reagieren: Sichern Sie sich die Aufmerksamkeit des Kindes, erklären Sie, was das Problem ist und lassen Sie Ihr Kind das angemessene Verhalten nennen bzw. nennen Sie es und üben Sie es schließlich mindestens einmal.

Absichtliches Ignorieren bei leichtem Problemverhalten: Wenn Sie ein Verhalten bewusst nicht beachten wollen, sollten Sie Ihr Kind nicht anschauen oder mit ihm sprechen. Das kann dazu führen, dass das Kind zunächst laut wird oder sein Verhalten steigert. Hier gibt es Möglichkeiten, um als Eltern selbst ruhig zu bleiben. Sobald es sich angemessen verhält, loben Sie es.

Ruhige, klare Anweisungen geben: Geben Sie nur Anweisungen, wenn Ihnen etwas wichtig ist. Gewinnen Sie zunächst die Aufmerksamkeit Ihres Kindes, sagen Sie ihm, was es tun soll, geben Sie ihm Zeit zu gehorchen und loben Sie es, wenn es folgt. Wiederholen Sie die Anweisung nur, wenn das Kind zu einer anderen Tätigkeit übergehen soll. Bei Nichtbefolgen sollten Sie eine Konsequenz folgen lassen.

Anweisungen mit logischen Konsequenzen untermauern: Diese sind am Besten für eher geringfügiges und seltenes Problemverhalten geeignet und sollten der Situation angemessen sein. Unterbrechen Sie die Tätigkeit des Kindes oder entfernen Sie das Spielzeug für kurze Zeit – mit einer Erklärung. Bei erneutem Problemverhalten bedarf es einer längeren Unterbrechung oder anderer Mittel.

Den stillen Stuhl benutzen: Dies bedeutet, dass Ihr Kind kurze Zeit in dem Raum, in dem das Problemverhalten aufgetreten ist, ruhig in Ihrer Nähe sitzen soll. Schenken Sie ihm in dieser Zeit keine Aufmerksamkeit. Das Kind muss wissen, was auf es zukommt, bevor Sie diese Methode einsetzen. Anschließend sollte das Problemverhalten nicht mehr angesprochen werden. Helfen Sie dem Kind, wieder eine Beschäftigung zu finden und loben Sie es möglichst bald für angemessenes Verhalten.

Die Auszeit bei schwerem Problemverhalten: Hier ist das Vorgehen ähnlich dem beim Stillen Stuhl. Das Kind wird jedoch für kurze Zeit an einen anderen, sicheren, uninteressanten, hellen, gut belüfteten Ort gebracht. Die Tür bleibt offen, außer, das Kind bleibt nicht im Raum. Die Auszeit soll allen Beteiligten die Möglichkeit geben, sich zu beruhigen. Das Ende der Auszeit darf nicht vom Kind bestimmt werden und sie wird nur beendet, wenn das Kind ruhig geblieben ist.

Die theoretischen Grundlagen des Programms stammen überwiegend aus dem *lerntheoretisch-verhaltensmodifikatorischen Bereich* (operantes und sozial-kognitives Lernen, verhaltensanalytische Modelle, zu Grundlagen vgl. Merod, 2007). Triple P umfasst fünf Interventionsebenen mit steigendem Intensitätsgrad:

1. grundlegende Information über Erziehung durch verschiedene Medien,
2. Kurzberatung bei umgrenzten Schwierigkeiten,
3. ergänzt durch aktives Training von Erziehungsfertigkeiten,

4. intensives Training von Erziehungsfertigkeiten, einzeln oder in der Gruppe oder durch angeleitete Selbsthilfe oder
5. erweiterte verhaltenstherapeutische Familieninterventionen (vgl. Heinrichs et al., 2006a; Sanders & Ralph, 2005).

Die *Wirksamkeit des Triple P-Programms* wurde und wird in zahlreichen kontrollierten Studien und nun auch in groß angelegten Public Health Studien in den USA und der Schweiz überprüft. Heinrichs et al. (2006a) führten eine randomisierte Kontrollgruppenstudie mit Triple P zur Prävention kindlicher Verhaltensstörungen bei Kindern im Alter von ca. zwei bis sechs Jahren durch. Bei einer Auswertung, die nur Familien mit zwei Elternteilen einbezog, war mit 129 Familien Triple P im Gruppenformat (Stufe 4) in vier je zweistündigen Sitzungen und anschließenden freiwilligen Telefonkontakten durchgeführt worden (90 Familien gehörten der Kontrollgruppe an). Nur 31 Prozent der Eltern, denen eine Teilnahme angeboten worden war, beteiligten sich an der Studie. Diese Rekrutierungsrate wird im Vergleich mit anderen universell präventiven Studien als gut bewertet. Wie bei universellen Präventionsstudien üblich, waren Familien aus der Mittel- und Oberschicht überrepräsentiert. Eine deutliche Steigerung der Teilnahme von sozial benachteiligten Familien ist bei finanzieller Entschädigung zu erwarten (Heinrichs et al., 2006b). Der Erfolg des Programms wurde ermittelt mit verschiedenen – in den meisten Fällen von beiden Eltern ausgefüllten – Fragebogen zum Verhalten der Kinder und zum Erziehungsverhalten, der psychischen Gesundheit und der Partnerschaftsqualität der Eltern. Messungen fanden vor dem Training, unmittelbar danach und ein Jahr später statt. Bei beiden Eltern war eine Verbesserung des Erziehungsverhaltens zu verzeichnen; die Mütter bewerteten darüber hinaus das kindliche Problemverhalten und ihre psychische Belastung als verringert und wurden zufriedener mit ihrer Partnerschaft. Insgesamt werden also die Effekte des Trainings von den Müttern wesentlich positiver bewertet als von den Vätern, was weniger erstaunlich ist, wenn man erfährt, dass zwar von über 90 Prozent der Väter Fragebogen vorliegen, fast 69 Prozent aber gar nicht am Training teilgenommen haben. Nur 6,3 Prozent nahmen an mindestens drei Sitzungen teil; bei den Müttern waren es 88,4 Prozent. Schließlich korreliert die Einschätzung von Problemverhalten zwischen Vätern und Müttern von vornherein nur in mittlerer Höhe (internalisierendes Problemverhalten $r = 0.55$, $p<.000$, externalisierendes Problemverhalten $r = 0.71$, $p<.000$), was auf eine geschlechtsabhängige Wahrnehmung von kindlichem Problemverhalten hinweist, für die auch die Ergebnisse anderer Studien sprechen (vgl. Heinrichs et al., 2006a).

In der Beschreibung der Studie werden eine Reihe von Problemen deutlich, mit denen Interventionen im psychosozialen Bereich und universelle Prävention in besonderem Maße zu kämpfen haben: eine breit gestreute Teilnehmerschaft zu erreichen, insbesondere auch aus einkommens- und bildungsmäßig unterprivilegierten Schichten der Bevölkerung, auch Väter zu erreichen und die Teilnahme aller Personen über eine größere Zahl von Sitzungen aufrechtzuerhalten. Als Experten und Expertinnen in der psychosozialen Versorgung sind wir vom Nutzen der von uns geschmiedeten Programme überzeugt und allzu oft enttäuscht, wenn die, die unserer Ansicht nach eine Teilnahme so nötig hätten, andere Prioritäten setzen. Effektiv sind jedoch nur Maßnahmen, die auf Freiwilligkeit beruhen. Beiden vorgestellten Evaluationsstudien (Heinrichs et al., 2006a,b) ist gemeinsam, dass sie das Training auf eine möglichst geringe Zahl von Sitzungen verkürzen und eine intensive Stichprobenpflege (z. B. Postkarten zu Festtagen) insbesondere im Hinblick auf weitere geplante Nachuntersuchungen betreiben. Ein ähnliches Bemühen um die Teilnehmenden dürfte im Rahmen der normalen Gesundheitsversorgung kaum möglich sein.

EFFEKT, ein Programm zur Prävention von Problemen des Sozialverhaltens im Vorschulalter, umfasst neben einem ebenfalls lerntheoretisch-verhaltensmodifikatorisch orientierten Elterntraining auch ein Kinder-Training (vgl. Lösel et al., 2006). Das Elterntraining, auf das hier nicht genauer eingegangen wird, gliedert sich in fünf wöchentliche Sitzungen von 1,5 bis 2 Stunden. Das Kindertraining »Ich kann Probleme lösen« (Beelmann et al., 2004) ist ein Gruppentraining zum sozialen Problemlösen. Zum einen werden Grundlagen der sozial-kognitiven Problemlösung vermittelt (Wortkonzepte, Erkennen von Gefühlen,

Gründe und Ursachen des Verhaltens). Zum anderen geht es um mehr verhaltensbezogene Problemlösefertigkeiten (alternative Lösungen, Antizipation und Bewertung von Handlungskonsequenzen). Didaktisch arbeitet das Training u. a. mit Rollenspielen, Modell-Spielen, Frage-Antwort-Runden, Bewegungsspielen, Bildvorlagen, Singspielen und Handpuppen. Um dem Entwicklungsstand der Kinder gerecht zu werden, gibt es getrennte Kurse für jüngere und ältere Kinder. Das Training umfasst 15 Sitzungen zwischen einer halben und einer Stunde über einen Zeitraum von drei bis fünf Wochen. Lösel et al. (2006) überprüften die Wirkung in einer Studie an 609 Familien, die vier Bedingungen (nur eine der beiden Trainingsformen, Kombination, Kontrollgruppen) zugeordnet wurden. Eine erste Testung der Wirkungen fand zwei bis drei Monate nach Ende des Trainings statt, eine zweite 13 bis 14 Monate, eine dritte ca. zwei Jahre danach. Messinstrumente zum Kindertraining waren ein von den Kindergärtnerinnen auszufüllender Fragebogen zum prosozialen Verhalten, der Veränderungen beim Sozialverhalten, Hyperaktivität/Unaufmerksamkeit und emotionale Störungen erfasst, die Inhalte der Zeugnisbeurteilungen und die Beteiligung der Kinder beim Training. Hier liegen also auch noch Beurteilungen vor, die über die direkt am Training beteiligten Personen hinausgehen. Aus 68,6 Prozent der Familien, denen das Elterntraining angeboten wurde, nahm wenigstens ein Elternteil am Training teil (63,9 % der Mütter und 18,8 % der Väter) und in 75 Prozent der Familien wurde wenigstens die Hälfte absolviert. Bei der ersten und zweiten Erhebung danach zeigten sich beim kombinierten Training die besten Effekte, bei der langfristigen Beurteilung auf der Basis der Zeugnisbemerkungen schneidet besonders das Kindertraining erfolgreich ab.

Im nächsten Abschnitt gehen wir auf Programme der allgemeinen Entwicklungsförderung ein, die in der Regel nur schwache Bezüge zur Vermeidung von Störungen/Krankheiten herstellen. Sie entstanden oft, um den Effekten von Armut und sozialer Benachteiligung in möglichst frühem Alter entgegenzuwirken. In einem sehr weiten Sinn könnten auch sie als Formen universeller Prävention betrachtet und in das Schema von Hurrelmann und Settertobulte in Phase 1 (s. **Tab. 12.1**) integriert werden.

12.4 Allgemeine Entwicklungsförderung von Kindern

Bildung und Förderung haben ihren Platz natürlich vor allen Dingen in der Schule, in deren Primarbereich Kinder in den meisten westlichen industrialisierten Ländern im Alter von fünf bis sieben Jahren eintreten. Ansätze zur außerfamilialen Versorgung und Erziehung jüngerer Kinder reichen in Europa bis in das 18. Jh. zurück (vgl. Erning, 1987). Für die Gestaltung der sich in Deutschland ab dem 19. Jh. entwickelnden Formen öffentlicher Kleinkinderziehung waren in wechselndem Maße *sozialfürsorgerische Ziele*, wie z. B. die Freistellung der (meist armen) berufstätigen Eltern und der gleichzeitige Schutz von Kleinkindern vor Unfällen und Verwahrlosung, bestimmend sowie *pädagogische Ziele*, wie z. B. die Erziehung zu gesellschaftlichen Werten und die Aneignung von Wissen. Mehr als je zuvor erregte die öffentliche Kleinkinderziehung in Deutschland gegen Ende der 1960er Jahre und in den 1970er Jahren öffentliches Interesse (vgl. Neumann, 1987). Dies geschah im Kontext von Diskussionen um den gesellschaftlichen Bedarf an qualifizierten Arbeitskräften, um Begabungsreserven, um Chancengleichheit für soziokulturell benachteiligte Gruppen der Gesellschaft (z. B. Arbeiterkinder, Migranten) und Konsequenzen, die sich aus einer demokratischen, nicht-autoritären Ordnung der Gesellschaft für die Erziehung von Kindern ergeben.

Hinzu kam, dass in der zweiten Hälfte des 20. Jh. psychologische Theorien – im Gegensatz zu früheren reifungstheoretischen Vorstellungen – immer mehr die Bedeutung einer stimulierenden Umwelt und die starke Wirksamkeit früher Erfahrungen insbesondere auch auf die Entwicklung der Intelligenz betonten. Kognitive Theorien, auch im Gefolge von Piagets Studien, hatten die Bedeutung des aktiven kindlichen Explorierens und Lernens nahegelegt. Nun wurde zunehmend nach den Möglichkeiten gefragt, Entwicklungsfortschritte gezielt anzuregen (vgl. Schmidt-Denter, 2002). Solche wissenschaftlichen Theorien fielen gerade in den USA auf einen fruchtbaren politischen Boden, der ebenfalls vom Wunsch nach der Mobilisierung von Begabungsressourcen und der Bekämpfung von Armut wie auch Rassenschranken geprägt war. Sie führten dort bereits in den 1960er Jahren zu zahlreichen Ansätzen kompensatorischer Erziehung, die bald in wissenschaftlich begleitete und evaluierte Programme mündeten, da in den USA schneller als in Deutschland danach gefragt wurde, ob durch öffentliche Gelder geförderte Maßnahmen auch die gewünschten Effekte erzielten.

In Deutschland kam es Anfang der 1970er Jahre zu einer institutionellen Reform im Elementarbereich, angeregt durch Empfehlungen des Deutschen Bildungsrates, in denen auch explizit auf neue lerntheoretische und entwicklungspsychologische Erkenntnisse verwiesen wurde. In diesen Empfehlungen werden Zweifel daran geäußert, dass die Familie angesichts gesteigerter Erwartungen an die Sozialisation von Kindern (technologischer Fortschritt, Berufstätigkeit beider Elternteile) diese Funktion alleine erfüllen kann. Der *Gedanke einer kompensatorischen Erziehung* geht dabei weit über die Förderung benachteiligter Kinder hinaus. »Der Kindergarten kann eine notwendige und wünschenswerte Ergänzung der Erziehung in der Familie sein, indem er erweiternd und kompensierend, unterstützend und verändernd den Entwicklungsverlauf des Kindes nach dem vollendeten 3. Lebensjahr bis zum Schuleintritt mitbeeinflußt und mitverantwortet. [...] Der Kompensationsgedanke ist jedoch als Bestandteil eines systematischen Förderprogramms zu verstehen, das allen, auch den in ihrer Lernfähigkeit schon weiter entwickelten Kindern, neue Lernergebnisse und angemessene Anregungen vermittelt« (Deutscher Bildungsrat, 1970, S. 63/64). Angestrebt wird nicht nur eine Förderung der kognitiven, sozialen und emotionalen Entwicklung, die Kindergärtnerinnen sollten sogar Grundkenntnisse in Kinderpsychotherapie besitzen und zur Erziehungsberatung in der Lage sein, um Störungen entgegenzuwirken. Gefordert werden ein drastischer Ausbau des Elementarbereichs, eine Eingliederung in das Bildungssystem und eine völlig neue Kindergartenpädagogik. Resümierend kommt Neumann (1987) zu dem Ergebnis, dass der quantitative Ausbau wohl gelungen sei, der Reformschwung aber spätestens in den 1980er Jahren vorbei war, viele Bereiche des Regelkindergartens davon unberührt geblieben waren und die wirkliche Eingliederung als Teil des Bildungssystems nicht gelang.

Heute, 36 Jahre nach den zitierten Empfehlungen, haben diese nichts an ihrer Aktualität verloren. Angesichts der immer noch unbefriedigenden Möglichkeiten von Frauen zur Beteiligung am Berufsleben, dem deutschen PISA-Schock, Problemen der Integration von Migrantenkindern, der Nachfrage nach qualifizierten Arbeitskräften angesichts sinkender Geburtenzahlen, haben die deutsche Gesellschaft alle Probleme in verschärfter Form wieder eingeholt. Deutlich wird aber auch, dass Einrichtungen zur vorschulischen Kindererziehung sich heute unbedingt beiden Arten von Aufgaben stellen müssen – denen, die als sozialfürsorgerisch und denen, die als Bildung und Förderung umschrieben wurden. In einem Literaturüberblick wird deutlich, dass national und international viele Arrangements nebeneinander existieren, die in unterschiedlichem Ausmaß entsprechende Ziele verfolgen. Die Unterscheidung verschwimmt jedoch zusehends, da immer mehr die Bedeutung informeller Lernprozesse und die Wechselwirkung zwischen Bildungs- und Lernprozessen und Lebenslagen deutlich wird. Außerdem müssen Überlegungen zur Kleinkindbetreuung heute auch Lösungen für die frühe Kindheit parat haben (s. u.).

Forschung zur vorschulischen Kinderbetreuung

Natürlich hat sich die nunmehr über Jahrzehnte laufende Forschung auch gewandelt (vgl. European Child Care and Education-Group, 1999; Melhuish, 2004). In einer ersten Welle der Forschung wurde gefragt, ob die außerhäusliche Kinderbetreuung Kindern schaden könnte und ob erzieherische Interventionen die Entwicklung der Kinder fördern könnten, die unter Risikobedingungen aufwachsen. In einer zweiten Welle versuchte man genauer zu verstehen, wie frühe Umwelten die kindliche Entwicklung beeinflussen und wie frühe Bedingungen die spätere Entwicklung beeinflussen. Nun versuchte man auch die Qualität der Programme zu messen und diese in Beziehung zu den Entwicklungsergebnissen zu setzen. In einer dritten Welle, einsetzend in den 1990 Jahren, begann man die gesamte Ökologie kindlichen Aufwachsens einzubeziehen. Dies bedarf komplexerer Forschungsansätze, in die neben der Qualität der Programme auch Charakteristika der Familie und des Kindes einbezogen werden.

Bei Wirksamkeitsbetrachtungen zur vorschulischen Betreuung empfiehlt es sich, eine Trennlinie bei drei Jahren zu ziehen. So wechselten zumindest bisher oft die Arrangements in diesem Alter, und die Arbeit der Einrichtungen wurde expliziter von Bildungsanstrengungen bestimmt. Zu einem besseren Verständnis von Angeboten oder Programmen ist es außerdem sinnvoll, zwischen »large-scale-« und »program«-Programmen zu unterscheiden (Mayr, 2000). Bei Ersteren steht der Versorgungsgedanke im Vordergrund, bei Letzteren das Forschungsinteresse. Dementsprechend möchte ich sie auch als *Versorgungsprogramme* und *Modellprogramme* bezeichnen. Als Large-Scale-Maßnahmen könnte man z. B. die Einführung der Vorschulerziehung in Deutschland oder das Head-Start-Programm in den USA bezeichnen. Politische Zielsetzungen sind hier primär und die Programme sind im Rahmen der Alltagsversorgung für eine große Zahl von Familien implementiert. Der Gedanke an Wirksamkeitsüberprüfungen folgte oft erst lange nach der Einrichtung der Angebote. Anders als bei den Modellprogrammen ist es hier in der Regel auch nicht möglich, Kinder nach dem Prinzip einer Zufallsauswahl einer Interventionsgruppe zuzuweisen, die am Programm teilnimmt, oder einer Kontrollgruppe, die an keinem Programm oder einer Art Ersatzprogramm teilnimmt. Bei den Modellprogrammen sind Kinder der Interventions- und der Kontrollgruppe in der Regel in zentralen, für die meisten Studien wichtigen Merkmalen wie Geschlecht, sozio-ökonomischer Status u. a. parallelisiert. Dies gilt als ein besonders hochwertiges Studiendesign in der Evaluationsforschung. Damit soll der Einfluss weiterer Variablen in beiden Gruppen gleich gehalten werden, so dass Unterschiede zwischen der Interventions- und der Kontrollgruppe möglichst sicher auf die Intervention zurückgeführt werden können. Solche Studien gehören in der Regel zu den Studien mit quasi-experimentellem Design (vgl. Melhuish, 2004).

Im Folgenden sollen einige Programme exemplarisch vorgestellt und Ergebnisse zur Wirksamkeit berichtet werden, die sich aus Metaanalysen ergeben haben.

12.4.1 Versorgungs-/Large-Scale-Programme

Head Start

Eines der ältesten Programme der kompensatorischen Erziehung, das bis heute überlebt hat und verbessert wird, ist Head Start (vgl. Opp & Fingerle, 2000). Seit seinen Anfängen im Jahr 1965 sind in 30 Jahren mehr als 23 Millionen Kinder gefördert worden (vgl. Head Start Bureau, 2006). Dies macht aber nur ca. ein Drittel der Kinder aus, die eigentlich zur Teilnahme berechtigt wären. Gefördert werden vor allem Kinder zwischen drei und fünf Jahren. 90 Prozent der Plätze sind für Kinder aus Familien unterhalb der Armutsgrenze vorgesehen, 10 Prozent für Kinder mit Behinderungen. Obwohl über Bundesmittel finanziert, handelt es sich um lokal verwaltete Projekte, die sich z. T. erheblich in ihrer Art und Qualität unterscheiden. Neben einer Förderung im Hinblick auf intellektuelle, emotionale und soziale Kompetenzen, geht es auch darum, eine angemessene Gesundheitsversorgung zu sichern. Ein wichtiger Grundsatz ist die Beteiligung der Eltern am Programm, sei es, indem sie selbst weitergebildet werden, sei es durch ihre Beteiligung an Entscheidungen oder durch ihre berufliche oder ehrenamtliche Mitarbeit. In den Head-Start-Programmen arbeiten 155 300 bezahlte Mitarbeiter, die von 1 315 000 Freiwilligen unterstützt werden. Head Start kooperiert auch mit anderen lokalen sozialen Diensten, um sozial benachteiligte Familien in ihrem Alltag zu unterstützen.

Verglichen mit präzise definierten, kontrolliert implementierten und finanziell gut ausgestatteten Modellprojekten schneiden Head-Start-Projekte deutlich schlechter ab. Eine Metaanalyse von 210 Studien durch McKey et al. (1985) zeigte zwar intellektuelle Gewinne (IQ, Schulreife, Schulleistung), die jedoch bereits ein Jahr nach Ende des Programms bis zur Bedeutungslosigkeit zurückgegangen waren. Ähnlich sah es nach drei Jahren im Hinblick auf Selbstwertgefühl, Leistungsmotivation und Sozialverhalten aus. Relativ überdauernd scheinen dagegen Verbesserungen von Gesundheit und Ernährung zu sein. 1995 fand eine Erweiterung um das Programm Early Head-Start für Kinder unter drei Jahren statt (Love et al., 2005).

Vorschulische Erziehung und Betreuung

Mittlerweile gibt es auch in Europa qualitativ hochwertige Längsschnittstudien, die die Wirksamkeit vorschulischer Erziehung überprüfen. Dabei geht es nicht um spezielle Curricula, sondern um verschiedene Formen der Betreuung überhaupt, bei denen auch im oben genannten Sinne sehr unterschiedliche Ansprüche im Hinblick auf Bildung und Förderung gestellt werden. Die meisten großen Studien, die gezielt Effekte auf die Entwicklung der Eltern-Kind-Bindung, die sozioemotionale und kognitive Entwicklung untersuchen, stammen aus englischsprachigen und skandinavischen Ländern. In Deutschland wird diese Forschung erst in den letzten Jahren aufgenommen, seit der Ausbau von Betreuungsangeboten vor dem vierten Lebensjahr und die bildungsorientierte Reorganisation des Kindergartensektors auch zum politischen Ziel wurden. Mittlerweile verfügen fast alle Bundesländer über Bildungspläne, die den vorschulischen Bereich vollständig einschließen und teilweise auch gezielt mit dem schulischen Elementarbereich verzahnen (vgl. z. B. Hessisches Sozialministerium, Hessisches Kultusministerium, 2007).

Die englische EPPE-Studie (Effective Provision of Pre-School Education, 1997 bis 2003; vgl. The EPPE 3 – 11 Research Team, 2005) hat Informationen über insgesamt 3 000 Kinder im Alter von drei bis sieben Jahren aus 141 Settings zusammengetragen. Mittlerweile wird das Projekt fortgeführt, bis die Kinder elf Jahre alt sind (2003 bis 2008). Ein besonders interessanter Aspekt der Studie ist, dass eine Gruppe von Kindern ohne jede Vorschulerfahrung als Vergleichsgruppe einbezogen wurde. Die Studie will Fragen nach den Effekten von Vorschule auf die intellektuelle und soziale bzw. Verhaltensentwicklung, nach der Effektivität verschiedener Vorschulangebote und deren Charakteristika, nach dem Einfluss der vorausgehenden Betreuungsgeschichte und des Elternhauses und nach der Dauerhaftigkeit von Effekten bis in die Anfänge der Grundschule mit sechs bis sieben Jahren bzw. in noch höherem Alter beantworten. Zusammenfassend lässt sich sagen, dass Vorschulerziehung die Entwicklung aller Kinder, nicht nur sozial benachteiligter, verbessert und ausschließlich zu Hause erzogene Kinder von ihren kognitiven und sozialen Fähigkeiten und der Konzentrationsfähigkeit her beim Schuleintritt schlechter abschneiden. Sowohl die häusliche Lernumgebung als auch verschiedene Vorschulangebote haben einen deutlichen Einfluss auf die Entwicklung der Kinder. Für die häusliche Lernumgebung gilt: Was Eltern mit ihren Kindern machen, welche Aktivitäten sie anregen oder teilen, ist wichtiger als das, was sie sind, im Sinne von Bildungsniveau und beruflichem Status. Und manche dieser förderlichen Verhaltensweisen sind es durchaus, die auch eine erfolgreiche Vorschule auszeichnen.

Aus Fallstudien an besonders erfolgreichen Vorschulangeboten kommen die Verantwortlichen der Studie zu sechs *Empfehlungen für die Gestaltung von Angeboten* (Sylva et al., 2004). So sollten 1. Interaktionen unterstützt werden, in denen es zu dem kommt, was sie als ein für eine Weile *anhaltendes gemeinsames/ geteiltes Denken* (sustained shared thinking) bezeichnen. Personen arbeiten intellektuell zusammen, z. B. indem sie ein Problem lösen oder eine Geschichte ergänzen. Solche Erfahrungen sind häufiger in dyadischen Interaktionen mit Erwachsenen oder Gleichaltrigen oder während konzentrierter Gruppenarbeit. Aktivitäten sollten 2. ungefähr zu gleichen Anteilen vom Personal und vom Kind initiiert werden. Vom Kind gewählte Angebote können vom Personal in einer Weise aufgenommen werden, die das kindliche Denken fördert. 3. und 4. sollte sichergestellt werden, dass das Personal über ausreichende Kenntnisse über den in der Einrichtung verfolgten Lehrplan und über kindliche Entwicklung verfügt. 5. sollte der Anteil des Personals, der im Hinblick auf kindliche Lernprozesse geschult ist, möglichst hoch sein. Solche Personen unterstützen das kindliche Lernen direkt und regen auch weniger qualifizierte Personen dazu an. Eltern sollten 6. in die Lernprozesse ihrer Kinder eingebunden werden, indem sie über die Erziehungsziele der Einrichtung informiert sind und an Entscheidungen bzgl. ihrer Kinder teilhaben. 7. Bei Fehlverhalten der Kinder und Konflikten sollten vom Personal Lösungen mit Hilfe von Überlegung und Sprache herbeigeführt werden, nicht nur z. B. über Ablenkung und nicht erläuterte Verbote.

Während die Bilanz zur Vorschulerziehung ab dem Alter von drei Jahren bei guter Qualität durchgängig positiv ist (vgl. auch Schmidt-Denter, 2002; Melhuish, 2004; European Child Care and Education Study Group, 1999) fällt das Bild für die nichtmütterliche bzw. außerfamiliale Betreuung im früheren Alter gemischter aus. Sehr frühe (besonders erstes Lebensjahr) außerfamiliale Betreuungsarrangements, sehr ausgedehnte Betreuungszeiten und schlechte Betreuungsqualität (z. B. ein ungünstiges Verhältnis Kinder pro Betreuungsperson) sind Faktoren, die im Zusammenhang mit eher ungünstigen Ergebnissen genannt werden. Berichtet wird von Effekten auf die Bindungsqualität (s. Kap. 8.3), weniger Folgsamkeit bei Anordnungen von Erwachsenen (compliance) und größerer Aggressivität gegenüber Peers. Im Zusammenhang mit schlechter Qualität von Angeboten bleiben auch die eigentlich zu erwartenden positiven kognitiven und sprachlichen Wirkungen aus bzw. es finden sich sogar schlechtere Ergebnisse als bei alleiniger Betreuung in der Herkunftsfamilie (vgl. Melhuish, 2004; Peth-Pierce, 1998). Viernickel und Schwarz (2009) empfehlen in einer Expertise für Kindertageseinrichtungen ein Fachkraft-Kind-Verhältnis von 1:3 bis 1:4 bei Gruppen von unter Dreijährigen, von ca. 1:8 bei Drei- bis Sechsjährigen und von 1:10 bei Fünf- und Sechsjährigen. Dies seien Schwellenwerte, bei deren Überschreiten mit Einbußen im Wohlbefinden der Kinder und in der Qualität der pädagogischen Prozesse zu rechnen sei.

12.4.2 Modellprogramme

Neben Programmen, die gezielt die Entwicklung einzelner Funktionen anregen sollen, z. B. die Lesefähigkeit, die Sprache oder bestimmte Formen des Denkens (vgl. Schmidt-Denter, 2002), gibt es eine Vielzahl von Programmen, die die Entwicklung von Kindern allgemein fördern und z. T. auch besonders Defizite ausgleichen sollen, die durch familiale Problemlagen oder kindliche Risikofaktoren entstehen. Auf eher allgemein fördernde Programme wollen wir uns im Folgenden konzentrieren, insbesondere solche, die mit sozial benachteiligten Familien durchgeführt wurden (vgl. Mayr, 2000; Melhish, 2004). Die elf hochwertigsten Interventionsprojekte für arme und sozial benachteiligte Kinder, die zwischen 1962 und 1972 in den USA durchgeführt worden waren, organisierten sich in einem Konsortium zum Zwecke gemeinsamer längsschnittlicher Nachuntersuchungen. Besonders bekannt und erfolgreich ist das High/Scope Perry Preschool Project (s. Kasten; vgl. Mayr, 2000; Schweinhart et al., 1993).

Da verschiedene frühe Hilfsangebote sehr unterschiedliche Erfolge verzeichnen konnten, diskutiert Mayr (2000) die Frage, wie frühe Hilfen organisiert sein sollten, um Erfolg zu haben.

High/Scope Perry Preschool Project

Es handelt sich um ein über zwei Jahre laufendes Halbtagsangebot (aktives Lernmodell orientiert an Piaget; ein Lehrer auf fünf bis sechs Kinder) an fünf Wochentagen in einer Einrichtung, das bei Dreijährigen mit niedrigem IQ (zwischen 70 und 85) ansetzte und durch 90-minütige Hausbesuche durch die Vorschullehrer und regelmäßige Gruppentreffen der Eltern ergänzt wurde. Die Familien waren Afroamerikaner aus extrem deprivierten Stadtvierteln. Die Kinder wurden zufällig einer Interventions- oder Kontrollgruppe zugewiesen und 123 Kinder wurden bis ins Erwachsenenalter weiter untersucht. Es kam zu einer deutlichen Verbesserung der Schulleistung und der intellektuellen Entwicklung, die jedoch im Verlauf von fünf bis sechs Jahren wieder zurückging und dann in der Regel nicht mehr nachweisbar war. Die Kinder mussten trotzdem seltener Klassen wiederholen und wurden seltener an sonderpädagogische Einrichtungen überwiesen. Auch im Alter von 27 Jahren fanden sich noch deutliche Unterschiede zur Kontrollgruppe: Die Kinder der Interventionsgruppe hatten seltener die Schule vor Abschluss der Highschool abgebrochen, wiesen weniger Verhaftungen auf, waren seltener auf wohlfahrtsstaatliche Unterstützung angewiesen, erzielten größere wirtschaftliche Erfolge (Einkommen, Hausbesitz) und die Frauen waren seltener als Teenager oder unehelich schwanger geworden. Die positiven Effekte werden vor allem auf eine verbesserte Schulreife zurückgeführt, die eine positive Verstärkung durch Lehrer und eine insgesamt positive Hinwendung zu Schule und Lernen zur Folge hatte.

Für die kindbezogenen Interventionen gilt, dass die direkte Förderung in einer Einrichtung, zumindest im Hinblick auf die geistige Entwicklung, größere und dauerhaftere Wirkungen verspricht als eine indirekte Förderung über die Eltern. Die kostengünstigeren Interventionen in der Familie direkt müssen daher auf ihre Legitimation hinterfragt werden (Ramey & Ramey, 1998). Ein hoher Anteil von Kindern mit psychosozialen Entwicklungsrisiken in Einrichtungen kann sich negativ auf Lernprozesse auswirken (Lee et al. 1998). Gewisse Mindeststandards vorausgesetzt, scheinen positive Effekte auf die kognitive Entwicklung für alle Formen institutioneller Tagesbetreuung zu gelten, nicht nur für spezielle Modellprogramme. Nichtsdestotrotz haben Betreuungsformen mit hohen Qualitätsstandards bessere Effekte. Ob spezifische Curricula differentielle Effekte mit sich bringen, ist bisher noch sehr wenig untersucht. Möglicherweise wirken sich wenig individualisierte, hoch strukturierte und lehrerorientierte Ansätze besonders auf nicht-kognitive, sozioemotionale und motivationale Indikatoren kurz- und langfristig eher negativ aus. Weikart und Schweinhart (1997) nennen *Qualitätskriterien für langfristig wirksame Programme*, die teilweise mit den von EPPE gemachten Empfehlungen übereinstimmen (s. o.): eine Förderung der aktiven Tätigkeit des Kindes, eine günstige Erzieher-Kind-Relation, eine klare Tagesstruktur, eine gute Führung der Einrichtung und Vertrautheit des Personals mit dem Programm sowie eine weitreichende Beteiligung der Eltern.

Elternbezogene Interventionen stützen sich theoretisch oft auf den sozialökologischen Ansatz Bronfenbrenners und seine Annahme über die Bedeutung des proximalen Settings für die Entwicklung (s. Kap. 1). Die Ergebnisse verschiedener Studien sind wiederum heterogen und Seitz und Provence (1990) benennen Faktoren, unter denen ein Erfolg wahrscheinlicher ist. So sollten sich die Helfenden durch hohe Professionalität und Kompetenz auszeichnen, die Beziehung zu den Klienten sollte kontinuierlich sein und es sollte ein partnerschaftliches Arbeitsverhältnis bestehen. Der Inhalt der Intervention muss auf die Bedürfnisse der Klienten abgestimmt sein und zu einer Zeit erfolgen, zu der Offenheit dafür besteht.

Mayr (2000) schließt aus den Ergebnissen beschiedener Reviews und Metaanalysen, dass es wichtig ist, Eltern in Interventionsprogramme einzubeziehen, nur auf die Eltern ausgerichtete Ansätze aber nicht ausreichend sind. Die Interventionen scheinen sich langfristig stärker auf die sozioemotionale und motivationale als auf die kognitive Entwicklung auszuwirken. Bei der elternbezogenen Intervention ist es wichtig, das subjektive Hilfebedürfnis der Eltern zu beachten und die Hilfen individuell zuzuschneiden. Die Erfahrungen aus den bisherigen Projekten sprechen für einen frühen Zeitpunkt der Intervention, in jedem Fall vor Schulbeginn, und für intensive Formen der Intervention, die sich sowohl an das Kind als auch an die Eltern richten und das Kind in vielen Entwicklungsbereichen und in verschiedenen Settings (z. B. Elternhaus, Betreuungseinrichtung) im Hinblick auf bestehende Defizite, aber auch auf Stärken und Kompetenzen zu fördern. Je langfristiger – möglichst über das Vorschulalter hinaus – die Förderung erfolgt, desto langfristiger sind auch die Effekte. Der allenthalben festgestellte Rückgang positiver Wirkungen nach Ende der Intervention kann nämlich nicht nur als Rückgang, sondern auch als eine erneute an ungünstige Milieus gesehen werden.

Zusammenfassung

Den Eltern eines Kindes wird in modernen Gesellschaften durch vielfältige öffentliche Unterstützungssysteme (z. B. Kinder- und Jugendhilfe, Gesundheitssystem) bei der Förderung der kindlichen Entwicklung geholfen, gleichzeitig werden die Eltern aber auch im Hinblick auf ihren Erziehungserfolg kontrolliert.

Um abweichenden Entwicklungsverläufen in der Kindheit entgegenzusteuern, kann im Verlauf der Entstehung körperlicher und psychischer Krankheiten bzw. Störungen und ihrer Folgen zu verschiedenen Zeitpunkten interveniert werden. Von präventiver Intervention sprechen wir hier bei den ersten drei Phasen – wenn die Kinder noch gesund sind, wenn sich erkennbare Risikofaktoren zeigen oder erste frühe Störungs- bzw. Krankheitsanzeichen.

Die kurzfristige Wirksamkeit präventiver Interventionen zur Vermeidung von Verhaltensauffälligkeiten und psychischen Störungen konnte in Metaanalysen nachgewiesen werden. In verschiedenen Problembereichen, und abhängig davon, welcher Zeitpunkt der Prävention betrachtet und welche Art von Erfolgsmaß verwendet wird, fällt die Wirkung jedoch unterschiedlich aus. Angemessen wäre es, verschiedene Funktionsbereiche der Person (z. B. Kognition, Emotion) mit verschiedenartigen Maßen (z. B. Fragebogen, Beobachtung) zu erfassen. Einen vielversprechenden präventiven Ansatz bieten Programme, die die Eltern-Kind-Beziehung und das elterliche Erziehungsverhalten verbessern. Augenblicklich werden Programme mit einem lerntheoretischen/verhaltensmodifikatorischen Hintergrund als besonders wirksam angesehen. Nach bisherigen Erfahrungen erweist es sich als schwierig, eine breite und dauerhafte Beteiligung der Eltern, vor allem aber auch der Väter und Personen aus sozial benachteiligten Schichten, zu erreichen.

Maßnahmen zur allgemeinen Entwicklungsförderung von Kindern sollen vielfach die Folgen gesellschaftlicher Probleme und Veränderungen auffangen (z. B. Förderdefizite in sozial benachteiligten Familien). Anfänge der Programme lassen sich bis in die 1960er und 1970er Jahre zurückverfolgen. Anders als in Deutschland wurden sie in den USA schon frühzeitig systematisch evaluiert. Man kann Modellprogramme, die meist im Hinblick auf Forschungsfragen initiiert wurden, von Versorgungsprogrammen (z. B. Vorschulerziehung) unterscheiden, die allgemein in das Bildungs- oder Gesundheitssystem integriert wurden. Erstere erweisen sich vielfach als effizienter, weil hier die Maßnahmen sorgfältiger implementiert und kontrolliert wurden. Die Forschung zu Modellprogrammen bei sozial benachteiligten Familien in den USA, bei denen die kognitive Entwicklung von Kindern im Vordergrund stand, hat wichtige Hinweise auf Wirkfaktoren geliefert. Es zeigte sich, dass eine kurzfristige Förderung im Vorschulalter nicht zu bleibenden kognitiven Verbesserungen führt. Haltbarer waren oft sozioemotionale und motivationale Effekte im Hinblick auf ein Verbleiben im Bildungssystem und eine an gesellschaftliche Vorstellungen angepasste Lebensführung.

Eine Reihe der Ergebnisse zu Qualitätsmerkmalen der älteren Modellprogramme bestätigen sich durch aktuelle Studien zur Kindertagesbetreuung im Vorschulalter. Wichtig wäre demnach u. a. die Förderung der aktiven Tätigkeit von Kindern, eine gute Fachkraft-Kind-Relation, im Hinblick auf kindliches Lernen geschultes Personal und die Kooperation mit den Eltern bei der Förderung. Bei der außerfamilialen Kindertagesbetreuung von Kindern unter drei Jahren sind noch einmal besondere Qualitätsmerkmale zu beachten, die vor allem den gelingenden Aufbau der ersten sozialen Beziehungen betreffen.

Empfohlene Literatur

Ahnert, L., Roßbach, H.-G., Neumann, U., Heinrich, J. & Koletzko, B. (2005). *Bildung, Betreuung und Erziehung von Kindern unter sechs Jahren* (Bd. 1 des 12. Kinder- und Jugendberichts). München: Verlag DJI.
Weiß, H. (Hrsg.) (2000). *Frühförderung mit Kindern und Familien in Armutslagen.* München, Basel: Reinhardt.

Literatur

Achenbach, T. M. (1974). *Developmental psychopathology*. New York: Ronald Press.

Adolph, K. E., Verejken, B. & Shrout, P. E. (2003). What changes in infant walking and why. *Child Development, 74*, 475–497.

Ahnert, L. (Hrsg.) (2004). *Frühe Bindung*. München: Reinhardt.

Ahnert, L., Roßbach, H.-G., Neumann, U., Heinrich, J. & Koletzko, B. (2005). *Bildung, Betreuung und Erziehung von Kindern unter sechs Jahren* (Bd. 1 des 12. Kinder- und Jugendberichts). München: Verlag DJI.

Ainsworth, M. D. S. (1967). *Infancy in Uganda: Infant care and the growth of love*. Baltimore: Johns Hopkins University Press.

Ainsworth, M. D. S. (2003). Mutter-Kind-Bindungsmuster: Vorausgegangene Ereignisse und ihre Auswirkungen auf die Entwicklung. In K. E. Grossmann & K. Grossmann (Hrsg.), *Bindung und menschliche Entwicklung. John Bowlby, Mary Ainsworth und die Grundlagen der Bindungstheorie* (S. 317–340). Stuttgart: Klett-Cotta (Originalarbeit erschienen 1985).

Ainsworth, M. D. S. & Bell, S. M. (2003). Die Interaktion zwischen Mutter und Säugling und die Entwicklung von Kompetenz. In K. E. Grossmann & K. Grossmann (Hrsg.), *Bindung und menschliche Entwicklung. John Bowlby, Mary Ainsworth und die Grundlagen der Bindungstheorie* (S. 217–241). Stuttgart: Klett-Cotta (Originalarbeit erschienen 1974).

Ainsworth, M. D. S. & Wittig, B. A. (1969). Attachment and exploratory behavior of one-year-olds in a Strange Situation. In B. M. Foss (Ed.), *Determinants of infant behavior* (S. 111–136). London: Methuen.

Ainsworth, M. D. S., Blehar, M. C., Waters, E. & Wall, S. (1978). *Patterns of attachment. A psychological study of the strange situation*. Hillsdale: Lea.

Alfermann, D. (1996). *Geschlechterrollen und geschlechtstypisches Verhalten*. Stuttgart: Kohlhammer.

Anderson, N. H. & Butzin, C. A. (1978). Integration theory applied to children's judgments of equity. *Developmental Psychology, 14*(6), 593–606.

Anglin, J. (1993). Vocabulary development: A morphological analysis. *Monographs of the Society for Research in Child Development*, 58(10).

Ariès, P. (1960/2007). *Geschichte der Kindheit*. München: dtv.

Arnold, D. S., Lonigan, C. J., Whitehurst, G. J. & Epstein, J. N. (1994). Accelerating language development through picture-book reading. Replication and extension to a videotape training format. *Journal of Educational Psychology*, 86, 235–243.

Arterberry, M. E. & Bornstein, M. H. (2002). Infant perceptual and conceptual categorization: the roles of static and dynamic stimulus attributes. *Cognition*, 86, 1–2.

Asher, S. R. & Dodge, K. A. (1986): Identifying children who are rejected by their peers. *Developmental Psychology, 22*(4), 444–449.

Aslin, R. N., Jusczyk, P. W. & Pisoni, D. B. (1998). Speech and auditory processing during infancy: Constraints on and precursors to language. In D. Kuhn & R. Siegler (Eds.), *Cognition, Perception and Language* (S. 147–198). New York: Wiley.

Aster, M. v. (2001). *Zareki: Testverfahren zur Dyskalkulie*. Frankfurt a.M.: Swets.

Astington, J. W. & Baird, J. A. (2005). *Why language matters for theory of mind*. Oxford: Oxford University Press.

Astington, J. W. (2000). *Wie Kinder das Denken entdecken*. München: Reinhardt.

Atkinson, J. W. (1957). Motivational determinants of risk-taking behavior. *Psychological Review, 64*(6,1), 359–372.

Baddeley, A. (2000). The episodic buffer: A new component of working memory? *Trends in Cognitive Sciences, 4*, 417–423.

Baddeley, A. D. (2003). Working memory. Looking back and looking forward. *Nature Reviews Neuroscience, 4*, 829–839.

Bainski, C. (2005). Nach PISA und IGLU. Anforderungen an Sprachlernkonzepte im Elementar- und Primarbereich. In C. Röhner (Hrsg.), *Erziehungsziel Mehrsprachigkeit. Diagnose von Sprachentwicklung und Förderung von Deutsch als Zweitsprache* (S. 25–39). Weinheim, München: Juventa.

Bandura, A. (1977). *Social learning theory*. Englewood: Prentice-Hall.

Bandura, A. (1999). Social cognitive theory of personality. In L. A. Pervin & O. P. John (Eds.), *Handbook of personality: Theory and research* (2. Aufl., S. 154–196). New York: Guilford Press.

Baron-Cohen, S. (2005). Autism. In B. Hopkins, R. G. Barr, G. F. Michel & P. Rochat (Eds.), *The Cambridge Encyclopedia of Child Development* (S. 398–401). Cambridge: Cambridge University Press.

Barrett, K. C. (1995). A functionalist approach to shame and guilt. In J. P. Tangney & K.W. Fischer (Eds.), *Self-conscious emotions. The psychology of shame, guilt, embarrassment, and pride* (pp. 25–63). New York: The Guilford Press.

Barrett, K. C. & Campos, J. J. (1987). Perspectives on emotional development II: A functionalist approach to emotions. In J. D. Osofsky

(Ed.), *Handbook of infant development* (2nd ed.) (pp. 555–578). New York: Wiley.

Baumeister, R. F., Campbell, J., Krueger, J. I. & Vohs, K. D. (2003). Does high self-esteem cause better performance, interpersonal success, happiness, or healthier lifestyles? *Psychological Science in the Public Interest, 4*, 1–44.

Baumert, J. & Lehmann, R. (Hrsg.) (1997). *TIMSS – Third International Mathematics and Science Study: Dritte Internationale Mathematik- und Naturwissenschaftsstudie. Anlage, Fragestellungen und Durchführung der TIMSS-Studie in der Bundesrepublik Deutschland.* Berlin: Max-Planck-Institut für Bildungsforschung.

Baumert, J., Klieme, E., Neubrand, M., Prenzel, M., Schiefele, U., Schneider, W., Stanat, P., Tillmann, K.-J. & Weiß, M. (Hrsg.) (2001). *PISA 2000. Basiskompetenzen von Schülerinnen und Schülern im internationalen Vergleich.* Opladen: Leske + Budrich.

Baumrind, D. (1989). Rearing competent children. In W. Damon (Ed.), *Child development today and tomorrow* (pp. 349–378). San Francisco: Jossey-Bass.

Bayerisches Staatsministerium für Arbeit und Sozialordnung, Familie und Frauen & Staatsinstitut für Frühpädagogik München (2006). *Der Bayerische Bildungs- und Erziehungsplan für Kinder in Tageseinrichtungen bis zur Einschulung* (2. Aufl.). Weinheim: Beltz.

Bee, H. & Boyd, D. (2004). *The Developing Child.* Boston: Pearson.

Beeghly, M. & Cicchetti, D. (1994). Child maltreatment, attachment, and the self-system: Emergence of an internal state lexicon at high social risk. *Development and Psychopathology, 6*, 5–30.

Beelmann, A. (2006). Wirksamkeit von Präventionsmaßnahmen bei Kindern und Jugendlichen: Ergebnisse und Implikationen der integrativen Erfolgsforschung. *Z. f. Klinische Psychologie und Psychotherapie, 35*, 151–162.

Beelmann, A., Jaursch, S. & Lösel, F. (2004). *Ich kann Probleme lösen: Soziales Trainingsprogramm für Vorschulkinder.* Universität Erlangen-Nürnberg: Institut für Psychologie.

Behl-Chadha, G. (1996). Basic-level and superordinate-like categorical representations in early infancy. *Cognition, 60*, 105–141.

Beland, K. (1988). *Second Step: A violence-prevention curriculum. Grades 1 3.* Seattle: Committee for Children.

Belliveau, C. (2002). *Simultaner bilingualer Spracherwerb unter entwicklungs- und kognitionspsychologischen Aspekten.* Aachen: Shaker.

Belsky, J., Fish, M. & Isabella, R. A. (1991). Continuity and discontinuity in infant negative and positive emotionality: Family antecedents and attachment consequences. *Developmental Psychology, 27*(3), 421–431.

Bem, S. L. (1985). Androgyny and gender schema theory: A conceptual and empirical integration. *Nebraska Symposium on Motivation, 32,* 179–226.

Berk, L. E. (2004). *Entwicklungspsychologie* (3., aktualisierte Aufl.). München: Pearson-Studium.

Bertenthal, B. I. & Clifton, R. K. (1998). Perception and action. In D. Kuhn & R. Siegler (Eds.), *Handbook of child psycholog. Vol. 2.: Cognition, brain and language* (5. Aufl., S. 51–102). New York: Wiley.

Binet, A. & Simon, T. (1905). Methodes nouvelles pour le diagnostic du niveau intellectuel des anormeaux. *L'Annee Psychologique, 11,* 191–244.

Bischof, N. (1989). Emotionale Verwirrungen: oder Von den Schwierigkeiten im Umgang mit der Biologie. *Psychologische Rundschau, 40,* 188–205.

Bischof-Köhler, D. (1988). Über den Zusammenhang von Empathie und der Fähigkeit, sich im Spiegel zu erkennen. *Schweizerische Zeitschrift für Psychologie, 47,* 147–159.

Bischof-Köhler, D. (2000a). *Kinder auf Zeitreise. Theory of Mind, Zeitverständnis und Handlungsorganisation.* Bern: Huber

Bischof-Köhler, D. (2000b). Empathie, prosoziales Verhalten und Bindungsqualität bei Zweijährigen. *Psychologie in Erziehung und Unterricht, 47*(2), 142–158.

Bock, J., Helmeke, C., Ovtscharoff, W. jr., Gruß, M. & Braun, K. (2003). Frühkindliche emotionale Erfahrungen beeinflussen die funktionelle Entwicklung des Gehirns. *Neuroforum (2),* 51–55.

Borchert, J. (2007). Befunde und Diagnosen zur Kinderarmut in Deutschland. In Deutsches Kinderhilfswerk e. V. (Hrsg.), *Kinderreport Deutschland 2007: Kinderarmut in Deutschland: Befunde und Diagnosen zur Kinderarbeit in Deutschland (S. 9–17).* Freiburg: Velber.

Borg, I., Staufenbiel, T. & Scherer, K. R. (1988). On the symbolic basis of shame. In K. R. Scherer (Ed.), *Facets of emotion. Recent research* (S. 79–98). Hillsdale, NJ: Erlbaum Publishers.

Bortz, J. & Döring, N. (2006). *Forschungsmethoden und Evaluation für Human- und Sozialwissenschaftler* (4., vollst. überarb. Aufl.). Heidelberg: Springer.

Bös, K. (2003). Motorische Leistungsfähigkeit von Kindern und Jugendlichen. In W. Schmidt, I. Hartmann-Tews & W.-D. Brettschneider (Hrsg.), *Erster Deutscher Kinder- und Jugendsportbericht.* Schorndorf: Karl Hoffmann. [http://www.sport.uni-karlsruhe.de/ifss/838.php (S. 1–23), Zugriff am 2.3.06]

Bourgeois, J. P. (2001). Synaptogenesis in the neocortex of the newborn: The ultimate frontier for individuation? In C. A. Nelson & M. Luciana (Eds.), *Handbook of Developmental Neuroscience* (S. 23–34). Cambridge, MA, London: Bradford Book.

Brainerd, C. J. & Reyna, V. F. (1998). Fuzzy-trace theory and children's false memories. *J. of Experimental Child Psychology, 71*, 81–129.

Brandt, I. & Sticker, E. J. (2001). *(GES) Griffiths-Entwicklungsskalen zur Beurteilung der Entwicklung in den ersten beiden Lebensjahren* (2., überarb. u. erw. Aufl.). Göttingen: Hogrefe Testzentrale.

Bretherton, I. (1993). From dialogue to internal working models: The co-construction of self in relationships. In C. A. Nelson (Ed.), *Minnesota Symposia on Child Psychology: Vol. 26. Memory and affect* (S. 237–363). Hillsdale: NJ: Erlbaum.

Bretherton, I. (1995). Die Geschichte der Bindungstheorie. In G. Spangler & P. Zimmermann (Hrsg.), *Die Bindungstheorie. Grundlagen, Forschung und Anwendung* (S. 27–49). Stuttgart: Klett-Cotta.

Breuer, J. (2002). *Kindliche Lebens- und Bewegungswelten in dicht besiedelten Wohnquartieren.* Hamburg: Czwalina.

Briere, J. (1992). *Child abuse trauma: theory and treatment of the lasting effects.* Newbury Park, CA: Sage.

Bronfenbrenner, U. (1978). Ansätze zu einer experimentellen Ökologie menschlicher Entwicklung. In R. Oerter (Hrsg.), *Entwicklung als lebenslanger Prozess* (S. 33–65). Hamburg: Hoffmann und Campe.

Bronfenbrenner, U. (1986). Recent advances in research on the ecology of human development. In R. K. Silbereisen, K. Eyferth & G. Rudinger (Eds.), *Development as action in context: Problem behavior and normal youth development* (S. 286–309). New York: Springer.

Bronfenbrenner, U. & Morris, P. A. (1998). The ecology of developmental processes. In W. Damon (Ed.), *Handbook of Child Psychology* (S. 993–1028). New York: Wiley.

Buggle, F. (1993). *Die Entwicklungspsychologie Jean Piagets* (2. Aufl.). Stuttgart: Kohlhammer.

Bundesarbeitsgemeinschaft für Haltungs- und Bewegungsförderung e. V. (Hrsg.) (2004). *Testmanual des Motorik-Moduls. Haltung und Bewegung, 24* [http://www.motorik-modul.de/download/Manual/ MoMoTestmanual_Endversion BAG 231006.pdf, Zugriff am 1.10.08]

Busch, L. (1998). *Aggression in der Schule. Präventionsorientierte und differentielle Analyse von Bedingungsfaktoren aggressiven Schülerverhaltens.* Wettenberg: Selbstverlag Ludger Busch.

Butterworth, G. (1990). Self-perception in infancy. In D. Cichetti & M. Beeghly (Eds.), *The self in transition: Infancy to childhood* (S. 119–137). Chicago: The University of Chicago Press.

Campos, J. J., Barrett, K. C., Lamb, M. E., Goldsmith, H. H. & Stenberg, C. (1983). Socioemotional development. In P. H. Mussen (Ed.), *Handbook of child psychology* (S. 783–915). New York: Wiley.

Caplan, G. (1964). *Principles of preventive psychiatry*. New York: Behavioral Publications.

Caplan, M. (1993). Inhibitory influences in development: The case of prosocial behavior. In D. F. Hay & A. Angold (Eds.), *Precursors and Causes in Development and Psychopathology* (S. 169–198). Chicester: Wiley.

Case, R. (1992). *The minds staircase*. Hillsdale, NJ: Erlbaum.

Casey, B. J., Thomas, K. M. & McCandliss, B. (2001). Application of magnetic resonance imaging to the study of development. In C. A. Nelson & M. Luciana (Eds.), *Handbook of Developmental Neuroscience* (S. 137–147). Cambridge, MA & London: Bradford Book.

Casey, B. J., Tottenham, N., Liston, C. & Durston, S. (2005). Imaging the developing brain: What have we learned about cognitive development. *Trends in Cognitive Neurosciences, 9,* 104–110.

Caspi, A. (1998). Personality development across the life course. In N. Eisenberg (Ed.), *Handbook of child psychology. Vol. 3: Social, emotional, and personality development* (5. Aufl., S. 311–388). New York u. a.: Wiley.

Caspi, A. & Shiner, R. L. (2007). Personality development. In N. Eisenberg (Ed.), *Handbook of child psychology. Vol. 3: Social, emotional, and personality development* (5. Aufl., S. 300–365). New York: Wiley.

Cernoch, J. M. & Porter, R. H. (1985). Recognition of maternal axillary odors by infants. *Child Development, 56,* 1593–1598.

Chen, X., Rubin, K. H. & Sun, Y. (1992). Social reputation and peer relationships in Chinese and Canadian children: A cross-cultural study. *Child Development, 63*(6), 1336–1343.

Cicchetti, D. (1999). Entwicklungspsychopathologie: Historische Grundlagen, konzeptuelle und methodische Fragen, Implikationen für Prävention und Intervention. In R. Oerter, C. v. Hagen, G. Röper & G. Noam (Hrsg.), *Klinische Entwicklungspsychologie. Ein Lehrbuch* (S. 11–44). Weinheim: PVU.

Cicchetti, D. (2002). The impact of social experience on neurobiological systems: illustration from a constructivist view of child maltreatment. *Cognitive Development, 17,* 1407–1428.

Cierpka, M. (2001). *Faustlos. Ein Curriculum zur Prävention von aggressivem und gewaltbereitem Verhalten bei Kindern der Klassen 1 bis 3 (Anweisungsheft und Handbuch)*. Göttingen: Hogrefe.

Cillessen, A. H. N., Bukowski, W. M. & Haselager, G. J. T. (2000). Stability of sociometric categories. In A. H. N. Cillessen & W. M. Bukowski (Eds.), *Recent advances in the measurement of acceptance and rejection in the peer system* (S. 75–93). San Francisco: Jossey-Bass.

Close, R. (2004). *Television and language development in the early years: a review of the literature*. Expertise on behalf of the National Literacy Trust, London: [http//:www.literacytrust.org.uk/research/TV.pdf, Zugriff am 17.7.08]

Coie, J. D. & Dodge, K. A. (1998). Aggression and antisocial behavior. In W. Damon & N. Eisenberg (Eds.), *Handbook of child psychology* (5. Aufl., S. 779–863). Hoboken: John Wiley and Sons.

Coie, J. D., Dodge, K.A. and Cappotelli, H. (1982). Dimensions and types of social status: A cross-age perspective. *Developmental Psychology, 18*(4), 557–570.

Coie, J. D. & Kupersmidt, J. B. (1983). A behavioral analysis of emerging social status in boys' groups. *Child Development, 54*(6), 1400–1416.

Cole, D. A. (2006). Coping with longitudinal data in research on developmental psychopathology. *International J. of Behavioral Development, 30,* 20–25.

Coté, S., Tremblay, R. E., Nagin, D., Zoccolilo. M. & Vitaro, F. (2002). The development of impulsivity, fearfulness, and helpfulness during childhood: patterns of consistency and change in the trajectories of boys and girls. *Journal of Child Psychology and Psychiatry, 43* (2), 609–618.

Crick, N. R. & Dodge, K. A. (1994). A review and reformulation of social information-processing mechanisms in children's social adjustment. *Psychological Bulletin, 115*(1), 74–101.

Crockenberg, S. B. (1981). Infant irritability, mother responsiveness, and social support influences on the security of infant-mother attachment. *Child Development, 52*(3), 857–865.

Damon, W. (1990). *Die soziale Welt des Kindes.* Frankfurt a.M.: Suhrkamp (Originalarbeit erschienen 1977).

Damon, W. & Hart, D. (1988). *Self-understanding in childhood and adolescence.* Cambridge: Cambridge University Press.

De Wolff, M. & van IJzendoorn, M. H. (1997). Sensitivity and attachment: A meta-analysis on parental antecedents of infant attachment. *Child Development, 68*(4), 571–591.

DeCasper, A. & Fifer, W. P. (1980). Of human bonding: newborns prefer their mothers voices. *Science, 208*, 1174–1176.

Deimann, P. & Kastner-Koller, U. (2007). Entwicklungsdiagnostik. In M. Hasselhorn & W. Schneider (Hrsg.), *Handbuch der Entwicklungspsychologie* (S. 558–569). Göttingen: Hogrefe.

Dempster, F. N. (1981). Memory span: Sources of individual and developmental differences. *Psychological Bulletin, 89*, 63–100.

Deutsche Gesellschaft für Psychologie (2004). *Revision der auf die Forschung bezogenen ethischen Richtlinien.* [www.dgps.de/dgps/aufgaben/ethikrl2004.pdf, Zugriff am 6.3.2008]

Deutscher Bildungsrat (1970/1992). Strukturplan für das Bildungswesen: Elementarbereich. In W. Grossmann (Hrsg.), *Kindergarten und Pädagogik. Grundlagentexte zur deutsch-deutschen Bestandsaufnahme.* Weinheim, Basel: Beltz.

DeVries, M. W. (1984). Temperament and infant mortality among the Masai of East Africa. *American Journal of Psychiatry, 141*(10), 1189–1194.

Dobbelstein-Osthoff, P., Lind, G., Oser, F., Reinhardt, S. & Schirp, H. (1991). *Demokratie und Erziehung in der Schule: Förderung moralisch-demokratischer Urteilsfähigkeit*. Soest: Landesinstitut für Schule und Weiterbildung.

Dodge, K. A. (1983): Behavioral antecedents of peer social status. *Child Development, 54*(6), 1386–1399.

Dodge, K., Coie, J. D. & Lynam, D. (2006). *Aggression and Antisocial Behavior in Youth* (6. Aufl.). Hoboken: John Wiley and Sons.

Dubois, J. et al. (2008). Mapping the early cortical folding process in the preterm newborn brain. *Cerebral Cortex, 18*, 1444–1454.

Dufresne, A. & Kobasigawa, A. (1989). Children's spontaneous allocation of study time: Differential and sufficient aspects. *J. of Experimental Child Psychology, 47*, 274–296.

Dunitz-Scheer, M., Scheer, P., Wilken, M., Kaschnitz, W. & Kurz, R. (1998). Schlaf und Schlafstörungen bei Kleinkindern. *Pädiatrie und Pädologie, 2*, 28–38.

Durlak, J. A. & Wells, A. M. (1998). Evaluation of indicated preventive interventions (secondary prevention) mental health programs for children and adolescents. *American J. of Community Psychology, 26*, 775–802.

Dweck, C. S. (2007). The perils and promises of praise. *Educational Leadership, 65* (2), 34–39 [http://www.ascd.org/portal/site/ascd/..., Zugriff am 10.3.08].

Dweck, C. S. & Molden, D. C. (2005). Self-Theories: Their impact on competence motivation and acquisition. In A. Elliot & C. S. Dweck (Eds.), *The handbook of competence and motivation* (S. 122–144). New York: Guilford.

Edwards, C. P. (1992). Cross-cultural perspectives on family-peer relations. In R. D. Parke & G. W. Ladd (Eds.), *Family-peer relationships: Modes of linkage* (S. 285–316). Hillsdale: Lawrence Erlbaum Associates.

Eimas, P. D., Siqueland, E. R., Jusczyk, P. W. & Vigorito, J. (1971). Speech perception in infants. *Science, 171*, 303–306.

Eisenberg, N., Fabes, R. A., Karbon, M., Murphy, B. C., Carlo, G. & Wosinski, M. (1996). Relations of school children's comforting behavior to empathy-related reactions and shyness. *Social Development, 5*(3), 330–351.

Eisenberg, N., Fabes, R. A. & Murphy, B. C. (1996). Parents reactions to children's negative emotions: Relations to children's social competence and comforting behavior. *Child Development, 67*(5), 2227–2247.

Eisenberg, N., Fabes, R. A. & Spinrad, T. L. (2006). Prosocial development. In W. Damon, N. Eisenberg & R. M. Lerner (Eds.), *Handbook of child psychology* (6. Aufl., S. 646–718). Hoboken: John Wiley and Sons.

Eisenberg, N., Miller, P. A., Schaller, M., Fabes, R. A., Fultz, J., Shell, R. & Shea, C. L. (1989). The role of sympathy and altruistic personality traits in helping: A reexamination. *Journal of Personality, 57*(1), 41–67.

Ekman, P. (1992). An argument for basic emotions. *Cognition and Emotion, 6*, 169–200.

Elbert, T., Heim, S. & Rockstroh, B. (2001). Neural plasticity and development. In C. A. Nelson & M. Luciana (Eds.), *Handbook of Developmental Neuroscience* (S. 191–202). Cambridge, MA & London: Bradford Book.

Eliot, L. (1999). *Early Intelligence. How the Brain and Mind Develop in the First Five years of Life*. London: Penguin Books.

Elsabbagh, M. & Karmiloff-Smith, A. (2006). Modularity of mind and language. In K. Brown (Ed.), *Encyclopedia of language and linguistics* (2. Aufl., S. 218–224). Oxford: Elsevier.

Ennouri, K. & Bloch, H. (1996). Visual control of hand approach movements in newborns. *British J. of Developmental Psychology, 14*, 327–338.

Erikson, E. H. (1971). *Identität und Lebenszyklus. Drei Aufsätze*. Frankfurt a.M.: Suhrkamp.

Eriksson, P. S., Perfilieva, E., Bjork-Eriksson, T., Alborn, A. M., Nordborg, C., Peterson, D. A. & Gage, F. H. (1998). Neurogenesis in the adult human hippocampus. *Nature Medicine, 4*, 1313–1317.

Erning, G. (1987). Geschichte der öffentlichen Kleinkindererziehung von den Anfängen bis zum Kaiserreich. In G. Erning, K. Neumann & J. Reyer (Hrsg.), *Geschichte des Kindergartens (Bd. 1: Entstehung und Entwicklung der öffentlichen Kleinkindererziehung in Deutschland von den Anfängen bis zur Gegenwart)* (S. 13–41). Freiburg i.B.: Lambertus.

Ettrich, K. U. (2000). *Entwicklungsdiagnostik im Vorschulalter: Grundlagen, Verfahren, Neuentwicklungen, Screenings*. Göttingen: Vandenhoeck & Ruprecht.

European Child Care and Education (ECCE)-Group (1999). *European child care and education study. Final report for work package # 2.* [http://improving-ser.jrc.it/default/page.gx?_app.page=entity.html&_app.action=entity&_entity.object=TSER----0000000000000635&_entity.name=Report, Zugriff am 6.7.07].

Feldman, R. S. (2001). *Child development* (2. Aufl.). Upper Saddle River, NJ: Prentice Hall.

Fernald, A., Taeschner, T., Dunn, J., Papoušek, M., Boysson-Bardies, B. de & Fukui, I. (1989). A cross-language study of prosodic modifications in mothers' and fathers' speech to preverbal infants. *J. of Child Language, 16*, 477–501.

Feshbach, N. D. & Feshbach, S. (1969). The relationship between empathy and aggression in two age groups. *Developmental Psychology, 1*(2), 102–107.

Field, T. (1998). Touch therapy effects on development. *Int. J. of Behavioral Development, 22*, 779–797.

Fivush, R. & Hamond, N. R. (1990). Autobiographical memory across the preschool years. Toward reconceptionalizing childhood amnesia. In R. Fivush & A. Hudson (Eds.), *Knowing and remembering in young children* (S. 223–248). New York: Cambridge University Press.

Flavell, J. H. (2000). Development of children's knowledge about the mental world. *International Journal of Behavioral Development, 24*(1), 15–23.

Flynn, J. R. (1987). Massive IQ gains in 14 nations: What IQ tests really measure. *Psychological Bulletin, 101*(2), 171–191.

Fox, N. A. (1995). Of the way we were: Adult memories about attachment experiences and their role in determining infant-parent relationships: A commentary on van IJzendoorn. *Psychological Bulletin, 117*(3), 404–410.

Franceschini, R. (2002). Das Gehirn als Kulturinskription. In J. Müller-Lancé & C. M. Riehl (Hrsg.), *Ein Kopf – viele Sprachen. Koexistenz, Interaktion und Vermittlung* (S. 45–62). Aachen: Shaker.

Freud, A. & Dann, S. (1951). An experiment in group upbringing. *The Psychoanalytic Study of the Child, 16*, 127–168.

Freud, S. (1997). *Abriss der Psychoanalyse: Einführende Darstellungen* (5., unveränd. Aufl.). Frankfurt a.M.: Fischer.

Frey, K. S. & Ruble, D. N. (1990). Strategies for comparative evaluation: Maintaining a sense of competence across the life span. In R. J. Sternberg & J. Kolligian (Eds.), *Competence considered* (S. 167–189). New Haven, CT: Yale University Press.

Frijda, N. (1986). *The emotions.* Cambridge: Cambridge University Press.

Fuhrer, U., Marx, A., Holländer, A. & Möbes, J. (2000). Selbstbildentwicklung in Kindheit und Jugend. In W. Greve (Hrsg.), *Psychologie des Selbst* (S. 39–57). Weinheim: PVU.

Furth, H. G. (1981). *Intelligenz und Erkennen. Grundlagen der genetischen Erkenntnistheorie Piagets* (2. Aufl.). Frankfurt a.M.: Suhrkamp.

Garz, D., Oser, F. & Althof, W. (1999). *Moralisches Urteil und Handeln.* Frankfurt a.M.: Suhrkamp.

Georgieff, M. K. & Rao, R. (2001). The role of nutrition in cognitive development. In C. A. Nelson & M. Luciana (Eds.), *Handbook of Developmental Neuroscience* (S. 491–504). Cambridge, MA & London: Bradford Book.

Geppert, U. (in collaboration with D. Schmidt & I. Galinowski) (1997). *Self-evaluative emotions coding system (SEECS) (Technical manual, revised version)*. Munich: Max-Planck-Institute for Psychological Research.

Glenberg, A. M., Schroeder, J. L. & Robertson, D. (1998). Averting the gaze disengages the environment and facilitates remembering. *Memory & Cognition, 26*, 651–658.

Gloger-Tippelt, G., Vetter, J. & Rauh, H. (2000). Untersuchungen mit der »Fremden Situation« in deutschsprachigen Ländern: Ein Überblick. *Psychologie in Erziehung und Unterricht, 47*, 87–97.

Gogolin, I. (2005). Erziehungsziel Mehrsprachigkeit. In C. Röhner (Hrsg.), *Erziehungsziel Mehrsprachigkeit. Diagnose von Sprachentwicklung und Förderung von Deutsch als Zweitsprache* (S. 13–24). Weinheim, München: Juventa.

Goldin-Meadow, S. (1997). The resilience of language in humans. In C. T. Snowden & M. Hausberger (Eds.), *Social influences on vocal development* (S. 293–311). New York: Cambridge University Press.

Goldsmith, H. & Alansky, J. A. (1987). Maternal and infant temperamental predictors of attachment: A meta-analytic review. *Journal of Consulting and Clinical Psychology, 55*(6), 805–816.

Goldstein, E. B. (2002). *Wahrnehmungspsychologie*. Heidelberg, Berlin: Spektrum Akademischer Verlag.

Goswami, U. (2001). *So denken Kinder. Einführung in die Psychologie der kognitiven Entwicklung*. Bern: Huber.

Gottlieb, G., Wahlsten, D. & Lickliter, R. (1998). The significance of biology for human development: A developmental psychobiological systems view. In D. Kuhn & R. S. Siegler (Eds.), *Handbook of child psychology. Vol. 2: Cognition, perception, and language* (5th ed., S. 233–273). New York: Wiley.

Greenough, W. T. & Alcantara, A. A. (1993). The roles of experience in different developmental information stage processes. In B. de Boisson-Bardies, S. de Schonen, P. Juszyk, P. McNeilage & J. Morton (Eds.), *Developmental neurocognition* (S. 3–16). Dordrecht: Kluwer Academic Publishers.

Greve, W. (2000). Psychologie des Selbst – Konturen eines Forschungsthemas. In W. Greve (Hrsg.), *Psychologie des Selbst* (S. 15–36). Weinheim: PVU.

Griffin, S. (1995). A cognitive-developmental Analysis of pride, shame, and embarrassment in middle childhood. In J. P. Tangney & K. W. Fischer (Eds.): *Self-conscious emotions. The psychology of shame, guilt, embarrassment, and pride* (S. 219–236). New York: The Guilford Press.

Grimm, H. (2001). *Sprachentwicklungstest für drei- bis fünfjährige Kinder (SETK 3-5)*. Göttingen: Hogrefe.

Grimm, H. (2003). *Störungen der Sprachentwicklung. Grundlagen – Ursachen – Intervention – Prävention* (2., überarb. Aufl.). Göttingen: Hogrefe.

Grimm, H. & Weinert, S. (2002). Sprachentwicklung. In R. Oerter & L. Montada (Hrsg.), *Entwicklungspsychologie* (5., überarb. Aufl., S. 517–550). Weinheim: PVU.

Grob, A. & Jaschinski, U. (2003). *Erwachsen werden. Entwicklungspsychologie des Jugendalters*. Weinheim: Beltz PVU.

Grossmann, K. E. (2004). Theoretische und historische Perspektiven der Bindungsforschung. In L. Ahnert (Hrsg.), *Frühe Bindung: Entstehung und Entwicklung* (S. 21–41). München: Reinhardt.

Grossmann, K. E., Grossmann, K., Kindler, H., Scheuerer-Englisch, H., Spangler, G., Stöcker, K., Suess, G. & Zimmermann, P. (2003). Die Bindungstheorie: Modell, entwicklungspsychologische Forschung und Ergebnisse. In H. Keller (Hrsg.), *Handbuch der Kleinkindforschung* (S. 223–282). Bern: Huber.

Grossmann, K., Grossmann, K. E., Spangler, G., Suess, G. & Unzner, L. (1985). Maternal sensitivity and newborns' orientation responses as related to quality of attachment in Northern Germany. *Monographs of the Society for Research in Child Development*, 233–256.

Hahlweg, K., Hoyer, H., Naumann, S. & Ruschke, A. (1998). *Evaluative Begleitforschung zum Modellprojekt »Beratung für Familien mit einem gewaltbereiten Kind oder Jugendlichen«. Abschlussbericht.* Braunschweig: Technische Universität.

Harris, M. & Butterworth, G. (2002). *Developmental psychology: A student's handbook*. Hove: Psychology Press.

Harter, S. (1998). The development of self-representations. In N. Eisenberg (Ed.), *Handbook of child psychology. Vol. 3: Social, emotional, and personality development* (5. Aufl., S. 553–518). New York u. a.: Wiley

Harter, S. (2007). The self. In N. Eisenberg (Ed.), *Handbook of child psychology. Vol. 3: Social, emotional, and personality development* (6. Aufl., S. 505–570). New York u. a.: Wiley.

Hartup, W. W. (1992). Peer relations in early and middle childhood. In V. B. V. Hasselt & M. Hersen (Eds.), *Handbook of social development: A lifespan perspective* (S. 257–281). New York: Plenum Press.

Hasselhorn, M. & Marx, H. (2000). Arbeitsgedächtnis und Leseleistungen. In M. Hasselhorn, W. Schneider & H. Marx. (Hrsg.), *Diagnostik von Lese-Rechtschreibschwierigkeiten* (S. 135–148). Göttingen: Hogrefe.

Havighurst, R. J. (1948). *Developmental tasks and education.* New York: Mc Kay.

Hay, D. F. (1994). Prosocial development. *Journal of Child Psychology and Psychiatry and Allied Disciplines, 35,* 29–71.

Hayne, H. (2004). Infant memory development. Implications for childhood amnesia. *Developmental Review, 24,* 33–73.

Haywood, K. M. & Getchell, N. (2005). *Life span motor development.* Leeds: Human Kinetics.

Head Start Bureau (2006). *Head start program fact sheet.* [http://www.acf.hhs.gov/programs/hsb/research/2006.htm, Zugriff am 6.7.07]

Heckhausen, H. & Heckhausen, J. (2006). *Motivation und Handeln* (3., überarb. und aktual. Aufl.). Heidelberg: Springer.

Heckhausen, H. (1963). *Hoffnung und Furcht in der Leistungsmotivation.* Meisenheim: Hain.

Heckhausen, H. (1978). Entwicklung, psychologisch betrachtet. In F. E. Weinert, C. F. Graumann, H. Heckhausen & M. Hofer (Hrsg.), *Pädagogische Psychologie* (S. 67–99). Frankfurt a.M.: Fischer.

Heckhausen, H. (1980). *Motivation und Handeln: Lehrbuch der Motivationspsychologie.* Berlin: Springer.

Heinrichs, N., Döpfner, M. & Petermann, F. (2008). Prävention psychischer Störungen. In F. Petermann (Hrsg.), *Lehrbuch der Klinischen Kinderpsychologie* (6., überarb. Aufl., S. 643–659). Göttingen u. a.: Hogrefe.

Heinrichs, N., Hahlweg, K., Bertram, H., Kuschel, A. Naumann, S. & Harstick, S. (2006a). Die langfristige Wirksamkeit eines Elterntrainings zur universellen Prävention kindlicher Verhaltensstörungen: Ergebnisse aus Sicht der Väter und Mütter. *Z. f. Klinische Psychologie und Psychotherapie, 35,* 82–96.

Heinrichs, N., Krüger, S. & Guse, U. (2006b). Der Einfluss von Anreizen auf die Rekrutierung von Eltern und auf die Effektivität eines präventiven Elterntrainings. *Z. f. Klinische Psychologie und Psychotherapie, 35,* 97–108.

Henderlong, J. & Lepper, M. R. (2002). The effects of praise on children's intrinsic motivation: A review and synthesis. *Psychological Bulletin, 128,* 774–795.

Hennon, E., Hirsh-Pasek, K. & Golinkoff, R. M. (2000). Die besondere Reise vom Fötus zum spracherwerbenden Kind. In H. Grimm (Hrsg.), *Sprachentwicklung* (S. 41–103). Göttingen u. a.: Hogrefe.

Hertenstein, M. J., Verkamp, J. M., Kerestes, A. M. & Holmes, R. M. (2006). The communicative functions of touch in humans, nonhuman primates, and rats: A review and synthesis of the empirical research. *Genetic, Social, and General Psychology Monographs, 132,* 5–94.

Hessisches Sozialministerium, Hessisches Kultusministerium (2007): *Bildung von Anfang an. Bildungs- und Erziehungsplan für Kinder von 0 bis 10 Jahren in Hessen.* [http://www.bep.hessen.de/, Zugriff am 16.10.08]

Hickmann, M. (2000). Pragmatische Entwicklung. In H. Grimm (Hrsg.), *Sprachentwicklung* (S. 193–227). Göttingen u. a.: Hogrefe.

Higgins, E. T. (1991). Development of self-regulatory and self-evaluative processes: Costs, benefits, and tradeoffs. In M. R. Gunnar & L. A. Sroufe (Eds.), *Minnesota Symposia on Child Development. Vol. 23: Self processes and development* (S. 125–166). Hillsdale, NJ: Erlbaum.

Hilgert, A. (2000). Psychomotorische Diagnostik/Motodiagnostik. In R. Naschwitz-Moritz (Hrsg.), *Die Psychomotorische Idee. Grundlagen und Praxisanregungen* (S. 62–76). Aachen: Meyer & Meyer.

Hirsh-Pasek, K. & Golinkoff, R. M. (1996). *The origins of grammar. Evidence from early language comprehension.* Cambridge, MA: MIT Press.

Hoagwood, K., Jensen, P. S., Petti, T. & Burns, B. J. (1996). Outcomes of mental health care for children and adolescents: I. A comprehensive conceptual model. *J. of the American Academy of Child and Adolescent Psychiatry, 35*, 1055–1063.

Hofer, M. A. & Sullivan, R. M. (2001). Toward a neurobiology of attachment. In C. A. Nelson & M. Luciana (Eds.), *Handbook of developmental cognitive neuroscience* (S. 599–616). Cambridge, MA & London: Bradford Book.

Hoffman, M. L. (2000). *Empathy and moral development: Implications for caring and justice.* New York: Cambridge University Press.

Holodynski, M. (2005). Am Anfang war der Ausdruck. Meilensteine und Mechanismen der Emotionsentwicklung. Psychologie in Erziehung und Unterricht. *Z. f. Forschung und Praxis, 52*, 229–249.

Holodynski, M. (2006). Die Entwicklung der Leistungsmotivation im Vorschulalter: Soziale Bewertungen und ihre Auswirkung auf Stolz-, Scham- und Ausdauerreaktionen. *Zeitschrift für Entwicklungspsychologie und Pädagogische Psychologie, 38*(1), 2–17.

Honig, M. S. (1993). Sozialgeschichte der Kindheit im 20. Jahrhundert. In M. Markefka & B. Nauck (Hrsg.), *Handbuch der Kindheitsforschung* (S. 207–219). Neuwied: Luchterhand.

Huber, O. (2005). *Das psychologische Experiment: Eine Einführung* (4., vollst. überarb. Aufl.). Bern: Huber.

Hurrelmann, K. & Settertobulte, W. (2000). Prävention und Gesundheitsförderung im Kindes- und Jugendalter. In F. Petermann (Hrsg.), *Lehrbuch der Klinischen Kinderpsychologie und -psychotherapie* (4., überarb. Aufl., S. 131–148). Göttingen u. a.: Hogrefe.

Hüther, G. & Rüther, E. (2003). Die nutzungsabhängige Reorganisation neuronaler Verschaltungsmuster im Verlauf psychotherapeutischer und psychopharmakologischer Behandlungen. In G. Schiepek (Hrsg.), *Neurobiologie der Psychotherapie* (S. 224–234). Stuttgart & New York: Schattauer.

Ihle, W. & Esser, G. (2002). Epidemiologie psychischer Störungen im Kindes- und Jugendalter: Prävalenz, Verlauf, Komorbidität und Geschlechtsunterschiede. In A. Ehlers & K. Hahlweg (Hrsg.), Psychische Störungen im Kindes- und Jugendalter (Themenheft). *Psychologische Rundschau, 53,* 159–169.

Internationale Arbeitsorganisation (2006). *Das Ende der Kinderarbeit: Zum Greifen nah.* [www.ilo.org/public/german/region/eurpro/bonn/download/enderderkinderarbeit.pdf, Zugriff am 25.2.2008]

Jacob, J. E. & Klaczynski, P. A. (2002). The development of judgement and decision making during childhood and adolescence. *Current Directions in Psychological Science, 11,* 145–149.

Janczyk, M., Schöler, H. & Grabowski, J. (2003). *Arbeitsgedächtnis und Aufmerksamkeit bei sprachentwicklungsgestörten und sprachunauffälligen Vorschulkindern. Arbeitsberichte aus dem Forschungsprojekt »Differentialdiagnostik«.* Bericht Nr. 15, Juni [www.ph-heidelberg.de/wp/schoeler/datein/nr15.pdf, Zugriff am 16.3.2006]

Janus, M. & Offord, D. R. (2007). Development and psychometric properties of the Early Development Instrument (EDI): A measure of children's school readiness. *Canadian Journal of Behavioural Science, 39*(1), 1–22.

Johnson, S. P. & Aslin, R. N. (1995). Perception of object unity in 2-month-old infants. *Developmental Psychology, 31,* 739–745.

Kagan, J. (2000). *Die drei Grundirrtümer der Psychologie.* Weinheim: Beltz (Originalarbeit erschienen 1998).

Kail, M. & Hickmann, M. (1992). French children's ability to introduce referents in narratives as a function of mutual knowledge. *First Language, 12,* 73–94.

Kail, M. & Sanchez y Lopez, I. (1997). Referent introductions in Spanish children's narratives as a function of contextual constraints: A cross-linguistic perspective. *First Language, 17,* 103–130.

Karmiloff-Smith, A. (1992). *Beyond modularity. A developmental perspective on cognitive science.* Cambridge, MA: MIT Press.

Karmins, M. & Dweck, C. S. (1999). Person vs. process praise and criticism: Implications for contingent self-worth and coping. *Developmental Psychology, 35,* 835–847.

Kastner-Koller, U. & Deimann, P. (2002). *Wiener Entwicklungstest: Ein Verfahren zur Erfassung des allgemeinen Entwicklungsstandes bei Kindern von 3 bis 6 Jahren* (2., überarb. und neu normierte Aufl.). Göttingen: Hogrefe.

Kaufmann-Hayoz, R. & Leuwen, van L. (2002). Entwicklung der Wahrnehmung. In H. Keller (Hrsg.), *Handbuch der Kleinkindforschung* (3. Aufl., S. 861–895). Bern: Huber.

Kaye, K. L. & Bower, T. G. R. (1994). Learning and intermodal transfer of information in newborns. *Psychological Science, 5,* 286–288.

Keller, B. B. & Bell, R. Q. (1979). Child effects on adult's method of eliciting altruistic behavior. *Child Development, 50,* 1004–1009.

Keller, H. (2004). Kultur und Bindung. In L. Ahnert (Hrsg.), *Frühe Bindung: Entstehung und Entwicklung* (S. 110–124). München: Reinhard.

Keller, M. & Simbruner, G. (2007). Neurophysiologie der menschlichen Hirnentwicklung: Prä-, peri- und postnatale Störungen. In L. Kaufmann, H.-C. Nuerk, K. Konrad & K. Willmes (Hrsg.), *Kognitive Entwicklungsneuropsychologie* (S. 11–24). Göttingen u. a.: Hogrefe.

Keller, M. (2001). Moral in Beziehungen: Die Entwicklung des frühen moralischen Denkens in Kindheit und Jugend. In W. Edelstein, F. Oser & P. Schuster, P. (Hrsg.), *Moralische Erziehung in der Schule* (S. 111–138). Weinheim: Beltz.

Kielhöfer, B. & Jonekeit, S. (1995). Zweisprachige Kindererziehung (9., erw. Aufl.). Tübingen: Stauffenburg.

Kienbaum, J. (1993). *Empathisches Mitgefühl und prosoziales Verhalten deutscher und sowjetischer Kindergartenkinder.* Regensburg: Roderer.

Kienbaum, J. (1995). Sozialisation von Mitgefühl und prosozialem Verhalten. Ein Vergleich deutscher und sowjetischer Kindergartenkinder. In G. Trommsdorff (Hrsg.), *Kindheit und Jugend in verschiedenen Kulturen* (S. 83–109). Weinheim: Juventa.

Kienbaum, J. (2003). *Entwicklungsbedingungen prosozialer Responsivität in der Kindheit: Eine Analyse der Rolle von kindlichem Temperament und der Sozialisation innerhalb und außerhalb der Familie.* Lengerich: Pabst.

Kienbaum, J. (2006*). Kognitive Entwicklung oder schulspezifische Sozialisation? Aufteilungsgerechtigkeit bei Grund- und Hauptschülern sowie Gymnasiasten.* Poster präsentiert auf dem 45. Kongress der Deutschen Gesellschaft für Psychologie in Nürnberg, September 2006.

Kienbaum, J. (2007). *The development of sympathy in children. A longitudinal study with five to seven year old children from South Tyrol.* Projektantrag für das Land Südtirol.

Kienbaum, J. (2008a). *Are children's and adolescents' intuitive judgments about distributive justice linked to different school systems? A comparative study between Germany and Italy.* Poster presented at the XXIX International Congress of Psychology in Berlin, Germany.

Kienbaum, J. (2008b). Entwicklungsbedingungen von Mitgefühl in der Kindheit. In T. Malti & S. Perren (Hrsg.), *Soziale Kompetenz bei*

Kindern und Jugendlichen: Entwicklungsprozesse und Förderungsmöglichkeiten (S. 35–51). Stuttgart: Kohlhammer.

Kienbaum, J. & Trommsdorff, G. (1999). Social development of young children in different cultural systems. *International Journal of Early Years Education, 7*(3), 241–248.

Kienbaum, J. & Wilkening, F. (2009). Children's and adolescents' intuitive judgements about distributive justice: Integrating need, effort, and luck. *European Journal of Developmental Psychology*, 6, 481–498.

Kirchhelm, C. (2005). Gewaltprävention in Schulen. In I. Seiffge-Krenke (Hrsg.), *Aggressionsentwicklung zwischen Normalität und Pathologie* (S. 309–344). Göttingen: Vandenhoeck & Ruprecht.

Klausen, E. & Passman, R. H. (2006). Pretend companions (imaginary playmates). The emergence of a field. *J. of Genetic Psychology, 167*, 349–364.

Klein, G. (2000). Frühförderung in Sozialen Brennpunkten. Erfahrungen aus dem Reutlinger Projekt Frühförderung. In H. Weiß (Hrsg.), *Frühförderung mit Kindern und Familien in Armutslagen* (S. 198–208). München, Basel: Reinhardt.

Klein, M., Emrich, E., Schwarz, M., Papathanassiou, V., Pitsch, W. Kindermann, W. & Urhausen, A. (2004). Sportmotorische Leistungsfähigkeit von Kindern und Jugendlichen im Saarland – Ausgewählte Ergebnisse der IDEFIKS-Studie (Teil 2). *Deutsche Z. f. Sportmedizin, 55*, 211–220.

Kleine, W. (2003). *Tausend gelebte Kindertage. Sport und Bewegung im Alltag der Kinder.* Weinheim, München: Juventa.

Klinnert, M. D., Campos, J. J., Sorce, J. F., Emde, R. N. & Svejda, M. (1983). Emotions as behavior regulators: Social referencing in infancy. In R. Plutchik & H. Kellerman (Eds.), *Emotion: Theory, research and experience. Vol. 2: Emotion in early development* (S. 57–85). New York: Academic Press.

Klix, F. (1971). *Information und Verhalten.* Bern: Huber.

Knudsen, E. I. (2004). Sensitive periods in the development of the brain and behavior. *J. of Cognitive Neuroscience, 16*, 1412–1425.

Kochanska, G., Murray, K. & Coy, K. C. (1997). Inhibitory control as a contributor to conscience in childhood: From toddler to early school age. *Child Development, 68*(2), 263–277.

Kohlberg, L. (1995). Moralstufen und Moralerwerb: Der kognitiv-entwicklungstheoretische Ansatz. In S. Althof, G. Noam & F. Oser (Hrsg.), *Die Psychologie der Moralentwicklung* (S. 123–174). Frankfurt a.M.: Suhrkamp.

Kolb, B. & Gibb, R. (2001). Early brain injury, plasticity, and behavior. In C. A. Nelson & M. Luciana (Eds.), *Handbook of Developmental Neuroscience* (S. 175–190). Cambridge, MA: Bradford Book.

Konner, M. (1975). Relations among infants and juveniles in comparative perspective. In M. Lewis & L. Rosenblum (Eds.), *Friendship and peer relations*. New York: Wiley.

Kramer, K. (2003). Wie werde ich ein Sprachgenie? *Geist und Gehirn, 2*, 48–50.

Krampen, G., Enneking, A., Brendel, M., Freilinger, J. & Medernach, J. (2003). Spracherwerb unter mehrsprachigen Entwicklungsbedingungen. Multi- und Semilingualität am Beispiel von Primarschulkindern in Luxemburg. *Report Psychologie, 28*, 286–293.

Kreutzer, M. A., Leonard, C. & Flavell, J. H. (1975). An interview study of children's knowledge about memory. *Monographs of the Society for Research in Child Development, 40* (159).

Krings, T. (2003). Grundlagen der funktionellen Magnetresonanztomographie. In G. Schiepek (Hrsg.), *Neurobiologie der Psychotherapie* (S. 104–130). Stuttgart, New York: Schattauer.

Kubinger, K. D. (2006). *Psychologische Diagnostik: Theorie und Praxis psychologischen Diagnostizierens*. Göttingen: Hogrefe.

Lamb, M. E. & Ahnert, L. (2003). Institutionelle Betreuungskontexte und ihre entwicklungspsychologische Relevanz für Kleinkinder. In H. Keller (Hrsg.), *Handbuch der Kleinkindforschung* (S. 525–564). Bern: Huber.

Lamb, M. E. & Weßels, H. (1997). Tagesbetreuung. In H. Keller (Hrsg.), *Handbuch der Kleinkindforschung* (2. Aufl., S. 695–717). Bern: Huber.

Lampert, T., Mensink, G. B. M., Romahn, N. & Woll, A. (2007). Körperlich-sportliche Aktivität von Kindern und Jugendlichen in Deutschland. Ergebnisse des Kinder- und Jugendgesundheitssurveys (KiGGS). *Bundesgesundheitsblatt – Gesundheitsforschung – Gesundheitsschutz, 50*, 634–642.

Landesinstitut für Schule und Weiterbildung (Hrsg.) (1995). *Werteerziehung in der Schule – aber wie? Ansätze zur Entwicklung moralisch-demokratischer Urteilsfähigkeit* (2. Aufl., unveränderter Nachdruck). Bönen: Verlag für Schule und Weiterbildung.

Lange, A. (1996): Kinderalltag in einer Landgemeinde. Befunde und weiterführende Überlegungen zur Untersuchung der Lebensführung von Kindern. In M. S. Honig, H. R. Leu & U. Nissen (Hrsg.), *Kinder und Kindheit. Soziokulturelle Muster – sozialisationstheoretische Perspektiven* (S. 77–98). Weinheim: Juventa.

Lanza, E. (1997). *Language mixing and infant bilingualism: A sociolinguistic perspective*. Oxford: Oxford University Press.

Largo, R. H. (2001). *Babyjahre*. München: Piper.

Largo, R. H. (2004). Entwicklung der Motorik. In H. G. Schlack (Hrsg.), *Entwicklungspädiatrie. Wichtiges kinderärztliches Wissen über die ersten 6 Lebensjahre* (S. 23–34). München: Hans Marseille.

Largo, R. H., Fischer, J. E. & Rousson, V. (2003). Neuromotor development from kindergarten age to adolescence: developmental course and variability. *Swiss Medicine Weekly, 133,* 193–199.

Leary, M. R. & Kowalski, R. M. (1995). *Social anxiety.* New York: The Guilford Press.

Lee, V. E., Loeb, S. & Lubeck, S. (1998). Contextual effects of prekindergarten classrooms for disadvantaged children on cognitive development. *Child Development, 69,* 479–494.

Lewis, M. & Brooks-Gunn, J. (1979). *Social cognition and the acquisition of self.* New York, London: Plenum Press.

Lewis, M., Sullivan, M. W., Stanger, C. & Weiss, M. (1989). Self-development and self-conscious emotions. *Child Development, 60,* 146–156.

Lind, G. (2003). *Moral ist lehrbar: Handbuch zur Theorie und Praxis moralischer und demokratischer Bildung.* München: Oldenbourg.

Lleó, C., Mogharbel, C. & Prinz, M. (1994). Babbling und Frühwortproduktion im Deutschen und Spanischen. *Linguistische Berichte, 151,* 191–217.

Lochman, J. E. (2006). Translation of research into interventions. *International J. of Behavioral Development, 30,* 31–38.

Lopez, D. F., Little, T. D., Oettingen, G. & Baltes, P. B. (1998). Self regulation and school performance: Is there optimal level of action – control? *Journal of Experimental Child Psychology, 70*(1), 54–74.

Lösel, F., Beelmann, A., Stemmler, M. & Jaursch, S. (2006). Prävention von Problemen des Sozialverhaltens im Vorschulalter. Evaluation des Eltern- und Kindertrainings EFFEKT. *Z. f. Klinische Psychologie und Psychotherapie, 35,* 127–139.

Macfie, J., Cicchetti, D. & Toth, S. L. (2001). The development of dissociation in maltreated preschool-aged children. *Development and Psychopathology, 9,* 781–796.

Macha, T. & Petermann, F. (2006). Entwicklungsdiagnostik. In F. Petermann & M. Eid (Hrsg.), *Handbuch der Psychologischen Diagnostik* (S. 594–602). Göttingen: Hogrefe.

Macha, T., Proske, A. & Petermann, F. (2005). Validität von Entwicklungstests. *Kindheit und Entwicklung, 14*(3), 150–162.

Magai, C. & McFadden, S. H. (1995). *The role of emotions in social and personality development.* New York: Plenum Press.

Main, M. & Cassidy, J. (1988). Categories of response to reunion with the parent at age 6: Predictable from infant attachment classifications and stable over a one-month period, *Developmental Psychology, 24,* 415–426.

Main, M. (1995). Desorganisation im Bindungsverhalten. In G. Spangler & P. Zimmermann (Hrsg.), *Die Bindungstheorie. Grundlagen, Forschung und Anwendung* (S. 120–139). Stuttgart: Klett-Cotta.

Main, M., Caplan, N. & Cassidy, J. (1985). Security in infancy, childhood, and adulthood: A move to the level of representation. *Child Development*, 50, 66–104.

Mandler, J. M. (2000). Perceptual and conceptual processes. *J. of Cognition and Development, 1,* 3–36.

Mangelsdorf, S. C. & Frosch, C. A. (2000). Temperament and attachment: One construct or two? *Advances in child development and behavior, 27*, 181–220.

Marean, G. C., Werner, L. A. & Kuhl, P. K. (1992). Vowel categorization by very young infants. *Developmental Psychology, 28*, 396–405.

Margraf-Stiksrud, J. (2003). Entwicklungsdiagnostik. In H. Keller (Hrsg.), *Handbuch der Kleinkindforschung* (S. 1097–1124). Bern: Huber.

Markie-Dadds, C., Sanders, M. R. & Turner, K. M. (2003). *Das Triple P Elternarbeitsbuch. Der Ratgeber zur positiven Erziehung mit praktischen Übungen.* Deutsche Ausgabe hrsg. von PAG Institut für Psychologie AG. Münster: Verlag für Psychotherapie.

Markowitsch, H. (1992). *Neuropsychologie des Gedächtnisses.* Göttingen: Hogrefe.

Marsh, H. W. & O'Mara, A. (2008). Reciprocal effects between academic self-concept, self-esteem, achievement, and attainment over seven adolescent years: Unidimensional and multidimensional perspectives of self-concept. *Personality and Social Psychology Bulletin, 34*, 542–552.

Mascolo, M. F., Fischer, K. W. & Li, J. (2003). Dynamic development of component systems of emotions: pride, shame, and guilt in China and the United States. In R. J. Davidson, K. R. Scherer, H. H. Goldsmith (Eds.), *Handbook of affective sciences.* Oxford: Oxford University Press.

Masten, A. S. (2006). Developmental psychopathology: Pathways to the future. *International J. of Behavioral Development, 30*, 47–54.

Mayr, T. (1992). Die soziale Stellung schüchtern-gehemmter Kinder in der Kindergartengruppe. *Zeitschrift für Entwicklungspsychologie und Pädagogische Psychologie, 24*, 249–265.

Mayr, T. (2000). Beobachtungsbogen für Kinder im Vorschulalter (BBK) – ein Vorschlag zur Skalenbildung. *Psychologie in Erziehung und Unterricht, 47*(4), 280–295.

Mayr, T. (2000). Entwicklungsrisiken bei armen und sozial benachteiligten Kindern und die Wirksamkeit früher Hilfen. In H. Weiß (Hrsg.), *Frühförderung mit Kindern und Familien in Armutslagen* (S. 142–163). München, Basel: Reinhardt.

Mayr, T. (2003). Früherkennung von Entwicklungsrisiken in Kindertageseinrichtungen. *KiTa Spezial*, 32–38.

Mayr, T. & Ulich, M. (1999). Children's well-being in daycare centres. An exploratory empirical study. *International Journal of Early Years Education, 7*(3), 229–239.

Mayr, T. & Ulich, M. (2003). Seelische Gesundheit bei Kindergartenkindern. In W. E. Fthenakis (Hrsg.), *Elementarpädagogik nach Pisa* (S. 190–205). Freiburg: Herder.

Mayr, T. & Ulich, M. (2006a). *Perik: Positive Entwicklung und Resilienz im Kindergartenalltag* (Begleitheft). Freiburg: Herder.

Mayr, T. & Ulich, M. (2006b). *Perik: Positive Entwicklung und Resilienz im Kindergartenalltag* (Beobachtungsbogen). Freiburg: Herder.

Mayr, T. & Ulich, M. (2009). Social-emotional well-being and resilience of children in early childhood settings – PERIK: an empirically based observation scale for practitioners. *International Journal of Early Years Education*, 29 (1), 45–57.

McKey, R. H., Condelli, L., Granson, H., Barrett, B., McConkey, C. & Plantz, M. (1985). *The impact of Head Start on children, families, and communities.* Washington, DC: CSR, Inc.

Mead, G. H. (1934). *Mind, self and society. From the standpoint of a social behaviorist.* Chicago: University of Chicago Press.

Meaney, M. J. (2001). Maternal care, gene expression, and the transmission of individual differences in stress reactivity across generations. *Annual Review of Neuroscience, 24*, 1161–1192.

Mehler, J., Juszcyk, P., Lambertz, G., Halsted, N., Bertoncini, J. & Amiel-Tyson, C. (1988). A precursor of language acquisition in young infants. *Cognition, 29*, 143–178.

Meindl, C. (1998). *FEAS Fragebogen zur Erfassung von Empathie und angemessenem sozialem Verhalten.* Unveröffentlichte Diplomarbeit, Universität Regensburg, Fachbereich Psychologie.

Meisels, S. J. & Atkins-Burnett, S. (2006). Evaluating early childhood assessments: a differential analysis. In K. McCartney & D. Phillips (Eds.), *The Blackwell handbook of early childhood development* (S. 533–549). Oxford: Blackwell Publishing.

Melchers, P., Floss, S., Brandt, I., Esser, K. J., Lehmkuhl, G., Rauh, H. & Sticker, E. J. (2003). *EVU: Erweiterte Vorsorgeuntersuchung.* Leiden: PITS.

Melchers, P. & Preuß, U. (2003). *K-ABC. Kaufman Assessment Battery for Children* (6. Aufl.). Frankfurt a.M.: Swets & Zeitlinger.

Melhuish, E. C. (2004). *A literature review of the impact of early years provision on young children, with emphasis given to children from disadvantaged backgrounds. Report to the Comptroller and Auditor General.* London: National Audit Office [http://www.nao.org.uk/publications/nao_reports/03-04/268_Literaturereview.pdf, Zugriff am 5.9.07.]

Meltzoff, A. N. (1990). Foundations for developing a concept of self: The role of imitation in relating self to other and the value of social mirroring, social modeling, and self practice in infancy. In D. Cichetti & M. Beeghly (Eds.), *The self in transition: Infancy to childhood* (S. 139–164). Chicago: The University of Chicago Press.

Mennella, J. A. & Beauchamp, G. K. (2005). Understanding the origin of flavor preferences. *Chemical Senses, 30* (suppl. 1), i242–i243.

Menyuk, P. (2000). Wichtige Aspekte der lexikalischen und semantischen Entwicklung. In H. Grimm (Hrsg.), *Sprachentwicklung* (S. 171–192). Göttingen u. a.: Hogrefe.

Merod, R. (2007). Lerntheoretische Grundlagen der Verhaltenstherapie mit Kindern und Jugendlichen. In M. Borg-Laufs (Hrsg.), *Lehrbuch der Verhaltenstherapie mit Kindern und Jugendlichen. Band 1: Grundlagen* (2. Aufl., S. 23–58). Tübingen: DGVT-Verlag.

Meyer-Probst, B. & Reis, O. (1999). Von der Geburt bis 25. Rostocker Längsschnittstudie (ROLS). *Kindheit und Entwicklung, 8,* 59–68.

Meyer-Probst, B., Teichmann, H. & Piatkowski, J. (1991). Biologische und psychosoziale Entwicklungsrisiken im Kindesalter nach 15 Jahren Verlaufskontrolle. *Psychosozial, 14,* 87–95.

Michaelis, R. & Niemann, G. W. (1999). *Entwicklungsneurologie und Neuropädiatrie.* Stuttgart: Thieme.

Mietzel, G. (2002). *Wege in die Entwicklungspsychologie: Kindheit und Jugend* (4., vollst. überarb. Aufl.). Weinheim: Beltz.

Miller, P. H. (1993). *Theorien der Entwicklungspsychologie.* Heidelberg u. a.: Spektrum Akademischer Verlag.

Miller, R. S. (1995): Embarrassment and social behavior. In J. P. Tangney & K. W. Fischer (Eds.), *Self-conscious emotions. The psychology of shame, guilt, embarrassment, and pride.* (pp. 322–339). New York: The Guilford Press.

Montada, L. (2002). Die geistige Entwicklung aus der Sicht Jean Piagets. In R. Oerter & L. Montada (Hrsg.), *Entwicklungspsychologie* (S. 418–442). Weinheim u. a.: Beltz PVU.

Montada, L. (2002). Fragen, Konzepte, Perspektiven. In R. Oerter & L. Montada (Hrsg.), *Entwicklungspsychologie* (S. 3–53). Weinheim: Beltz PVU.

Montada, L. (2005). 100 Jahre Psychologie: Entwicklungspsychologie. In T. Rammsayer & S. Troche (Hrsg.), *Reflexionen der Psychologie. 100 Jahre Deutsche Gesellschaft für Psychologie. Bericht über den 44. Kongress der Deutschen Gesellschaft für Psychologie in Göttingen 2004* (S. 42–50). Göttingen: Hogrefe.

Montada, L. (2008). Fragen, Konzepte, Perspektiven. In R. Oerter & L. Montada (Hrsg.), *Entwicklungspsychologie* (6., vollst. überarb. Aufl., S. 3–48*).* Weinheim: Beltz.

Morrongiello, B. A., Fenwick, K. D. & Chance, G. (1990). Sound localization acuity in very young infants: An observer-based testing procedure. *Developmental Psychology, 26,* 75–84.

Mrakotsky, C. (2007). Konzepte der Entwicklungsneuropsychologie. In L. Kaufmann, H.-C. Nuerk, K. Konrad & K. Willmes (Hrsg.), *Kognitive Entwicklungsneuropsychologie* (S. 25–45). Göttingen u. a.: Hogrefe.

Mühlbauer, K. R. (1991). *Zur Lage des Arbeiterkindes im 19. Jahrhundert.* Köln: Böhlau.

Mummendey, H. D. (2006). *Psychologie des »Selbst«. Theorien, Methoden und Ergebnisse der Selbstkonzeptforschung.* Göttingen u. a.: Hogrefe.

Murphy, L. B. (1937). *Social behavior and child personality. An exploratory study of some roots of sympathy.* New York: Morningside Hights.

Müsseler, J. & Prinz, W. (2002). *Allgemeine Psychologie.* Heidelberg: Spektrum Akademischer Verlag.

Nagy, Z., Westerberg, H. & Klingberg, T. (2004). Maturation of white matter is associated with the development of cognitive functions during childhood. *J. of Cognitive Neuroscience, 16,* 1227–1233.

Nelson, C. A. & Monk, C. S. (2001). The use of event-related potentials in the study of cognitive development. In C. A. Nelson & M. Luciana (Eds.), *Handbook of Developmental Neuroscience* (S. 125–136). Cambridge, MA, London: Bradford Book.

Nelson, K. & Fivush, R. (2004). The emergence of autobiographical memory: a social cultural developmental theory. *Psychological Review, 111,* 486–511.

Nelson, K. (1988). The ontogeny of memory for real events. In U. Neisser & E. Winograd (Eds.), *Remembering reconsidered. Ecological and traditional approaches to the study of memory* (S. 244–276). New York: Cambridge University Press.

Nelson, K. (1993). The psychological and social origins of autobiographical memory. *Psychological Science, 4,* 7–14.

Neumann, K. (1987). Geschichte der öffentlichen Kleinkinderziehung von 1945 bis in die Gegenwart. In G. Erning, K. Neumann & J. Reyer (Hrsg.), *Geschichte des Kindergartens (Bd. 1: Entstehung und Entwicklung der öffentlichen Kleinkindererziehung in Deutschland von den Anfängen bis zur Gegenwart)* (S. 83–115). Freiburg i.B.: Lambertus

Newell, K. M. & McDonald, P. V. (1996). The development of grip patterns in infancy. In K. J. Connolly & H. Forssberg (Eds.), *Neurophysiology & neuropsychology of motor development* (S. 286–318). London: Mc Keith.

Nicholls, J. G. (1978). The development of the concepts of effort and ability, perception of own attainment, and the understanding that difficult tasks require more than ability. *Child Development, 49,* 800–814.

NICHD Early Child Care Research Network (Ed.) (2005). *Child care and child development: Results from the NICHD study of early child care and youth development.* New York: Guilford Press.

Niebank, K. & Petermann, F. (2002). Grundlagen und Ergebnisse der Entwicklungspsychopathologie. In F. Petermann (Hrsg.), *Lehrbuch der Klinischen Kinderpsychologie und -psychotherapie* (5., korr. Aufl., S. 57–94). Göttingen: Hogrefe.

Niija,Y., Crocker, J. & Bartmess, E. N. (2004). From vulnerability to resilience: Learning orientations buffer contingent self-esteem from failure. *Psychological Science, 15,* 801–805.

Nunner-Winkler, G. (2000). Identität aus soziologischer Sicht. In W. Greve (Hrsg.), *Psychologie des Selbst* (S. 302–316). Weinheim: PVU.

Nunner-Winkler, G. (2005). Zum Verständnis von Moral – Entwicklungen in der Kindheit. In D. Horster & J. Oelkers (Hrsg.), *Pädagogik und Ethik* (S. 173–192). Wiesbaden: VS Verlag für Sozialwissenschaften.

Nussbaum, A. D. & Dweck, C. S. (2008). Defensiveness vs. remediation: Self-theories and modes of self-esteem maintenance. *Personality and Social Psychology Bulletin, 34,* 127–134.

O'Brien, S. F. & Bierman, K.L. (1988). Conceptions and perceived influence of peer groups: Interviews with preadolescents and adolescents, *Child development,* 59, 5, 1360-1365.

O'Connor, E. & McCartney, K. (2006). Testing Associations Between Young Children's Relationships With Mothers and Teachers. *Journal of Educational Psychology, 98*(1), 87–98.

O'Connor, T. G., Rutter, M., Beckett, C., Keaveney, L., Kreppner, J. M. & the English and Romanian Adoptees Study Team (2000). The effects of global privation on cognitive competence: Extension and longitudinal follow-up. *Child Development, 71,* 376–390.

Oerter, R. (1999). Klinische Entwicklungspsychologie: zur notwendigen Integration zweier Fächer. In R. Oerter, C. v. Hagen, G. Röper & G. Noam (Hrsg.), *Klinische Entwicklungspsychologie. Ein Lehrbuch* (S. 1–10). Weinheim: PVU.

Oerter, R. (2003). Spiel. In B. Herpertz-Dahlmann, F. Resch, M. Schulte-Markwort & A. Warnke (Hrsg.), *Entwicklungspsychiatrie* (S. 136–150). Stuttgart: Schattauer.

Oerter, R. (2008). Kultur, Ökologie und Entwicklung. In R. Oerter & L. Montada (Hrsg.), *Kultur, Ökologie und Entwicklung* (S. 85–116). Weinheim: PVU.

Oerter, R. & Noam, G. (1999). Der konstruktivistische Ansatz. In R. Oerter, C. v. Hagen, G. Röper & G. Noam (Hrsg.), *Klinische Entwicklungspsychologie. Ein Lehrbuch* (S. 45–78). Weinheim: PVU.

Oerter, R., Schneewind, K. & Resch, F. (1999). Modelle der Klinischen Entwicklungspsychologie. In R. Oerter, C. v. Hagen, G. Röper & G.

Noam (Hrsg.), *Klinische Entwicklungspsychologie. Ein Lehrbuch* (S. 79–118). Weinheim: PVU.

Oller, D. K. & Eilers, R. E. (2002a). An integrated approach to evaluating effects of bilingualism in Miami school children: The study design. In D. K. Oller & R. E. Eilers (Eds.), *Language and literacy in bilingual children* (S. 22–40). Clevedon u. a.: Multilingual Matters LTD.

Oller, D. K. & Eilers, R. E. (2002b). Balancing interpretations regarding effects of bilingualism: Empirical outcomes and theoretical possibilities. In D. K. Oller & R. E. Eilers (Eds.), *Language and literacy in bilingual children* (S. 281–292). Clevedon u. a.: Multilingual Matters LTD.

Oller, D. K. & Pearson, Z. B. (2002). Assessing the effects of bilingualism: A background. In D. K. Oller & R. E. Eilers (Eds.), *Language and literacy in bilingual children* (S. 3–21). Clevedon u. a.: Multilingual Matters LTD.

Olsho, L. W., Koch, E. G., Carter, E. A. Halpin, C. F. & Spetner, N. B. (1988) Pure-tone sensitivity of human infants. *J. of the Acoustical Society of America, 84,* 1316–1324.

Opp, G. & Fingerle, M. (2000). Risiko und Resilienz in der frühen Kindheit am Beispiel von Kindern aus sozioökonomisch benachteiligten Familien: amerikanische Erfahrungen mit Head Start. In H. Weiß (Hrsg.), *Frühförderung mit Kindern und Familien in Armutslagen* (S. 164–174). München, Basel: Reinhardt.

Opper, E., Worth, A. & Bös, K. (2007). Motorik-Modul (MoMo) im Rahmen des Kinder- und Jugendgesundheitssurveys (KiGGS). Motorische Leistungsfähigkeit und körperlich-sportliche Aktivität von Kindern und Jugendlichen in Deutschland. Ergebnisse des Kinder- und Jugendgesundheitssurveys (KiGGS). *Bundesgesundheitsblatt – Gesundheitsforschung – Gesundheitsschutz, 50,* 879–888.

Organisation for Economic Co-operation and Development [OECD] (Ed.) (2001). *Starting strong: early childhood education and care.* Paris: OECD.

Ornstein, P. A., Baker-Ward, L. & Naus, M. J. (1988). The development of mnemonic skill. In F. E. Weinert & M. Perlmutter (Eds.), *Memory development. Universal changes and individual differences* (S. 31–50). Hillsdale, NJ: Erlbaum.

Oser, F. & Althof, W. (1992). *Moralische Selbstbestimmung.* Stuttgart: Klett-Cotta.

Oser, F. & Althof, W. (2001). Die Gerechte Schulgemeinschaft: Lernen durch Gestaltung des Schullebens. In W. Edelstein, F. Oser & P. Schuster (Hrsg.), *Moralische Erziehung in der Schule. Entwicklungspsychologie und pädagogische Praxis* (S. 233–268). Weinheim: Beltz.

Pancsofar, N. & Vernon-Feagans, L. (2006). Mother and father language input to young children: Contributions to later language development. *J. of Applied Developmental Psychology, 27*, 571–585.

Papoušek, H. & Papoušek, M. (1987). Intuitive parenting. A dialectic counterpart to the infant's integrative competence. In J. D. Osofsky (Ed.), *Handbook of infant development* (2. Aufl., S. 669–720). New York: Wiley.

Papoušek, M. (1997). *Vom ersten Schrei zum ersten Wort*. Bern: Huber.

Parkin, A. J. (2000). Erinnern und Vergessen. Wie das Gedächtnis funktioniert – und was man bei Gedächtnisstörungen tun kann. Bern: Huber.

Parrat-Dayon, S. & Tryphon, A. (1999). Einleitung. In J. Piaget (Hrsg.), *Über Pädagogik* (S. 7–29). Weinheim u. a.: Beltz.

Pascalis, O., deSchonen, S., Morton, J., Deruelle, C. & Fabre-Grenet, M. (1995). Mother's face recognition by neonates: A replication and an extension. *Infant Behavior and Development, 18*, S. 79–85.

Pascual-Leone, A. & Torres, F. (1993). Plasticity of the sensorimotor cortex representation of the reading finger in Braille readers. *Brain, 116*, 39–52.

Pauen, S. (2000). Early Differentiation within the Animate Domain. Are Humans Something Special? *Journal of Experimental Child Psychology, 75*, 134–151.

Pauen, S. & Elsner, B. (2008). Neurologische Grundlagen der Entwicklung. In R. Oerter & L. Montada (Hrsg.), *Entwicklungspsychologie* (6., überarb. Aufl., S. 67–84). Weinheim, Basel: Beltz.

Pauli-Pott, U., Mertesacker, B., Beckmann, D. (2003). Ein Fragebogen zur Erfassung des ›frühkindlichen Temperaments‹ im Elternurteil. *Zeitschrift für Kinder- und Jugendpsychiatrie und Psychotherapie, 31*, 99–110.

Pekrun, R. (1987). Die Entwicklung leistungsbezogener Identität bei Schülern. In H. P. Frey & K. Haußer (Hrsg.), Identität. Entwicklungen psychologischer und soziologischer Forschung (S. 43–57). Stuttgart: Enke.

Pellegrini, A. D. & Smith, P. (2003). Development of play. In J. Valsiner & K. Connolly (Eds.), Handbook of developmental psychology (S. 276–291). London: Sage.

Penner, Z. (2000). Phonologische Entwicklung. In H. Grimm (Hrsg.), Sprachentwicklung (S. 105–139). Göttingen u. a.: Hogrefe.

Perner, J. & Ruffman, T. (1995). Episodic memory and autonoetic consciousness. Developmental evidence and a theory of infantile amnesia. *Journal of Experimental Child Psychology, 59*, 516–548.

Petermann, F. (2002). Grundbegriffe und Trends der Klinischen Kinderpsychologie und Kinderpsychotherapie. In F. Petermann (Hrsg.),

Lehrbuch der Klinischen Kinderpsychologie und -psychotherapie (5., korr. Aufl., S. 10–25). Göttingen: Hogrefe.

Petermann, F., Döpfner, M., Lehmkuhl, G. & Scheithauer, H. (2002). Klassifikation und Epidemiologie psychischer Störungen. In F. Petermann (Hrsg.), *Lehrbuch der Klinischen Kinderpsychologie und -psychotherapie* (5., korr. Aufl., S. 29–56). Göttingen: Hogrefe.

Petermann, F. & Macha, T. (2003). Strategien in der testgestützten allgemeinen Entwicklungsdiagnostik. *Monatsschrift Kinderheilkunde, 1*, 6–13.

Petermann, F. & Macha, T. (2005a). Entwicklungsdiagnostik. *Kindheit und Entwicklung, 14*(3), 131–139.

Petermann, F. & Macha, T. (2005b). *Psychologische Tests für Kinderärzte.* Göttingen: Hogrefe.

Petermann, F. & Macha, T. (2008). Entwicklungsdiagnostik. In F. Petermann & W. Schneider (Hrsg.), *Enzyklopädie der Psychologie: Entwicklungspsychologie – Band 7 (Angewandte Entwicklungspsychologie)* (S. 19–59). Göttingen: Hogrefe.

Petermann, F., Niebank, K. & Scheithauer, H. (2004). *Entwicklungswissenschaft: Entwicklungspsychologie – Genetik – Neuropsychologie.* Berlin: Springer.

Petermann, F. & Renziehausen, A. (2005). *NES Neuropsychologisches Entwicklungs-Screening.* Bern: Huber.

Petermann, F. & Resch, F. (2008). Entwicklungspsychopathologie. In F. Petermann (Hrsg.), *Lehrbuch der Klinischen Kinderpsychologie* (6., überarb. Aufl., S. 49–64). Göttingen u. a.: Hogrefe.

Petermann, F. & Rudinger, G. (2002). Quantitative und qualitative Methoden der Entwicklungspsychologie. In R. Oerter & L. Montada (Hrsg.), *Entwicklungspsychologie* (S. 999–1028). Weinheim: PVU.

Petermann, F., Stein, I. A. & Macha, T. (2006). *Entwicklungstest sechs Monate bis sechs Jahre.* (2., veränd. Aufl.). Frankfurt a.M.: Harcourt Test Services.

Petermann, F. & Winkel, S. (2005). Entwicklungspsychologische Diagnostik im frühen Kindesalter. *Frühförderung interdisziplinär, 1*, 19–24.

Peth-Pierce, R. (1998). *The NICHD study of early child care.* NIH-Pub-98-4318.

Pflüger, L. (1991). *Neurogene Entwicklungsstörungen. Eine Einführung für Sonder- und Heilpädagogen.* München, Basel: Reinhardt.

Piaget, J. (1936). *La naissance de l' intelligence chez l'enfant.* Neuchatel: Delachaux & Niestlé.

Piaget, J. (1937). *La construction du réel chez l'enfant.* Neuchatel: Delachaux & Niestlé.

Piaget, J. (1946). *Les notions du mouvement et de vitesse chez l'enfant.* Paris: Presses Universitaires de France.

Piaget, J. (1959/1975). *Das Erwachen der Intelligenz beim Kinde.* Stuttgart: Klett.

Piaget, J. (1970/1975). *Nachahmung, Spiel und Traum.* Stuttgart: Klett.

Piaget, J. (1983). *Das moralische Urteil beim Kinde* (2., veränd. Aufl.). Stuttgart: Klett-Cotta. (Originalarbeit erschienen 1932).

Piaget, J. & Inhelder, B. (1977). *Von der Logik des Kindes zu der Logik der Heranwachsenden. Essay über die Ausformung der formal-operativen Strukturen.* Olten/Freiburg i.B.: Walter.

Piaget, J. & Inhelder, B. (1993). *Die Psychologie des Kindes* (5. Aufl.). München: dtv.

Pianta, R. C. (2001). *Student-teacher relationship scale: Professional manual* (6. Aufl.). Lutz: Psychological Assessment Resources.

Putallaz, M. (1983). Predicting children's sociometric status from their behavior. *Child Development, 54,* 1417–1422.

Quaiser-Pohl, C. & Rindermann, H. (in Druck). *Entwicklungsdiagnostik.* München: UTB.

Quandt, S. (1977). *Kinderarbeit und Kinderschutz in Deutschland seit dem 18. Jahrhundert – Materialheft.* Paderborn: Schöningh.

Quinn, P. C. & Eimas, P. D. (1998). Evidence for a global categorical representation of humans by young infants. *J. of Experimental Child Psychology, 69,* 151–174.

Quinn, P.C. & Eimas, P. D. (2000). The emergence of category representations during infancy: are separate perceptual and conceptual processes required? *J. of Cognition and Development, 1,* 55–61.

Quinn, P. C. & Oates, J. (2004). Early category representation and concepts. In J. Oates & A. Grayson (Eds.), *Cognitive and language development in children* (S. 21–60). Milton Keynes & Oxford: The Open University & Blackwell.

Radke-Yarrow, M. & Zahn-Waxler, C. (1976). Dimensions and correlates of prosocial behavior in young children. *Child Development, 47,* 118–125.

Radke-Yarrow, M., Zahn-Waxler, C. & Chapman, M. (1983). Children's prosocial dispositions and behavior. In P. H. Mussen & E. M. Hetherington (Eds.), *Handbook of Child Psychology: Socialisation, Personality and Social Development* (S. 469–546). New York: Wiley.

Ramey, C. T. & Ramey, S. L. (1998). Early intervention and early experience. *American Psychologist, 53,* 109–120.

Rapoport, A. (1976). *Experimental games and their uses in psychology.* Morristown, NJ: General Learning Press.

Rauh, H. (1997). Bindungstheorie und Bindungsforschung. *Newsletter Entwicklungspsychologie,* 14–17.

Rauh, H. (2000). Bindungsforschung im deutschsprachigen Raum – Einführung in das Themen-Doppelheft. *Psychologie in Erziehung und Unterricht, 47,* 81–86.

Rauh, H. (2008). Vorgeburtliche Entwicklung und Frühe Kindheit. In R. Oerter & L. Montada (Hrsg.), *Entwicklungspsychologie* (6. Aufl., S. 149–224). Weinheim: PVU.

Raven, J. C. (2002). *Coloured Progressive Matrices (CPM)* (3., neu norm. Aufl.). Frankfurt a.M.: Harcourt Test Services.

Reimann, B. (2003). Die Entwicklung der vokalen Kommunikation. In G. Rickheit, T. Herrmann & W. Deutsch (Hrsg.), *Psycholinguistik. Ein internationales Handbuch* (S. 781–790). Berlin, New York: Walter de Gruyter.

Reinhold, C. & Kindler, H. (2006). Gibt es Kinder, die besonders von Kindeswohlgefährdung betroffen sind? In H. Kindler, S. Lillig, H. Blüml, T. Meysen & A. Werner (Hrsg.), *Handbuch Kindeswohlgefährdung nach § 1666 BGB und Allgemeiner Sozialdienst (ASD)*. München: DJI [http://213.133.108.158/asd/17.htm, Zugriff am 16.10.08]

Reisenzein, R., Debler, W. & Siemer, M. (1992). Über spontane Anstrengungsinferenzen bei scheinbar paradoxen Wirkungen von Lob und Tadel. *Sprache & Kognition, 11*, 129–135.

Remschmidt, H., Schmidt, M. & Poustka, F. (Hrsg.) (2006). *Multiaxiales Klassifikationsschema für psychische Störungen des Kindes- und Jugendalters nach ICD-10 der WHO. Mit einem synoptischen Vergleich von ICD-10 und DSM-IV* (5., überarb. u. erw. Aufl.). Bern: Huber.

Resch, F. (1999). Beitrag der klinischen Entwicklungspsychologie zu einem neuen Verständnis von Normalität und Pathologie. In R. Oerter, C. v. Hagen, G. Röper & G. Noam (Hrsg.), *Klinische Entwicklungspsychologie. Ein Lehrbuch* (S. 606–622). Weinheim: PVU.

Retter, H. (2001). *Spiel und Spielzeug auf der Schwelle eines neuen Zeitalters oder: Quo vadis, Homo ludens?* Vortrag bei der 22. ICCP – World Play Conference, Erfurt [www.tu-braunschweig.de/hispaed/personal/werdegang/retter/publikationen/aktuell, Zugriff am 15.3.08]

Rheinberg, F. (2006). *Motivation*. Stuttgart: Kohlhammer.

Rheinberg, F. & Krug, S. (2005). *Motivationsförderung im Schulalltag* (3. Aufl.). Göttingen: Hogrefe.

Ritterfeld, U. (2000). Welchen und wieviel Input braucht das Kind? In H. Grimm (Hrsg.), *Sprachentwicklung* (S. 403–432). Göttingen u. a.: Hogrefe.

Röhner, C. (2005). Mehrsprachigkeit anerkennen und fördern. Eine programmatische Einführung. In C. Röhner (Hrsg.), *Erziehungsziel Mehrsprachigkeit. Diagnose von Sprachentwicklung und Förderung von Deutsch als Zweitsprache* (S. 7–11). Weinheim, München: Juventa.

Rollett, B. (2002). Frühe Kindheit, Störungen, Entwicklungsrisiken, Förderungsmöglichkeiten. In R. Oerter & L. Montada (Hrsg.), *Entwicklungspsychologie* (S. 713–739). Weinheim: Beltz.

Rosch, E. & Mervis, C. B. (1975). Family resemblances: Studies in the internal structures of categories. *Cognitive Psychology, 7*, 573–605.

Rosner, R. (1999). Entwicklungsdiagnostik und Entwicklungstests in der Klinischen Entwicklungspsychologie. In R. Oerter, C. von Hagen, G. Roeper & G. Noam (Hrsg.), *Klinische Entwicklungspsychologie: Ein Lehrbuch* (S. 119–147). Weinheim: PVU.

Rothbart, M. K. & Bates, J. E. (1998). Temperament. In N. Eisenberg (Ed.), *Handbook of child psychology. Vol. 3: Social, emotional, and personality development* (5. Aufl., S. 105–176). New York: Wiley.

Rubin, K. H., Bukowski, W. M. & Parker, J. G. (1998). Peer interactions, relationships, and groups. In W. Damon & N. Eisenberg (Eds.), *Handbook of Child Psychology* (5. Aufl., S. 619–700). Hoboken: John Wiley and Sons.

Rubin, K. H., Bukowski, W. M. & Parker, J. G. (2006). Peer interactions, relationships, and groups. In W. Damon, N. Eisenberg & R. M. Lerner (Eds.), *Handbook of Child Psychology* (6. Aufl., S. 571–645). Hoboken: John Wiley and Sons.

Ruble, D. N. & Frey, K. S. (1991). Changing patterns of comparative behavior as skills are acquired: A functional model of self-evaluation. In J. Suls & T. A. Wills (Eds.), *Social comparison: Contemporary theory and research* (S. 70–112). Hillsdale, NJ: Erlbaum.

Ruffman, T., Slade, L. & Crowe, E. (2002). The relation between children's and mothers' mental state language and theory-of-mind understanding. *Child Development, 73*, 734–751.

Ryan, R. M. & Deci, E. L. (2000). On happiness and human potentials: A review of research on hedonic and eudaimonic well-being. *Annual Review of Psychology, 52*, 141–166.

Saffran, J. R., Aslin, R. N. & Newport, E. L. (1996). Statistical learning by 8-month old infants. *Science, 274*, 1926–1928.

Sagi, A. & Hoffman, M. L. (1976). Empathic distress in the newborn. *Developmental Psychology, 12*, 175–176.

Salisch, M. von (2000). Zum Einfluss von Gleichaltrigen (Peers) und Freunden auf die Persönlichkeitsentwicklung. In M. Amelang (Hrsg.), *Enzyklopädie der Psychologie, Differentielle Psychologie* (S. 345–405). Göttingen: Hogrefe.

Salisch, M. von (2002). *Emotionale Kompetenz entwickeln: Grundlagen in Kindheit und Jugend.* Stuttgart: Kohlhammer.

Sameroff, A. J. (1975). Early influences on development: Fact or fancy? *Merrill-Palmer Quarterly, 21*(4), 267–294.

Sampaio, R. C. & Truwit, C. L. (2001) Myelination in the developing brain. In C. A. Nelson & M. Luciana (Eds.), *Handbook of Developmental Neuroscience* (S. 35–44). Cambridge, MA; London: Bradford Book.

Sanders, M. R. (1999). Triple P-positive parenting program: Towards an empirically validated multilevel parenting and family support strategy fort he prevention of behavior and emotional problems in children. *Clinical Child and Family Psychology Review, 2,* 71–90.

Sanders, M. R. & Ralph, A. (2005). Familienintervention und Prävention bei Verhaltensstörungen im Kindes- und Jugendalter. In P. F. Schlottke, R. K. Silbereisen, S. Schneider & G. W. Lauth (Hrsg.), *Störungen im Kindes- und Jugendalter – Grundlagen und Störungen im Entwicklungsverlauf* (S. 342–378). Göttingen u. a.: Hogrefe.

Schaal, B., Marlier, L. & Soussignan, R. (2000). Human foetusses learn odors from their pregnant mother's diet. *Chemical Senses, 25,* 229–237.

Schandry, R. (2006). *Biologische Psychologie. Ein Lehrbuch* (2., überarb. Aufl.). Weinheim: Beltz PVU.

Scheithauer, H. & Petermann, F. (2000). Frühinterventionen und -präventionen im Säuglings-, Kleinkind- und frühen Kindesalter. In F. Petermann, K. Niebank & H. Scheithauer (Hrsg.), *Risiken in der frühkindlichen Entwicklung. Entwicklungspsychopathologie der ersten Lebensjahre* (S. 331– 356). Göttingen: Hogrefe.

Scherer, K. R. (1990). Theorien und aktuelle Probleme der Emotionspsychologie. In K. R. Scherer (Hrsg.), *Psychologie der Emotion* (S. 2–40). Göttingen: Hogrefe.

Schick, A. & Cierpka, M. (2003). Faustlos: Evaluation eines Curriculums zur Förderung sozial-emotionaler Kompetenzen und zur Gewaltprävention in der Grundschule. *Kindheit und Entwicklung, 12,* 100–110.

Schick, A. & Cierpka, M. (2006). Evaluation des Faustlos-Curriculums für den Kindergarten. *Praxis der Kinderpsychologie und Kinderpsychiatrie, 55*(6), 459–474.

Schick, A. & Cierpka, M. (2008). Förderung sozial-emotionaler Kompetenzen in Kindergärten, Grundschulen und in der Sekundarstufe: Konzeption und Evaluation der Faustlos-Curricula. In T. Malti & S. Perren (Hrsg.), *Soziale Kompetenz bei Kindern und Jugendlichen: Entwicklungsprozesse und Förderungsmöglichkeiten* (S. 182–196). Stuttgart: Kohlhammer.

Schmidtchen, S. & Erb, A. (1976). Analyse des Kinderspiels. Köln: Kiepenheuer & Witsch.

Schmidt-Denter, U. (1994). Prosoziales und aggressives Verhalten. In K. A. Schneewind (Hrsg.), *Psychologie der Erziehung und Sozialisation* (S. 285–314). Göttingen: Hogrefe.

Schmidt-Denter, U. (2002). Vorschulische Förderung. In R. Oerter & L. Montada (Hrsg.), *Entwicklungspsychologie* (5., überarb. Aufl., S. 740–755). Weinheim: Beltz PVU.

Schmidt-Denter, U. (2005). *Soziale Beziehungen im Lebenslauf* (4., vollst. überarb. Aufl.). Weinheim: Beltz.

Schneider, W. & Bjorklund, D. (2003). Memory and knowledge development. In J. Valsiner & K. Connolly (Eds.), *Handbook of developmental psychology* (S. 370–403). London: Sage.

Schneider, W., Hasselhorn, M. & Körkel, J. (2003). Entwicklung des Gedächtnisses und Metagedächtnisses im Kindes- und Jugendalter. In W. Schneider & M. Knopf (Hrsg.), *Entwicklung, Lehren und Lernen* (S. 15–34). Göttingen: Hogrefe.

Schneider, W. & Pressley, M (1989). *Memory development between two and twenty*. Mahwah, NJ: Erlbaum.

Schnotz, W. (2006). *Pädagogische Psychologie: Workbook*. Weinheim: Beltz.

Schölmerich A. & Leyendecker, B. (in Druck). Psychologische Diagnostik bei Kindern aus zugewanderten Familien. In D. Irblich & G. Renner (Hrsg.), *Diagnostik in der klinischen Kinderpsychologie. Die ersten sieben Lebensjahre*. Göttingen: Hogrefe

Schone, R. (2000). Vernachlässigung von Kindern. Basisfürsorge und Interventionskonzepte. In H. Weiß (Hrsg.), *Frühförderung mit Kindern und Familien in Armutslagen* (S. 71–88). München, Basel: Reinhardt.

Schröer, S. (1999). Das Anregen der Selbstorganisation komplexer Systeme: Ressourcenstärkung bei jugendlicher Suizidalität. In R. Oerter, C. v. Hagen, G. Röper & G. Noam (Hrsg.), *Klinische Entwicklungspsychologie. Ein Lehrbuch* (S. 437–458). Weinheim: PVU.

Schuhrke, B. (1991). *Körperentdecken und psychosexuelle Entwicklung. Theoretische Überlegungen und eine Längsschnittuntersuchung an Kindern im zweiten Lebensjahr*. Regensburg: Roderer.

Schuhrke, B. (1999). Scham, körperliche Intimität und Familie. *Zeitschrift für Familienforschung, 11*, 59–83.

Schuhrke, B. (2005). Schamgefühl und körperliche Privatsphäre bei Kindern. Ergebnisse einer Puppenspielstudie. In B. Bender-Junker & C. Mansfeld (Hrsg.), *Bildung und Bildungsanlässe. Pädagogische und gesellschaftliche Kontexte* (S. 15–40). Darmstadt: Bogen Verlag.

Schuhrke, B. (2005). Sexuelles Verhalten von Kindern – zwischen Normalität und Abweichung. In B. Burian-Langegger (Hrsg.), *Doktorspiele. Die Sexualität des Kindes* (S. 34–62). Wien: Picus.

Schuhrke, B. & Arnold, J. (2009). Kinder und Jugendliche mit problematischem sexuellem Verhalten in (teil-)stationären Hilfen zur Erziehung. *Praxis der Kinderpsychologie und Kinderpsychiatrie, 58*, 186–214.

Schuhrke, B. [unter Mitarbeit von Rank, A., Stadler, A., Pinz, D. & Hildner, B.] (2003). *Kindliche Körperscham und familiale Schamregeln*

(7., unveränd. Aufl.). Eine Studie im Auftrag der Bundeszentrale für gesundheitliche Aufklärung. Köln: BZgA.

Schuster, P. (2001). Von der Theorie zur Praxis – Wege zur unterrichtspraktischen Umsetzung des Ansatzes von Kohlberg. In W. Edelstein, F. Oser & P. Schuster (Hrsg.), *Moralische Erziehung in der Schule* (S. 177–212). Weinheim: Beltz.

Schütz, A. (2000). *Psychologie des Selbstwertgefühls. Von Selbstakzeptanz bis Arroganz.* Stuttgart: Kohlhammer.

Schweinhart, L. J., Barnes, H. & Weikhart, D. (Eds). (1993). *Significant benefits: the High/Scope Perry Pre-school Study through age 27.* Ypsilanti, Michigan: High/Scope Press.

Seiffge-Krenke, I. (2004). *Psychotherapie und Entwicklungspsychologie. Beziehungen, Herausforderungen, Ressourcen und Risiken.* Berlin: Springer.

Seitz, V. & Provence, S. (1990). Caregiver-focused models of early intervention. In S. J. Meisels & J. P. Shonkoff, (Eds.), *Handbook of early childhood intervention* (S. 400–427). Cambridge, New York: Cambridge University Press.

Selman, R. L. (1984). *Die Entwicklung des sozialen Verstehens.* Frankfurt a.M.: Suhrkamp.

Shankle, W. R., Romney, A. K., Landing, B. H. & Hara, J. (1998). Developmental patterns in the cytoarchitecture of the human cerebral cortex from birth to six years evaluated by correspondence analysis. *Proceedings of the National Academy of Sciences.* 95, 4023–4028.

Shatz, M. & Gelman, R. (1973). The development of communication skills: Modifications in the speech of young children as a function of the listener. *Monographs of the Society for Research in Child Development, 38,* No. 5.

Siegler, R., DeLoache, J., Eisenberg, N. & Pauen, S. (2005). *Entwicklungspsychologie im Kindes- und Jugendalter.* Heidelberg: Spektrum Akademischer Verlag.

Sigelman, C. K. & Waitzman, K. A. (1991). The development of distributive justice orientations: Contextual influences on children's resource allocations. *Child Development, 62*(6), 1367–1378.

Simmer, M. L. (1971). Newborn's response to the cry of another infant. *Developmental Psychology, 5,* 136–150.

Singer, W. (2002). *Der Beobachter im Gehirn. Essays zur Hirnforschung.* Frankfurt a.M.: Suhrkamp.

Smith, E. R. (1998). Mental representation and memory. In D. T. Gilbert, S. T. Fiske & G. Lindzey (Eds.), *The handbook of social psychology* (Vol. I, 4th ed., pp. 391–445). Boston, MA: The MacGraw Hill Companies.

Sodian, B. (2008). Entwicklung des Denkens. In R. Oerter & L. Montada (Hrsg.), *Entwicklungspsychologie* (6. Aufl., S. 436–479). Weinheim u. a.: Beltz PVU.

Spinath, F. M. (2000). Temperamentsmerkmale bei Kindern: Psychometrische Güte und verhaltensgenetische Befunde zum deutschen Emotionalitäts-Aktivitäts-Soziabilitäts-Temperamentinventar (EAS) nach Buss & Plomin (1984). *Zeitschrift für Differentielle und Diagnostische Psychologie, 21,* 65–75.

Spitzer, M. (2002). *Lernen. Gehirnforschung und die Schule des Lebens.* Heidelberg, Berlin: Spektrum Akademischer Verlag.

Spröber, N., Schlottke, P. F. & Hautzinger, M. (2006). ProAct + E: Ein Programm zur Prävention von »bullying« an Schulen und zur Förderung der positiven Entwicklung von Schülern. Evaluation eines schulbasierten, universalen, primärpräventiven Programms für weiterführende Schulen unter Einbeziehung von Lehrern, Schülern und Eltern. *Z. f. Klinische Psychologie und Psychotherapie, 35,* 140–150.

Sroufe, A. (1997). Psychopathology as an outcome of development. *Development and Psychopathology, 9,* 251–268.

Sroufe, L. A. (1990). An organizational perspective on the self. In D. Cicchetti & M. Beeghly (Eds.), *The self in transition: Infancy to chidlhood* (S. 281–307). Chicago: The University of Chicago Press.

Starker, A., Lampert, T., Worth, A., Oberger, J., Kahl, H. & Bös, K. (2007). Motorische Leistungsfähigkeit. Ergebnisse des Kinder- und Jugendgesundheitssurveys (KiGGS). *Bundesgesundheitsbl Gesundheitsforsch Gesundheitsschutz, 50,* 775–783.

Statistische Ämter des Bundes und der Länder (Hrsg.) (2009). *Kindertagesbetreuung regional 2008.* Wiesbaden: Statistisches Bundesamt.

Steinhausen, H.-C. (2006). *Psychische Störungen bei Kindern und Jugendlichen. Lehrbuch der Kinder- und Jugendpsychiatrie* (6., überarb. Aufl.). München: Urban & Fischer.

Stern, C. & Stern, W. (1907/1965). *Die Kindersprache. Eine psychologische und sprachtheoretische Untersuchung* (5. Aufl.). Darmstadt: Wissenschaftliche Buchhandlung.

Stern, D. (1993). *Die Lebenserfahrung des Säuglings* (3. Aufl.). Stuttgart: Klett-Cotta.

Stork, H. (1988). Stufen der kognitiven Entwicklung nach Piaget und ihre mögliche Berücksichtigung im naturwissenschaftlichen Unterricht. In I. Oomen-Welke & C. von Rhöneck (Hrsg.), *Schüler: Persönlichkeit und Lernverhalten. Methoden des Messens und Denkens in der fachdidaktischen Unterrichtsforschung* (S. 85–107). Tübingen: Gunter Narr.

Straub, J. (2000). Identität als psychologisches Deutungskonzept. In W. Greve (Hrsg.), *Psychologie des Selbst* (S. 279–301). Weinheim: PVU.

Strauss, R. S. & Dietz, W. H. (1998). Growth and development of term children with low birth weight: Effects of genetic and environmental factors. *J. of Pediatrics, 133*, 76–72.

Suchodoletz, W. von (2001). Hirnorganische Repräsentation von Sprache und Sprachentwicklungsstörungen. In W. von Suchodoletz (Hrsg.), *Sprachentwicklungsstörungen und Gehirn. Neurobiologische Grundlagen von Sprache und Sprachentwicklungsstörungen* (S. 27–69). Stuttgart: Kohlhammer.

Sylva, K., Melhuish, E., Sammons, P., Siraj-Blatchford, I. & Taggart, B. (2004). *The effective provision of pre-school education (EPPE) project: Findings from pre-school to end of key stage 1.* Research Brief, Department for Education and Skills (Dfes), November. [http://www. dfes.gov.uk/research/data/uploadfiles/SSU_SF_2004_01.pdf, Zugriff am 6.7.07.]

Szagun, G. (2000). *Sprachentwicklung beim Kind* (6., überarb. Aufl.). Weinheim: Beltz.

Szagun, G. (2006). *Sprachentwicklung beim Kind.* (7., überarb. Aufl.).Weinheim: Beltz.

Tanapat, P., Hastings, N. B., Gould, E. (2001). Adult neurogenesis in the hippocampal formation. In C. A. Nelson & M. Luciana (Eds.), *Handbook of Developmental Neuroscience* (S. 93–105). Cambridge, MA: Bradford Book.

Tangney, J. P., Wagner, P., Fletcher, C. & Gramzow, R. (1992). Shamed into anger? The relation of shame and guilt to anger and self-reported aggression. *J. of Personality and Social Psychology, 62,* 669–675.

Tellegen, P. J., Laros, J. A. & Petermann, F. (2007). *Snijders-Oomen Nonverbaler Intelligenztest von 2½ bis 7 Jahren (SON-R 2½–7): Handanweisung und deutsche Normen* (2., veränd. Aufl.). Göttingen: Hogrefe.

Textor, M. R. (2000). Institutionelle Hilfesysteme. In H. Weiß (Hrsg.), *Frühförderung mit Kindern und Familien in Armutslagen* (S. 103–112). München, Basel: Reinhardt.

The EPPE 3-11 Research Team (2005). *Effective pre-school and primary education 3-11 project (EPPE 3-11). A longitudinal study funded by the DfES (2003–2008).* [http://k1.ioe.ac.uk/schools/ecpe/eppe/eppe/eppepdfs/beraglamorgan05.pdf, Zugriff am 6.7.07.]

Thelen, E. (2000). Motor development as foundation and future of developmental psychology. *International J. of Behavioral Development, 24(4),* 385–397.

Thomas, A. (1991). *Grundriß der Sozialpsychologie: Grundlegende Begriffe und Prozesse.* Göttingen: Hogrefe.

Thomas, A. & Chess, S. (1977). *Temperament and development.* New York: Brunner/Mazel.

Thomas, K. M. & Casey, B. J. (2003). Methods for imaging the developing brain. In M. De Haan & M. H. Johnson (Eds.), *The cognitive neuroscience of development* (S. 19–42). Hove: Psychology Press.

Thompson, R. A. (2009). Early foundations: Conscience and the development of moral character. In D. Narvaez & D. Lapsley (Eds.), *Personality, identity, and character: Explorations in moral psychology* (pp. 159–184). New York: Cambridge University Press.

Toth, S. L., Cicchetti, D., Macfie, J. & Emde, R. N. (1997). Representations of self and other in the narratives of neglected, physically abused, and sexually abused preschoolers. *Development and Psychopathology, 9,* 781–796.

Touwen, B. C. L. (1998). The brain and the development of function. *Developmental Review, 18,* 504–526.

Tracy, R. & Gawlitzek-Maiwald, I. (2000). Bilingualismus in der frühen Kindheit. In H. Grimm (Hrsg.), *Sprachentwicklung* (S. 495–535). Göttingen u. a.: Hogrefe.

Trautner, H. M. (1994). Geschlechtsspezifische Erziehung und Sozialisation. In K. A. Schneewind (Hrsg.), *Psychologie der Erziehung und Sozialisation* (S. 167–195). Göttingen: Hogrefe.

Trautner, H. M. (1997). *Lehrbuch der Entwicklungspsychologie: Theorien und Befunde* (2., unveränd. Aufl.). Göttingen: Hogrefe.

Trautner, H. M. (2008). Entwicklung der Geschlechtsidentität. In R. Oerter & L. Montada (Hrsg.), *Entwicklungspsychologie* (6., überarb. Aufl., S. 625–651). Weinheim: Beltz.

Treszniewski, K. H., Donnellan, M. B. & Robins, R. W. (2003). Stability of self-esteem across the life span. *Journal of Personality and Social Psychology, 84,* 205–220.

Trommsdorff, G. (1995). Person-context relations as developmental conditions for empathy and prosocial action: A cross-cultural analysis. In T. A. Kindermann (Ed.), *Development of Person-Context Relations* (S. 113–146). Hillsdale: Erlbaum.

Trommsdorff, G., Friedlmeier, W. & Mayer, B. (2007). Sympathy, distress, and prosocial behavior of preschool children in four cultures. *International Journal of Behavioral Development, 3,* 284–293.

Trudewind, C. & Husarek, B. (1979). Mutter-Kind-Interaktion bei der Hausaufgabenbetreuung und die Leistungsmotiventwicklung im Grundschulalter: Analyse einer ökologischen Schlüsselsituation. In H. Walter & R. Oerter (Hrsg.), *Ökologie und Entwicklung* (S. 229–246). Stuttgart: Klett.

Trudewind, C. & Kohne, W. (1982). Bezugsnorm-Orientierung der Lehrer und Motiventwicklung: Zusammenhänge mit Schulleistung, Intelligenz und Merkmalen der häuslichen Umwelt in der Grundschulzeit. In F. Rheinberg (Hrsg.) *Bezugsnormen zur Schulleistungs-*

bewertung: Analyse und Intervention (S. 115–141). Düsseldorf: Schwann.

Turiel, E. (1983). *The development of social knowledge: Morality and convention*. Cambridge: Cambridge University Press.

Turiel, E. (2008). Thought about actions in social domains: Morality, social conventions, and social interactions. *Cognitive Development, 23,* 136–154.

Ulich, D., Kienbaum, J. & Volland, C. (1999). Emotionale Schemata und Emotionsdifferenzierung. In W. Friedlmeier & M. Holodynski (Hrsg.), *Emotionale Entwicklung. Funktion, Regulation und soziokultureller Kontext von Emotionen* (S. 52–69). Berlin: Spektrum Akademischer Verlag.

Ulich, D., Kienbaum, J. & Volland, C. (2002). Empathie mit anderen entwickeln: Wie entwickelt sich Mitgefühl? In M. von Salisch (Hrsg.), *Emotionale Kompetenz entwickeln. Grundlagen in Kindheit und Jugend* (S. 111–133). Stuttgart: Kohlhammer.

Ulich, D. & Mayring, P. (2003). *Psychologie der Emotionen* (2., überarb. und erw. Aufl.). Stuttgart: Kohlhammer.

Ulich, M. (1988). Risiko- und Schutzfaktoren in der Entwicklung von Kindern und Jugendlichen. *Zeitschrift für Entwicklungspsychologie und Pädagogische Psychologie, 20,* 146–166.

Ulich, M. & Mayr, T. (2003). *SISMIK: Sprachverhalten und Interesse an Sprache bei Migrantenkindern in Kindertageseinrichtungen*. Freiburg: Herder.

Ulich, M. & Mayr, T. (2006). *SELDAK: Sprachentwicklung und Literacy bei deutschsprachig aufwachsenden Kindern*. Freiburg: Herder.

Ulrich, B. D. (1997). Dynamic systems theory and skill development in infants and children. In K. J. Connolly & H. Forssberg (Eds.), *Neurophysiology & neuropsychology of motor development* (S. 319–345). London: Mc Keith.

Underwood, M. K. (2004). Gender and peer relations: Are the two gender cultures really all that different? In J. B. Kupersmidt & K. A. Dodge (Eds.), *Children's peer relations: From development to intervention* (S. 21–36). Washington: American Psychological Association.

van Aken, M. A. G., Asendorpf, J. B. & Wilpers, S. (1996). Das soziale Unterstützungsnetzwerk von Kindern: Strukturelle Merkmale, Grad der Unterstützung, Konflikt und Beziehung zum Selbstwertgefühl. *Psychologie in Erziehung und Unterricht, 43,* 114–126.

van den Boom, D. C. (1997). Sensitivity and attachment: Next steps for developmentalists. *Child Development, 64*(4), 592–594.

Vasta, R., Haith, M. M. & Miller, S. A. (1999). *Child psychology* (3. Aufl.). New York: John Wiley & Sons.

Viernickel, S. & Schwarz, S. (2009). *Schlüssel zu guter Bildung, Erziehung und Betreuung. Wissenschaftliche Parameter zur Bestimmung der pädagogischen Fachkraft-Kind-Relation*. Expertise hrsg. v. Der Paritätische Gesamtverband, Diakonisches Werk der EKD, Gewerkschaft Erziehung und Wissenschaft [http://www.der-paritaetische.de/fileadmin/dokumente/downloads/expertise_gute_betreuung_web.pdf, Zugriff am 10.6.09]

Volland, C., Ulich, D. & Fischer, A. (2004). Wer verdient Hilfe? Zum altersabhängigen Einfluss von Empfängermerkmalen auf die Prosozialität von Kindern. *Zeitschrift für Entwicklungspsychologie und Pädagogische Psychologie, 36*(2), 69–73.

Wallbott, H. G. & Scherer, K. R. (1989). Assessing emotion by questionnaire. In R. Plutchik & H. Kellerman (Eds.), *The measurement of emotions* (S. 55–82). San Diego: Academic Press.

Walter, U., Kramer, S. & Röbl, M. (2005). Körperliche (In)Aktivität in Kindheit und Jugend. *Dtsch. Med. Wochenschrift, 130*(50), 2876–2678.

Wartner, U. G., Grossmann, K., Fremmer-Bombik, E. & Suess, G. (1994). Attachment patterns at age six in south Germany: Predictability from infancy and implications for preschool behavior. *Child Development, 65*, 1014–1027.

Watson, J. B. (1930). *Behaviourism*. New York: Norton.

Watson, J. B. & Raynor, R. (1920). Conditioned emotional reactions. *Journal of Experimental Psychology, 3*, 1–14.

Weikart, D. P. & Schweinhart, L. J. (1997). High/Scope Perry preschool program. In G. W. Albee & T. P. Gullotta (Eds.), *Primary prevention works* (S. 146–166). Thousand Oaks, CA: Sage Publications.

Weinert, F. E. (1990). Einführung und Überblick. In W. Schneider, M. Knopf, E. Stern, A. Helmke & J. Asendorpf (Hrsg.), *Die Entwicklung kognitiver, motivationaler und sozialer Kompetenz zwischen dem 4. und 8. Lebensjahr* (S. 1–20). München: Max-Planck-Institut für Psychologische Forschung.

Weinert, F. E. & Schneider, W. (Eds.) (1999*). Individual development from 3 to 12. Findings from the Munich longitudinal study.* Cambridge: University Press.

Weinert, S. (2003). Entwicklung von Sprache und Denken. In W. Schneider & M. Kopf (Hrsg.), *Lehren und Lernen. Zum Gedenken an Franz Emmanuel Weinert* (S. 93–108). Göttingen: Hogrefe.

Weiß, H. (2000). Kindliche Entwicklungsgefährdungen im Kontext von Armut und Benachteiligung. In H. Weiß (Hrsg.), *Frühförderung mit Kindern und Familien in Armutslagen* (S. 50–70). München, Basel: Reinhardt.

Weissenborn, J. (2000). Der Erwerb von Morphologie und Syntax. In H. Grimm (Hrsg.), *Sprachentwicklung* (S. 141–169). Göttingen u. a.: Hogrefe.

Wentura, D. (2000). Personale und subpersonale Aspekte des Selbst: Wie man über sich »Selbst« Auskunft gibt ohne über sich selbst Auskunft zu geben. In W. Greve (Hrsg.), *Psychologie des Selbst* (S. 255–276). Weinheim: PVU.

Werner, E. & Smith, R. S. (1982). *Vulnerable but invincible: a longitudinal study of resilient children and youth.* New York: McGraw-Hill.

Whitehurst, G. J., Falco, F. L., Lonigan, C. J., Fischel, B. D., DeBaryshe, M. C., Valdez-Menchaca, M. C. & Caulfield, M. (1988). Accelerating language development through picture book reading. *Developmental Psychology, 24,* 525–559.

Whiten, A. (1991). *Natural theories of mind: Evolution, development and simulation of everyday mindreading.* Cambridge: Blackwell.

Wicker, F. W.; Payne, G. C. & Morgan, R. D. (1983).Participant descriptions of guilt and shame. *Motivation and Emotion, 7,* 25–39.

Wiefel, A. et al. (2007). Diagnostik und Klassifikation von Verhaltensauffälligkeiten bei Säuglingen und Kleinkindern von 0–5 Jahren. *Praxis der Kinderpsychologie und Kinderpsychiatrie, 56,* 59–81.

Wilkening, F. & Krist, H. (2008). Entwicklung der Wahrnehmung und Psychomotorik. In R. Oerter. & L. Montada (Hrsg.), *Entwicklungspsychologie* (6., überarb. Aufl., S. 413–435). Weinheim: PVU.

Wimmer, H. & Perner, J. (1983). Beliefs about beliefs: Representation and constraining function of wrong beliefs in young children's understanding of deception. *Cognition,* 13, 103–128.

Winterbottom, M. (1958). The relation of need for achievement to learning experience in independence and mastery. In J. W. Atkinson (Ed.), *Motives in fantasy, action and society* (S. 453–478). Princeton, NJ: Van Nostrand.

Wittgenstein, L. (1953/1982). *Philosophische Untersuchungen* (3. Aufl.). Frankfurt a.M.: Suhrkamp.

Wolff, U. (2000). Die kindliche Entwicklung. In R. Naschwitz-Moritz (Hrsg.), *Die Psychomotorische Idee. Grundlagen und Praxisanregungen* (S. 25–43). Aachen: Meyer & Meyer.

Wurmser, L. (2001): »Die tiefste Gewissenskollision« – Zur Konfliktanalyse der Scham. Ethik und Sozialwissenschaften. *Streitforum für Erwägungskultur, 12,* 335–337.

Young, S. K., Fox, N. A. & Zahn-Waxler, C. (1999). The relations between temperament and empathy in 2-year-olds. *Developmental Psychology, 35*(5), 1189–1196.

Younger, B. A. & Gotlieb, S. (1988). Development of categorization skills: Changes in the nature or structure of infant form categories? *Developmental Psychology, 24,* 611–619.

Zahn-Waxler, C. & Radke-Yarrow, M. (1982). The development of altruism. In N. Eisenberg (Ed.), *The development of prosocial behavior* (S. 109–166). New York: Academic Press.

Zahn-Waxler, C., Radke-Yarrow, M., Wagner, E. & Chapman, M. (1992). Development of concern for others. *Developmental Psychology, 28*, 126–136.

Zahn-Waxler, C., Robinson, J. A. L. & Emde, R. N. (1992). The development of empathy in twins. *Developmental Psychology, 28*, 1038–1047.

Zahn-Waxler, C., Schiro, K., Robinson, J. A. L., Emde, R. N. & Schmitz, S. (2001). Empathy and prosocial patterns in young MZ and DZ twins. Development and genetic and environmental influences. In R. N. Emde & J. K. Hawitt (Eds.), *Infancy to early childhood. Genetic and environmental influences on development change* (S. 141–162). Oxford: Oxford University Press.

Zask, A., Beurden, van E., Barnett, L., Brooks, L. O. & Dietrich, U. C. (2001). Active school grounds – myth or reality? Results of the »Move It Groove It« project. *Preventive Medicine, 33*, 402–408.

Zeman, J. & Garber, J. (1996). Display rules for anger, sadness, and pain: It depends on who is watching. *Child development, 67*(3), 957–973.

Zentner, M. R. (2000). Das Temperament als Risikofaktor in der frühkindlichen Entwicklung. In F. Petermann, K. Niebank & H. Scheithauer (Hrsg.), *Risiken in der frühkindlichen Entwicklung. Entwicklungspsychopathologie der ersten Lebensjahre* (S. 257–281). Göttingen: Hogrefe.

Zierer, K. (2006). *Können Kinder Moral lernen?* Baltmannsweiler: Schneider.

Zimbardo, P. G. & Gerrig, R. J. (2004). *Psychologie*. München: Pearson Studium.

Zimmermann, K. W. & Kaul, P. (2001). Einführung in die Psychomotorik. Kassel: Gesamthochschul-Bibliothek.

Zimmermann, P., Becker-Stoll, F., Grossmann, K., Grossmann, K. E., Scheuerer-Englisch, H. & Wartner, U. (2000). Längsschnittliche Bindungsentwicklung von der frühen Kindheit bis zum Jugendalter. *Psychologie in Erziehung und Unterricht, 47*, 99–117.

Zimmermann, P. & Spangler, G. (2008). Bindung, Bindungsdesorganisation und Bindungsstörungen in der frühen Kindheit: Entwicklungsbedingungen, Prävention und Intervention. In R. Oerter & L. Montada (Hrsg.), *Entwicklungspsychologie*. (6., vollst. überarb. Aufl., S. 689–704). Weinheim: Beltz.

Zimmermann, P., Spangler, G., Schieche, M. & Becker-Stoll, F. (1995). Bindung im Lebenslauf: Determinanten, Kontinuität, Konsequenzen und künftige Perspektiven. In G. Spangler & P. Zimmermann (Hrsg.), *Die Bindungstheorie. Grundlagen, Forschung und Anwendung* (S. 311–332). Stuttgart: Klett-Cotta.

Zins, J., Weissberg, R., Wang, M. & Walberg, H. J. (2004). *Building Academic Success on Social and Emotional Learning: What Does the Research Say?* New York: Teachers College Press.

Stichwortverzeichnis

Cornelia von Hagen/Hans Peter Schwarz (Hrsg.)

Psychische Entwicklung bei chronischer Krankheit im Kindes- und Jugendalter

2009. 315 Seiten mit 15 Abb. und 27 Tab. Kart.
€ 29,–
ISBN 978-3-17-020413-3

In den westlichen Industrienationen leiden etwa 20 Prozent aller Kinder und Jugendlichen unter mindestens einer chronischen somatischen Erkrankung. Aufgrund der vielfältigen Belastungen besteht bei den betroffenen Kindern und Jugendlichen ein erhöhtes Risiko, zusätzlich eine psychische Störung zu entwickeln. Die adäquate Betreuung stellt somit eine besondere Herausforderung für das Gesundheitswesen dar. Von zentraler Bedeutung ist dabei das Bemühen, ein hohes Maß an Lebensqualität zu gewährleisten. Im Mittelpunkt des Buches steht zum einen die Darstellung der psychischen Entwicklung bei ausgewählten Krankheitsbildern; zum anderen wird ein Überblick über relevante psychologische Präventions- und Interventionsmethoden gegeben.

Kohlhammer

W. Kohlhammer GmbH · 70549 Stuttgart